공학박사 신정수의 히스토리와 지혜

특별히 챙기면 특별히 좋아진다

신정수 지음

뭔가를 특별히 원하는 바가 있다면 특별히 챙겨 보아라!

특별히 살리고 싶은 것이 있다면 바로 그것을 특별히 보듬어 보아라!

특별히 낫게 하고 싶은 것이 있다면 바로 그것을 특별히 치유하여 보아라!

특별히 아물게 하고 싶은 것이 있다면 바로 그것을 특별히 치료하여 보아라!

도서출판 디자인21

특별히 챙기면
특별히 좋아진다

신정수 지음

들어가면서

뭔가를 특별히 원하는 바가 있다면 특별히 챙겨 보아라!

특별히 살리고 싶은 것이 있다면 바로 그것을 특별히 보듬어 보아라!

특별히 낫게 하고 싶은 것이 있다면 바로 그것을 특별히 치유하여 보아라!

특별히 아물게 하고 싶은 것이 있다면 바로 그것을 특별히 치료하여 보아라!

내가 왼쪽 위의 어금니가 좀 상태가 좋지 못하여 약간의 통증도 있고, 약간의 흔들림도 있는 것 같아서, 그렇다고 해서 치과에 갈 정도는 아니어서, 소염진통제를 먹어 통증을 없앤 후, 그때부터는 왼쪽 위의 어금니와 그 주변을 매일매일 정성을 들여, 좀 지나치다고 할 정도로 양치질을 하였다. 즉 다른 쪽 치아보다는 무조건 두 배 이상 칫솔질을 열심히 하였고, 그쪽 치아 틈에는 음식물이 절대 끼이지도 않게 특별히 관리하고 신경을 쓰는 등 여러모로 정성을 많이 들였더니, 드디어 두 달이 지난 지금은 다른 치아 수준으로 회복이 되었다. 역시 "정성을 들이면 그만한 응답이 있구나!"라는 생각이 들었다.

우리 집에 화분이 여러 개 있다. 개인적으로 좀 벌이고 있는 일이 많아 여유 시간을 내기가 너무 힘들어서 '반려돌'을 분양받으려다가 그래도 생명이 있는 것이 좋다 싶어서 선택한 '반려식물'인데, 최근에 관리하기에 너무 손이 많이 가다 보니, 그중 가장 키우기에 자신이 있었던 작은 화분은 잠시 관리를 소홀히 한 적이 있었다. 그러나 금세 소홀히 대하였던 표시가 나타났다. 그 작은 화분의 식물 상태가 많이 안 좋아진 것이다. 역시 “정성이 부족해지면 금방 표시가 나는구나!”라는 생각이 들었다. 그 후로부터 그 작은 화분에 미안해서 다시 특별한 정성을 쏟아 붓고 있는 중이다. 조만간 회복되어 좋아질 것으로 기대해 본다.

내가 새벽 4시에 꼭 일어나고 싶어서 알람을 4시 근처에 다중으로 맞추고, 이전 날 취침을 무조건 일찍 하는 등, 꼭 일어날 수 있게 특별히 관심을 기울였더니 이제는 4시에 일어나는 것에 어느 정도 성공을 거둔 듯하다. 벌써 1년 이상 그렇게 4시에 일어나고 있으니 말이다. 나의 기상 시간을 무려 3시간이나 앞당긴 것이다. 역시 “정신을 집중하고 신경을 많이 쓰면 안 되는 일이 없구나!” 하는 생각이 들었다.

내가 몸무게를 줄여(다이어트) 좀 더 날씬해지려고 노력한 적이 있다. 그래서 고기류, 튀긴 음식, 라면, 빵 등은 아예 집에 사 오지도 않고, 냉장고 속에 넣어두지도 않았으므로 다이어트에 많은 도움이 되었다. 추가적으로 매일 정해진 운동하기, 간헐적 단식 등을 실천해보니 결과적으로 10킬로그램 이상을 뺄 수가 있었다. 그리고 그 몸무게가 현재 약 2년 이상 유지되고 있고, 요요현상의 기미도 없으니 거의 성공하였다고 볼 수 있을 것 같다. 역시 “노력하면 안 되는 것이 없구나!” 하는 생각이 들었다.

내가 과거에는 홀로 계시는 아버지께 안부 전화를 1년 동안에도 몇 통밖에 못 했는데, 이를 반성하여 매일 한 통화 이상 하기로 계획하고 부단히 노력하였다. 매일 저녁 8시 주변 시간으로 알람을 다중으로 맞추어 놓고, 그 시간이 되면 통화할 내용이 있든 없든 간에 무조건 전화기를 들었다. 그리고 이제는 어느 정도 성공한 것 같다. 현재 3년 이상 그렇게 실천하고 있으니 말이다. 역시 “하고자 하면 안 되는 것이 없구나!” 하는 생각이 들었다.

젊은 시절부터 '발톱 무좀'이 생겨 고생을 많이 하였다. 군대 복무 시절에 얻은 것이니 약 35년을 훌쩍 넘게 나를 고생시킨 것인데, 그동안 안 해본 치료가 없을 정도로 온갖 방법을 동원해보았으나, 끝내 아무런 효과가 없었었다. 그러나 최근 약 1년 동안 작정하고 치료에 몰두하였더니(일반 병원 치료를 겸하여 발이 절대 습해지지 않게 아주 철저히 관리), 드디어 거의 뿌리가 뽑혔다. 발톱의 모양과 색깔이 확연히 옛날 모습으로 돌아왔고, 나 스스로가 살짝 감동을 받았다. 약 6개월 이상 재발하지 않았지만, 좀 더 주의를 기울여야 할 것 같다. 역시 뜻이 있는 곳에 길은 있었다.

내게 딸 하나, 아들 하나가 있다. 그들에게 좋은 이야기를 좀 해주고 싶고, 가끔 다정하게 만나서 이야기도 좀 하고 싶지만, 시간상 여의치가 않아서 매일매일 문자로 교훈이 될 만한 이야기를 전해주기로 하였다. 그런데 그 문자의 내용은 단순히 위인들의 명언이나 남의 글을 옮겨 쓰는 정도가 아니고, 순수하게 나 스스로, 내 마음으로 창작을 한 후 보내기로 결심하였다. 그리고 그 글의 제목은 "Pa sayings(아빠의 말씀)"로 하였다. 이 문자 보내는 일도 일요일이나 공휴일을 제외하고는 7년 이상 매일 보내고 있으니 어느 정도 성공을 한 듯하다. 역시 "하려고 애쓰고 노력하면 안 되는 일이 없구나!, 문제는 내 마음이로구나!"라는 생각이 들었다.

독자들의 이해를 돕기 위해서, 내 개인적으로 시도하고 겪어 본 몇 가지 사례들을 소개해 보았는데, 여기서 강조하고 싶은 점은 뭔가 간절히 원하는 바가 있다면, 당분간 그것을, 다소 지나칠 정도로, 특별히 한번 챙겨 보라는 것이다.

왜냐하면, 인간의 집중도에는 어느 정도 한계가 있는 법인데, 모든 것을 다 잘 챙기려고 하면 모든 것에 다 소홀해지기 쉬운 법이다. 그래서 지금 꼭 절실히 필요한 일에는 뭔가 좀 더 특별한 관심과 집중된 노력을 보여주어야 하는 것이다, 당분간은 다소 지나칠 정도로.

즉, "특별히 챙기면 뭔가 특별히 좋아지게 마련이다!" - 본문 중에서

이 책은 이러한 생각으로 내 생각을 솔직하고 담백하게 담으려고 노력하였으며, 제1부(특별히 챙기기)에서는 주로 몸과 마음을 추스르고 챙기는 분야의 내용이고, 제2부(진정 소중한 것)에서는 주로 인생에서 소중한 그 무엇을 어떻게 정의하고, 어떤 점에 주안점을 두어 생각해야 하는지에 대한 내용이다. 그리고 제3부(가치로운 발견)에서는 주로 인생에서 자기 가치의 소중함과 그 가꾸는 방법을 중점적으로 이야기하였다.

아무튼 이 책은 독자 여러분들께서 특별한 그 무엇을 배운다기보다는, 글쓴이와 함께 인생을 살아가는 지혜와 가치에 대해 같이 생각을 해보고, 생각을 한번 뒤집어보기도 하고, 때로 고민해보는 시간을 가질 수 있는 매개체가 될 수 있었으면 좋겠다. 또한 독자 여러분의 지혜로운 삶에 조금이나마 참조가 되었으면 너무나 기쁠 것 같다!

끝으로 탈고할 때까지 나와 많은 대화를 해주고, 많은 조언을 해주고, 힘을 주었던 김선혜 교수님, 김영원 박사님, 김기동 박사님, 박종우 대표님, 김복한 대표님, 강상웅 대표님, 방영호 기술사님, 이근홍 후배님, 도서출판 디자인21 임직원 여러분, 그리고 아내 서현, 딸 이나, 아들 주홍에게도 진심으로 감사를 표하고 싶다.

지은이

차례

제1부. 특별히 챙기기 / 15

제2부. 진정 소중한 것 / 163

제3부. 가치로운 발견 / 307

제1부.
특별히 챙기기

1-1. 꼭 필요한 것 특별히 챙기기!

인생에서 자신에게 꼭 필요한 것을 특별히 챙겨 나가라!

무엇이든 단순히 남을 따라 하지 말고, 자신이 스스로 필요해서 해야 가치가 있는 법이다. 즉 꼭 필요한 것을 스스로 선택하여 하는 것이라면, 거기에는 추가로 많은 아이디어와 창의력도 생기고, 여러모로 자신의 성공에 직간접적인 도움이 많이 될 것이다.

스티브 잡스는 부모에게 가해질 경제적 압박에 대한 걱정 때문에 리드대학을 1학년 1학기만 다니고 중퇴해버렸는데, 나중에 자신이 애플(Apple) 제품에 적용할 그래픽 등에 관한 공부가 필요해서, 대학 기숙사 주임을 설득하여 자신이 퇴학 후에도 기숙사에 계속 머물 수 있게 허락을 받아내었고, 그 후 18개월 동안, 필요한 과목에 대한 청강 등을 통해서 자신이 그토록 공부하고 싶었던 캘리그래피(멋 글씨를 다루는 시각디자인의 한 분야) 등을 공부할 수 있었으며, 이때 배운 트루타입 폰트 등의 기술은 훗날 애플 제품에 적용되면서, 수려한 글자체로 재탄생하여 그 빛을 보게 된 것이다.

일본 나구모 요시노리 박사의 '1일1식'도, 그 장단점에 대하여 여러 말들이 많지만, 그 가장 중요한 핵심은 '필요한 사람'만이 이를 실행하라는 것이 핵심이다.

그는 의사로서 암수술, 유방수술, 인체 재건수술 등을 아주 집중해서 시술해야 했는데, 문제는 점심 식사 후 무척 졸린다는 점이었다. 외과 의사로서 오후에 수술을 많이 해야 했기 때문에 졸리는 것은 당연히 큰 문제로 받아들여졌다.

즉, 졸음 때문에 수술에 지장이 생기게 할 수는 없었고, 이를 해결할 수 있는 방안이 꼭 필요했기 때문에 '1일1식' 등을 집중적으로 연구하게 되었고, 결국 건강과 집중력을 동시에 챙길 수 있는 자신만의 다이어트 학설을 만들어낼 수 있게 되었다.

현대그룹 정주영 회장의 '새벽 3시 기상'도, 자신의 생활패턴이나 가치에 있어서 필요한 사람이라면 꼭 실행해보라는 주의였다. 즉, '아침형 인간'이 필요한 사람들은 꼭 실천해보라고 조언한 것이다.

그는 새벽 3시에 일어나 여러 신문들을 읽거나, 해외로부터 보고 받은 여러 서류들을 읽는 등 새벽 시간을 충실히 활용한 것이다.

물론 그의 이 습관은 과거 쌀가게에 근무할 때 전차 삯이 부족하여 꼭두새벽에 일찍 출근한 것에서부터 시작된 것이지만, 자신에게 진정으로 필요했기 때문에 완전히 자기 습관으로 정착될 수 있었던 것이다.

그의 최종 학력은 소학교(초등학교) 졸업이 유일하였다. 그러나 이를 극복하기 위해서 새벽에 일어나 많은 신문들을 모조리 탐독한 것이다. 신문 속에는 각 분야 최고의 박사들이 들어앉아 있기 때문에 대학교 교수 몇 분보다 훨씬 더 훌륭한 것이 바로 신문이라고 믿었다고 한다.

이렇게 매일 새벽부터 대부분의 그날 신문을 독파한 정 회장은, 잠시 후에 있을 그룹의 임원진들과의 회의에서 얼마나 당당하고 유창하게 말하지 않을 수 있었겠는가?

물론, 밤에 잠이 다소 부족하였는지, 낮에도 중간중간 쪽잠을 자주 즐겼다고 전해진다.

그는 아래와 같이 말한 적이 있다.

"나는 젊을 때부터 새벽에 일찍 일어난다. 그날 할 일에 대한 기대와 흥분 때문에 마음이 설레어 늦도록 자리에 누워 있을 수가 없기 때문이다. 밤에는 항상 숙면할 준비를 하고 잠자리에 들었다. 새날이 왔을 때 가뿐한 몸과 마음으로 즐겁고 힘차게 일하기 위해서이다."

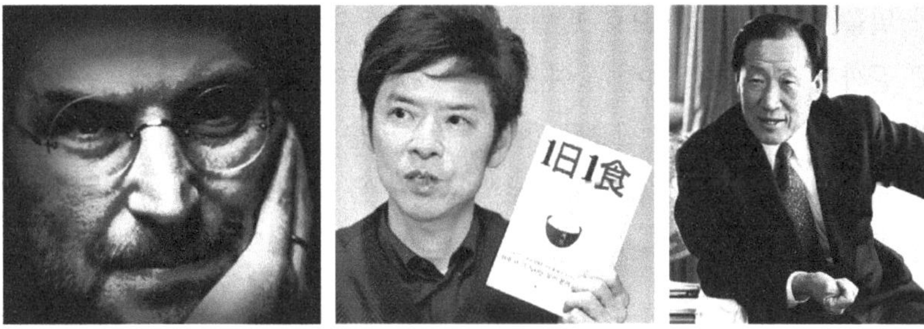

왼쪽부터 스티브 잡스, 나구모 요시노리, 정주영 회장 (그림:.sparklewords.com)

요즘을 사는 우리는, 친구가 대학에 가면 나도 대학 가고, 주변 사람들이 취업을 하면 나도 취업하고, 옆 사람이 주식에 투자하면 나도 투자하려 하는 등 주위 사람 쫓아서 하기에 너무 바쁘다. 물론 주위 사람을 쫓아서 한다는 것이 마냥 나쁘다는 것은 아니다. 충분히 좋은 요령일 수도 있다.

그런데 자기 삶에서 '남 쫓아가기'가 '자신의 삶을 스스로 주도하기'를 앞서서는 곤란한 것이다. 단순히 남을 이리저리 따라다니다가는 자신의 인생을 제대로 살기에 분명한 한계를 드러내기 마련이다.

위의 여러 사례에서 보듯이, 스티브 잡스, 나구모 요시노리, 정주영 회장 등은 모두 '남 쫓아가기'보다는 '자기 삶을 스스로 선택하고 주도하여 챙기기'를 앞서 실천한 인물들이다.

또한, 예로부터 전해오는 격물치지(格物致知)라는 말이 있다. 이 말은 원래 중국 사서(四書)의 하나인 '대학'에 나오는 말로서, 모든 사물의 이치를 끝까지 파고 들어가서 깊이 그 뜻을 새겨보면, 결국 그것에 대한 제대로 된 앎 혹은 경지에 이를 수 있다는 의미로 해석될 수 있겠다.

나도 이 "격물치지"의 깨우침을 참 좋아하는데, 바로 그렇다!

세상에는 공짜라는 것이 없는 법이다. 어떠한 조그만 사물이라도 제대로 알려면 그것을 끝까지 파헤쳐 따져보려 노력부터 해보아야 한다. 또,

이 말을 또 다른 측면으로 한번 생각해보면, 어떠한 어려운 일이 있더라도 끝까지 집중하고 정성 들여 그것을 해결하려 노력한다면 결국은 네가 원하는 답, 네가 진정 필요로 하는 답을 얻을 수 있는 것이라고도 해석할 수 있겠다. 바로 이런 '필요로 하는 답'을 네가 제대로 챙겨 나가야 할 것이다.

모쪼록, 단순히 공짜를 너무 좋아하지 말고, 무엇이든 단순히 남을 쫓으려 하지 말고, 철저히 자기 자신에게 꼭 필요하다고 생각되는 일에 보다 집중하고, 자신의 원하는 방향과 목표를 향해 하나하나 정성을 들여 난제들을 풀어나갈 때, 즉 격물치지의 마음으로 자기 인생에서 충분한 수고와 그 대가를 지불했을 때, 비로소 자신의 삶을 제대로 이해할 수 있게 되고, 자신이 원하는 목표에 다다를 수 있을 것이라고 생각된다.

1-2. 자신만의 소중한 탑을 쌓아라

인생에서 자신만의 소중한 탑을 쌓아나가라!

보통 사람들은 이래저래 자기 인생에서 돈을 많이 벌려고 궁리하고 매진한다. 그러면서도 말로는 '인생은 공수래 공수거(空手來 空手去; 빈손으로 왔다가 빈손으로 간다)' 혹은 이와 유사한 말들을 자주 내뱉고 있다. 그야말로 유체이탈 화법이 아닌가?

빈손으로 왔다가 빈손으로 가는 것이니 돈에 욕심을 너무 내지 말아야 한다고 스스로에게도 혹은 타인에게도 말을 자주 하면서, 정작 자신의 행동은 돈 벌기에 지나치게 몰입하고, 온통 인생의 중요 가치를 거기에 두는 경향이 있는 것이다.

자고로 돈이라는 것은 세상에 꼭 필요한 곳이나 사회적으로 보다 낮은 곳으로 흘러가게 하여야 하고, 인간이 욕심으로 거기에 작위적인 행동을 자꾸 가해서는 안 된다고 생각한다.

지난달 등산길 초입에서 내가 잘 알고 지내는 한 어른을 만난 적이 있다. 그 어른은 "내일모레 팔순을 바라보고 있고, 그동안 돈도 많이 벌었고, 여러 일들을 많이 벌였지만, 마음 한편이 항상 허전하기만 하다. 채우고 채워도 허전한 마음을 어떻게 할 수가 없다."고 내게 하소연을 하였다. 그렇다! 이러한 것이 바로 인생인 듯하다.

진정한 돈의 가치라는 것은 돈의 필요성이 절실한 곳일수록 더 잘 나타난다. 예를 들어 돈이 없어 매 끼니 라면 한 그릇도 사 먹기 힘든 사람에게 만원이라는 돈은, 부자들에게 있어서 수천만 원 이상 혹은 큰 황금 한 덩어리보다 더 소중할 수가 있다.

실학자 박제가는 다음과 같이 말했다.

"가난은 검소함 때문이다, 재물은 우물의 물과 같아서, 우물의 물은 퍼서 쓸수록 자꾸 채워지는 것이고, 이용하지 않으면 말라버리고 만다."

실제 우리나라의 IMF 구제금융 당시 이웃돕기 성금이 많이 줄어들 것으로 예상하고 걱정하였지만, 실제로는 IMF 구제금융 이전보다 오히려 늘어났다. 물론 나라 전체가 워낙 어려운 시기라서 기업들의 성금은 줄어들었다. 그러나 놀랍게도 일반 국민의 성금은 크게 증가한 것이다.

역시 위기에 강한 대한민국이었다. 이는 아무리 경제 사정이 어렵다고 하더라도 나보다 더 어려운 이웃을 생각하는 우리 국민의 훈훈한 정이 빛을 발한 탓일 것이다.

당시 프로농구 선수 중에는 3점 슛 하나 혹은 어시스트 한 번에 일정 금액 이상을 기부하는 선수도 있었고, 프로배구 선수 중에는 서브 득점 때마다 일정량 이상을 기부하는 이색 기탁자들도 많았던 것으로 기억된다.

테레사 수녀는 평생을 빈민과 병자, 고아, 그리고 죽어가는 이들을 위해 봉사하는 것이 자신의 미션(mission)이라고 생각한 것이고, 김구 선생과 마하트마 간디는 평생을 조국의 독립과 통일을 위해 스스로를 던지지 않았던가?

신이 내려준 자신만의 미션(삶의 가치)은 이러한 위인들만의 전유물은 아니다. 일반인들도 자기 인생에서 충분히 자신만의 미션을 찾으려 노력하고, 그것을 삶에 녹여 실천해 나가는 것이 가능하다.

이러한 가치의 범주로는 일단 돈이나 재물적인 욕심을 초월하여야 한다. 보다 낮은 곳을 향한 육체적 봉사, 정신적 봉사, 사회적으로 유익한 다양한 활동의 전개, 저마다의 기술이나 재능 기부, 자신만의 예술의 세계 추구, 그 밖에 자신이 꿈꾸는 이상향에 대한 실천 등 여러 가지가 있을 수 있는 것이다.

특히 인간이 그 죽음마저도 초월할 수 있는 가치는 대개 신앙적 가치, 예술적 가치, 봉사적 가치, 문학적 가치, 자신만의 가치 등을 들 수 있겠다. 이러한 가치를 위주로 자신의 미션을 사회적으로 잘 녹여나간다면 그야말로 훌륭한 삶을 살아낼 수 있을 것이라고 생각된다.

자신만의 소중한 탑
(그림: schneiblefinearts.com)

그리고 신의 미션이나 가치 같은 것들을 너무 크게 생각하거나 고민할 필요는 전혀 없다고 생각한다. 자신만의 진정한 삶의 의미, 삶의 가치 등을 자주 곰곰이 생각해보고, 찾아내어 자신만의 소중한 탑을 차곡차곡 조금씩 흔들림 없이 쌓아나가고, 자기의 생(生)을 마감할 때 그 탑을 한번 흐뭇하게 쳐다볼 수 있다면, 이 생(生)에서 그만한 행복이 또 있을까?

제발 돈은 좀 그냥 놓아두어라. 욕심으로 그 돈이 흘러가는 선한 길을 자꾸 막아서는 절대 안 될 것이며, 오히려 그 막힌 곳이나 숨구멍을 훤히 터 주도록 하여 낮은 곳, 꼭 필요한 곳으로 원 없이 흘러 들어가도록 하여라.

1-3. 서운함과 희망은 구분하여 챙겨라!

과거의 서운함과 미래의 희망은 구분하여 챙기는 것이 좋다!

좁은 대한해협을 사이에 둔 가까운 이웃인 한국과 일본의 관계(한일관계)는 어떤 정권이 집권하더라도 좀처럼 잘 풀리지 않는 숙제이다. 그 이유는 무엇인가? 그 가장 큰 이유는 과거의 역사 사실을 항상 고려하여 현안을 판단하려 하는 어리석음을 범하기 때문이라고 생각된다.

즉 과거에 큰 앙금이 이미 있었고, 거기에 따르는 서로 간의 역사 평가의 수준이 상이하고, 그 상이한 기준을 바탕으로 현재와 미래에 대한 협조 방안과 약속 등을 이야기하자니, 생각과 판단의 기준점(baseline)부터가 이미 다른 것이다.

그렇다면, 이러한 문제를 해결하기 위해서는 과연 어떻게 해야 하는 것일까?

먼저, 과거를 일단은 말하지 말아야 한다. 즉 과거의 역사적 굴레는 피해자와 가해자 간의 뿌리 깊은 상처와 욕심으로 점철되어있으므로 그것을 계속 생각한다면 상대를 용서하기 어려운 것이 당연하다. 그래서 더 이상의 건전한 대화가 이어지기 어려운 것이다.

한편, 피해국의 상처는 그리 쉽게 잊혀서는 아주 곤란한 것이므로, 피해국 입장에서는 과거의 역사적 사실을 절대 잊지 않고 반드시 기억하고, 여러 사료들을 모아 소중히 간직은 하고 있되, 상대국과 앞으로의 문제를 협상할 때는 직접적 관련이 있는 분야를 제외하고는, 더 이상 과거를 꺼내지 말아야 한다. 오직 미래를 위해 상호 윈-윈(Win-Win) 할 수 있는 공통분모를 만드는 것에만 집중해야 한다는 것이다.

기업 간이나 개인 간의 문제에서도 똑같이 해석될 수 있다.

예를 들어, 한 기업이 다른 기업과 어떤 특정 사연으로 인하여, 아주 원수 같은 관계라고 한번 해보자. 그렇다고 하여, 동종 혹은 유사 업종 간에 어제의 적이 오늘의 동지가 되고 어제의 동지가 오늘의 적이 될 수 있는 치열한 비즈니스 전쟁 속에서, 서로 척을 지고만 행동한다면, 서로가 작지 않은 피해를 보게 될 것이며, 남(제3의 기업)에게만 좋을 일을 시켜줄 것이다. 따라서 과거는 접어두고 서로 윈-윈(Win-Win) 할 수 있는 방법에만 몰두하는 것이 일단 최상책이 될 수 있는 것이다. 과거의 피해와 가해의 문제는, 직접적으로 필요시, 혹은 나중에 충분히 분위기가 무르익어 뭔가 해결점을 만들 수 있겠다는 자신감이 어느 정도 생겼을 때 꺼내어도 결코 늦지 않을 것이라고 보아야 한다.

또 개인적 관계에 있어서도, 세력이 약한 사람이 세력이 강한 사람에게 당했다고 하여, 사과를 자꾸 요구하면, 그 해결점이 보이기 어려울 때가 많다. 사과에 대한 요구는 한두 번 정확하게 요구를 한 후에, 그 요구가 안 통한다면, 일단 포기를 하고, 자신의 힘을 충분히 기른 후에 혹은 법적으로 충분히 자신감이 생긴 경우에 요구할 수밖에 없는 것이다.

따라서, 개인 간이든, 기업 간이든, 국가 간이든 여러 협상과 관계에서 과거의 피해와 가해의 관계를 자꾸 생각하는 것은 절대 고단수의 자세가 못 된다. 힘이 약해서 당할 수밖에 없었던 과거는 잊지 않을 만한 조치를 충분히 해둔 뒤, 절대 협상과 관계에서는 꺼내지 않는 것이 좋을 것이다. 오직 서로에게 도움이 될 수 있는 미래의 길 혹은 그 공통분모에만 집중해야 한다. 그렇게 하여 서로에게 도움이 된다면, 그만한 좋은 협상이 또 어디에 있겠는가?

유비가 조조에게 도광양회 (그림: kknews.cc/history)

♣ 그림 설명

『삼국지연의』에 따르면, 천하를 꿈꾸던 유비가 한 때 여포(呂布)에게 쫓겨 오갈 데 없어져 잠시 조조(曹操)에게 얹혀살았던 적이 있었다. 어느 날 조조가 유비의 마음을 떠보기 위해 "세상에 진짜 영웅이라고 꼽을 수 있는 사람은 나와 당신일 것이오."라는 말을 꺼내자 유비가 이 소리에 깜짝 놀라 음식을 집던 젓가락을 떨어뜨렸다. 물론 이 장면은 "두려워서 그만 젓가락을…"이라며 너스레를 떠는 유비의 모습에 해당하는 것이다. 유비는 이렇게 동생들(관우, 장비) 보기에 가오(폼 잡기)는 좀 구겨지더라도 당시 최고의 영웅인 조조의 의심을 철저히 피해 나갔던 것이며, 조용히 후일을 도모할 힘을 내부적으로 길러나가는 도광양회(韜光養晦)를 하고 있었던 것이다.

우리는 자주 "전후(戰後) 독일은 과거를 철저히 반성하였는데, 일본은 왜 반성을 제대로 하지 않느냐?"라고 외쳐 보아야 아무런 소용이 없는 일이며, 다소 어리석은 일일 수도 있다. 그렇게 외치기 이전에 철저히 상호 윈-윈 전략을 바탕으로 우리의 국력을 성장시켜서 일본의 국력과 거의 대등하거나 앞선 후라야 아마도 그런 요구가 통할 수 있을 것이다.

오로지 힘의 논리로 통하는 국제적 역학 관계에서, 힘이 약한 나라가 강대국에게 자존심이라든지, 과거라든지, 양심이라든지 이러한 고매한 이야기를 늘어놓아 보아야 공허한 메아리에 불과하다.

우리 정치인들은 제발 어리석은 저 단수의 외교를 그만했으면 좋겠다. 일본이 먼저 사과하면 몰라도, 우리가 상호 대화 시마다, 협상 시마다, 사과를 요구하거나, 과거를 기반한 판단을 하려 하는 것은 참으로 순진한 발상이다. 우리를 먼저 반듯이 세우고 나서, 그런 주장을 하여도 절대 늦지 않다고 보아야 한다.

모쪼록 국제적 힘의 헤게모니나 역학관계들이 충분히 무르익을 때까지는 도광양회(韜光養晦; 자신을 드러내지 않고, 때를 기다리며 실력을 기름)하는 마음을 지니는 것이 바른 방법일 것이다.

1-4. 정직과 진정성 챙기기!

정직과 진정성 없는 삶은 사상누각이다!

정직함과 진정함이 없이는 아무리 마천루와 같은 큰 업적을 세워도 마치 사상누각에 불과하다.

세상에는 얄팍하게 자기 이익 챙기기를 원하거나, 심지어는 남의 등을 쳐가면서 자신의 성공을 도모하는 사람도 많이 있다. 그러나 그러한 성공은 잠시 머물다가 금방 사라질 수밖에 없는 거품과도 같은 존재일 것이다.

왜냐하면, 성공이라는 것은 자신이 고생을 하여 이루어내었거나, 충분한 대가를 지불하여 이루어 낸 것이라야 자신을 포함한 주위 모든 사람을 감동시킬 수 있을 것이며, 무엇보다 그 성공의 가치를 진정 오래 향유할 수 있을 것이기 때문이다.

자고로 성공을 하려는 자는 왜 자신이 성공하려는지 그 의도를 항상 생각해보아야 하며, 자신의 가치와 철학을 제대로 세워야만 반듯한 성공을 만들어 낼 수가 있고, 성공 후에도 머뭇거림 없이, 그 성공을 음미해가면서 계획되고 보다 진전된 진화(업그레이드)를 연속적으로 해나갈 수가 있는 것이다.

예를 들어, 저급한 재료로 음식을 만들고, 광고와 홍보의 힘으로 매출을 극대화하고, 드디어 성공을 거두었다고 가정해보자. 고객을 제대로 만족시켜주지 못하였고 실망만 많이 주었다면, 과연 자신이 돈을 많이 벌었다는 것만으로 만족할 수 있을까? 결국은 나중에 저급한 재료가 탄로 나고, 배상 책임 등 법적 소송이나, 불매운동 등을 당할 수도 있는 것이다.

자고로 아래와 같이 말할 수 있다.

"무엇이든 의도나 수단이 불순하다면, 아무리 도모하여도 정상적으로 이루어지는 일이 없는 법이다." - Pa sayings

반면에, 정직한 재료를 가지고 성공을 위해 나아가다 보면, 설령 돈을 많이 벌지는 못한다고 할지라도, 많은 손님의 칭찬과 만족감의 표현 등을 들어가며, 비교적 행복하게 일할 수 있겠다.

생업(生業)이라는 것은 하루 이틀 하고서 끝내는 것이 아니지 않은가? 평생을 두고 자신이 해나가는 숙명과도 같은 속성이 있는 만큼, 단시간에 승부를 보려 하는 것보다는 주변과 꾸준한 신뢰를 쌓아나가고, 하나하나 보람을 쌓아나가는 방법으로 실천하는 것이 좋겠다는 의미이다. 그래야 지치지도 않고, 긍지도 가질 수 있고, 자칫 스스로 위험해지는 일이 없을 것이고, 장기적으로 행복한 자신의 미래 측면에서도 도움이 많이 될 것으로 보인다.

화려한 성공, 깜짝 성공을 지향하는 것보다는 정직의 꾸준한 실천과 고객이나 주변의 만족 혹은 자기 가치 실현을 위해서 자신이 도모하는 일을 일관되게 실천해 나간다면, 머지않아 참으로 보람 있는 결과가 만들어 질 수 있겠다. 즉, 자신이 정직하고 진정성 있게 일할진대, 결국은 스스로 뿌린 만큼 자기 실천에 대한 만족감을 거두어들일 수 있는 법이고, 이는 세상에서 자기 자신을 제대로 이루어내는 길일 것이고, 진정 남들에게도 혜택과 감동을 많이 줄 수 있는 상생의 길일 것이다.

음식의 경우에도 맵고 짜고, 자극적인 음식보다는, 다소 은은하고 담백한 맛이 오히려 오랫동안 즐기기에는 제일 좋은 맛이다. 이런 맛은 대개 화려한 맛은 아닐지라도 보다 오래 기억에 남고, 입맛을 잃었거나 맛이 그리울 때는 항상 이런 맛을 찾기 마련이다.

또한 가구나 옷, 장식품 등을 고를 때도 대개는 나무의 나이테, 재질 등이 자연스럽게 그대로 드러나 있는 정직하고 단순한 제품이 좋은 법이다. 이러한 제품은 비싸게 꾸며진 제품보다는, 비록 순간적인 매력이나 이끌림은 적을 수 있지만, 그 품격이 가장 오래 남을 수 있는, 진정 가지고 싶은 제품이 될 수 있을 것이다.

상품의 디자인도 마찬가지이다. 결코 화려하다고 하여 좋은 것이 아니다. 화려한 디자인은 그 유행이 없어지면 금방 식상해지고, 버려질 수 있는 디자인이다. 대개 명품 디자인이라는 것은 다소 단순하여도 문제가 안 된다. 보통은 그 디자인의 의미와 기품, 품격, 항상성 등이 가장 중요한 요소가 되는 것이다.

생각해 보면, 독일의 물리학자이자 계몽주의 사상가이자 문학 작가인 '게오르크 리히텐베르크'가 아래와 같은 말을 남겼던 마음을 충분히 이해할 수 있을 것 같다.

리히텐베르크의 집 (그림: moovitapp.com/index/en)

"오래가는 행복은 정직한 것에서만 발견할 수 있다!"

1-5. 장식과 치장에 애쓰지 마라!

보통 보수주의 혹은 자유주의적 성향(전통적으로는 청색 계열의 상징색으로 표현됨)을 가진 사람은 진보주의 혹은 사회주의적 성향(전통적으로는 빨간색 계열의 상징색으로 표현됨)의 옷으로 그 속마음을 감추고 싶어 하고, 반대로 진보주의 혹은 사회주의적 성향을 가진 사람은 보수주의나 자유주의를 상징하는 컬러의 옷으로 그 속마음을 감추고 싶어 할 수 있다.

사기꾼들처럼 진정성이나 정당성이 부족한 사람들은 그 뛰어난 언변술로 항상 자기의 마음을 숨기고서 진실성 내지는 정당함을 웅변하고 싶어 한다.

인격이나 인성이 많이 부족한 사람이거나, 악한 범죄자일수록 그러한 자신을 숨기고 싶어 하여 본능적으로 자신의 선량함과 인품을 매우 치장하여 이야기하고 싶어 하는 법이다.

따라서 우리는 사람이 외적으로 보여주고 추구하는 것과 실제의 심성은 서로 대립할 수 있다는 점을 항상 염두에 두어야 한다.

현재 국내 정치계에서도 마찬가지의 경향이 있는 것 같다. 좌파(진보) 성향의 정치인들은 자신의 부족한 부분(안정감, 보수)을 보완하고 싶어 하고, 보다 지지세를 확장하기 위해 이미지 측면에서 전통적으로 반대 컬러에 해당하는 청색 계통의 색으로 국민에게 호소하려는 경향이 있다.

반면에 우파(보수) 성향의 정치인들은 자신의 부족한 부분(진보성, 진취성, 보편성)을 보완하고 싶어 하고, 지지세를 보다 확장하기 위해 전통적으로 자신의 반대 이미지에 해당하는 컬러인 빨간색 계열의 컬러로 국민에게 호소하고 싶어 하는 경향이 있다.

또한, 실력이나 내공이 부족한 사람일수록 자신의 부족함을 보완하고픈 심리에서 보다 화려하고, 보다 보여주기식의 것들을 좋아하게 되어있다.

반면에 실력이나 내공이 충분한 사람은 굳이 화려하게 치장하지 않아도 자기 내면에서 이미 족해져 있으므로, 별로 외적으로 자신을 그리 내세우지 않아도 되는 법이다. 굳이 그렇게 부지런하게 치장하거나 애쓰지 않아도 될 것이라는 생각한다는 의미이다.

그리고 우리는 상대방이 의도적으로 내게 보여주고 말하는 것의 반대적 사실, 그 이면의 것들에 보다 더 관심을 가질 필요가 있다. 그래야 그 사람의 진정성에 한 걸음 더 접근해볼 수가 있는 것이다.

이는 그저 나쁜 의미에서의 상대의 '속마음 읽기'가 아니고, 정상적이고 지속 가능한 상호 관계의 궤도 안착을 위해서 꼭 필요한 관문이자 근본적인 접근 루트가 될 수 있다는 의미이다.

자기도 모르게 갖게 된 거짓된 마음이나 자신의 조그만 허영도 씻어내려면, 모두 스스로가 자신이 무슨 가면을 쓰고 있지 않은지 항상 성찰을 해보아야 하며, 항상 조금씩 자신도 눈치채지 못하게 부지불식간에 자기 얼굴에 씌워지는 가면을 벗어내려는 노력이 매일매일 필요하다.

마치 매일 아침 세면을 하고 양치질을 하듯이 자기 마음속의 가면도 동시에 벗겨내고, 오직 순수한 마음 하나로 하루를 출발할 수 있었으면 좋겠다.

프랑스의 철학자이자 극작가·비평가인 가브리엘 마르셀은 이렇게 말하였다.

가브리엘 마르셀 (그림:.pinterest.com/pin)

"그대 무엇을 꾸미고자 하는가? 진실한 얼굴로 모든 이들을 대하려면, 우리는 먼저 허위의 탈을 벗어 던지지 않으면 안 된다. 진실은 허위를 벗어 던지면 저절로 나타나게 되어있다.

따뜻한 봄이 오면 겨울옷을 벗어 던지듯이, 허위의 탈을 벗어 던져라. 진리를 얘기하는 자리에 장식은 그다지 필요 없다."

1-6. 특별히 챙기면 특별히 좋아진다!

뭔가를 특별히 원하는 바가 있다면 특별히 챙겨 보아라!

특별히 살리고 싶은 것이 있다면 바로 그것을 특별히 보듬어 보아라!

특별히 낫게 하고 싶은 것이 있다면 바로 그것을 특별히 치유하여 보아라!

특별히 아물게 하고 싶은 것이 있다면 바로 그것을 특별히 치료하여 보아라!

내가 왼쪽 위의 어금니가 좀 상태가 좋지 못하여 약간의 통증도 있고, 약간의 흔들림도 있는 것 같아서, 그렇다고 해서 치과에 갈 정도는 아니어서, 소염진통제를 먹어 통증을 없앤 후, 그때부터는 왼쪽 위의 어금니와 그 주변을 매일매일 정성을 들여, 좀 지나치다고 할 정도로 양치질을 하였다. 즉 다른 쪽 치아보다는 무조건 두 배 이상 칫솔질을 열심히 하였고, 그쪽 치아 틈에는 음식물이 절대 끼이지도 않게 특별히 관리하고 신경을 쓰는 등 여러모로 정성을 많이 들였더니, 드디어 두 달이 지난 지금은 다른 치아 수준으로 회복이 되었다. 역시 "정성을 들이면 그만한 응답이 있구나!"라는 생각이 들었다.

우리 집에 화분이 여러 개 있다. 개인적으로 좀 벌이고 있는 일이 많아 여유 시간을 내기가 너무 힘들어서 '반려돌'을 분양받으려다가 그래도 생명이 있는 것이 좋다 싶어서 선택한 '반려식물'인데, 최근에 관리하기에 너무 손이 많이 가다 보니, 그중 가장 키우기에 자신이 있었던 작은 화분은 잠시 관리를 소홀히 한 적이 있었다. 그러나 금세 소홀히 대하였던 표시가 나타났다. 그 작은 화분의 식물 상태가 많이 안 좋아진 것이다. 역시 "정성이 부족해지면 금방 표시가 나는구나!"라는 생각이 들었다. 그 후로부터 그 작은 화분에 미안해서 다시 특별한 정성을 쏟아붓고 있는 중이다. 조만간 회복되어 좋아질 것으로 기대해 본다.

마음 챙기기 (그림: fierceinc.com/blog)

새벽 4시에 꼭 일어나고 싶어서 알람을 4시 근처에 다중으로 맞추고, 이전 날 취침을 무조건 일찍 하는 등, 꼭 일어날 수 있게 특별히 관심을 기울였더니 이제는 4시에 일어나는 것에 어느 정도 성공을 거둔 듯하다. 벌써 1년 이상 그렇게 4시에 일어나고 있으니 말이다. 나의 기상 시간을 무려 3시간이나 앞당긴 것이다. 역시 "정신을 집중하고 신경을 많이 쓰면 안 되는 일이 없구나!" 하는 생각이 들었다.

몸무게를 줄여(다이어트) 좀 더 날씬해지려고 노력한 적이 있다. 그래서 고기류, 튀긴 음식, 라면, 빵 등은 아예 집에 사 오지도 않고, 냉장고 속에 넣어두지도 않았으므로 다이어트에 많은 도움이 되었다. 추가적으로 매일 정해진 운동하기, 간헐적 단식 등을 실천해보니 결과적으로 10킬로

그램 이상을 뺄 수가 있었다. 그리고 그 몸무게가 현재 약 2년 이상 유지되고 있고, 요요현상의 기미도 없으니 거의 성공하였다고 볼 수 있을 것 같다. 역시 "노력하면 안 되는 것이 없구나!" 하는 생각이 들었다.

내가 과거에는 홀로 계시는 아버지께 안부 전화를 1년 동안에도 몇 통밖에 못 했는데, 이를 반성하여 매일 한 통화 이상 하기로 계획하고 부단히 노력하였다. 매일 저녁 8시 주변 시간으로 알람을 다중으로 맞추어 놓고, 그 시간이 되면 통화할 내용이 있든 없든 간에 무조건 전화기를 들었다. 그리고 이제는 어느 정도 성공한 것 같다. 현재 3년 이상 그렇게 실천하고 있으니 말이다. 역시 "하고자 하면 안 되는 것이 없구나!" 하는 생각이 들었다.

젊은 시절부터 '발톱 무좀'이 생겨 고생을 많이 하였다. 군대 복무 시절에 얻은 것이니 약 35년을 훌쩍 넘게 나를 고생시킨 것인데, 그동안 안 해본 치료가 없을 정도로 온갖 방법을 동원해보았으나, 끝내 아무런 효과가 없었었다. 그러나 최근 약 1년 동안 작정하고 치료에 몰두하였더니(일반 병원 치료를 겸하여 발이 절대 습해지지 않게 아주 철저히 관리), 드디어 거의 뿌리가 뽑혔다. 발톱의 모양과 색깔이 확연히 옛날 모습으로 돌아왔고, 나 스스로가 살짝 감동을 받았다. 약 6개월 이상 재발하지 않았지만, 좀 더 주의를 기울여야 할 것 같다. 역시 뜻이 있는 곳에 길은 있었다.

내게 딸 하나, 아들 하나가 있다. 그들에게 좋은 이야기를 좀 해주고 싶고, 가끔 다정하게 만나서 이야기도 좀 하고 싶지만, 시간상 여의치가 않아서 매일매일 문자로 교훈이 될 만한 이야기를 전해주기로 하였다. 그런데 그 문자의 내용은 단순히 위인들의 명언이나 남의 글을 옮겨 쓰는 정도가 아니고, 순수하게 나 스스로, 내 마음으로 창작을 한 후 보내기로 결심을 하였다. 그리고 그 글의 제목은 “Pa sayings(아빠의 말씀)”로 하였다. 이 문자 보내는 일도 일요일이나 공휴일을 제외하고는 7년 이상 매일 보내고 있으니 어느 정도 성공을 한 듯하다. 역시 “하려고 애쓰고 노력하면 안 되는 일이 없구나!, 문제는 내 마음이로구나!”라는 생각이 들었다.

위에서 독자들의 이해를 돕기 위해서, 내 개인적으로 시도하고 겪어 본 몇 가지 사례들을 소개해 보았는데, 여기서 강조하고 싶은 점은 뭔가 간절히 원하는 바가 있다면, 당분간 그것을, 다소 지나칠 정도로, 특별히 한번 챙겨 보라는 것이다.

왜냐하면, 인간의 집중도에는 어느 정도 한계가 있는 법인데, 모든 것을 다 잘 챙기려고 하면 모든 것에 다 소홀해지기 쉬운 법이다. 그래서 지금 꼭 절실히 필요한 일에는 뭔가 좀 더 특별한 관심과 집중된 노력을 보여주어야 하는 것이다, 당분간은 다소 지나칠 정도로.

즉, 내가 스스로 직접 겪어보니,

“특별히 챙기면 뭔가 특별히 좋아지게 마련이다!” - Pa sayings

1-7. 자신을 새털처럼 가볍게 하라!

“자신을 새털처럼 가볍게 하라”라는 말은 항상 자신의 정신적 부하(부담이나 중압감 혹은 미결된 업무 등)를 최소로 줄여서 마음의 상태를 가볍게 해두라는 의미이다. 이렇게 자신을 가볍게 해두는 것은 무엇을 얻을 수 있는 진정한 준비 자세가 되는 것이고, 만약 앞으로 무언가 좋은 기회가 도래하면 반드시 뜻을 충분히 펼칠 수 있는 진정한 의미의 준비 자세가 이루어진 상태라고 할 수 있겠다.

유럽보다 미국이 더 잘나갈 수 있는 가장 큰 이유 중 하나로서, 유럽은 오래된 귀족문화, 개혁되지 못한 완고한 종교문화 등의 잔재를 많이 가지고 있어서 정신적 부하가 매우 무거운 편이고, 그에 반해 미국은 귀족적 구태나 엄격한 종교문화로부터 비교적 자유로워 정신적 부하가 매우 가벼운 편이라서, 어떠한 새로운 일에도 부담 없이 도전할 수 있는 상태가 되는 것이다. 이런 상태에서는 개인의 창의성이나 도전성이 잘 발휘될 수 있고, 새로운 민주 문화나 미래 과학 문명에 꽃을 피우기에도 매우 유리한 조건이 갖춰지게 된다.

과거 우리나라 신라와 고려의 공통적이면서도 가장 중요한 멸망의 원인으로는 보통 부패한 귀족사회 문화와 도덕적으로 타락한 불교문화 등을 들 수 있다. 즉, 귀족문화와 불교문화의 무거운 역사적 무게를 감당해내지 못한 것이 멸망의 가장 결정적인 원인이 되었다고 볼 수 있는 것이다.

심지어 고려 태조는 신라의 멸망을 타산지석으로 삼아서, ‘훈요’를 통해 절을 함부로 많이 짓는 것과 그로 인한 경제적 혼란을 신라 멸망의 원인으로 구체적으로 지적하였으며, 사원 세력이 지나치게 커지는 것과 불교와 정치세력이 결탁하는 것에 대해 극도로 경계하였다고 한다.

조선이 멸망한 이유 또한 무거운 유교문화가 크게 역할을 한 것으로 보인다. 즉 유교적 사상이나 이념에 함몰되어, 나라가 어려울 때도 체면이나 명분에 얽매이어 국익을 챙기는 데 매우 등한시하였고, 여러 번의 왜란이나 호란의 과정에서도 당파의 이해타산이나 진영논리에 빠져 헤어나지 못한 것이다. 물론 유교 자체가 나쁘다는 것은 절대 아니다. 문제는 유교문화와 유교적 제도를 운용하는 사람의 문제였다고 할 수 있다.

또한 개인적인 면으로 보더라도, 전통적인 명문 가문 출신들은 가문의 무게나 영광에 억눌린 상태에서 어릴 때부터 배우고 성장한 인물들이므로, 그러한 배경이 오히려 정신적 부담감이나 약점으로 작용하여 자기발전에 저해 요소로 작용하는 경우를 많이 본다.

반면에 이러한 부담감이 적은 사람들은 비교적 자유롭게 행동하고, 창의적인 사고가 발달하여 크게 성공하는 예를 많이 볼 수 있다. 그리고 이러한 사람들이 전 세계적으로 신재벌층 혹은 미래 세력으로 새로이 부상하고 있다.

오래되어 낡은 것은 당연히 개혁으로 새로이 가볍게 하여야 지속성을 계속 유지할 수 있는 것인데, 오래되어 낡기만 하고 변신이나 개혁이 없는 상태라면 결코 그 미래가 무사하지 못할 것이라는 냉혹함은 오히려 자연의 섭리에 가까울 것이다.

즉 오래된 것 자체만으로 그렇게 나쁘다고만 할 수는 없어도, 버릴 부분은 버리고, 추가할 부분은 추가하여 계속 업그레이드되어 경쟁력을 지속할 수 있다는 전제가 있어야 그 수명이 계속 연장되는 법이다. 그렇지 못한다면, 꼰대의 모습, 구태의 모습을 띠는 것에 지나지 않을 것이며, 결국은 역사 속으로 사라져 갈 것이다.

높이 나는 새가 멀리 본다 (그림:.goodreads.com/book)

무엇으로 가득 찬 그릇을 그대로 둔다면, 그 그릇이 아무리 큰 그릇이라고 할지라도 과연 새로운 그 무엇을 더 받아들일 수 있겠는가?

과감히 취사선택을 하여 버릴 것과 계승할 것을 분명하게 구분하여야 하고, 피나는 자기 혁신과 자기 변신을 이루어야 그 그릇의 가치가 계속 존속될 수 있는 것이다.

또한, 새것이라고 하여 무조건 좋은 것은 당연히 아니다. 새로운 것은 역사적 경험이나 전통이 취약하므로 금방 무너지기도 쉽고, 오랫동안 유지되기에는 그 기반의 한계를 드러내는 경우도 많다.

결과적으로 가장 중요한 것은 '신구의 조화, 그리고 변신(혁신)'이다. 그러나 여기에서 새롭고 비교적 가벼운 '신(新)문화'가 좀 더 강조되어야 보다 더 미래 지향적 조화가 이루어질 수 있을 것이다. 즉 일반적으로 말하자면, 신문화를 중심으로 하여 구문화를 계승하는 것이 보다 바람직할 것으로 보인다.

왜냐하면, 새는 일단 자신의 몸을 항상 가볍게 해두는 것이 우선되어야 비로소 최소한의 날 수 있는 준비를 제대로 하는 셈이 되며, 또한 몸이 가벼울수록 더 높이 날 수 있다. 개인이나 나라의 이치와 운명도 이와 비슷할 것이다. 즉,

"몸과 마음을 새털처럼 가볍게 해두어라. 그것은 성취를 위한 진정한 준비 자세가 될 것이다!" - Pa saying

1-8. 미래 세상 챙기기!

인공지능과 로봇 전성시대를 철저히 준비하여라!

앞으로의 세상은, 고도화된 인공지능(AI)과 로봇의 전성시대가 올 것으로 보인다. 제4차 산업혁명의 특징에는 이것 외에도 초연결 사회, 사물인터넷(IOT), 드론, 가상현실, 증강현실, 메타버스, 자율주행차, 바이오, 블록체인 등 여러 가지 요소가 있지만, 사실상은 이 두 가지 핵심 요소가 가장 중요한 사안일 수 있으며, 나머지의 사안들은 이 두 가지 핵심 요소의 범주에 포함되거나 흡수될 수 있는 것들이라고도 할 수 있다.

제4차 산업혁명에서 인공지능은 주로 소프트웨어적 영역을 담당하는 것이고, 로봇은 주로 하드웨어적 영역을 담당하는 기술을 말한다. 자율주행차나 드론과 같은 영역도 사실은 AI와 로봇의 영역에 포함되거나 연계시켜 같이 연구하는 것이 충분히 가능할 것이다. 그 기술적 카테고리의 성격이 거의 유사한 것이니 말이다.

또한, 인공지능과 로봇은 각각 소프트웨어와 하드웨어를 담당하는 것이므로 사실상 한 세트로 움직이고 활용될 가능성도 크다. 그리고 이러한 형태를 특히 'AI로봇'이라고 부르기도 한다.

인공지능은 2016년 3월 이세돌 9단이 알파고(AlphaGo; 구글의 딥마인드가 개발한 인공지능 바둑 프로그램)와 5번기를 벌여 1승 4패로 패했을 때부터 사실상 인간의 한계를 넘어섰다고 보아야 한다. 물론 창의적 분야는 당연히 예외이다. 미지의 미래 세계를 여는 핵심 능력에 해당하는 창의적인 능력 분야에서는 여전히 로봇보다는 인간이 앞서나가야 한다.

이렇게 대부분의 영역에서 인간을 이미 초월한 인공지능은 대단하다기보다는, 이미 인간에게 두려운 존재가 되어버린 것이다. 요즘은 이러한 인공지능과 로봇을 활용한 기술이 병원 수술이나 암의 식별, 질병 발생에 대한 예측, 영상 이미지의 분석 및 평가, 자연재해 예측, 각종 씨앗의 개발, 기후 변화 예측, 전투 무기 개발, 우주항공 분야, 문화예술 분야 등 엄청난 분야에 활용되고 있다.

그러나, 이렇게 훌륭한 인공지능과 로봇도 선한 사람이 사용하면 좋은 기술이 되지만, 악한 사람이 사용하면 그 해악은 이루 헤아리기 어려울 정도로 커질 수 있다. 따라서 이러한 인공지능과 로봇 기술이 발달하면 할수록 인간의 두려움 또한 커지게 된다.

AI로봇 (그림:.automate.org/blogs)

그리고 기술이 발전하여 편리해지고 유익해지는 것은 좋지만, 그 기술에 지배당하지는 말아야 할 것이다. 항상 인류의 역사는 선과 악의 끝없는 전쟁, 천사와 악마의 무한경쟁이라고도 평가할 수 있겠다.

따라서 이러한 기술을 악용하는 행위자를 막기 위해서, 우리는 서둘러 AI, 로봇 등과 관련된 국제적 규범과 통제 수단 등을 강구해야 한다. 이러한 규범과 제도적 문제는 인류의 바로 당면한 문제로서 국제적 공조와 그 해결에 대한 노력이 아주 절실하다고 하겠다.

자칫 인간의 통제가 부실하다면, 이러한 첨단기술은, 마치 몇몇 SF영화에서 보아왔듯, 인간에게 엄청난 위해를 가할 수도 있고, 극단적으로는 인간에게 재앙이 될 수도 있는 것이다.

영국의 역사학자 토인비는 "인류의 역사는 도전과 응전의 역사이다."라고 표현하였으며, 이는 문명의 추진력이 외부 환경, 외부 세력 등의 도전에 어떻게 잘 응전하느냐의 정도에 달렸다고 보는 시각이다. 바로 이것이다! 우리는 이러한 첨단기술을 악한 자들도 똑같이 가질 수 있다는 점을 항상 염두에 두어야 하고, 조속히 이들 기술을 통제 가능한 범위 내로 두도록 하여야 한다. 만약 첨단기술을 철저히 통제해나가지 못한다면 인간이 그 기술에 의해 지배당할 수 있기 때문이다.

곧 다가올 인공지능과 로봇의 전성시대를 맞이하여 우리 인류에게 가장 중요한 것은 인간의 욕심이 너무 앞서나가면 안 된다는 것이다. 제4차 산업혁명의 핵심이 되는 인공지능이나 로봇 기술을 이용하여 돈을 벌 생각을 하기 전에, 이들을 제대로 통제하고 윤리적으로 자기 학습과 행동을 할 수 있도록 철저히 가르쳐야 하며, 다양한 새로운 규범과 법과 제도를 만들고, 악한 사람들이 감히 함부로 이런 기술을 사용하지 못하도록 하는 노력과 공조가 최우선으로 진행되어야 하겠다.

1-9. 네트워크 본능을 챙겨라!

앞으로 더욱 큰 힘은 네트워크의 힘을 통해서 나올 것이다!

네트워크(network; 소통망)는 시간상으로는 '과거-현재-미래'를 연결하고, 수평적으로는 실시간 글로벌(공간적) 연결을 꾀하여 미래까지 예측해 볼 수 있는 의미(과학적 예측, 시뮬레이션 등)를 담고 있다.

이러한 네트워크는 시간적·공간적 연결을 통하여 한 개인이나 단체의 힘을 월등히 능가하는 힘을 가지게 되는 것이다. 그리고 인터넷 통신망과 SNS가 발달한 요즘에는 더욱 이러한 네트워크의 힘이 강력해진 것 또한 사실이다.

찰스 로버트 다윈(Charles Robert Darwin; 1809~1882)은 '종의 기원' 등을 발표하여 진화론에 가장 크게 기여한 인물로 22세 때 해군 측량선이자 탐사선인 비글호에 박물학자로서 승선하여 남아메리카, 남태평양, 갈라파고스 제도, 오스트레일리아 등지를 항해하면서 여러 측량, 과학, 생물 등을 연구하였는데, 특히 갈라파고스 군도의 각 섬과 해변에 사는 새와 거북 등이 동일한 생물학적 과에 속하는 종임에도 불구하고 사는 환경에 따라 새 부리의 모양이나 거북의 목 길이 등이 약간씩의 차이를 보이는 것에 크게 호기심이 발동했고, 감명을 받았다고 한다.

그는 긴 항해를 하는 동안 겪게 되는 반복적인 뱃멀미의 고통에도 불구하고, 그의 스승인 존 스티븐스 헨슬로(1796~1861년)에게 그가 기록하고 채집한 모든 내용을 그때그때 편지, 노트, 메모장, 견본, 박제 등의 다양한 형태로 보냈고, 그의 스승인 헨슬로는 제자인 다윈의 업적을 높이 사서, 다윈으로부터 받은 자료들을 모두 모아 '다윈의 지리학 편지'라는 팸플릿으로 만들었고, 학계에 여러 차례 보고했기 때문에, 다윈은 탐사선으로부터 귀국하기 이전에 이미 유명인이 되어있었다.

이렇게 다윈의 편지, 노트, 메모장 등은 인적·지식적 네트워크의 훌륭한 도구이자 매개체로 작용할 수 있게 되었다.

또 다윈은 스승과의 여러 형태의 끈끈한 연결을 통해 엄청난 학문적 성과를 이루어낼 수 있었는데, 다윈의 스승인 헨슬로 또한 매우 훌륭한 인물이라고 아니할 수 없다. 요즘은 이상한 스승들이 많이 나와서, 제자가 연구한 연구 성과와 결과물을 가로채기 혹은 가로막는 스승들도 있으니 말이다.

또한, 훗날 다윈의 평생 친구이자 선의의 라이벌이었던 생물학자 앨프리드 러셀 월리스(Alfred Russel Wallace; 1823~1913)와의 감동적인 일화도 있다.

월리스가 아마존강 유역, 인도네시아 등지에서 연구한 자료를 근거하여 다윈에게 보내온 논문과 편지에 담긴 내용이 자신의 학설과 거의 일치하자, 다윈은 순간 당황하였으나, 서로 충분히 상의하여 공동으로 논문을 발표하기로 한 것이다. 물론 당시 월리스는 자신의 논문과 아이디어를 다윈이 뺏겼다고 주장할 수도 있었겠지만, 다윈과 논문을 공동으로 발표하는 것에 흔쾌히 허락하였다. 이후로도 다윈과 월리스는 찰스 라이엘과 같은 다른 교수들과 더불어 지속적 교류와 학문적 연결을 통해 진화론에 대한 학문적 진전을 엄청나게 이루어 낼 수 있었고, 서로 동반자적 길을 걷게 된 것이다.

월리스 입장에서도 다윈, 라이엘 등과의 친분이 여러모로 도움이 많이 되었다. 그들의 도움을 바탕으로 1872년부터 1876년 사이에 무려 25편의 논문을 쓸 수가 있었고, 1881년에는 과학발전에 기여한 공로를 인정받아 연 200파운드 상당의 연금을 받아서 자기 생활의 안정을 이룰 수도 있게 되었다.

다윈의 탐사선 (그림:.jacadatravel.com/the-explorer)

이렇게 다윈은, 나이 차이는 다소 있었지만, 월리스, 찰스 라이엘, 조지프 후커 등과 친구 같은 끈끈한 관계, 학문적 연결, 선의의 경쟁자 관계를 견지한 덕택에 상호 많은 도움을 주고받아 학문적으로 큰 상승작용을 만들어내었다.

위에서 다윈의 사례를 살펴보았지만, 네트워크 혹은 소통망의 힘이라는 것은 참으로 놀랍다. 다윈은 일생 동안 무려 2,000여 명의 인물과 1만 5,000여 통 이상의 편지를 서로 주고받았다고 전한다.

이러한 네트워크는 혼자서는 결코 할 수 없는 일을 이룰 수 있게 하고, 과거의 참고할 만한 역사적 기록을 다양한 매체의 형태로 현재와 미래에까지 전하여 주기도 하고, 데이터 간의 상호 비교과 분석을 통하여 더 값어치가 높은 새로운 데이터를 창출해주기도 하고, 일기예보나 지진 예측, 우주항공 분야의 예측 등 과학적 분야에 이르기까지 큰 힘을 발휘할 수 있는 것이다.

앞으로 보다 더 본격화될 제4차 산업혁명의 시대에는 이러한 시대적 네트워크 정신을 한층 귀중히 여기고, 자기 내면에 이미 훌륭하게 내재되어있을 네크워크적·집단 지성적 본능을 초연결을 통해 활활 되살려내어야 하겠다.

1-10. 비정상성에 적응력 챙기기!

비정상성의 일상성에 빠르게 적응하여라!

오늘날 우리는 엄청난 기후 위기와 혼돈의 시대를 살고 있다. 전 세계적인 온실가스의 배출이 나날이 증가하고 있고, 지구온난화 현상이 가속화되어가고 있으며, 근세기 최근 약 140년 동안에는 아주 가파른 지구온도의 상승세에 몰려 있는 것이다(아래 그림 참조)

지구의 온난화 현상은 단순히 지구의 온도가 매년 증가하는 데에만 그치는 것이 아니라, 기후의 불확실성과 변덕성을 가중시킨다. 이른바 과거 수만 년 이상의 지구환경에서 경험하지 못한 비일상성 내지 비정상성이 엄청나게 증가하는 것이다.

심지어는 2011년 일본 후쿠시마 제1 원자력 발전소(제1호기~제4호기)가 약 15미터를 넘는 큰 해일로 인해, 그 냉각장치가 불능 상태로 되어 펠릿을 포함한 전체 구조물이 녹아내려 방사능 물질이 대량 누출된 사건도 바로 지구온난화의 영향으로 보고 있다. 심지어 이때 불이 붙은 노심이 아직도 완전히 식혀지지 못하여 현재에도 계속적으로 매몰된 원자로 하부에서 방사능 물질이 누출되고 있고, 빗물과 원자로 밑을 흐르는 지하수에 의해 방사능에 오염된 물이 태평양 바다로 계속적으로 누출되고 있으며, 아직 그 처리 방법에 대해서는 국제적으로 논란이 제기되고 있는 상황이다.

또, 대부분의 과학자들은 사스, 메르스, 코로나, 원숭이 두창 등 각종 전염병의 원인도 결국은 지구온난화 및 인간에 의해 자행된 자연 파괴의 영향으로 보고 있다. 인간이 자연을 파괴하고 동물들의 서식지를 엄청나게 많이 없애고, 심지어는 희귀동물들의 육고기를 즐겨 온 결과, 동물들과 인간의 근접 거리가 매우 가까워지고, 직간접적인 접촉 기회가 많아져서, 과거 동물들에게나 걸릴 수 있었던 전염병이 박쥐, 낙타, 사향고양이 등을 거치면서 변종이 발생하여 '인수 공통 전염병'으로 바뀌어 인간에게 전파되었다는 것이다.

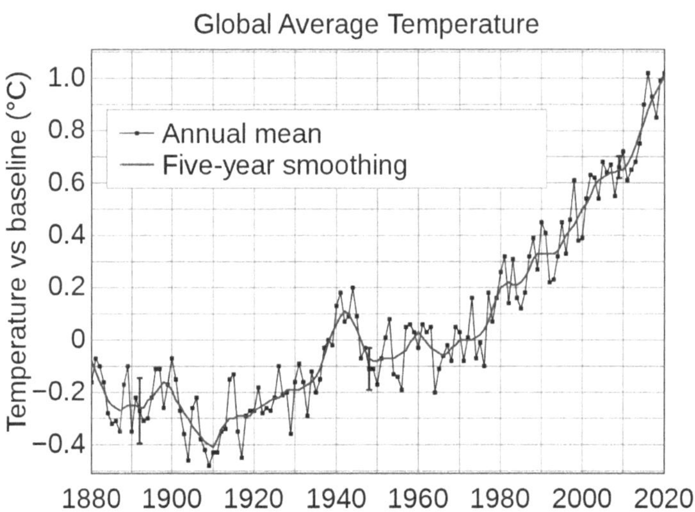

1951년부터 1980년까지의 기온 평균 대비 1880년부터 2018년까지의 육지-해양의 표면 온도 변화 그래프 (그림: ko.wikipedia.org/wiki/)

또한, 요즘의 기후는 때아닌 우박, 때아닌 눈, 때아닌 한파, 때아닌 태풍, 때아닌 장마, 때아닌 전염병, 때아닌 가뭄, 때아닌 홍수, 예상 못한 엘니뇨나 라니냐 등으로 인하여 태평양을 사이에 둔 홍수와 가뭄의 동시 출현 등 이상기후(기상이변 현상)들이 엄청나게 많이 출현하고 있으며, 지구온난화를 해결하지 않는 이상 이러한 현상들은 점점 심화될 것으로 내다보인다.

예를 들어보자면, 지구상 장소를 달리하여 거의 매년 초대형 우박(5~10cm)이 내리는 현상 등이 잦아지고 있으며, 2015년 말에서 2016년 초까지 '슈퍼 엘니뇨'현상이 발생하여 태평양의 서쪽인 인도네시아 등의 동남아 지역은 최악의 가뭄으로 산불이 지속되어 그 연기가 인도네시아는 물론 말레이시아와 태국 남부까지 영향을 주기도 하였고, 반면에 태평양 동쪽인 남미 페루에서는 기록적인 폭설과 홍수로 수많은 이재민이 발생한 적도 있었다. 이때 당시 적도 부근의 태평양 해수면 온도가 무려 30도까지 기록한 바 있다.

앞으로 인간은 지금까지의 재난 패턴과는 다른 예측 불가능한 형태의 충격적인 재난(초유의 전염병, 자연재해, 방사능 피해 등)을 맞닥뜨려야 할 수도 있다는 것을 충분히 예상해볼 수 있다. 이렇게 엄중한 비정상성의 시대에 살면서 우리에게 무엇보다 필요한 것은 현실에 대한 제대로 된 인식, 그리고 넓은 이해와 적응력일 것이다. 글로벌 재난에 어느 나라 독단적으로의 대처 자체가 불가능할 것이라서 반드시 공동의 재난 극복을 위한 인식의 공유, 협력하는 자세 등이 반드시 필요할 것이며, 무엇보다 빠른 적응력을 갖추어 어려운 재난 발생 환경에도 빠르게 대응 및 회복할 수 있는 능력을 갖추어야 하겠다. 그리고, 제발 탐욕을 버리고, 지구를 살리는 대열에 기꺼이 인식과 행동을 같이 해야 할 때이다.

아래는 다윈(Darwin)의 가장 다윈다운, 제법 많이 알려진 명언(적자생존 관련)에 관련된 구절이다.

"가장 강한 것이 살아남는 것이 아니고, 가장 똑똑하다고 해서 살아남는 것도 아니다. 변화에 가장 잘 적응하는 것이 살아남는다!"

1-11. 불완전한 맘 추스르기!

헤르만 헤세는 소설 '데미안'을 통해 "새는 알을 깨고 나오기 위해 싸운다. 알은 바로 세계 그 자체이다. 모든 제대로 태어나려는 자는 하나의 세계를 깨뜨리거나 뚫고 나와야 한다. 그리고 드디어 알에서 나온 새는 신에게로 향해 날아간다. 그 신의 이름은 다름 아닌 '아브락사스'이다."라고 쓰고 있다. 여기서, '아브락사스'라는 것은 선과 악을 모두 내포하고 있는 신이며, 이들을 모두 통합한 완성체라고 할 수 있다. 그리고 이러한 완성체는 항상 자기 내면의 소리를 귀 기울여 들으려 하고, 자신의 진정한 가치에 충실하여 자아를 제대로 발견하고 또 깨달아야 만날 수 있는 영역이라는 것이다.

그렇다! 세상에는 선과 악, 사랑과 증오(미움), 존경과 멸시 등 다양한 개념들이 서로 대립되고 있다. 그리고 은연중에 우리는 선이 좋고 악은 배척해야 하며, 증오는 미워해야 하고 사랑은 많이 해야 하고, 멸시는 나쁜 것이며 존경은 좋은 것이라고 생각들을 하고 있다.

그러나 생각을 해보라. 악이 없으면 선이란 단어는 필요가 없을 것이며, 증오가 없으면 사랑이라는 단어도 의미가 없을 것이고, 멸시가 없으면 존경이라는 개념 또한 존재할 이유가 없다.

'아브락사스'라는 것은 결국 이러한 두 가지 상반되는 이원성의 개념을 통합하는 의미일 것이다. 즉 선이 악을 낳고, 악을 반성하면 다시 선이 이루어지며, 시작이 곧 끝으로 연결되고 끝은 다시 시작으로 연결되며, 씨앗이 곧 열매로, 열매는 다시 땅에 떨어져 씨앗이 되는 연속적인 개념일 것이다.

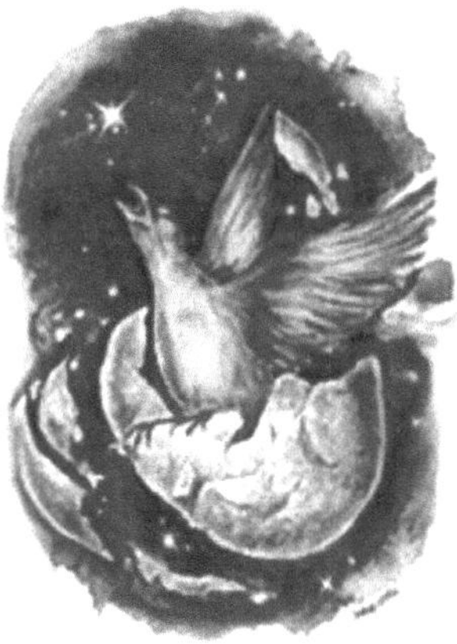

알을 깨고 나오기 (그림: musingmelanie.wordpress.com)

그러나 여기서 중요한 것은 아브락사스는 단순히 두 가지의 개념이 합쳐진 의미를 넘어선다는 것이다. 무엇보다 두 개념이 합쳐진 후 또 하나의 새로운 개념을 탄생시켜 '완성으로서의 개념'이 탄생한다는 점이다.

이를테면, 선과 악이 너무 다투거나 미워하지만 말고 지혜롭게 공존을 하면서도 네 삶의 원하는 가치를 잘 이루어 나가는 세상, 어둠과 빛이 서로 공존하면서도 상호 대립하지 않고 절절히 조화를 이루어 나가면서 더 큰 의미와 가치를 창조하는 세상 등을 의미한다고 볼 수 있겠다.

생각해보면, 인간 세상에 '완벽'이라는 것이 어디 있겠는가? 인간 자체가 불완전한 신의 피조물인데, 인간이 만들어 낸 피조물들이야 말할 것도 없지 않겠는가? 따라서 '불완전함' 자체가 또 하나의 의미이기도 할 것이므로, 이 또한 기꺼이 받아들여야 하는 것이다.

즉 인간 그 자체가 불완전한 객체이므로 그 피조물들은 당연히 불완전한 것들일 것이고, 인간이 무리하게 완전만을 추구한다는 것은 어불성설(語不成說)이 되는 셈이다. 다시 말해, 불완전한 객체가 완전한 그 무엇을 원하고 추구한다는 자체가 부조리한 것이라는 의미이다.

따라서 상대를 필요 이상으로 비난하거나, 자신만이 완벽한 체하는 등의 위선적 태도를 보이는 것은 절대 금물이다.

우리에게 진정으로 필요한 사회는 보다 포용적 사회. 약자를 보호하는 사회, 악행을 처벌할 수는 있어도 적어도 지나친 비난은 하지 않는 사회, 깨끗함을 추구하되 더러움도 미워하지 말고 잘 닦아낼 줄 아는 사회, 모든 생명 그 자체를 소중하게 인정하려는 동행과 공존의 사회일 것이다.

1-12. 진심을 애써 설명하지 마라!

진심은 애써 설명하지 않아도 자연히 느껴지고 읽혀지게 마련이다!

사회적으로 큰일을 해내어 큰 자랑거리가 생겼을 때, 보통 많은 사람은 그 자랑거리를 최대한 많이 노출하고 싶어 한다. 그러나 지나친 자랑이나 자기표현은 상대방의 눈살을 찌푸리게 할 때도 많이 있다.

예를 들어, 어떤 사람이 어려운 국가시험에 합격하여 다른 한 친구에게 그 자랑을 무용담처럼 멋지게 이야기하고 있고, 만약 그 상대 친구는 그 시험에 매번 낙방하고 있었다면, 그 낙방한 친구의 마음이 매우 편치 않을 것이다. 더군다나 삶이 힘든 상대방을 약 올리는 수준으로까지 자신의 자랑거리를 과시하는 경우도 심심치 않게 행해진다.

요즘은 여러 SNS(Social Network Service), 모바일 메신저 등의 발달로 자신을 적극 홍보하고, 자랑하고, 과시하고, 심지어는 찬미하는 일들이 어느 정도 수준까지는 사회적으로 허용된다고 볼 수 있다. 그러나 이러한 자기과시 행위들이 자칫 무분별해지거나, 그 도가 지나치게 되면 주변이나 친구에게는 간혹 사고성 결과로 이어질 수도 있는 것이다.

"머리카락 한 올도 신의 섭리 없이는 떨어지지는 않는다(윌리엄 펜)"라는 말이 있다. 이 말은 또한 톨스토이의 "전쟁과 평화"에서도 톨스토이가 나폴레옹의 교만과 오만을 지적하면서 빗대어 인용한 말로도 유명하다.

자기 능력을 과신하여 자랑하고, 인류의 운명을 지배할 수 있다고 믿는 '오만한 인격의 소유자'를 톨스토이가 강하게 지적했던 것이다.

요즘과 같은 자기표현의 시대 혹은 자기 피알(PR) 시대에도 우리가 꼭 잊어서는 안 될 것이 있다. 무심코 행하는 자신의 자랑이나 과시가 상대를 무척 속상하게 하거나, 언짢게 할 수도 있다는 사실이다.

진심은 애써 설명이 필요 없다 (그림: lovell.com)

즉, 무심코 행하는 자기과시나 자랑이 배려가 없는 처사가 되기도 한다는 뜻이다. 물론 이러한 자랑이나 자기과시를 상대방이 흔쾌히 받아들여 같이 기뻐해 주기라도 하는 상황이 연출된다면 더욱 괜찮은 일일 수도 있다. 그러나 그 반대의 상황도 얼마나 벌어질 수 있기 때문에, 진정 상대를 배려할 줄 아는 사람이라면, 자랑하고 과시하기 전에 상대의 처지를 아주 잠깐씩이라도 한번 헤아려보는 것이 좋겠다.

진정, 된 사람(인격적으로 훌륭한 사람)은 자신이 아무리 자랑할 만한 큰 성과를 거두었다고 하여도, 가능한 그 대단한 자랑이나 과시 자체를 일단은 자제하는 것이 더 좋다. 이는 자칫 상처받을 수 있는 상대에 대한 배려이기도 하고, 자기 자신에 대한 마음속으로의 겸손·겸허이기도 한 것이다. 그러나 그 자랑거리를 애써 감추었는데도 어떠한 경로로 그 사실이 주변으로 전해졌을 때는 상대방도 존경하는 마음으로 그 사실을 대하게 될 것이다. 이 경우에는 오히려 그 사실을 감동에 가까운 사건으로 접하게 될 수도 있을 것이다.

왜냐하면, 큰 자랑거리가 생겼어도 상대를 배려하여 표시 하나 하지 않았는데, 그것을 친구가 우연히 알게 되었다면, 살짝 감동으로 그 사실을 접할 수도 있다는 의미이다. 이러한 결과는 소소한 자기희생 혹은 내면적 성찰에 대한 보상일 수도 있겠다. 설령 그 자랑거리를 상대방이나 주변이 전혀 끝까지 못 알아주어도 상관은 없겠다. 이미 그 자랑거리에 대한 과시 그 자체를 마음으로 포기하였고, 스스로 자랑하지 않아도 있는 그대로를 이미 마음속에서 만족하여, 더 큰 마음의 보상과 행복을 이미 경험한 것이라고 볼 수 있을 것이니 말이다.

세상의 이치는 자명하다. 티 나게 드러내려고 노력한다면 별로 폼나게 드러나지도 않을뿐더러, 드러나더라도 금방 자신의 바닥을 드러내 보일 것이고, 되도록 드러내 보이지 않고자 한다면 더욱 잘 드러날 수 있을 것이다. 또 과장이나 거짓말은 하면 할수록 그것의 그릇됨이 더욱더 강하게 드러나 보이고, 진솔해지고 겸손해진다면 그 진심과 진정성이 더욱 진하게 드러나 보일 수 있을 것이다.

1-13. 균형 잡힌 통찰력 챙기기!

숨겨진 부분을 꿰뚫어 볼 줄 알아야 한다!

어떤 사람이나, 사물이나, 사상 등의 장점은 주로 홍보나 주장이나 의도적 노출을 많이 하기 때문에 비교적 사회적으로 잘 알려지는 편이다. 그것은 전파가 빨리 되고, 간파도 아주 쉬운 편이다. 그러나 단점이나 결점의 경우에는, 긴밀하고 밀접하게 겪어보기 이전에는, 될 수 있으면 서로 숨기려고 하고, 잘 표현을 안 하는 경우가 많으므로 웬만해서는 간파가 매우 어렵다. 이것이 보통 사람의 눈에는 장점은 잘 보여도 단점이나 결점은 좀처럼 잘 안 보이는 이유이다. 한술 더 떠서, 장점은 보통 꾸미고 과장되어 우상화나 극대화되기도 쉽고, 단점은 잠복하거나, 물밑에 숨어있기가 십상이다.

물론, 자기 자신이나 자신의 소유물 등 자신의 이익이나 개인적 사욕과 관련된 것에는 단점이 더 잘 보일 수 있다. 그러나 이 경우에는 보통 장점과 단점이 거의 동시에 보이거나, 최소한 장점과 단점의 상호 비교 자체는 잘 이루어지는 편이고, 또 순전히 개인적·심리적 문제이므로 논외로 하기로 하자.

어떤 것이든 장점만 있고 단점이 없는 것은 거의 없다. 그럼에도 우리는 단점은 잘 보려고 노력을 기울이지 않는다. 결국 단점은 도처에 존재하는데도 불구하고 인식을 잘 못 하게 되는 것이다. 그러나 이러한 단점을 제대로 파악하지 못하면 우리는 균형 잡힌 판단을 하기가 매우 어려워지는 것이다. 그 결과 장점만 보고 판단하였다가 나중에 실망만 남게 되는 경우가 많다.

예를 들어 홍보나 광고를 보고 마음에 드는 물건을 구입했는데, 구매 후 직접 사용을 해보니 너무나 단점이 많이 발견되어, 결국은 더 이상 사용을 하지 않게 되거나 버리게 되는 경우도 자주 있을 수 있다. 요즘 "소비자가 똑똑해져야 속지 않는다."라는 말을 많이 하지 않는가?

다른 예로, 참 좋은 친구가 될 것 같아서 내 마음을 다 열어젖히고서 돈도 빌려주고 친하게 지냈는데, 얼마 후 점차 그 친구의 단점이나 문제점이 하나둘 발견되고 점점 실망으로 이어져 많은 정신적·물적 손해를 보는 경우도 있다. 물론 이러한 사람 간의 관계에서는 정신적 상실감이 물적 손해보다 훨씬 더 클 수도 있다.

아무튼 이러한 단점을 초기부터 제대로 파악하려면 무엇보다 자신의 내공이 필요하다. 대상이 물건이라면 그것에 대한 상식이나 지식이 필요할 수 있고, 대상이 사람이라면 사람을 보는 안목, 마음을 꿰뚫어 볼 수 있는 능력이나 경험 등이 필요하다. 즉, 무엇이든 자기 스스로가 많이 알고 정통하여야 남에게 속지 않는다는 의미이다.

우리가 신문이나 매체를 읽을 때도 그 "행간을 잘 읽어라"라는 말은 자주 하지 않는가? 글씨로 표현된 것 외에 어떤 의도가 거기에 숨겨져 있는지를 파악하는 것이 중요하다.

또, 정치인들이 무슨 말을 하면, 우리가 그 말을 액면 그대로 믿지 않고, 그 말의 의도를 파악하려는 경우도 많을 것이다. 그러나 그러한 행간이나 말의 의도 등을 정확히 파악하기란 그리 간단치가 않다.

일반적으로 보면, 보통 자신의 내공보다 그 평가 대상이 더 수준이 높으면 내가 파악하기가 힘들고, 자신의 내공이 그것들보다 더 수준이 높으면 비교적 쉽게 파악이 가능할 수 있다. 즉, 스스로 잘 알고 내공을 기르고, 알려고 노력을 기울여야 비로소 행간이나 말의 의도 파악이 가능해질 수 있는 것이다. 결국,

"자신이 원하는 삶을 살아내려면 자신의 내공을 크게 키우고, 곳곳에 숨겨진 거대한 먹이 사슬의 그물망을 잘 이해할 수 있어야 하고, 그래야 비로소 네 생각과 행동에 참자유가 내려앉을 것이다."
- Pa sayings

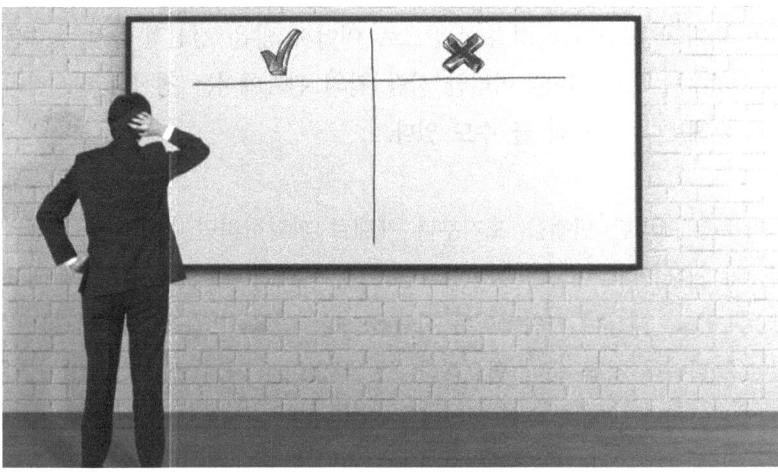

장점보다는 단점 (그림: klasing-associates.com)

오늘날 우리 사회는 생각보다 우상화도 많고, 금지사항도 많고, 터부시하는 대상도 많다. 이 또한 어쩌면 장점과 단점의 공평한 평가와 판단을 위한 눈을 가리게 하는 원인이 충분히 될 수 있다.

예를 들어, 우리 사회가 보이지 않게 비판 금기로 설정해놓은 세종대왕, 이순신 장군, 이황 선생, 이이 선생 등의 경우도 마찬가지일 것이다. 그분들의 엄청난 공적에도 불구하고, 그분들도 사람일진대, 왜 허물이 없고 단점, 결점, 혹은 실수가 없겠는가? 아예 처음부터 보이지 않는 금기선을 설정하여 조금이라도 나쁜 비판의 말이나 글이 나오면, 이유 없이 역사를 폄훼한다는 등의 주장으로, 난리가 난 듯 요란을 피우는 일들도 많이 있다. 이러한 보이지 않는 사회적 금기나 우상화는 많은 지식인들의 눈을 가리고, 건전한 우리 지식사회의 발전과 민주사회의 성장에 상당한 지해 요소로 작용할 수 있는 것이다.

또 요즘은 국민 연예인, 국민 스포츠인, 기타 국민 예술인 등의 경우에도 이런 보이지 않는 금기 선이 쳐진 경우가 많이 있다. 이런 완고한 사회적 태도는 분명히 고쳐져야 하고 개선되어야 한다.

우리는 이렇게 사람이나 사물의 장점과 단점들을 균형 있게 보지 못하고 장점에만 치중하여 영웅시 혹은 만능시 한다면, 그 대상이 무엇이든 간에 결과적으로는 균형 있는 인식과 이해가 부족하게 되어 향후 다가올 조그마한 파동에도 금방 혼란을 겪을 수 있을 것이다. 즉,

"모든 대상에 대해 음(陰)과 양(陽)을 두루 살필 줄 아는 균형 잡힌 통찰력이 무엇보다 중요하다!" - Pa sayings

1-14. 흔들리지 않는 맘 챙기기!

악마가 가장 두려워하는 자가 되어야 한다. 그는 바로 포기하지 않는 자이다!

보통 우리가 상대방과의 어떤 싸움에서 가장 무서운 사람은 자기보다 센 사람일 것이다. 그러나 그렇게 센 사람 이상으로 두려운 존재는 절대 포기하지 않는 사람이다.

반대로, 만약 내가 상대보다 더 세다고 하더라도 상대가 끝까지 포기하지 않는다면, 내가 승리를 선언할 수 없을뿐더러, 해당 문제(싸움)에서의 마무리 부족으로 인하여 나의 다음 행보에도 막대한 차질이 발생할 것이다.

우리의 삶에서도 자신이 진정으로 원하는 삶의 길을 가려면, 반드시 악마의 유혹과 훼방꾼들의 따리를 넘어야 한다. 그리고 이들과의 전쟁에서 내가 이기려면 내가 그들보다 센 사람이 되면 될 것이다. 그러나 인생에서 그게 그렇게 호락호락하지 않을 때가 많이 있다.

그럴 때는 과연 어떻게 돌파해야 하겠는가? 결론적으로 그들보다 내가 세어질 때까지 포기하지 않으면 될 것이다. 내가 포기하지 않는 한 악마나 훼방꾼들은 자신들의 승리를 선포할 수 없을 것이며, 나의 실패 또한 계속 유보되어 질 것이고, 끝까지 내가 버티는 한 실패는 결코 없는 것이다. 그러면서도 내가 계속 내공을 다지고, 기회를 엿보고 있다가, 언젠가 좋은 시류와 기회를 만나게 되면, 그때는 아예 역전을 시킬 수도 있을 것이다.

"끝날 때까지는 끝난 게 아니다"("It ain't over till it's over")라는 유명한 말이 있다. 이 말은 미국 MLB(메이저 리그 프로야구) 역사상 최

강의 포수에 꼽힐 수 있는 '요기 베라'의 말로서, 근성 있고, 포기하지 않는 삶에 대한 대명사 격인 명언이다.

요기 베라의 싸인 볼
(그림: quotesgram.com/img)

또한, 악마나 훼방꾼들과의 전쟁에서 내가 죽을 때까지 포기를 하지 않으면 실패도 없게 되는 셈이다. 만약 내가 너무 쉽게 포기를 선언하면 가장 좋아할 자들은 악마와 훼방꾼들일 것이다.

그러나 도중에 진정으로 생각해보건대, 그 길이 나의 길이 아니라는 결론이 확실하다면, 그 길을 접고 포기할 수도 있겠다. 과연 이러한 경우라면 '포기'라는 용어를 쓰기보다는 '방향전환(가는 길을 바꾼다)'이라는 용어를 쓰는 게 더 적합할 수 있겠다.

이렇게 '방향전환' 시에는 어쩔 수 없는 경우를 직면하여 길의 방향을 바꾸었다고 하여도 기존에 걸어온 길이 결코 헛된 길은 아니었을 것이다. 자기 인생에서 어떠한 일을 선택하고 진행하였어도, 진정으로 거기에 집중하여 열심히 하였다면, 방향전환 전후의 일들이 서로 거미줄처럼 얽혀서, 마치 다른 길처럼 보이더라도, 긴밀히 연관되어 여러 상승작용을 만들어 낼 수도 있을 것이어서 그 과거의 실패 또한 너의 큰 내공으로 자리 잡을 공산이 크다.

예를 한번 들어보면, 자신이 인문학 전공 출신인데 기술 계통의 사업을 하여 성공한 사례도 있고, 반대로 공대 출신으로 기술 계열의 전공 출신인데 인문학 계열의 일을 하여 큰 성공을 거둔 경우도 많이 있다.

그 각자의 성공담을 들어보면, 자신이 하고 있는 일의 반대쪽의 전공적 소양이 자신의 성공에 오히려 하나같이 큰 역할을 해주었다고 입을 모은다.

또한, 같은 공학기술 계열의 전공이라고 하더라도, 전기를 전공하였는데 기계쪽 사업을 하여 크게 성공한 사람도 있고, 기계쪽 전공 출신인데, 전기쪽 사업을 하여 크게 성공한 예도 있다. 이럴 경우에도 그 성공담을 들어보면, 하나 같이 자기가 하고 있는 사업의 그 반대쪽의 기술 소양이 자신의 성공에 아주 크게 도움이 되었다고들 한다. 즉 자신이 양쪽을 다 경험함으로써 결국 자신은 기계도 알고 전기도 잘 알게 되어 사업에 성공하는데 두루 넓게 볼 수가 있어서 도움이 많이 되었다는 의미이다.

이렇게 모든 것이 정상 근처에서는, 그동안의 과정에서 많이 달랐던 것들도 서로 통하고 융합되는 법이다.

우리가 어떤 일이든 한 가지를 진정 집중하여 진행하다가, 설령 그 길을 도중에 바꾸더라도 과거에 열심히 한 경험은 결코 사라지는 것이 아니다. 그 경험은 피가 되고, 살이 되어 이후 자신의 또 다른 행보에도 많은 도움이 될 수 있을 것이고, 큰 바탕이 되어준다고 보아야 할 것이다. 즉 어느 것에 도전하더라도 크게 문제가 되지 않으니 염려하지 않아도 된다. 정말 중요한 것은 실패를 염려하지 않고 제대로 한번 도전해볼 수 있느냐의 문제일 것이다.

“한번 결정하면 흔들리지 않고, 끝까지 한번 제대로 해보는 끈기와 용기는 분명 너를 완성시켜 줄 것이다!” - Pa sayings

1-15. 실력보다 간절함 챙기기!

간절함은 실력을 앞선다!

어떤 어려운 국가고시 등에 합격한 사람에게 그 비법을 물어보면 여러 대답을 들을 수 있지만, 가장 공통적인 대답은 아마 간절함이 아닐까 싶다. 평소 모든 것이 풍족하고 별 간절함이나 걱정이 없다면, 어려운 일이나 시험 등에 잘 도전하려고도 하지 않고, 도전한다고 해도 그 집중도가 매우 약한 것이 보통이다.

여러 스포츠 경기(농구, 배구, 야구, 축구 등)에서도 양 팀의 기세가 엇비슷하면 간절함이 큰 팀이 이기는 것을 흔히 본다. 이것은 간절함이 부족하면 긴장이 살짝 풀리면서 근육이 이완되고, 몸 상태가 낮은 기저 에너지 상태로 에너지 준위 면에서도 낮아지기 때문에 도전이나 목적 지향성이 약해지는 것이기 때문이다. 즉, 이때는 기초대사량에 가깝게 에너지 소모가 적어지는 상태가 되면서 강한 의욕 같은 것은 없어지게 된다. 반면에 국가시험, 고시 준비 등에 간절함이 큰 사람은 공부에 높은 집중도와 지속성을 갖고 도전하게 되며, 이러한 지속적 높은 에너지의 발현은 좋은 성과로 이어지는 것이다. 아무리 실력이 있어도 간절함이 부족하다면, 그 성패를 장담하기는 어렵다. 초일류 대학 출신의 우수한 인재가 평상적인 국가시험에 계속 떨어져 10년 이상의 실패를 거듭하는 경우도 있는 반면, 별로 알아주지도 않는 지방의 작은 대학 출신이거나 고졸 출신이지만, 간절함과 강한 의지로 한 번에 어려운 최상급 국가고시에 패스하는 사례도 어렵지 않게 접하게 된다.

역으로 이야기를 전개해 보면, 억지로라도 지속적인 간절함을 가질 수만 있다면, 원하는 성과를 만들어내기는 그리 어렵지 않다고 할 수 있다. 문제는 이러한 간절함은 도대체 어디서 오는가 하는 문제이다. 가장 일반적으로는 많은 실패와 어려운 상황의 극복 과정에서 이러한 간절함이 많이 눈에 띈다. 가령 어릴 때부터 집안이 가난하여 먹고 싶은 것을 잘 먹을 수가 없었고, 부자인 친구를 많이 부러워했던 사람은 후일 돈 벌기에 집중하여 큰 부자가 되는 사례들도 많이 볼 수 있다. 시대를 막론하고, 나라를 막론하고 경제계, 연예계, 스포츠계 등에서 이러한 이른바 자수성가형 입지전적인 인물들은 흔히 찾을 수 있다. 이는 가난이나 좌절, 고통 등을 간절함으로 잘 승화시킨 결과라고 할 수 있겠다.

간절함 (그림: pngegg.com)

그러나, 이러한 간절함은 실패와 절망적 상황의 극복 과정에서만 올 수 있는 것은 아니다. 스스로의 높은 도전 의식이나 강한 목표 지향적 성향, 강한 자긍심, 순수한 도전정신 등으로부터도 충분히 올 수가 있다.

즉 인간에게 현실이라는 것은 대개 만족보다는 불만족의 상태로 느껴지는 것이 당연할지도 모르겠다. 이렇게 결코 만족 못할 현실에 그냥 그렇게 체념하거나 굴하지 않고, 자기 삶의 목표를 설정해가며 높은 도전 의식이나 강한 성취 의식, 진정한 시합 정신 등으로 무장하고 도전하여 결국 큰 업적을 이루어내는 경우도 많이 있다.

1-16. 시조님 모시고 챙기기!

단군을 제대로 모셔야 나라가 산다!

중국의 저력은 사마천의 "사기"로부터 나온다고 해도 과언이 아니다. "사기"는 전 세계 역사서 중에서도 가장 으뜸으로 꼽히는 저작 중 하나이다. 중국 전한(前漢)의 사마천이 아버지의 유지를 받들어 죽는 것보다 힘들다는 궁형(당시 사형보다 더 큰 형벌로 인식되었던 생식기를 제거하는 형벌)을 기꺼이 받아들이고, 그 역경을 극복해가며, 죽는 날까지 써 내려간 책이다. 저술 시기도 BC100년 내외로 세계 최고 오래된 반열의 수준이다.

이스라엘의 저력은 토라(모세오경)나 탈무드 등으로부터 나온다.

유대인들은 어릴 때부터 거의 필수로 이들 서적을 공부하면서 자라며, 이 책에 나오는 종교, 역사와 사상들이 삶의 기준이자 철학이 되는 것이다. 그야말로 종교, 역사, 사상 등이 일체화되는 수준이다. 이렇게 유대교육은 어릴 때부터 엄청난 삶의 지혜에 대한 교육, 도덕적으로 수준 높은 교육 등 전인교육에 올인(all in)할 수 있게 되는 것이다.

우리나라의 경우에는 단군을 제대로 모셔야 나라가 살 수 있다. 오만한 정치인들이 정치 지형이 바뀔 때마다 흔히 새로운 국가제조 혹은 국가개조를 운운하는 것은 참으로 오만한 짓이다. 국가의 제조나 개조가 아닌 정상적인 국가의 회복이라고 불러야 마땅할 것이다.

BC2333년에 벌써 우리의 엄청난 역사가 있었고, 그 역사는 우랄 알타이 어족으로써 동아시아뿐만 아니라 카자흐스탄, 튀르키예(과거 '터키'

라고 불렀음) 등의 동유럽, 혹은 서유럽의 일부까지 뻗어나간 것이다. 지금도 카자흐스탄이나 튀르키예에 가면 한국말과 유사한 말들이 상당히 많으며, 단군과 조선이라는 용어, 좌식문화, 제사 문화 등 상당히 유사한 문화들을 쉽게 확인할 수 있다. 이러한 역사적 동질감 때문인지 이들은 우리나라의 말과 문화를 아주 쉽게 따라 배우고 느끼며, 상당한 우애까지 생기는 것도 우연이 아닌 것으로 보인다. 우리가 튀르키예를 형제의 나라라고 부르지 않던가? 튀르키예인들도 스스로를 돌궐 제국의 후예라고 부르면서, 많은 지역에서 어릴 때부터 고구려의 후손인 한국을 피를 나눈 형제라 배운다. 튀르키예의 역사 교과서에 따르면 돌궐 제국의 "오르혼 비석"에 고구려는 형제라고 쓰여 있다고 한다.

당연히 우리나라 저력의 근간은 조선(고조선)과 단군으로부터 나와야 한다.

오늘날까지 수천 년 전해오는 고조선의 홍익인간 재세이화(弘益人間在世理化) 사상은 세계적으로도 유래를 찾아보기 힘들 만큼 대단한 '대사상'이다. '널리 인간을 이롭게 하고, 하늘의 이치대로 땅에도 이룬다.'는 이상의 참다운 가치가 이 세상에 또 어디에 있겠는가?

단군에 대한 역사적 기록이 부족하다는 핑계를 대지 말고, 후손들이 삼성기, 단군세기, 북부여기, 태백일사, 조선상고사 등 다양한 자료들과 아직 발견되지 못한 사료들을 고증

채용신이 그린 단군상
(그림: mycelebs.com)

을 통해 찾아내고, 나날이 복원의 정도를 높여가며, 한층 드러나게 하여야 마땅하다. 즉 나라와 민족 자긍심의 회복을 위한 역사적 고증 및 연구에 앞으로 한층 더 높은 수준의 투자를 해나가야 하겠다.

또 우리나라가 굳이 건국절을 따로 정하려면 BC2333년 10월 3일(개천절)로 정해야 마땅하다.

최근 정치계, 학계 등에서 건국절을 임시정부 수립을 선포한 것으로 알려진 1919년 4월 11일(혹은 4월 13일, 4월 23일, 9월 11일 주장설 있음)로 정해야 하느냐, 해방 이후 광복절인 1945년 8월 15일로 정해야 하느냐, 혹은 대한민국 정부 탄생을 국내외에 선포한 1948년 8월 15일로 정해야 하느냐에 대한 의견이 매우 분분하다.

만약 건국절을 1919년 혹은 그 이후로 정한다면, 반만년에 가까운 우리의 유구한 역사를 고작 100년 내외의 협소한 역사 안으로 가두어 버리는 큰 역사적 과오를 범하게 되는 셈이다.

자칫 다른 나라 사람들이 생각하기에 "한국은 1919년에 처음 나라를 세운 초보 국가이구나!"라고 하는 오해를 살 수도 있을 것이다. 여기서 중요한 역사적 사실은, 1919년 4월 이미 우리 임시정부가 개천절을 국경일로 선포하였고, 독립신문에서도 이미 개천절을 '건국기념일'이라고 표현한 사실이다.

청교도를 위시하여 유럽인들의 식민지 개척의 역사로 시작된 미국의 건국절은 독립을 쟁취한 1776년 7월 4일을 기준으로 하니 약 250년 정도가 되었고, 우리보다 고대국가 형성이 훨씬 뒤처진 일본의 건국절은 BC660년 2월 11일을 기준으로 하니, 약 2,700년이나 된다.

우리가 역사적 중요 기준점을 정할 때는 어김없이 단기(檀紀)를 기준으로 하는 것이 마땅하며, 그래야 나중에 남과 북의 형제들이 공통분모를 찾을 수 있을 것이고, 강한 자긍심도 가질 수 있을 것이며, 함께 발전적 역사를 만들어 나갈 수 있는 최소한의 기틀을 만들 수 있는 기회를 가질 수 있을 것이다. 그리고 혹자는 개천절인 10월 3일 이라는 날짜에 대한 근거가 부족하다고 하겠지만, 미국의 경우는 안 그런가? 미국의 독립기념일도 엄밀하게는 날짜의 오류가 있으나, 그냥 문제없이 사용되고 있지 않은가? 일본의 경우에도, 일본 황실의 시조인 진무 덴노가 BC660년 2월 11일에 일본을 세웠다고는 하지만, 일본 학자들 사이에는 진무 덴노가 신화 속에 만들어진 인물로만 인정되고 있기도 하며, 이토 히로부미(伊藤博文)가 다소 무리하게 이날을 건국절로 정했다는 평가도 있다. 그래도 일본은 여전히 이날을 건국절로 잘 사용하고 있지 않은가?

결국 중요한 것은 날짜가 아니라, "우리의 소중한 개천절의 의미를 제대로 찾고 기리겠다!"라고 하는 자세와 뿌리에 대한 강한 자긍심일 것이다.

그리고 이렇게 단군을 제대로 모신다고 하는 것은 남과 북의 화합, 동서(좌우)의 화합, 빈부의 화합, 오늘도 전 세계적으로 흩어져 있는 고려 후예들에 대한 응원, 제외 동포들의 그동안 수고에 대한 위로 등에 큰 모티브가 될 수 있을 것이며, 우리나라의 정신적 큰 '구심점'이 되어줄 수 있을 것이다.

1-17. 외로워도 평정심 · 공정심 챙기기!

내 마음이 외로워도, 오로지 홀로 서야 나도 살고, 남도 산다!

요즘 우리나라는 제대로 된 정치가 온데간데없고, 수준 낮은 정치인들이 온갖 표심과 여론, 아집과 독선 등을 좇는다. 정치인이나 나라의 지도층은 국민을 위한 진정한 봉사자이자 리더가 되어야 함에도 불구하고, 인기 영합에만 치중하고, 여론과 현실을 호도하려 하고, 정치 상대를 절대 존중하지 않고 그저 정치적으로 서로 죽이려 들고, 국민을 위한답시고 실제로는 자신의 사사로운 이익을 챙기기가 일쑤이다.

오늘날 우리 사회는 타 선진 사회 대비하여 지나치게 빠른 근대화로 도시화의 심화, 사람 간 경쟁의 심화, 각종 집단 간의 분열의 심화 등으로 인하여 사회적 안정도, 안전성, 행복감 등이 급격하게 추락하고 있는 것이다. 물론 이러한 도시화, 경쟁의 심화 등의 현상들은 전 세계적인 현상이라고도 할 수가 있으나, 문제는 그 속도이다. 이러한 현상들이 우리나라처럼 빠르게 악화되는 속도를 보이는 나라는 거의 없다.

또한, 나라의 미래를 위한 가장 중요한 지표라고 할 수 있는 고령화 속도, 출산율, 자살률, 노인 빈곤율, 노인 자살률, 행복지수 등의 주요 지표가 OECD에서도 최하위 수준에 머물고 있다.

아직도 제법 많은 여론조사 기관들이 자신들이 은근히 지지하는 진영이나 광고주 등에게 유리한 지문으로 지지율, 여론 등을 조사하고 있으며, 국민은 이런 기만적인 행태를 잘 알아차리지 못하는 경우가 많다. 이렇게 엉터리 여론조사가 많은 데이터를 왜곡하고 있고, 국민을 오도하고 있다. 언론이나 각종 매체 또한 마찬가지이다. 자신들이 지지하는 세력이나 정치집단에게 일방적으로 유리한 기사를 쓰거나 방송을 하는 일이 다반사이다.

이럴 때일수록 각 언론세력들은 오로지 나라를 위해서 용기를 가지고, 스스로 외로울 수도 있는 길을 기꺼이 선택하여, 뚜벅뚜벅 갈 수 있어야 하겠다. 그것은 공정하고 가치 있는 행보이며, 네 존재의 의미이자 사명일 것이다.

2002년 월드컵에서 거스 히딩크 감독은 오로지 홀로 선 사람이라고 할 수 있다. 그가 성공한 사례를 보면, 기존의 우리나라 출신의 많은 감독이 지연, 학연, 기타의 파벌 등에 얽매이어 한국 축구 발전을 위해 아무런 실천도 못 하고 있었지만, 히딩크는, 물론 외국이라는 장점도 있었겠지만, 학연·지연·파벌·관례 등을 과감히 벗어 던져버리고, 국가대표 선발과 과정에서부터 오직 "실력, 능력, 가능성"이라는 객관적 기준만으로 선수들을 뽑았고, 청탁형 인사는 절대 거절하였으며, 선발된 선수에게는 모두 공정한 기회를 부여해주어 서로 경쟁하게 한 것이다. 그 누구의 외부 압박에도 결코 평정심과 공정심을 잃지 않았다.

그리하여 결국 그 누구도 예상치 못했던 한국축구의 '4강 신화'를 일구어낼 수 있었던 것이다.

또 다른 예로, 고려의 광종 때 쌍기(雙冀)라는 후주 출신의 학자가 사신단으로써 고려에 왔다가 신병으로 인해 고려에 체류하다가 귀화한 적이 있었는데, 광종이 이 사람을 크게 등용하여 개혁정치에 앞세웠다. 쌍기를 통해서 당나라의 과거 임용 제도를 본떠서 과거제를 신설할 수가 있었고, 과거 제도가 시행된 이후에도 쌍기를 시험관에 해당하는 지공거직에 임명하여 과거 제도가 완전히 안착되도록 하였다. 이 당시 쌍기는 학연, 지연, 파벌 등으로부터 자유로웠으므로, 가장 공정하게 과거 시험제도를 관리할 수 있었던 것으로 보인다. 외부에서 어떠한 압력이 들어오더라도, 결코 평정심을 잃지 않고 스스로 공정한 심판관이 되었다.

사회가 안정되고 올바른 발전을 하기 위해서는 여론조사기관, 언론, 매체 등이 먼저 정신을 차려야 한다. 그리고 사회적·정치적으로 경험이 많은 노장파 어른들이나 리더들은, 다소 외로운 길이 될 수 있더라도, 좀 더 용기를 가져 주어 사회적 병폐인 학연·지연·혈연·파벌·온갖 관습과 관례·진영논리(보수와 진보의 대립) 등을 극복하는 데 앞장서 주어야 하며,

청탁형·낙하산 인사 채용
(그림:.newworldencyclopedia.org)

정치인들은 작은 욕심에서 벗어나 가급적 국가적·국민적 큰 결정에 대해서는 광범위한 공론화 과정을 사전에 치밀하고 공정하게 거치게 하고, 정치적으로 첨예한 대립을 낳을 수 있는 문제들에 대해서는 가급적 정치인들이나 이익단체 소속 인원을 피하고, 가능한 각 분야의 지성들이나 전문가들에게 최대한 맡겨주는 기회를 늘려나가야 보다 공정하고 객관적으로 문제를 해결하는 좋은 방법이 될 것으로 보인다. 그게 바로 좋은 정치임을, 국민을 위한 진정한 정치임을 알아야 한다.

"좀 외롭더라도 너를 에워싸고 있는 온갖 관습과 나쁜 진영논리를 모두 쫓아내어라!" - Pa sayings

1-18. 선이 굵은 삶 챙기기!

네 인생을 선이 굵은 삶으로 살아내어라!

중국 춘추시대의 초나라 '장왕'은 전쟁에 크게 이긴 기념으로 성대한 연회를 베풀기로 하고, 야심한 밤에 문무백관들을 연회에 불러 모았다. 한참 즐기는 가운데 많은 사람이 취하였는데 갑자기 바람이 불어 촛불이 모두 꺼져 버렸다. 그때, 장웅이라고 하는 사람이 술에 잔뜩 취해 장왕의 애첩을 껴안았는데, 그 애첩은 곧바로 장웅의 갓끈을 잡아 뜯어 장왕에게 가서 고하였다.

"왕이시여! 바람이 불어 촛불이 다 꺼졌을 때, 어둠 속에서 누군가가 저의 가슴을 만지고 성희롱을 했습니다. 제가 그 성희롱한 남자의 갓끈을 뜯어 두었으니, 얼른 등불을 켜서 갓끈이 없는 자를 잡아서 나를 성희롱한 것에 대한 처벌을 해주소서!"

그러나, 장왕은 불을 켜는 것이 아니라, 신하들로 하여금 모두가 동시에 갓끈을 끊게 하였고, 이후 등불을 다시 켰어도 범인이 누구인지를 당연히 발견할 수 없는 상황이 되었다. 이에 장웅은 왕의 애첩을 성희롱한 죽을 죄에 대해 재치 있게 용서해준 장왕에게 속으로 깊은 감사를 한 것이다.

그 후 초나라가 진(秦)나라로부터 큰 공격을 받았을 때, 초나라 장수들이 모두 겁을 먹고 머뭇거리고 있었는데, 장웅이 죽음을 불사하고 그 전투의 선봉에 나서서, 피투성이가 되면서까지 싸워 크게 적을 무찌른 것이다. 당시 초나라는 패전을 거듭하여 장왕의 목숨도 위태로운 상황에 처했던 것이다.

적을 물리친 후 장왕이 장웅에게 물었다.

"과인은 너를 그렇게 아낀 기억이 없는 것 같은데, 무슨 연유로 목숨도 아까워하지 않고 그리도 용감히 싸워 이렇게 나를 구하고, 나라를 구하는 큰 공을 세웠는고?"

드디어 장웅은 예전 연회에서 있었던 일을 실토했다. 즉, 3년 전의 연회에서 술에 너무 취해 왕의 애첩을 희롱했던 남자는 바로 자기였으며 그때 장왕의 은혜가 아니었다면 자기는 이미 죽은 목숨이었기에 그 이후로는 목숨을 바쳐 은혜에 보답하려 했다는 말을 남기면서 숨을 거둔 것이다.

절영지회 (그림: km.qulishi.com/article)

그리고 후대에 와서 이 사건을 두고 절영지회(絶纓之會) 혹은 絶纓之宴(절영지연)이라고 부르게 되었다.

위의 장왕의 고사에서 살펴보았듯이, 물론 요즘의 성인지 감수성(gender sensitivity)과는 차이가 큰 것이지만, 그래도 이 고사에서 우리가 배울 수 있는 점은, "무릇 사람은 크게 행동하고, 크게 용서하고, 작은 파동에도 흔들리지 않으면, 장기적으로는 자신에게 큰 이득이 되고, 보다 큰일을 해낼 수 있다."라는 것이다.

좁은 세상에서 짧게 사는 것이 인생인데, 제발 아옹다옹하지 말고, 많은 파동에도 흔들림 없고 선이 굵은 삶을 사는 것이 중요하다고 하겠다. 즉,

"너무 작은 것에 얽매이지 말고, 매사 예민해지지 말고, 부디 스스로의 인생을 선이 굵은 삶으로 살아낼 수 있었으면 좋겠다!"
- Pa sayings

1-19. 참됨을 챙겨라!

세상에 참된 사람이 되려면 먼저 네 마음속의 위선부터 없애야 한다!

세상에 가장 훌륭하고 존경받을 만한 인재는 어떤 사람인가? 바로 참된 사람이다. 참된 사람은 우수하거나 뛰어난 사람과는 좀 다르다. 오히려 덜 우수하고 덜 뛰어나더라도 자신의 참된 모습을 항상 가다듬어 매일 실천하고 반성하는 사람일 것이다. 그리고 참된 사람의 가장 핵심적인 가치 요소는 가식이 없고 위선이 없는 사람일 것이다.

언행일치라고 하였던가? 우리 사회에는 "말 다르고 행동 다른 사람"이 너무나도 넘쳐난다. 정치인들은 말할 것도 없고, 사회적으로 저명하거나 이름 있는 인사들 중 많은 사람이 말하는 것 따로, 행동하는 것 따로인 경우가 많다. 앞으로는 선한 모습을 하고, 뒤로는 완전히 반대로 행동하는 이가 너무나도 많다는 것이다. 그런 사람들은 사회적으로 지탄을 받으면, 잠시 진심 없는 변명으로 일관하거나, 잠시 뒤로 숨어있거나 하다가 주변이 좀 잠잠해지면 다시 화제와 인기의 전면에 나선다.

종교인들 중에도 겉으로는 깨끗한 척하면서, 뒤로는 성폭행, 감금 등 온갖 악행을 저지른 자들이 상당수 발생하고 있고, 그루밍 성범죄라고 하여, 어릴 때부터 특수한 관계에서의 성폭행, 노예화, 앵벌이화 등을 저지르는 사건 또한 심심치 않게 발생한다.

2017년에는 어금니 아빠(이영학) 사건이 터져, 그 끔찍함과 위선에 전 국민이 분노하고, 이루 형언할 수조차 없는 허탈감에 빠지게 한 적도 있었지 않은가?

국가 간 관계에 있어서도, 이런 위선에 대한 공방은 심심치 않게 보도 된다. 예를 들어, 미국이 중국의 인권상황을 비판하면 이에 분개한 중국이 곧바로 역공에 나서 미국에게 “미국, 너희는 얼마나 인권을 잘 지키고 있냐?”라는 냉소전을 펼치는 경우가 많다.

중국의 경우, 겉으로는 공산당이 집권하는 정상적인 사회주의 국가라고 주장하고 있지만, 그 내면을 들여다보면 ‘공산당 일당 독재국가’라고 말할 수 있으며, 인터넷 검열이나 문화 검열, 인권 탄압 등 그 심각한 문제점들이 너무나도 많다. 그러나 미국의 경우에도 그 위선이 적지 않다.

즉, 세계 인권의 심판자를 자처하는 미국의 경우에도, 민간인 소유의 총기 등으로 인하여 살인, 강간, 강도, 절도 등을 포함한 범죄 건수가 대부분의 산업국가에 비해 월등히 높고, 더군다나 테러사건 시 유색 인종의 피의자들로부터 자백을 받아내기 위해 고문을 자행하는 등 그 인권 문제가 한두 가지가 아니다.

근세 패권주의 강대국들이 대부분 자국의 의사 결정을 할 때 철저히 자국 이익을 최우선시하였고, 자국이 원하는 대로 약소국이 따라올 수 있도록 힘과 무력으로 겁박하거나, 침탈의 방편으로 아편을 유포하거나, 약소국들을 식민지화했던 시절이 있었다. 이러한 국제적 패권주의적 행태는 외적으로는 몰라도, 실질적·내면적 측면에서는 아직도 크게 개선되지는 않았다.

특히 일본의 경우는 더욱 위선적이다. 일본은 전후 일본이 평화 국가로서 세계의 평화와 번영에 이바지하였고, 특히 아시아 국가들의 인프라 구축·정비, 근대 산업화 등 다양한 분야의 지원을 실시해 근대 국가 건설 및 현대화에 지속적으로 공헌하였고, 많은 원조를 아끼지 않았다고 선전하고 있지만, 실상은 들여다보면 많은 위선이 보인다. 그들이 말하는 이러한 원조는 철저히 자국의 국익 및 군사, 안보상의 목적으로 진행한 것이며, 진정 원조가 필요한 주변국을 위한 복지향상과 경제개발을 위한 보편주의적 가치를 중시하는 국제적 원조의 개념과는 사뭇 거리가 멀었다. 그러면서도 과거의 엄청난 살인과 파괴를 저지른 전범국가로서의 진실한 사과는 아직까지도 전혀 없는 편이다.

라스콜리니코프 (그림: moscsp.ru)

위에 언급한 이러한 행태들은 도스토옙스키의 '죄와 벌'에 나오는 사람(전당포의 노파와 그녀의 딸)을 죽여 놓고도 자신은 정당하다고 외치는 라스콜리니코프의 위선과 무엇이 다른가?

그래도 라스콜리니코프는 마지막에 반성과 회개라도 하지 않았던가? 강대국들의 패권주의적 위선은 절대 반성이 없는 법이다. 그냥 앞으로 치닫거나, 오늘날 더욱 교묘해지기도 한다.

2019년 말부터 전 세계적으로 유행한 코로나 바이러스 팬데믹 상황에서도, 강대국들은 언론이나 여러 매체를 통해서 앞으로 약소국을 위해 백신과 치료약 기부를 최대한 늘릴 계획이 있다느니, 국제적으로 환자 구제 활동을 많이 하겠다느니, 스스로 인권 주도국임을 홍보하는 등 도덕적으로 훌륭한 나라라는 가면을 쓰는 경우가 많았었으나, 실행에 제대로 옮겨지는 예는 찾아보기 힘들었으며, 이러한 사실 또한 심각한 위선에 해당한다고 볼 수 있겠다.

물론 국제관계가 대부분 힘의 논리로 돌아가는 것이 현실이지만, 세계적으로 심각한 기후변화 방지 문제나 코로나 팬데믹, 원숭이 두창 등의 온갖 전염병 대처 등과 같은 엄혹한 인류사적인 문제에 대해서조차, 국가 간 서로 합력(合力)을 이루어내지 못하는 지점들은 당연히 지탄받아야 마땅할 것이다.

개인이나 단체나 국가나 간에 진정한 글로벌 리더가 되려면, 현재 사회적으로 넘쳐나는 위선적 말과 행동을 제발 자제하고, 매일매일 스스로를 돌아보며, 신독(愼獨; 홀로 있을 때마저도 위선이나 도리에 어긋남이 없을 정도로 항상 삼가고 참된 태도)에 힘써야 하는 것이 당연한 도리라고 하겠다.

1-20. 쓸데없는 것에 자존심 걸지 말아라!

살다 보면 부가가치가 전혀 없는 쓸데없는 주장을 자존심 때문에 고집하는 경우를 많이 본다. 그리고 이러한 모습들은 연속되는 말대꾸나 말꼬리를 무는 형태로 계속 이어지기도 십상이다. 그러나 잘 한번 생각해 보아라. 별 대화의 진전도 없는 상태로 A주장과 B주장이 맞서 평행선만 달리는 경우라면 서로 스트레스만 주고받으며 서로 간의 우의나 감정을 심각하게 상하게 할 수 있다.

초나라왕 한신의 과하지욕(胯下之辱)의 예를 들어보자. 과하지욕이란 "가랑이 사이로 기어서 지나가는 치욕"이라는 뜻이다. 이 말은 옛말에 "한순간의 분노를 참으면 백일의 근심을 면한다"는 말과도 유사한 말인데, 바로 큰일을 위해서 눈앞의 굴욕이나 사소한 자존심 같은 것은 접어두고, 순간을 참고 견뎌낼 줄 알아야 한다는 뜻이다.

한신(韓信)이 한고조 유방(漢高祖 劉邦)을 도와 천하를 통일하기 이전 소싯적에 장차 나라의 최고 명장이 되겠다는 큰 뜻을 품고 "손자병법" 등의 책을 밤낮으로 탐독하였다고 한다. 또 천하의 최고 명장을 꿈꾸던 터라 늘

한신의 과하지욕 (그림: m.cnwxk.com)

아끼던 보검을 차고 다녔다. 하루는 그가 주막에서 아직 출세하지 못한 것에 대해 슬퍼하면서, 술로써 공허한 마음을 달래고 있었다. 술 몇 모금에 취기가 올라 비틀거리며 주막을 나와 골목에 들어서자 동네 불량배(백정의 아들)들이 팔짱을 끼고 그의 앞을 가로막은 것이다. 그들 중 두목으로 보이는 자가 말했다.

"덩치도 크고 무예에도 꽤나 능한 자인 것 같은데, 늘 보검을 차고 다니는 것 같은데 어디 나와 한번 겨뤄보지 않겠는가?"

한신이 고개를 들어보니 동네에서도 소문이 자자한 불량배들이 모여 있었다. 싸워봤자 의미(가치)도 없는 것 같아 한신은 머리를 가로저으며 "오늘은 내가 급한 볼일이 있으니 그만 길을 비켜라."라고 말했다.

그러나 불량배들은 끈질기게 그를 붙잡고 놔주지 않았다.

"그러면 검술은 몰라도 사람을 죽이는 법은 알고 있을 테지? 겁쟁이가 아니라면 그 검으로 나를 한번 찔러 보거라."

이 말에 한신은 머리끝까지 치밀어 오른 화를 참으며 "서로 잘 알지도 못하고 원한도 없는데 너를 죽여야 할 이유가 없다."라고 하였다.

그러자, 불량배는 더욱 신이 나서 저잣거리 가운데 두 다리를 쩍 벌리고 서서 "배짱이라곤 눈곱만큼도 없는 놈이네. 이마저도 못하겠다면 내 가랑이 사이로 한번 기어나가 보아라. 그러면 그냥 보내주겠노라"

한신은 "만약 저 놈을 죽이면 나는 살인죄로 신세를 망칠 것이 분명하고, 이 상황에서 명예나 체면, 자존심을 지켜서 무엇 하리"라고 생각하면서 불량배가 시키는 대로 그의 다리 사이로 엉금엉금 기어 지나갔다.

이때 모여 있던 구경꾼들은 배를 끌어안고 웃었으며, 그 후로부터 한신을 "가랑이 사이로 지나간 놈"이라고 놀려대었다.

훗날 한신이 유방의 오른팔로 되어 한나라 건국에 지대한 공을 세우고 그 공으로 초나라의 왕이 된 후 다시 그 옛 동네에 찾아와서 과거의 사건을 돌이키며 이렇게 말했다.

"오늘의 내가 있는 건 그때의 굴욕을 참았기 때문이다."

그리고는 옛날 자기를 모욕했던 불량배 두목을 데려다가 오히려 그를 용감한 사람이라고 칭찬을 해주며, 중위(中尉; 순찰, 치안 등을 맡는 중간 정도의 벼슬)라는 직책에 임명하여 중요하게 썼다는 것이다. 한신의 이러한 행적이야말로 과연 진정한 용기와 큰 배포를 가지지 않은 사람은 엄두도 못 낼 일이다.

한순간 분노 조절을 하지 못해 소중한 생명을 죽이는 사건이 요즘 많이 보도되고 있다. 잠시의 굴욕이나 분노를 참지 못하고 극단적인 행동을 하려는 자들은 한신이 젊은 시절에 겪었던 '과하지욕'의 의미를 다시 한번 되새겨 보았으면 좋겠다.

1-21. 거래 이전에 신뢰 챙기기!

거래 이전에 신뢰가 먼저다!

거래(deal, trade)라는 것은 물건을 사고파는 것뿐만 아니라, 재무(자산, 부채, 자본)나 무형의 가치 상태에 변동을 가져오는 모든 활동을 말한다고 할 수 있다. 그리고 이러한 거래 활동에서 가장 중요한 것이 바로 '신뢰'이다. 신뢰는 그야말로 부가가치가 이동해가는 모든 경로상 서로 간의 약속이나 믿음과도 같다.

카페 (그림:.herenow.city/ko)

내가 커피를 좋아해서 자주 카페(커피 전문점)에 들른다. 커피 1잔과 빵이나 케이크 1조각을 시키면, 보통 식사 후 사용하라고 물티슈 한 장이 들어가 있는 작고 납작한 비닐팩 하나를 같이 준다. 그런데 내가 자주 가는 한 브랜드의 전문점은 커피나 음식뿐만이 아니라, 그 물티슈의 질(質)마저도 매우 훌륭하다. 또 다른 어떤 브랜드의 매장에서는 물티슈의 냄새가 독하고, 간혹은 비닐팩 내부에서 알코올이 증발하여 살짝 부풀어 올라와 있는 상태인 것도 많다. 이런 매장은 커피의 맛이나 빵과 케이크의 맛, 직원 서비스의 수준 또한 2류 혹은 3류 수준인 경우가 많다.

대개의 경우 하나의 서비스가 좋은 매장은 전반적으로 대부분의 다른 서비스도 좋은 경우가 많고, 하나가 나쁜 매장은 전반적인 그 물품의 질이나 서비스가 대부분 나빠서 더 이상 그 매장에 가기 싫은 경우가 많다.

이렇게 커피 전문점의 예를 들어서 좀 더 살펴보면, 그 가게의 신뢰를 결정짓는 요소는 커피나 음식 자체의 맛, 가게의 분위기, 매장 직원의 친절도, 가게의 위생이나 청결도, 전반적인 서비스의 정도, 물티슈나 수전(수돗물 꼭지), 심지어는 접시나 커피잔의 품질 등 매우 다양하다.

어떤 매장은 이런 것들 어느 것 하나 신뢰가 안 가는 것이 별로 없을 정도로 최고인 경우도 있다. 그야말로 자연히 신뢰가 갈 수밖에 없는 상황을 만들어 준다. 이렇게 우리는 크든 작든 비즈니스를 하게 되면, 일단 모든 면에서, 모든 것을 최고로 할 생각을 하여야 한다. 고객을 최고로 모시려면 스스로의 제품이나 서비스도 당연히 최고가 되어야 하는 것이다. 최고라고 하여 꼭 돈이 많이 들어가고 힘든 것만 있는 것은 아니다. 최고의 고객을 최고로 대접하려는 마음가짐와 정성, 소통 등이 더 근본적 요소인 것이다.

물론 좋은 재료를 사용하여 제품을 만들면 원가가 올라갈 경우도 있다. 그러나 그것은 고객에게 충분한 설명을 해주고, 직간접적인 방법으로 원가나 사정을 슬쩍 공개해주면 고객이 충분히 수긍할 마음을 가질 것이다. 그리고 친절이나, 서비스 등에는 돈이 별로 들어가지 않고, 주로는 판매원이나 주인의 마음 자세와 정성에 달린 문제이다.

모든 거래에서는 신뢰를 쌓는 것이 제일 중요하다고 말할 수 있는데, 서로 간 신뢰라는 것은 점점 여러 거래를 통해 쌓여 나가는 것이며, 결코 하루아침에 이루어지는 것이 아니다. 그러나 의외로 신뢰가 깨어지는 것은 하루아침에 초래될 수도 있으니 모든 거래에서 극히 조심하여야 한다.

우리가 돌탑 하나를 쌓는다고 하여도, 돌을 하나하나 쌓아서 탑을 만들기에는 시간도 많이 걸리고, 때로 많은 노력이 필요한 것이다. 그러나 어느 날 그 공든 탑을 한 번만이라도 잘못 건드리거나, 잘못 다루면 순식간에 와르르 무너져 내릴 수도 있는 것이다. 신뢰도 이와 똑같은 것이다. 오랜 시간을 가지고 천천히 쌓아 올려야 하는 것이고, 다 쌓았다고 결코 한순간도 방심하면 절대 안 되는 것이다.

사람 간이나 친구 간에 약속을 한다고 하여도 어떤 친구는 신뢰가 매우 두터워서 무슨 말을 하여도 다 들어주고 싶은 친구가 있는 반면에, 어떤 친구는 어떤 말을 하여도 왠지 달갑지 않고, 부담이 되는, 그야말로 신뢰가 매우 부족한 친구도 있을 수 있는 것이다.

이러한 신뢰라는 것은 여러 거래나 경험적 행동을 통해서 쌓여서 축적되어 나가는 것이다.

친구와 내가 많이 만나서 신뢰감 있는 이야기를 많이 나누면 나눌수록, 약속을 많이 지키면 지킬수록, 무언가 도움을 주면 줄수록, 내가 친구를 위해 다소 희생해주면 희생해 줄수록 신뢰의 깊이는 더 깊어지는 것이 당연하다.

그리고 신뢰의 깊이가 매우 깊다면 그만큼 깨어지기도 어려울 것이다.

정성을 다해 견실하게 쌓아 올린 탑일수록 그저 빨리빨리 쌓아 올린 탑보다 비바람에 잘 견디고, 잘 무너지지 않는 것은 당연한 일일 것이다.

또한 신뢰의 지편에는 또 한편의 여유가 있어야 한다. 내가 무인가를 줄 때, 받을 것부터 먼저 생각하고 가벼이 처신하거나, 그 대가를 못 받을까 봐 염려하는 마음이 생겨 안절부절못한다든가, 내가 준 것 이상으로 무엇을 바란다든가 하는 좁고 작은 생각들은 결코 좋지 못하고, 제대로 된 신뢰를 쌓아나가기도 어려울 것이다.

옛날 어른들은 감나무에 홍시가 주렁주렁 매달리면, 사람이 따먹기에 불편한 위치에 달린 홍시에 대해서는 일부러 손을 잘 대려 하지 않았다. 모조리 감을 다 수확하려고 마음을 먹으면 당연히 100퍼센트 채취를 할 수 있을 것이겠지만, 따기가 불편한 장소에 달린 홍시는 이른바 '까치밥' 이라고 하는 전통으로 까치나 주변 동물들에게 기꺼이 양보하였다.

이렇게 일부러 남겨 두는 까치밥을 생각해보면 우리 조상들의 삶의 넉넉함과 여유를 느낄 수가 있으며, 내가 취할 수 있는 것은 무조건 모두 취해야 한다는 욕심을 내려놓고, 주변과 여유로이 신뢰를 쌓아가는 아름답고 지혜로운 모습이 엿보인다.

1-22. 스스로를 가두어 두지 말라!

스스로의 생각을 가두어 두지 말고 사고의 폭을 무한히 넓혀라!

과거 산업화 시기에 우리는 이런 말을 자주 한 적이 있었다.

"한국은 산이 너무 많아서 부국이 될 수 없는 것 같다."

하지만 '한국전쟁의 기원'을 저술한 브루스 커밍스(Bruce Cumings) 시카고대 교수는 이렇게 말했다고 전해진다.

"한국에는 험준한 산들이 많아서 지형의 굴곡이 매우 심한데, 그것들을 망치로 두드려서 펼친다면, 아마 중국 대륙의 넓이만큼이나 될 겁니다."

이 말은 "한국의 국토는 그 활용할 수 있는 잠재력과 가치가 엄청나게 크니, 한국인들의 노력 여하에 따라서 그 이용 효과가 엄청나게 커질 수 있다."라는 의미일 것이다.

이렇게 브루스 커밍스 교수의 생각처럼, 우리는 우리 스스로를 작은 울타리 안에 가두어 둘 게 아니라, 사고의 폭을 크게 넓혀 나가야 하겠다.

가령 우리의 한반도가 너무 좁다고 불평하지 말고, "국토의 3면이 바다로 둘러싸여 수산물, 해산물이 너무 풍부하고, 관광이나 조선 산업의 잠재력이 엄청나게 크며, 국토가 북으로는 대륙과도 잘 연결되어 문화교류가 쉽고, 지정학적 균형점에 있어 그 누구도 이권을 독점할 수도 없는 천혜의 나라이다."라고 평할 수도 있는 것이다.

보통 인간의 뇌는 그 잠재력이 무궁무진하다. 인간 뇌의 무게는 전체 몸무게의 약 2% 정도밖에 안 되지만, 전체 산소 소비량의 약 20%를 소비하는 것이 인간의 뇌이다. 그리고 인간 뇌의 활용도에 대한 연구 결과는 뇌과학자들마다 다소 다르지만, 대체적으로는 약 20% 이하만을 활용하고 있다고 평가하고 있다.

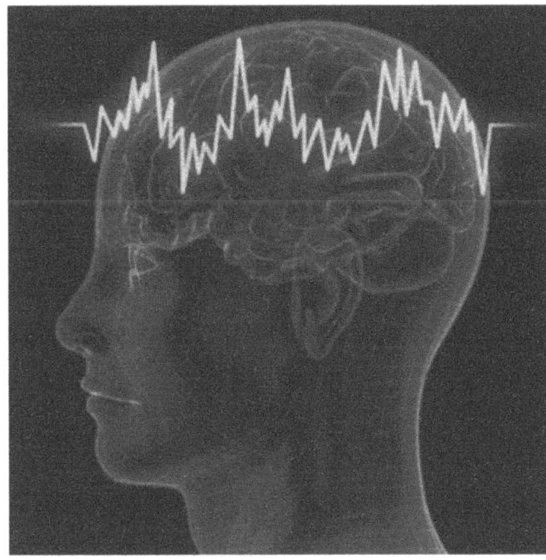

사고의 폭을 넓혀라 (그림: sciencenews.org)

우리가 최신형 핸드폰을 구입했다고 하면, 이 핸드폰의 CPU 능력이나, RAM 능력, 저장용량 등이 매우 우수할 것이다. 그런데 어떤 사람은 이 핸드폰을 그저 전화 통화를 하는 데에만 쓰고 다른 기능을 전혀 사용하지 않는다고 생각해보아라. 얼마나 아까운 일인가?

또한, 자신의 승용차로 최고급 제네시스나 벤츠, BMW, 아우디 등을 구입했다고 가정해보아라. 그런데 자율주행기능, AI기능, 인터넷기능, 블루투스 기능, 최신 스테레오 기능, IOT 기능 등 그 다양한 기능에 대해서는 아예 알려고도 하지 않고, 그저 도로를 오가는 기본 운전에만 사용하고 있다면, 이 또한 얼마나 아까운 일인가?

우리의 뇌도 마찬가지이다. 자신의 뇌의 능력에 대해 부정적 마인드를 가지는 것은 자신의 무한한 능력 자체를 무시해버리고, 더 이상의 학습을 포기해버리는 행위에 해당하는 것이다.

그러면 우리의 두뇌 능력을 최대로 끌어올릴 수 있는 방법에는 무엇이 있을까?

최신 의학 보고들에 의하면, 사람의 뇌 신경은 외부 자극을 통해 성장하고 재생된다는 것이다. 즉, 뇌에 중요한 것은 뇌 활동 주변의 여러 환경요인이나 습관 등이라고 한다.

예를 들면 쥐를 주변에 장난감이 많은 곳에 두면 쥐의 대뇌 피질이 상대적으로 두꺼워지고, 주변 환경이 단조로운 곳에 두면 훨씬 얇아진다는 것이다. 대뇌 피질의 두께가 두꺼우면 시냅스가 많아지는 것이고, 외부에서 들어오는 정보를 더 많이 처리할 수 있게 되고, 뇌 속에 고용량의 네트워크가 형성되어 지능이 높아지고, 두뇌의 활성화 영역이 넓어진다는 것이다.

아무리 머리가 좋다고 하더라도, 자기의 두뇌에 명백한 한계를 그어놓은 사람은 그 한계 이상의 두뇌 능력을 활용할 수가 없다. 자기 몸의 1백 배 이상 높이를 뛸 수 있다고 잘 알려진 벼룩의 경우에도 작은 병 속에 계속 가두어 두면, 나중에는 병뚜껑을 열어주어도 그 병 높이 이상을 결코 점프할 수 없게 된다고 한다. 인간의 잠재적인 능력도 이처럼 주위의 환경과 습관에 절대적으로 영향을 받는 것이다.

즉 자기 두뇌의 능력을 믿고 끊임없이 훈련하고 학습하면 충분히 개발될 수 있는 부분도 스스로가 포기를 해버리게 되면 그때부터는 성장을 멈추게 되는 것이다.

잠재적인 두뇌의 가능성과 능력에 있어서 가장 해로운 말은 "나는 할 수 없어!"라는 말일 것이다. 어떤 사람이 특정 분야에는 재능이나 소질이 있고, 또 다른 분야에는 재능이나 소질이 없다고 말한다면, 사실은 그 사람의 잠재 능력 중 어떤 분야는 성공적으로 개발되었고, 다른 분야는 아직 개발되지 못하고 두뇌 깊숙이 잠자고 있다는 의미일 것이다.

우리 스스로가 자신을 좁은 곳에 가두어 두지 말고, 자신감을 가지고 지속적으로 도전하고, 뇌를 훈련해 나간다면 그 한계는 끝이 없을 것이며, 뇌 과학적 측면에서, 누구인들 아인슈타인이나 레오나르도 다빈치처럼 세상에 천재가 되지 말라는 법이 없는 것이다.

1-23. 한결같이 민심 챙기기!

한결같아야 세상 민심을 얻을 수 있다!

사람 사는 세상은 예나 지금이나 민심이 중요하다. 민심이라는 것은 지금으로서는 여론, 국민 정서 등과 비슷하지만, 민심은 좀 더 저변에 깔린 정서(바닥 심리)를 포함하는 개념으로, 좀 더 폭넓은 의미로 해석될 수 있다.

우리 역사에서 고려 태조 왕건이 대표적으로 민심을 얻어 임금으로 추대되었고, 통일 국가의 위업을 달성한 인물이다. 많이 알려져 있듯이, 왕건은 원래 궁예(弓裔) 휘하의 장수로서 주로 활동하였지만, 그의 어진 성품 덕분에 추종자도 유난히 많았다고 한다.

그런데, 왕건이 모시던 궁예는 평소 스스로 사람의 마음을 읽을 수 있다는 비상한 재주가 있다고 자랑하였고, 이를 관심법(마음을 꿰뚫어 보는 능력)으로 이름하였고, 이를 근거로 엄청난 신하들을 역모죄 가담의 죄목으로 죽였다. 그러나 민심과 신하들의 두터운 신임을 업은 왕건을 엄청난 정치적 사유와 명분 없이는 감히 죽이지 못하였던 것으로 보인다.

물론 자신의 권좌를 위협하는 왕건에 대해서도 죽일 기회가 여러 번 있었지만, 타협 혹은 회유 정도에 그칠 수밖에 없었던 이유도 이 민심 때문이었을 것으로 보인다.

한번은, 궁예가 많은 백성과 신하들이 자신이 아닌 왕건을 더 따른다고 생각하여 불안을 느낀 나머지, 독특한 관심법으로 왕건을 시험에 들게 하였다.

"그대가 어젯밤에 사람들과 군사를 모아서 반란을 일으키려고 했다는데, 이 말이 진짜 사실인가?"

이 말에 왕건은 얼굴빛이 조금도 변하지 않았고, 오히려 태연하게 웃으면서 "어찌 제가 그럴 리가 있겠습니까?"라고 대답했다고 한다. 이에 궁예가 더 다그치며 물었다. "그대는 결코 나를 속일 수 없다. 나는 능히 그대의 마음을 꿰뚫어 볼 수 있다. 지금 정신을 집중시켜 그대의 마음을 읽어보겠노라."라고 말하고서는 집중하는 자세를 취하였다.

바로 이때 옆에 있던 최응(궁예의 책사이지만, 왕건을 존경한 인물)이 고의로 붓을 떨어뜨리고서 그것을 줍는 척하면서 왕건에게 귓속말로 "지금 복종하지 않으면 위태로워지십니다!"라고 귀띔을 해주어, 이를 금방 알아차린 왕건은 "사실은 제가 모반을 계획하였습니다. 죽을 죄를 지었습니다."라고 하였고, 이 말에 궁예는 껄껄 웃으면서 "그대는 과연 정직한 사람이로다."라고 말하면서, 오히려 주연을 베풀어 주고, 이어 금은으로 장식한 말안장과 굴레, 황금 한 덩이를 왕건에게 내려주었다는 고사가 전해온다.

나중에 왕건은 자신의 겸양에도 불구하고, 신숭겸, 복지겸, 홍유 등에 의해 극구 추대되어 궁예를 몰아내고 새 임금이 되었으며, 국호를 고려로 하고, 백제와 신라에 대한 정복 전쟁을 계속해 나갈 수 있는 힘을 갖게 된 것이다.

당시 후백제의 왕실은 자체 내분으로 인하여, 임금인 견훤이 맏아들인 신검(神劍)에 의해 추방되어 금산사에 유폐되기에 이르렀으며, 나중에 금산사를 탈출하여 고려에 귀부하였고, 오히려 신검에 대한 고려의 정벌에 견훤이 직접 동참하게 되었다. 사태가 이렇게 되니, 백제와의 전투에서는, 그 전세가 고려로 완전히 기울게 되었다. 후백제 왕실은 그야말로 극심한 민심이반(民心離反)을 겪게 된 것이고, 그것은 멸망의 길로 연결되었던 것이다.

민심은 천심 (그림: koya-culture.com)

한편 신라 경순왕은 결국 고려에 투항할 의사를 피력하고, 마의태자 등 일부의 반대에도 불구하고 왕건에게 자진 귀순하게 되었다. 이러한 일련의 정복 과정들을 보면 왕건의 좋은 인품과 사람 됨됨이가 백성들 사이에 널리 입소문으로 퍼지게 되었고, 그 이미지 또한 상당히 훌륭했었기 때문에, 왕건에게 있어서 통일 전쟁이 대체적으로 순조로웠던 것으로 보인다.

통일 이후에도 전체 유민과 백성의 화합을 위해, 고려가 고구려 및 발해의 계승자임과 동시에 신라의 계승자임을 내세웠던 점, 불교의 장려를 통해 전체 백성의 사상적 통일을 꾀한 점 등은 모두 초심을 잃지 않고 민심을 챙기려는 한결같은 마음 때문이었으리라.

이렇게 예나 지금이나 민심을 잡는 자가 결국 권력을 잡을 수 있는 것이다. 간혹 쿠데타 등으로 한 나라의 정권을 잡는다고 하여도 민심의 이반이 나타나면 금방 반대 세력에 의해 축출당할 수 있다는 것이 긴 역사적 관점에서 쉽게 확인할 수 있는 일이다.

요즘도 많은 정치인이 정치를 한다고 나서지만, 저마다 민심 혹은 여론에 초민감 상태인 것이 사실이다. 더군다나 인터넷매체, 모바일 매체가 발달한 현대사회에서는 바닥 민심 잡기가 자신의 정치적 성패를 좌우하는 결정타가 될 수 있기 때문이다.

자신의 정치적 입지를 다지기 위해, 혹은 권력을 한번 멋지게 잡아보기 위해, 어떻게 하면 여론을 잡을 수 있을까 하는 궁리만을 연일 해나가고, 고민하는 것이 요즘의 보통 정치인들의 모습이다.

그러나 여기서 중요한 관점이 또 하나 있다. 진정 자신에게 유의미한 민심(여론)은 그리 짧은 시간에 오지도 않고, 오더라도 그것이 얄팍하다면 금방 사라질 것이며, 설령 운이 좋아 민심을 얻어 좋은 권세를 비교적 쉽게 잡았다고 하더라도 그 진정성의 깊이가 얕고, 국가와 국민에 대한 참된 봉사 정신이 약하다면, 즉 그 진실함과 참됨(한결같음)이 없다면, 금방 다시 역풍을 맞을 것이 자명함을 역사는 수없이 말해주고 있다.

과거의 독재적 정권이나 군사 정권들이 그렇게 가식적으로 여론을 호도하려고 애써도, 결국은 나중에는 여론의 심판이자, 국민의 심판을 받고 쓸쓸히 퇴장하거나 몰락의 길로 가지 않았던가? 다시 말해서, 민심을 원한다면, 고금을 통해서, 태조 왕건처럼 그 진정성의 깊이가 있게, 변함없는 마음으로 아래로부터 국민에게 다가서야 국민이 결국 인정하여 마음을 열어 기회를 줄 것이다.

1-24. 친구가 되어 소외층을 챙겨라!

소외층의 도우미가 아닌, 그저 친구가 되어라!

나이가 들어갈수록 보통 어른들 주변에는 사람이 적어지거나, 거의 없어지기도 하고, 따라서 외로움을 많이 느끼게 된다.

이러한 어른들을 도와주는 일이 무엇인가? 주로는 돈을 보내드리는 것, 먹거리나 식량 등을 보내드리는 것과 같은 물질적 도움을 많이들 생각한다. 그러나 물질적 지원 이상으로 중요한 것이 또한 정신적 지원이다.

어떤 독거노인들은 돈도 많고, 살기가 풍족한 분들도 많다. 그러나 외로움에 못 견디어, 심한 우울증이나 내면적 스트레스에 못 견디어 결국 생을 고독하게 마감하는 경우도 많이 있다.

통계에 따르면, 우리나라 자살률은 세계 최고 수준이다. 전문가들에 따르면, 그 가장 큰 이유는 결국 '사회적 관심의 부족'이라는 것이다.

나이 들어 생긴 우울증, 암이나 만성질병, 불안장애(특별한 이유 없이 죽음에 이를 것 같은 극도의 불안증세), 알코올 중독 등으로 인해 정신적·신체적 스트레스가 커질 때 주변에 비빌만한 언덕이라도 좀 있으면 결코 자살을 택하는 경우가 거의 없겠지만, 주변에 아무도 관심을 가져주지 않아 외로워지고, 점차 소외감이 커지게 된다면, 결국 현실을 버틸 의욕이 없어져 삶을 스스로 버릴 극단적인 생각을 하게 된다는 것이다.

여러 소외층의 경우에, 무슨 자선이다!, 지원이다! 하여 요란하게 무엇을 자꾸 가져다주어 본 들, 마음이 결코 제대로 충족되지는 못한다. 마음 한편이 항상 허전하고 외로운 것이다. 특히 크리스마스나 명절 등 특정 시기에 잠시 찾아가서, 사진이나 동영상을 찍자고 하여 오히려 불편을 준 후, 바로 돌아가 버리는 식의 보여주기식 지원 혹은 과시적 지원은 대부분 큰 도움이 안 된다.

과거 이태석 신부는 인제대 의대를 졸업했지만, 군의관 복무 시절 신부가 되기로 결심하고 광주 가톨릭대를 거쳐 살레시오회에 입회한 후, 아프리카 남수단의 오지 톤즈에서 8년간 병원을 세워 의사로 활동하고, 교사로도 활동하는 등 헌신적 봉사 활동을 이어가다가 지난 2010년 48세로 선종했는데, 선종하기 전까지 마을의 가난하고 병든 주민들을 위해 항상 친구같이 대해주며 진정한 봉사가 무엇인지를 보여준 바 있다. 참으로 오늘날 우리들을 많이 부끄럽게 하는 인물이다. 또한 그가 선종한 지 꽤 시간이 흐른 지금 수십 명 이상의 그의 제자들이 남수단의 병든 자와 가난 구제를 위해 엄청난 활동을 하고 있으니 그는 얼마나 보람된 인생을 살아내었던 것인가?

이태석 신부의 남수단 봉사 활동 (그림:.amazon.com)

요즘 연예인들, 유명인들, 어르신들, 심지어는 학생들 등 매우 다양한 층의 자살이나 고독사가 증가하고 있다. 그리고 연예인이나 유명인이 자살을 하게 되면, 베르테르 효과(Werther effect)라고 하여, 감정의 일체화 및 전이로 인한 모방적 자살을 하는 경우도 많이 증가한다.

자살의 증가라는 것은 어떻게 보면 사회적 극심한 스트레스의 표출이기도 한 것이다. 우리 사회가 지금까지 매우 빠른 근대화로, 매우 빠른 산업화로, 무한경쟁 속으로의 부추김 등으로 얼마나 많은 스트레스가 가중되어 왔던가?

빠른 도시화, 수도권 밀집 현상, 빨리빨리 문화, 빈익빈과 부익부의 가속화 등이 엄청나게 빠르게 진행되어온 결과, 사회적 갈등이나 불공정 및 불평등 등이 매우 심화되고, 나아가 가진 자와 사회 지도층의 온갖 이해 충돌적 행보, 사회 구성원들의 온갖 불법적 행태 등에 대한 허탈감이 누적되어 사회는 온통 시끄럽고, 마찰과 갈등이 최고조에 다다르고 있다.

"大河無聲(대하무성) 大智若愚(대지약우)"라는 말이 있다.

큰물은 소리가 없고, 큰 지혜는 마치 어리석은 듯하다는 말인데, 큰 인물일수록 시끄럽지 않고 점잖으며, 지혜가 큰 사람일수록 절대 과시하거나 자랑하지 않아서 마치 어리석은 듯하지만, 그 속에 굉장한 현명함이 숨겨져 있다는 의미라고 해석될 수 있겠다.

우리 선조들이 이러했듯이, 우리도 그야말로 "스트레스 없이 물 흘러가듯 편안하고, 소리 없이 서두르지 않는 삶", "느림의 삶", "과시하거나 자랑하지 않는 삶", "조용하면서도 내면이 지혜롭고 강한 삶", "소외층에 조용히 친구가 되어주는 삶"을 살아갈 수 있었으면 좋겠다.

또한, 이태석 신부처럼 시끄럽거나 내세우지 않는 방법으로 사회적 각종 질병이나 스트레스로 인한 낙오자나 약자들을 위해 조용하면서도 강한 봉사 활동을 실천하는 자, 기꺼이 그들의 친구가 되어주는 자들이 많았으면 좋겠다.

1-25. 플랫폼적 리더십 챙기기!

누구에게나 공정한 플랫폼적 리더십을 장착하여라!

요즘 우리 주변을 보면, 우리 사회 최고의 지식인들마저도 왼쪽 혹은 오른쪽에, 흔히 우리 사회에서 말하는 진영논리로 줄을 서서 자기주장만을 하고 있는 경우가 많다. 사회적으로 큰 리더들이, 그야말로 최고의 지성인임을 자처하는 인물들이 사회적 통합에는 신경 쓰지 못하고, 스스로 권력에 줄을 대거나 줄을 서는 것은 정말 올바르지 못한 일이다.

우리 사회는 빠른 근대화로 인한 경쟁의 심화로 교육열이 대단히 높아왔다. 최근 들어서 다소 완화되기는 하였으나, 여전히 교육열은 다른 선진 사회에 비해 매우 높은 편이다.

그런데 우리 지식사회의 맹점은, 지식을 많이 가르치되, 인간됨과 바른 삶을 대하는 진지한 자세나 태도 같은 것들에 대해서 제대로 교육시키지 못해온 것이다.

따라서, 요란한 지식쟁이들은 많아도, 하나같이 제 자랑과 자기과시는 잘해도, 참다운 지식인은 매우 드문 편이며, 사회적 지도층으로서 혹은 미래를 준비하고 방향을 제시하는 리더로서의 역할은 엉터리인 경우가 대부분이다.

진정한 리더는 카리스마 이상으로 열린 마음과 개방적 태도로 사회를 리딩해야 한다. 한 쪽으로 편협되거나, 자유로운 사회적 토의와 합의를 방해하는 것은 최악의 경우이다. 그리고 무엇보다 개방적 태도와 사심 없는 마음에서 나오는 '플랫폼적 리딩'이 중요한 것이다. 이러한 리딩 아래에서는 사회 구성원들이 마음껏 저마다의 활동을 하고, 자유로운 경쟁과 창조적 아이디어를 내어놓을 수 있어, 제4차 산업혁명의 붐을 보다 잘 일으킬 수 있을 것이다. 플랫폼적 리더의 역할은 주로 공정한 심판의 역할, 각종 사고나 분쟁 발생 시의 조정자의 역할, 창조적 플랫폼 운영자로서의 역할 등이다.

스펙보다는 인간됨 (그림: slideplayer.com)

정치인, 고위직 공무원, 판사, 검사, 변호사, 교수, 학자, 의사 등 비교적 사회 지도층이라고 말할 수 있는 사람들 중 많은 이들이 온갖 매체를 통해서 자신들이 원하는 쪽으로 여론을 호도하거나, 자신이나 자신이 속한 단체의 이익을 위해서 이해 충돌적 행태를 보이거나, 때로는 불법적 행태를 서슴없이 행하거나, 무작정 진영의 한편에 서서 깃대를 흔들어대거나 광대 노릇을 하는 행태들을 보면 참으로 가관이다. 도대체 지식과 스펙들은 무엇 하러 그렇게 높고 높이 쌓았단 말인가?

그렇게 생각들이 없는가? 자신의 행동이 국가적으로, 우리 시민사회적으로 어떠한 영향을 미치겠으며, 우리의 미래 사회를 어떤 방향으로 끌고 갈 수 있을 것인지를 잘 생각해서 좀 처신해야겠다. 또, 자신의 말과 행동은 정당하고, 상대의 말과 행동은 잘못되었다는 식의 독단은 절대 안 되는 것이다.

지식인과 지도층들이 사회적 여러 충돌 과정에서 해결사 역할은 못 하고서, 한 진영의 대변인 역할을 하고, 화려한 언변을 토해내는 처신들에 대해서는 이른바 "지식은 많고 고명하되, 인간 됨됨이에는 심각한 결함이 있다."라고 평하지 않을 수 없다.

물론 진영적 논리와 충돌적 언사를 하더라도 자신은 항상 바른 말을 하고 있다고 착각을 할 수가 있는 것이고, 오히려 자신의 말과 행동은 정당하고 정의롭다고 생각하는 경우도 있을 것이다.

그러나 사회적으로 정당과 정의라는 개념은 그렇게 무 자르듯 정확하게 잘릴 수 있는 것이 아니고, 줄자로 재어서 옷을 만들 듯 그렇게 정확히 재단될 수 있는 것도 아니다. 또한 자신의 말이 아무리 당시에는 맞는다고 생각하여도, 좀 시간이 지나서 다시 생각해보면, 상대방의 주장도 자신의 주장 이상으로 맞을 수도 있는 것이다.

이렇게 열린 마음으로 대화를 하고 언행을 해야지, 자기만의 고집이나 아집을 내세워서는 절대 안 되겠다.

부디 우리 사회의 리더들이 모두 공정하고 열린 마음으로 플랫폼적 리더가 되어, 자가당착이나 스스로의 위선에 빠지지 말고, 더군다나 어떠한 가면도 쓰지 말고, 시민을 진정으로 존중하는 마음으로, 노블레스 오블리주를 제대로 실천하는 리더의 역할을 잘 해주시어, 우리 시민사회가 자타가 공인하는 선진 문화적 사회, 플랫폼적 사회로 발돋움할 수 있었으면 좋겠다.

1-26. 관중과 팬들을 우롱하지 말아라!

관중과 팬들을 한순간이라도 우롱하지 말아라!

가끔 프로 스포츠 게임을 볼 때가 있다. 그런데 얼빠진, 그야말로 프로답지 못한 장면들이 연출되는 것을 자주 본다.

가령 요즘 우리나라에서 인기가 굉장히 많은 프로야구 스포츠 게임을 한 예로 들어 설명해보자.

타자가 타석에 들어서서 평범한 내야 땅볼을 쳤더라도, 1루까지 열심히 뛰면, 그렇지 않은 경우보다 1루에서 살 수 있는 가능성이 훨씬 높다. 아주 평범하여 아웃될 수 있는 땅볼에도 타자가 1루까지 전력으로 질주하면, 1루에서 세이프 되기에, 빨라서 유리한 부분도 있지만, 수비를 하는 상대팀 선수에게 조급한 마음을 주게 되어 실수를 유발하게끔 하여 유리한 부분도 있다. 그래서 1루에서 살 수 있는 가능성도 높아져 그만큼 더 유리해지는 것이다.

그럼에도 불구하고 선수들이 열심히 뛰지 않는 경우가 굉장히 많다. 스포츠라는 것은 단 점수 1점 차이, 타자의 안타 하나 차이, 투수의 볼 1개 차이 등 아주 근소한 차이로 승부가 갈리는 경우가 굉장히 많이 있다. 그런데도 1루까지 열심히 뛰지 않고 어슬렁어슬렁 걷듯 뛰어가는 식의 플레이를 함으로써 응원하는 팀이 결국 경기에 패한다면, 응원하는 관중 혹은 팬들은 울화통이 터진다.

설사 많이 양보하여, 그 선수는 그렇다고 치더라도, 도대체 그 팀의 감독과 코치들은 비싼 연봉을 받아 가면서 이러한 형편없는 플레이를 보고만 있다면 과연 생각이 있는 사람들인지, 없는 사람들인지 의심스러울 때가 많다.

또 3루에 있는 주루 선수가 플라이 볼(뜬공) 때 홈에 달려들 경우 슬라이딩을 하면서 몸을 약간 비틀어서 홈플레이트를 손으로 태그하면 충분히 살 수 있는 상황에서도 똑바로 서서 개념 없이 뛰어들다가 아웃되는 엉터리 같은 플레이도 많이 보게 된다. 그리고 일반 주루 플레이 등에서는 심판이 아웃이라고 선언하지 않으면 끝까지 자기 플레이를 계속해야 하는데도 불구하고, 성급히 자기가 임의로 판단하여 행동하다가 아웃되는 경우도 많이 본다.

또 가끔 선수가 '더블 플레이(공격하는 2명 이상의 선수가 동시에 아웃되는 좋지 못한 결과의 플레이)'를 당하거나 경기가 잘 안 풀리면, 스스로 화를 못 참아서 헬멧이나 야구 방망이를 아무 데나 내던져 버리기도 하여 상당히 위험해 보이기도 하며, 이런 모습들은 전혀 예의가 없게 보인다. 심지어는 심판관에게 대들거나 욕설을 하는 경우도 자주 발생한다.

위의 야구에 대한 설명 중, 본의 아니게, 일부 독자들께는 다소 어려울 수도 있는 야구 용어가 좀 나오기는 하였지만, 중요한 것은 이러한 일련의 플레이들은 단순히 선수들의 실수 문제가 아니고, 선수로서의 기본적 자세의 문제이고, 최소한의 관중과 팬에 대한 예의의 문제이며, 프로선수로서의 상식의 문제이기도 한 것이다.

선수들의 이러한 태도들은 관중이나 팬들이 보기에는 너무나 개념이 없고, 황당하다 못해 화가 치밀어 오를 때도 있다. 만약 프로야구를 TV나 핸드폰 등으로 시청을 하고 있을 때라면 그냥 꺼버리고 싶은 심정이 들 때가 많다. 물론 선수들도 사람이니 실수를 할 수 있을 것이고, 그들의 실수 그 자체는 충분히 허용될 수 있겠지만, 게임과 관중을 대하는 태도, 성의, 최소한의 양심의 문제는 어떻게 허용될 수 있겠는가?

물론 프로 스포츠가 워낙 경기수가 많고, 몸도 피곤할 것이고, 힘도 들 것이고 하여 여러 변명도 많이 있을 수 있겠다. 만약 그렇다고 한하면, 뭔가 다른 대책(경기수 줄이기, 벌금제도 등)을 내어놓아야 하는 것이지, 계속 이긴 개념 없는 플레이(본헤드 플레이; Bonehead Play)를 한다면, 우리나라 프로야구의 수준은 선진 야구에 비해 바닥으로 추락할 것이며, 관중이나 팬들, 시청자들은 계속 뒷목을 잡을 수밖에 없다.

스포츠 비리 (그림: localcast-app.com)

또한 심지어는 야구, 축구, 농구, 배구 등 대부분의 스포츠 게임에서 '승부 조작'도 자주 발생한다. 보통은 선수, 코치, 감독 등에 의한 뒷돈 거래나 도박성 승부 조작 사건인 것이다. 이러한 승부의 조작은 관중이나 팬들을 우롱하는 것일 뿐만 아니라, 스포츠인이라면 도저히 해서는 안 될 금기 선을 넘은 '범죄행위'(사기·공갈·도박죄 등)에 해당한다. 그리고 보이지 않는 유사 위법행위도 많다. 스포츠인 스스로가 '불문율'이라고 치장하여, 특수한 환경이나 조건에서는 상대에게 양보하기와 같은 행위를 하는 것이다. 이런 관습 또한, 관중의 입장에서 보면, 심각한 기만행위로 볼 수 있겠다. 제발 모두 얼빠진 스포츠인이 되지 말아야 하겠다.

반면, 게임을 보다 보면, 수비의 명장면, 공격의 명장면 등도 많이 연출되어 박수갈채를 보내기도 하고, 간혹 희열을 느끼기도 한다. 그러나 위에서 언급한 여러 개념 없는 플레이, 몰상식한 플레이, 불법적 플레이들이 전체 스포츠계를 심각히 나쁜 쪽으로 오염시키고 있다.

그리고 이러한 오염은 스포츠인, 스포츠계 스스로를 망치게 하는 길이며, 또한 스포츠인 고유의 스포츠정신(스포츠맨십)마저도 심각하게 무너뜨려 관중과 팬들 및 시청자들에게 지울 수 없는 허탈감과 실망을 주게 되며, 도의적으로도 도저히 있을 수 없는 일이므로, 각고의 자정 노력이 필요하다고 하겠다.

1-27. 점을 보거나, 예언을 믿지 말아라!

그 어떤 점(占)을 보거나 그 어떤 예언도 믿지 않는 것이 좋다!

인간은 육체적으로도, 정신적으로도 많이 나약한 동물이라고 할 수 있다. 그래서 여러 주위 풍파에 쉽게 유혹되고, 사기도 많이 당하고, 쓸데없는 곳에 몸과 정신을 허비하는 등 인생에서 여러 시행착오를 겪는다.

따라서 많은 사람이 매년 초뿐만 아니라 수시로 점을 보거나, 사주나 궁합을 보거나, 무당에게 굿을 청하거나, 기타 토정비결, 타로, 운세 등의 미신에 의존하는 경우가 많이 생긴다. 그러나 이러한 불필요한 생활 행태는 너의 마음에 혼란을 더 가중하기만 할 것이며, 장기적으로는 너의 긍정의 마인드를 부정적인 마인드로 바꿀 수도 있을 것이고, 개인의 건전한 생활 자체를 방해할 수도 있는 것이다.

만약 토정비결이나 점을 보러 점집에 갔다고 생각해보자. 점집에서 좋은 이야기를 듣던, 나쁜 이야기를 듣던, 네 영혼에 어떤 올가미를 채울 수도 있는 것이다. 그리고 너의 깊은 마음의 문제는 점집에서 결코 해결할 수 없다.

혹여 나쁜 이야기 혹은 편협한 점괘를 받는다면 너의 마음에 씻기 어려운 트라우마를 만들 수가 있고, 네 미래 능력을 미리 한정 지어 버리는 격이 될 수도 있어서, 작은 혹을 떼려고 갔다가 큰 혹을 몇 개 더 붙이고 나오는 꼴이 되어버릴 수도 있고, 네 무한한 미래 능력에 큰 상처를 안기기도 할 것이다.

물론 이러한 무속인의 주술이나 미신의 장점도 있을 것이다. 정신적으로 지친 현대인의 마음을 풀어주고, 위안을 준다는 명목이 있을 수 있을 것이다.

굿 (그림: upload.wikimedia.org/wikipedia)

그러나 생각을 해보라. 무속인도 궁극의 목표는 돈이 아니겠는가? 주술은 그들이 돈을 벌기 위한 가장 중요한 본업에 해당할 것이다.

그리고 사람의 미래는 그 누구도 정확하게 맞출 수 있는 것이 아니다. 맞출 수 없는 것을 가지고 맞춘다고 광고하는 것 자체가 허위이다. 또한 간혹 과거를 잘 맞춘다고 하여, 미래를 맞출 수 있는 것은 아니다. 과거는 이미 경험하여 지나간 것이고, 사람의 표정이나, 느낌이나, 여러 주변 정황적으로 그 흔적을 남길 수가 있어서 재주 많고 꽤 많은 무속인이 어느 정도 맞출 수 있다고 하더라도, 미래는 흔적 자체가 없어서 결코 맞출 수 있는 것이 아니다. 나중에 미래의 일을 맞추었다고 느껴지는 경우라면 그것은 점괘에 의한 것이 아니고, 그저 많은 경우의 수 중 하나가 맞아들어간 것처럼 느껴졌을 뿐일 것이다.

이러한 주술 혹은 점술은 기본적으로 인간을 매우 현혹시키고, 그 약한 고리를 미혹하게 함으로써 점쟁이 자신의 거짓과 위선을 감추려 하는 행위이며, 과거에 발생한 여러 사건들을 애매한 말을 통해 어느 정도 맞추어 보임으로써 미래를 예언할 수 있다는 강한 믿음을 점을 보러온 사람들에게 심어주려 할 것이다.

그러나 그들이 미래를 맞출 수 있는 특별한 능력을 가진 것은 절대 아니다. 그래도 그들에게 능력이 있다면 사람의 상태를 볼 줄 아는 눈치, 사람의 마음속을 꿰뚫어 보는 직관적 능력, 과거의 일을 나름 정확하게 짐작하는 능력, 애매한 말로써 신통하다는 느낌을 상대에게 줄 수 있는 능력 등일 것이다. 그러나 그러한 능력은 네게 정말 필요한 것이 아닐 것이다.

당신이 정말 알고 싶어 하는 것은 당신 미래의 모습이 아니던가? 그러나 그것은 무속인이 결코 맞출 수 있는 영역이 아니며, 네 인생에서 스스로가 앞으로 감당해 나가야 할 숙제이다.

좀 심한 무속인이나 예언가 혹은 신인(神人)을 자처하는 사람들은 찾아온 사람(손님)들에게 대놓고 사기를 치거나, 성추행을 하거나, 성폭행을 하는 등 씻을 수 없는 만행을 저지르기도 한다. 이렇게 혹세무민(惑世誣民)하는 자들을 우리는 뉴스나 매스컴에서 심심치 않게 본다. 그래서 상대가 지나치게 당당하거나, 상황에 맞지 않는 부적절함을 보인다든가, 이상한 착취를 하려 들면 일단은 먼저 의심해보는 것이 현명한 대처 방법일 것이다.

그러나 이러한 점집과 무속인, 예언가들은 수천 년 이상 인간의 역사와 함께 내려온 것이므로, 결코 하루아침에 없어지거나, 없앨 수 있는 것도 아니다. 또한 인간 마음의 약한 고리를 파고들므로 절대 추종하는 사람들이 생기게 마련이다.

결론적으로 우리는 사주, 궁합, 팔자, 굿, 예언 등의 폐해를 잘 생각해 보아야 한다. 이는 삶에 지친 현대인들에게 잠시 위안을 주고, 위로를 해 줄 수는 있을 것이다. 그러나 그것은 마약과도 유사하게 너를 중독 시킬 것이다. 다시 말하지만, 네가 알고 싶은 너의 미래는 너의 몫인 것이다. 그리고 그것은 현재 너의 행동에 따라서 얼마든지 달라지는 고차원 방정

식의 가변적 함수인 것이다.

"그냥 쉽게 보아서, 자기 자신에게 가장 잘 맞는 사람은 아첨꾼이거나 사기꾼 혹은 '혹세무민'하는 자일 것이다!" - Pa sayings

1-28. 바로 이 자리에서 실천하라!

어딘가 특별한 장소를 찾아다니지 말고, 지금 네가 서 있는 바로 이 자리에서 네 생각과 이상을 한번 실천해보아라!

특별한 은둔(隱遁) 없이 세속(世俗)의 실제 생활 속에서 먼저 너의 이상(理想, ideal state)과 도(道)를 한번 실천하여 보는 것이 마땅하다.

이상적인 세계를 핑계 삼아 현실을 피하지 말아야 한다. 현실은 피하고 싶다고 피해지는 것이 아니다. 이 지구상에 피할 곳, 숨을 곳이 어디 있으랴? 산천초목이 다 알려지고 노출된 세상인데 어디 깊은 산속 자연인이 된 들 숨을 수 있으랴?

현실은 현실대로 정면 돌파를 택하여 이겨내어야 해결되는 것이고, 휴식 차 낙향 생활 등으로 문제의 전부를 해결할 수 있는 것도 아니다. 만약 그런 도피 생활이 필요하다면 그것은 보조적인 수단이나 방법에 불과할 것이다. 즉, 낙향 생활이나 산속 생활 등의 이른바 특별한 체험이 메인이 되어, 현실의 문제를 해결하는 것은 궁극적으로는 어렵다. 거꾸로 현실의 문제를 피하지 말고 정면 돌파하여 해결한 후 낙향 생활, 산속 생활 등으로 그것을 더욱 공고히 하는 것이 상대적으로 더 견고한 해결 방법이 되어줄 수 있고, 보다 지속 가능한 방법일 수도 있을 것이다.

이상이나 도(道)라는 것이 꼭 특별히 고상할 필요는 없다. 생활 속에 아주 작은 것이어도 상관없다. 자신이 원하는 상태, 즉 날씬하고, 건강하고, 늘 보람되게 일하고, 독서 많이 하고, 원하는 취미를 즐기고, 항상 만족하고 감사할 줄 아는 자세 등 우리가 평소에 늘 많이 생각하고 동경

해오는 부류의 것이어도 된다. 꼭 과거의 어떤 도사들이 수양하고 꿈꾸는 이상이나 고상한 행위일 필요는 없는 것이다.

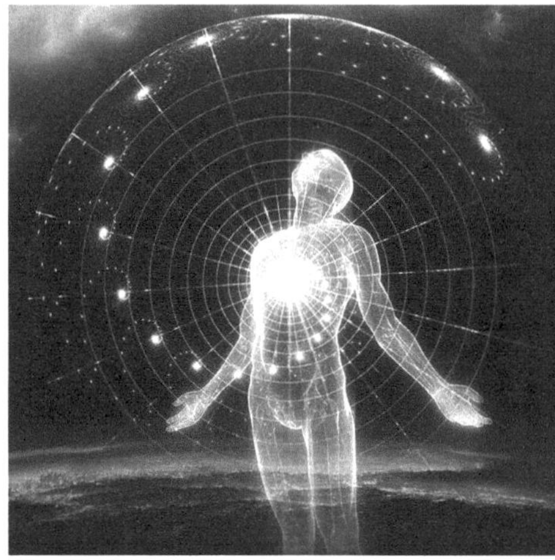

이상과 도(道)의 실천 (그림: massage-ibiza.com)

가령 체력단련 혹은 다이어트나 운동이 필요할 때는, 헬스클럽이나 피트니스에 가기 전에 먼저 네 실생활 속에 운동 습관을 뿌리내려라.

예를 들어, 출근할 때와 퇴근할 때 지하철이나 버스를 한 정거장 일찍 내리고 나머지 거리는 걸어서 도착하여 운동량을 늘리는 방법, 승용차보다는 대중교통의 이용량을 늘려 운동량을 늘리는 방법, 점심 식사 후 주위를 산책하는 습관 등, 잘 생각을 해보면 실생활 속에서 수시로 행할 수 있고 네 생활 패턴에도 맞는 방법이 꽤 많이 있을 수 있을 것이다. 그것부터 먼저 실행하여야 체력이 단련될 수밖에 없는 좋은 습관들이 네 몸에 밸 것이다. 그래도 좀 더 필요한 부분만 헬스클럽 혹은 피트니스로 보완하면 그 습관이 드디어 네 몸에 공고히 체득될 수 있다. 문제를 해결하려고 하는 우선순위가 뒤바뀌면 안 된다는 것이다.

다른 예로, 거창하게 광고되고 있는 약이나 영양 보충제보다는 매일 먹는 음식을 통해 네 몸에 영양도 공급하고, 병도 고쳐보아라. 그 옛날 히포크라테스는 "음식으로 못 고치는 병은 그 어떤 의사나 약으로도 고치지 못한다."라고 하지 않았던가? 우선 생활 속에 소식(小食), 미네랄 섭취, 비타민 섭취, 과채류 섭취, 기타 자신에게 맞는 영양소 섭취 등을 실행하여 생활화한 후 정밀 검사를 받아서 부족한 부분을 평가하고, 이후 꼭 필요시에만 약을 복용하는 것이 좋다. 이 역시 주객전도(主客顚倒) 내지는 왝더독(Wag the dog) 현상이 되면 좋지 못하다. 즉 약물에 너무 의존하는 것이 선행되면 좋지 못한 결과의 쳇바퀴를 계속 돌 수밖에 없다는 것이다.

또 다를 예로, 매일 양치질을 정확하고 충분하게 잘하는 것이 치과에 방문하는 것보다 먼저 선행되어야지, 치과에 가는 것을 전제로 하면 이 역시 좋지 못하다. 즉, 양치질이나 치아 관리가 우선적 필요 행위이고, 치과 치료는 그 2차적 보조행위가 되어야 한다는 것이다.

또, 거창한 배움, 격식이 차려진 배움, 학원 등의 공부 방법보다는 그 배움이 생활 속에 녹아나도록 항상 생활 속의 책 읽기, 생활 속의 학습과 같은 것들이 선행되는 자기 주도형 학습이 우선되어야 좋겠다. 그렇지 못하면 제대로 된 올바른 지식의 습득이 어려우며, 배운 것을 금방 잊어버리거나, 무용지물이 되어버리기도 하는 것이다.

대단하든, 대단하지 않은 것이든 네가 이 세상에서 실천하고자 하는 이상이나 도(道)가 있다면, 분명히 세속(世俗)에서, 실제의 생활 속에서 먼저 실행해보려고 노력하는 것이 좋다. 그것이 어떤 종목의 무엇이라도 좋다.

너무 거창한 은둔생활을 하거나, 특별히 어떤 멍석을 깐 후에, 혹은 모든 원하는 형식과 준비 작업을 모두 갖춘 후에 실천하려고 하면 자칫 기회 자체를 놓치기도 쉽고, 또 그것은 진정한 의미의 실천력이 아닐 수 있다.

진정한 의미의 실천은 실제의 일상생활 속에서, 매일의 일상을 소화해 나가면서 이루어내어야 그 의미가 클 것이다.

그리하여 실생활 깊숙하게 체득되고 습관화 되게 하고, 근본적인 치유와 깨달음의 상태에 도달하여야 한다는 것이다.

"항상 특별한 그 무엇을 갈구하거나, 대단한 것을 찾으려 애쓰지 마라. 네가 서 있는 지금 바로 그곳에도 충분히 그러한 기회가 있으니, 거기서 바로 실천해보아라!" - Pa sayings

1-29. 삶의 밀도와 여유를 챙겨라!

네 삶을 항상 밀도 있고 여유 있게 살아라!

삶은 “백구과극(白駒過隙; 흰 망아지가 문틈으로 지나가는 순간을 언뜻 본다는 뜻으로, 세월이 덧없이 빨리 지나가는 것을 뜻함)”이라고 하였다. 인생이 그만큼 짧고, 순식간에 지나간다는 뜻이다.

사실 이렇게 짧은 삶 속에서 누구도 아무런 욕심을 낼 필요가 없는 것이다. 누구는 인생은 초로(草露)와도 같으니 물 흐르듯 순리대로 살라는 사람도 있고, 누구는 세상에 좋은 일을 많이 하며 살라는 사람도 있고, 자연과 더불어 욕심 없이 살라는 사람도 있다.

고래로 인생에 대한 이러한 수많은 조언이 있지만, 자고로 삶을 밀도 있고 여유 있게 사는 것이 좋겠다.

여기서 밀도의 의미는 너의 가치 측면의 집중력을 의미하고, 여유라는 것은 욕망과 사심으로부터의 자유인 것이다. 즉, 욕망과 사심으로부터는 자유롭고 여유가 있어야 하고, 너의 진정한 가치에는 집중하여야 좋은 삶을 살아낼 수 있다는 것이다.

두 인물을 예로 들어 한번 설명해보려 한다. 그 유명한 스티브 잡스는 태어나자마자 친부모에게 버려져 입양된 후 양부모 밑에서 자라났다. 그는 그런 불우한 환경 탓인지 성격이 매우 삐딱했고, 괴팍한 점이 있었다. 그러나 그에게 배울 점은 독립심과 혁신성 및 삶의 밀도인 것 같다.

그는 대학을 다닐 때 부모의 학비 걱정을 덜기 위해서 일부러 중퇴 후, 청강생의 자격으로 자신이 배우고 싶었던 그래픽, 디자인 등을 배우는 열정을 보였다. 취업을 해서도 친구에게 마땅히 돌아가야 할 제품 개발비 등을 떼어먹은 점, 딸의 양육비나 등록금 등을 지불하지 않으려고 한 점 등을 고려해볼 때, 그는 분명히 소시오패스(sociopath)를 왔다 갔다 하는 인격 장애가 일부 있었던 것도 같다.

그러나, 그의 장점을 보자면, 인간에게 이롭게 하는 제품의 개발하고 공급하기 위해 인생의 끝자락까지 노력을 다하였다는 점이다. 그것이 그의 인생철학이요, 그의 삶의 밀도 있는 가치였던 것이다. 이렇게 인간에게 진정 가치 있고 유익한 제품을 세계인들에게 공급하고자 하는 것에 큰 뜻을 세운 스티브 잡스는 여러 우여곡절 끝에 애플(Apple)을 굴지의 세계적 기업으로 올려놓았으며 아이팟, 아이폰 등의 인류 기술 역사상 대표적인 혁신 제품을 세상에 내어놓을 수 있었다. 그 점에서는 상당히 밀도 있는 삶, 가치 있는 삶을 살아낸 것으로 당연히 평가돼야 한다.

천재 물리학자 알베르트 아인슈타인(Albert Einstein)은 초등학교 시절부터 유럽인들의 뿌리 깊은 반유대주의로 인해 어린 마음에 상처를 크게 받았다.

그러나, 이러한 어려운 환경을 극복해낸 아인슈타인은 생애 약 300여 편 이상의 논문을 발표하였고, 현재까지도 여전히 천재적 인물의 대명사로 통하는 등, 아이작 뉴턴과 더불어 인류 역사상 과학의 발전에 가장 지대한 영향을 미친 사람으로도 꼽힌다.

그의 사생활 측면에서는, 1919년에는 아내 밀레바와 이혼을 하고, 자신의 친척 누이 엘자와 두 번째 결혼생활을 하였고, 이후에도 대여섯 명의 애인들과 사귀었고, 그러는 동안 연애편지를 약 1,400여 통이나 썼을 정도로 개인적 사생활과 연애, 취미 등에도 열정적이었다.

한편, 1902년 스위스 베른의 특허청에서 일할 당시에는 '올림피아 아카데미(과학자와 철학자들의 사적 모임)'를 결성하였고, 이 모임을 자기 집에서 열기도 하였다. 점점 많은 과학자와 철학자들이 이 모임에 참가하였으며, 매주 다양한 철학책은 물론 문학작품 등을 읽고 열띤 토론을 벌이기도 한 것이다. 또 토론이 끝난 후에는 바이올린 연주로 흥을 즐기기도 하였고, 일출을 보러 베른 외곽의 산에 올라가기도 하는 등 삶의 여유도 많이 보인 것으로 전해진다.

경매에 나온 아인슈타인의 연애편지들 (그림: from time.com)

아인슈타인이 스스로 생각한 자신의 삶의 밀도 있는 가치는 학자로서의 "지식에 대한 끊임없는 탐구"이었던 것 같다. 그리고 전쟁의 시대(제1차·제2차 세계대전)라는 엄혹한 시대에 태어나, 그 어디에도 얽매이지 않고, 가능한 여유 있고 자유로운 영혼으로 삶을 살아낸 것 같다.

마지막에 그는 이스라엘 건국 7주년 기념행사의 연설을 준비하다가, 복부 대동맥류 파열에 의한 출혈로 쓰러져 병원으로 실려 갔는데, 수술하려는 의료진에게 이렇게 말을 했다고 한다.

"나는 내가 떠나고 싶을 때 떠나고 싶소. 인간의 기술로 삶을 늘리는 건 천박한 짓인 것 같소. 내 사명은 이제 끝냈으니, 우아하게 갈 때라오.”

그는 이 말을 하며 수술을 거부하였던 것이고, 다음 날 아침까지도 연구를 계속하다가 결국 사망하게 된 것이다.

그야말로 삶의 마지막 순간까지 학자로서, 한 인간으로서 밀도 있는 삶을 살아내었고, 욕망과 사심으로부터는 항상 여유 있는 태도를 보였으며, 1,400여 통이 넘는 그의 연애편지를 통하여 그의 자유로운 영혼을 한번 생각해보게 된다.

삶에서 밀도는 분명히 필요하다. 이는 천재이거나 일반인이거나 공통적으로 인생에서 꼭 필요한 중요 덕목인 것이다. 여기서 밀도란 단순한 물리적 밀도가 아니고, 단순히 열심히 산다는 의미도 아니다.

먼저 삶 속에서 냉철한 사유를 통해 자신의 존재 가치를 찾아내어야 한다. 만약 잘 모르겠으면, 계속하여 자기 자신에게 물어보고 응답을 받아내어야 한다. 이렇게 찾아낸 자신의 밀도 있는 가치에 지속적이고 여유롭게 대할 필요가 있다. 그게 바로 인생을 의미 있게 살고, 마지막에 보람을 느낄 수 있는 유일한 길일 것이다.

1-30. 원하는 바, 그 길목을 챙겨라!

원하는 바, 그 길목에서 지키고 있어라!

원하는 바가 있으면, 그것을 굳이 쫓아다니지 말고, 그 향방을 잘 살피어, 길목을 지키고 있는 것이 좋다.

자신이 원하는 것에 대한 막연한 정보에만 귀를 기울여 "~카더라!" 혹은 "~이렇다더라!"라는 말만 믿고, 그것을 계속 쫓아다니기만 한다면 몸과 마음이 지칠 것이고, 그 원하는 것은 더 멀리 달아나려고만 할 것이다. 이 과정에서 더 중요한 관점은 자신이 원하는 바(객체)와 자기 자신(주체) 간의 주도권 전쟁에서 자기가 질 수 있다는 것이다.

원하는 바를 얻기 위해서는 먼저 그것을 잘 분석하여야 한다. 적어도 그것의 실체와 특성이 무엇인지?, 내가 왜 그것을 원해야만 하는지?, 그것을 얻으면 나에게 어떤 이득이 있는지?, 그것을 얻으면 혹시 나에게 손해가 되는 것은 없는지? 등에 대한 내용들을 꼼꼼히 잘 생각하고 분석하여야 하는 것이다.

그렇게 분석한 결과, 그래도 그것을 꼭 얻는 것이 맞다고 결론이 나면, 그다음은 그것을 공부하고 준비하여야 하는 것이다. 그것을 얻는 데 성공하기 위해서는 어떤 투자(자본, 인력, 장비, 물자, 지적재산권 기타)가 있어야 하고, 성취나 성공의 핵심 키포인트는 무엇인지 등 얻고자 하는 것의 특성별 대응 방법에 대한 분석 및 공부를 하여야 한다.

잘 모르는 부분도 많을 것이다. 그러면 그것을 먼저 해본 사람들이나, 전문가 집단 등의 머리와 지혜를 빌려야 한다. 혹은 자신이 직접적 여러 검색과 학습을 통하여 더 내공을 쌓는 방법도 있겠다. 이렇게 수고와 수

업료를 충분히 지불하여야 정상적으로 일이 진행되는 것이지, 이러한 부분을 만약 생략한다면, 좀 진행하다가 금방 도로아미타불이 되는 경우가 많을 것이다.

길목을 지키고 있어라
(그림:.vectorstock.com/royalty-free-vector)

자! 이제 사전에 공부와 준비가 다 되었다면, 그냥 진행하면 되는 것인가? 어떻게 진행하는 것이 좋은 것인가? 바로 "길목을 지키는 방법"이 주효할 것이다. 길목을 지킨다는 것은 처음부터 너무 많은 노력과 진도를 빼기보다는, 하나하나 점진적으로 진행을 하되, 그 일의 핵심 포인트 지점에 미리 도착해 있는 것이다.

첫 번째 예로서, 범인을 검거하려고 하는 경찰이 범인을 쫓아다녀서는 검거할 공산이 크지 않다. 그 범인은 이미 죽을힘을 다하여 도망치려고 마음을 먹었을 것이기 때문이다. 그러나 길목의 형상이나 범인의 습성으로 볼 때, 범인이 도주하여 달아날 방향과 길목을 미리 짐작할 수 있다면, 지름길로 먼저 가서 잠복하여 기다리거나, 동료 경찰에게 연락을 하여 어느 장소에서 가서 기다려 보라고 이야기해주면 훨씬 검거할 가능성이 높을 것이다.

두 번째 예로서, 시설원예 사업을 해보기로 결정한 사람이 있다면, 이 작물을 어느 때 출하를 하게 되면, 가장 고가로 팔 수 있을 것이라고 미리 확인·조사를 하거나 계산을 하고나서 그 시점을 목표로 작물의 생장 속도를 맞추어, 이른바 페이스 조절을 잘하게 되면, 노력 대비 효과는 훨씬 증가시킬 수 있을 것이다.

만약 눈앞에 당장 작물의 양액을 주어야 하고, 온도와 습도를 잘 맞추어서 나중에 최고의 품질 등급으로 출하를 하겠다고 하는 일반적이고 막연한 생각만 하고 있다면 너무나 고전적이고 근시안(近視眼)적인 방법이 될 것이다.

이른바 일의 길목을 지키는 것은 일의 중장기적 전술이요 전략인 것이며, 노력 대비 효율을 극대화할 수 있는 방법인 것으로서, 이미 공부와 준비 작업을 제대로 하고, 일머리를 제대로 알아서 내공이 갖추어진 사람만이 구사할 수 있는 방법인 것이다.

우리의 일상에서도 마찬가지이다. 자신의 성공과 성취를 위해서 무모하게 달려들기보다는, 자신이 미리 할 수 있는 부분을 잘 학습하고, 검색·연구하고, 준비하여 전략적으로 접근할 필요가 있는 것이다.

물론 "일은 먼저 저지르고 볼 일이다."라며 개념 없이 달려드는 경우도 있는데, 그것도 어느 정도 계산을 하고 저질러야 하는 것이지, 무작정 혹은 무모하게 저지르다가는 돌이킬 수 없는 난국에 처할 수 있는 것이다.

세상 모든 것이 뜻대로만 되지는 않는 것이 당연하다. 아무쪼록 모든 일에는 "진인사 대천명(盡人事待天命)"의 마음으로 임하되, 길목을 지키고서 때를 기다릴 수 있을 정도의 혜안(慧眼)은 미리 꼭 챙겨야 하겠다.

1-31. 배려하는 마음 챙기기!

배려는 곧 인격이요, 보배로운 마음의 열쇠이다!

요즘의 세상은 글로벌 사회 혹은 다문화(다민족) 사회라고 하여, 문화적·사회적 다양성이 매우 강조되는 사회이다.

우리나라 교육계에서도 과거에는 단일민족 혹은 한 민족임을 강조하였지만, 현대에 와서는 더 이상 이런 용어는 잘 사용하지 않는다.

그런데, 이러한 용어의 문제보다는 훨씬 더 심각한 것이, 다른 민족에 대한 '차별대우'인 것이다.

다민족 사회 (그림: stock.adobe.com)

우리나라는 1980년대 말부터 다양한 이주민들이 증가하면서 점차 다문화 사회로 전환되었고, 또 2000년대 이후에는 출산율의 급격한 저하로 인하여 필요 외국인 노동자가 크게 증가하여 이주민들이 급격히 증가하였으나, 아직 사회적으로 이들에 대한 적절한 보호나 안전망, 복지서비스 등이 매우 부족한 형편이다.

이러한 문제의 가장 큰 본질은 우리 사회가 겉으로는 다문화 사회임을 표방하면서도 실질적으로 '동화주의'를 추구하고 있기 때문이라고 생각한다. 즉, 다양한 문화의 상호 공존을 인정하는 사회가 되어야 함에도 불구하고, 단순히 이주민의 '한국화'에 머물러 있다는 뜻이다.

현재 외국인 노동자들에게는 계약사항과 실제 근무조건의 불일치, 장시간 근로와 저임금, 산업재해, 건강검진 및 안전교육 부실, 언어폭력 및 폭행 피해 등의 온갖 차별 대우가 현장에 존재하는 것 또한 사실이다.

국제결혼의 경우에도 농촌이나 빈민층에서 이루어지는 경우가 많고, 국가적 지원도 부족하여 이혼이 급증하는 부작용이 심하고, 무엇보다 그들의 2세들은 한국어가 서툴러 학교에서나 여러 모임에서 집단 따돌림을 당하는 심각한 경우도 있다.

그러나, 유럽인이나 미국인 등의 부유한 국가 출신이나, 백인 노동자들에 대해서는 유독 관대한 경우가 많다.

이러한 모순이 또 어디에 있겠는가? 백인이나 선진국 출신이라고 하여 잘 대해주고, 유색 인종이나 후진국 출신이라고 하여 무시하거나 함부로 대한다면, 이것은 집단적 위선에 해당하지 않겠는가? 이러한 저급하고 야만적 행위가 결코 선진 대한민국 땅에서는 더 이상 일어나지 않게 해야 한다.

거창하게 우리나라가 다민족 사회임을 외치는 언론이나 정치계는 더 한심하다. 실제 현장에서는 전혀 그렇지 못한데도 불구하고, 다민족 사회임을 아무리 말로 떠들고 외쳐 보아야 무엇하는가? 오늘이라도 당장 공장이나 산업현장에 내려가서 생생한 외국인 노동자 등의 문제를 좀 확인해보기를 바란다. 이러한 문제를 방치해 나가면, 과거 프랑스 등에서 처럼 외국인 이

주민들의 폭동과 같은 극단적인 사태도 자칫 우려해야 하는 것이다.

가난을 극복하고자 혹은 큰 코리안 드림을 가지고 이역만리 떠나온 외국인 노동자를 절대 솜털로도 때려서는 안 된다. 그들의 아픔을 함께하고, 거리낌 없이 친구가 되어주고, 모든 면에서 배려해줄 수 있는 성숙된 사회가 되어야 하는 것이다. 즉,

"배려는 곧 인격이요, 남을 보호하고 자신도 보호하는 열쇠이기도 한 것이다." - Pa sayings

우리는 그들이 필요로 하는 사항에 대한 입법과 사회적 시스템 구축 등으로 그들을 품을 수 있는 복지행정과 대국민 캠페인 등을 제대로 진행해야 한다. 그러나 이러한 문제의 근본적 해결책으로 접근하려면 무엇보다 교육 과정의 개선이 선행되어야 한다. 먼저 학생들이 배우는 교과서상에 주요 저개발국 혹은 개발도상국의 역사와 문화를 질적·양적으로 균형 있게 실을 필요가 있으며, 그 나라들 혹은 그 민족들의 우수성에 관련된 내용도 충분히 담아주면 무척 좋을 것이다.

또한 이러한 남을 배려하고 상대를 이해해 주는 마음은 그만큼 오래도록 외국인 노동자들의 마음속에 남아서 우리나라에 좋은 감정이 생기고, 이것이 점차 발전되면 점차 형제의 나라로 부를 만큼 가까워질 수도 있는 것이다.

우리나라가 튀르키예를 형제의 나라라고 하여 여러 국제관계에서 매우 좋은 감정을 가지는 것도 역사적으로 여러 좋은 경험들이 쌓여 이루어졌다고 보아야 한다.

배려와 도움은 이렇게 나 자신과 사회 구성원들의 인격을 나타내는 척

도가 될 수 있다. 특히 외국인 노동자들을 어떻게 대하느냐를 보면 그 외국인을 고용한 회사 대표와 직원들의 인격을 한눈에 볼 수가 있는 것이고, 외국인 이주민에 대한 인권과 복지가 얼마나 잘 보장되어있느냐를 보면 그 나라 국민의 의식 수준을 거울처럼 들여다볼 수 있는 것이다.

보편적 인류의 인권이라는 것은 하루라도 미루면 안 되는 것이므로, 우리 사회가 하루 속히 참다운 "다민족 사회"로 거듭나기를 바라마지 않는다.

1-32. 실수를 강조하여 말하지 말아라!

상대방의 실수를 강조하거나, 반복하여 이야기하지 말아라!

회사에서 어떤 직장 후배가 커피 머그잔을 바닥에 떨어뜨려 커피와 머그잔 조각이 사방으로 튀어 더럽혀졌고 당신의 서류에도 커피가 튀어 일부 서류를 다시 작성해야 한다고 한번 가정해보자.

이때 당신은 어떻게 하겠는가? 일단 "후배! 어디 다친 데는 없냐?" 라고 물어보아야 마땅할 것이다. 머그잔이 깨어지고 날카로운 조각이 산산이 옆으로 튀었으니, 몸에 튀어 피가 나거나 혹은 다친 데가 없는지를 당연히 먼저 물어보아야 한다. 만약 자신의 서류에 커피가 튄 것에만 먼저 신경 쓰고 불평을 늘어놓으면, 문제가 좀 있는 선배일 수 있다. 먼저 후배의 안전을 챙기는 것은, 선후배 관계를 떠나서 일반적인 인간관계에서도 당연한 일일 것이다.

그리고 후배의 안전에 대해 물어보아서 이상이 없는 상태라면, 그다음에는 무슨 말을 하겠는가?

이때 "내 서류에 커피가 튀었으니 네 책임이다."라는 투의 말을 꺼내면 하수(下手)인 것이다.

선배의 서류에 커피가 튀었고, 그것은 커피잔을 떨어뜨린 자신의 책임인 것은 이미 후배도 잘 아는 사실이다. 그런데 그런 투의 말을 바로 즉석에서 꺼내거나, 대화 중 여러 번 반복하여 언급한다면, 후배는 자기가 아무리 잘못은 하였을지라도 짜증이 날 수밖에 없는 것이다. 즉, 이미 주변 사람들과 당사자들이 모두 알고 있는 사실을 가지고서 자꾸 지적하고 강조하면, 오히려 역효과를 불러일으킬 수 있는 것이다.

퇴계 이황 선생의 예를 한번 보자.

이웃이 상을 당하여 퇴계 선생이 문상하러 가려고 도포를 입으려다가 도포 자락이 너덜너덜 닳아 해어진 것을 발견하고는 아내(권 씨)에게 꿰매 달라고 이야기하였다.

권 씨는 시집오기 전 집안에 큰 우환이 있어 심한 충격을 받아 정신이 약간 미약한 상태이었다. 그런 부인이 빨간 헝겊을 가져다 닳아서 해진 부분에 붙여 기워 주었다. 퇴계는 처음에는 난처해하다가, 잠시 후 아무렇지도 않은 듯 그 도포를 그대로 입고 상가로 갔다. 당연히 상갓집에서는 주변 사람들이 의아스럽다는 듯이 물어보았다.

"원래 흰 도포는 빨간 헝겊으로 기워야 하는 것입니까?"

이황이 워낙에 유명한 대학자인 터라, 이황이 그렇게 하였다면, 흰 도포에는 빨간 헝겊으로 기워야 마땅할 것이라고 생각하여 그렇게 물어본 것이다.

이때 퇴계는 그냥 웃기만 했다고 전한다.

하루는 또 붓글씨를 쓰던 중 벼루에 물이 떨어져 부인에게 "물을 좀 가져다주세요"라고 부탁을 하였다. 그러자 부인은 우물물을 가득 채운 커다란 양동이를 이고 들어와 벼루 위에 붓기 시작했다. 그런데 신기했던 것은 그 물이 옆으로 튀지도 않고 정확하게 들이부어졌다는 것이다. 옆에 있던 제자들은 그것이 신기하기도 했지만, 웃음을 참느라 어쩔 줄 몰라 하였다. 그러나 퇴계는 미동도 하지 않고 부인이 물을 다 붓고 나갈 때까지 충분히 기다려준 후 조용히 글을 다시 쓰기 시작했다고 한다.

약간 특수한 상황에서의 사례이기는 하였지만, 이황 선생의 경우에서 보았듯이, 우리는 누구나 실수를 한다. 그리고 그로 인해 자신에게 피해가 갈 수도 있다. 그러나 상대의 실수를 강조해 보아야 무엇하는가? 이미 그 상황이 팩트인 것을 주변인들과 당사자들이 모두 알고 있는데, 상대의 실수를 강조하거나 반복적으로 지적하면 무엇 하겠는가?

상대의 실수를 강조하지 마라 (그림: shutterstock.com)

또 요즘은 모바일 문화가 발달되어, 대화 도중 상대방 말의 진위를 바로 즉석에서 핸드폰 등의 수단을 동원하여 확인하는 일이 흔하게 발생하는데, 이것 또한 좋지 못하다. 상대방의 말이 핸드폰에 나와 있는 정보보다 못하다거나 틀린다는 진실을 바로 들이대면 그 누가 마음이 편하겠는가? 만약 꼭 팩트 체크를 해야 할 상황이라면, 간단한 양해의 말을 건네면서 하는 것이 좀 더 부드럽고, 예의도 챙길 수 있을 것이다.

상대의 실수를 많이 지적하면 할수록 그 사람은 도량이 좁은 사람이 될 수밖에 없다. 그럴 경우에는 이황 선생처럼 미소나 침묵도 좋은 방법이 될 것이며, 또한 "걱정하지 마! 나는 괜찮아!", "바닥은 내가 치워줄게!, 네 옷에 묻은 커피부터 닦아!" 혹은 "너 오늘은 컨디션이 좀 안 좋은 것 같으니 일찍 퇴근하여 좀 쉬어보세요"라는 등의 진심 어린 말을 상황에 맞게 건네는 것도 좋겠다.

1-33. 핵심 이전에 기본이 있다!

어떤 일에도 핵심 이전에 기본 혹은 필수가 있는 법이다!

음식이라면 그 핵심은 맛일 것이다. 몇 가지 더 보태면, 맛 이외에도 모양이 예뻐야 하고, 냄새도 좋아야 한다. 그러나 이러한 핵심적 요소 이전에 기본적 혹은 필수적 요소인 식품의 유효기간이 충분히 남아있을 것, 유해한 성분이 포함되어있지 않을 것, 환경을 오염시키지 않을 것, 식품 안전에 문제가 없을 것 등을 먼저 만족하여야 한다.

만약 아무리 맛있는 음식이라도 유효기간을 이미 지났거나, 몸에 좋지 못한 트랜스 지방, 에루크산, 과도한 염분, 방부제 성분 등을 함유하고 있거나, 환경오염 물질이 다수 포함되어있다는 것을 안다면 당신은 감히 먹기 어려울 수도 있다.

가전제품의 핵심은 좋은 성능과 에너지 효율일 것이다. 그러나 이렇게 성능이 우수하고 에너지 효율등급이 1등급인 제품이라고 하여도, 만약 안전에 문제가 있거나, 인체에 유해 물질이 포함된 재료로 만들었거나, 환경을 오염시키는 물질이 배출된다면, 아마 쉽게 손이 가기는 어려울 것이다.

주방용품은 또 어떠한가? 그 핵심은 편리하고, 성능이 좋고 위생적인 것 등이 될 것이다. 이 역시 만약 날카로워 다치기 쉽다든지, 녹이 잘 슬 수 있다든지 하는 치명적 결함이 있다면 아무도 사려고 하지 않을 것 같다.

또한 당신이 어떤 종목의 국가시험을 치른다고 생각해 보아라. 시험에서의 핵심은 합격점수 이상을 취득하는 것일 것이다. 그러나 아무리 점

수가 합격점수를 넘어서더라도 만약 과락 과목이 있다든가, 시험 도중 부정행위가 있었다면 당연히 그 합격은 취소가 될 것이다.

이렇듯, 대부분의 일에서 핵심 이전에 기본적으로 혹은 필수적으로 지켜야 할 사항을 안 지키거나 안 챙기면 자칫 치명적일 수 있으며, 모든 것이 도로아미타불이 될 수 있는 것이다.

ESG는 기본이다 (그림: dreamstime.com)

그럼에도 우리는 평소 모든 것에 너무 핵심만 강조하는 경향이 많이 있다. 학생들이 시험 준비를 할 때도 핵심을 강조하고, 일을 할 때도 자꾸 핵심만을 찾으려는 경향이 있다. 물론 핵심이 중요하지 않은 것은 당연히 아니다. 핵심을 잘 챙겨야 함은 정말 모든 일에서 매우 중요한 문제이다.

그러나, 우리는 "핵심 챙기기 단계"의 이전에 "기본(필수) 챙기기 단계"를 항상 넣어야 함을 일상이나 사업장에서 간과해서는 안 된다. 즉, 핵심 사항을 챙긴다는 것은 기본사항 혹은 필수사항이 먼저 챙겨진 것을 전제로만 의미를 가지게 된다.

나이 드신 부모님을 잘 챙겨 드린다고 하여, 돈이나 생활용품 등의 물질적인 요소에만 너무 치중한다고 하면 무슨 소용이 있겠는가? 그 기본 혹은 필수사항은 아마도 "부모님의 마음을 편안하게 해드리기", "병원, 약국, 일상적 케어 등 건강 보살펴 드리기"일 수 있다.

친구와의 관계에 있어서도 마찬가지이다. 금전적인 부분, 물질적인 부분, 기타 시로 사적인 도움을 주고받는 것 등의 조건도 당연히 중요하겠지만, 기본적으로는 진정한 우정(주로 정신적인 부분의 편안함과 정(情)을 말함)이나 굳건한 믿음 등이 항상 먼저 필수적으로 챙겨져야 할 것이다.

기업도 역시 마찬가지이다. 기업 활동의 핵심은 이윤을 많이 남기고, 나날이 사세가 확장되어 가고, 꾸준히 성장해나가는 것일 것이다. 그러나 그 기업이 부당한 행위나 위법한 행위를 하였거나, 도의적으로 문제가 되는 일에 연루되었거나, ESG(Environmental, Social and corporate Governance; 친환경, 사회적 역할과 지배구조의 개선) 등 기본적인 사항들을 못 챙겨 문제를 일으키면, 바로 사회적 지탄이 쏟아질 수 있고, 불매운동에 휘말릴 수도 있어서 그 기업의 장래는 장담할 수 없게 될 것이다.

1-34. 백의종군도 받아들이기!

진심은 자신의 이익을 계산하지 않을 때 비로소 드러날 수 있는 것이다!

어떤 행위에 대해서 진심인지 아닌지에 대해서는, 사실 본인 자신만이 알 수 있는 것이다. 그러나 일반적 혹은 사회적으로는 자신의 이익과 무관하여야 비로소 인정될 수 있을 것이다.

진심이란 무엇인가?

우리에게 잘 알려진 이순신 장군에게는 두 번의 백의종군(白衣從軍)이라는 시련이 있었다.

첫 번째는, 북방 여진족의 약탈 및 침략을 예상하고 수비를 강화하기 위하여 여러 차례 북병사 '이일'에게 추가 병력을 요청하였으나, 모두 거절을 당하였는데, 당시 패전으로 인해 책임을 지게 된 북병사 이일은 이순신에게 그 책임을 모두 덮어 씌었다. 이에 이순신은 벌을 받아 해임 및 수금되었으나, 백의종군의 기회를 기꺼이 받아들여 관직과 벼슬 없이 싸운 것이다.

두 번째는, 일본군 첩자인 요시라의 간계에 빠진 왕(선조)과 조정은 이순신에게 수군을 이끌고 나가 일본 수군을 공격하라는 명령을 여러 번 내렸는데, 이순신은 조정의 명령을 따르기는 하였지만, 바닷길이 워낙 험난하고 일본 수군의 복병에 의한 기습공격을 경계하여 아주 신중한 군사작전을 폈다. 이에 선조와 조정은 원균의 장계(일종의 모함이었음) 등만을 믿고, 이순신이 명령을 어기고 왜군 함대를 요격할 기회를 놓쳤다고 판단했다. 이에 이순신의 직책을 박탈하고 의금부로 압송 및 투옥하여 모진 고문을 가하였다. 다행히 이순신은 정탁의 목숨을 건 상소에 힘입어 겨우 사형은 면하고, 백의종군의 명을 기꺼이 받아들여 관직과 벼슬 없이 또 한번 싸운 것이다.

이순신장군의 백의종군길(남원시)
(그림: ohmynews.com)

보통 장수가 백의종군의 벌을 받게 되면 아주 치욕스러운 일이라, 잘 버텨내기가 힘들다고 한다. 더군다나 주로 모진 고문 후에야 백의종군으로 참전할 기회가 주어지기 때문에 전투에서 제대로 활약하기가 매우 어려운 것이다. 보통 사람 같으면 그 치욕과 모욕을 못 견디어 자포자기했을 텐데, 난중일기의 기록을 보면 오직 나라를 생각하는 충절과 백성을 사랑의 마음 때문에, 모함으로 인한 백의종군임에도 불구하고, 그것을 기꺼이 받아들이고, 결국은 다시 큰 공을 세워 직에 복귀할 수 있게 된 것이다.

영국의 처칠 수상은 제1차 세계대전 당시 해군 장관을 맡고 있었다. 그는 갈리폴리 전투에서 오스만 제국의 무력을 약화시키기 위한 연합군(영국군과 프랑스군)의 작전 수행 중에 인명피해와 물적 피해를 워낙 크게 내어서, 작전 실패에 대한 문책으로 장관직을 사퇴하게 되었는데, 시골에서 조용히 수채화를 그리면서 마음을 달래고 있다가, 제1차 세계대전에 중령으로 재입대하여 참전하게 된다. 여느 장관 같으면 전장의 뒷전에서 훈수나 두려고 하겠지만, 처칠은 그야말로 거의 백의종군 수준의 직책(중령)을 기꺼이 받아들인 것이다. 그는 장관직에 비하면 말단이라고 할 수 있는 중령

계급장을 단 채 최전선에 있는 야전 참호로 자발적으로 나아간 것이다.

이는 모두 처칠의 뛰어난 능력도 능력이지만, 무엇보다 나라(영국)와 국민을 위해서라면 자기 자신을 기꺼이 희생하려는 진심 때문인 것으로 보인다. 이후 이러한 그의 진심은 그를 수상의 직으로 밀어 올렸으며, 1차 및 2차 세계대전에서 연합군을 승리로 이끈 최고의 리더로 만들어 주었던 것이다.

오스트리아 출신 간호사 마리안느 스퇴거 수녀와 마가렛 피사렉 수녀는 한국의 버려진 섬, 소록도에서 40여 년 이상을 한센병 환자의 엄마 그리고 친구가 기꺼이 되어주었다. 그녀들은 처음에는 한국에서 5년 정도의 봉사 활동을 계획하였지만, 이 5년이 거의 반평생으로 늘어나게 될 줄은 상상조차 못 하였을 것이다.

과거에는 의학지식이 많이 부족했으므로 한센병은 지독한 전염병으로 여겨졌고, 따라서 그들 환자는 늘 멸시와 천대와 차별의 대상이 되었다.

당시에는 의사들조차 한센병 환자의 환부와의 접촉을 피하느라 꼬챙이로 툭툭 치던 시절이었지만, 20대의 젊은 간호사들은 맨손으로 환자의 살을 직접 만져가면서 치료해주고 돌보아주었으며, 늘 함께 밥을 먹고 따뜻한 친구가 되어주었다.

하지만 2005년 11월 조용히 섬을 떠났다. 그녀들이 마지막에 편지 1통을 남겼는데, 거기에는 “70세의 고령이 된 저희는 한센병 환자 치료에 도움이 전혀 되지 못하고, 되레 부담되는 것이 싫고, 지금까지 부족한 저희에게 큰 사랑과 존경을 표해주셔서 대단히 감사합니다.”라는 등의 내용이 씌어 있었다.

더욱이 당시 마리안느와 마가렛은 각각 대장암과 치매라는 어두운 그림자까지 찾아오고 있었던 것이었다. 이를 스스로 느끼고서, 그로 인해 한국에 부담이 되기 싫어서 귀국했을 수도 있었던 것으로 보인다. 과연, 이러한 사례들(이순신, 처칠, 마리안느와 마가렛)이 진심이 아니면 무엇이 진심이겠는가?

1-35. 모방에서도 가치 챙기기!

모방에도 무한한 가치를 불어넣어라!
즉, 모방은 단순히 베끼기보다, 무한한 가치를 불어넣을 수 있는 방향으로 전개되어야 한다!

베끼거나 모방을 한다는 말은 여러 의미로 사용될 수 있는 용어로서 사람들 간의 흉내나, 학생들의 노트 베끼기 등으로부터 시작하여 법적 책임이 있는 표절, 특허권리 침해 등으로까지 매우 광범위하게 사용되는 용어이다.
사실 우리는 생활 속에서 베끼는 일이 무척 많다. 남의 좋은 표정, 말투, 목소리, 자세 등을 모방하여 따라 하기도 하고, 남의 외관상 모습이 좋아서 최대한 비슷하게 따라 꾸미거나 화장을 해보기도 하고, 남이 하는 일이 좋아 보여서 따라 하는 등 온통 주변에는 베끼기 천국이다. 심지어는 모방범죄, 모방 자살까지도 많이 등장하는 게 현실이다.

여기서는 법적 책임이 수반되는 표절, 특허 권리나 상품권 침해 등을 제외하고 순수한 효용 측면에서의 모방을 다루어 보기로 하자.
흔히 모방을 하는 것이 줏대가 없게 보이기도 하고, 창조성이 결여되어 보이기도 하고, 훔친다는 의미도 다소 포함되어있어서 나쁜 의미로 많이 사용되는 용어이기는 하지만, 반드시 나쁜 뜻만 있는 것은 아니다.
"모방은 창조의 어머니", "모방을 잘하지 못하면 창조도 못 한다."라는 등의 말이 있듯이, 그야말로 모방이 "제2의 창조"와 같은 개념으로 좋게 활용되기도 하는 것이다. 그러면 이렇게 모방이 제2의 창조의 개념으로 멋지게 활용될 수 있는 몇 가지 방법을 한번 생각해보자.

모방과 창조 (그림: investorplace.com)

첫째, 기존의 모방하고 싶은 것들의 특성을 먼저 잘 파악하고 이들에 다양한 융합을 통하여 기존과는 완전히 다른 새로운 가치의 제품 등을 만들어내는 것이다.

예를 든다면, 나무 지지대와 고무줄이라는 기존에 이미 있던 재료를 서로 연결하는 방법으로 새총을 만들 수 있었고, 기존에 이미 존재하는 연필과 지우개라는 제품을 합쳐서 더 효용가치가 높은 '지우개 달린 연필'을 만들 수 있었다.

둘째, 기존의 것을 자기 사정에 맞게 개선하여 모방하는 방법이다. 즉, 원본(본보기)이 놓인 환경과 상태와 뭐가 달라도 다를 것인데, 무조건 베끼려 해서는 안 되는 것이니만큼 충분한 개선을 통하여 업그레이드된 형태로 모방 혹은 개발을 해내는 방법이다.

예를 들면, 기존 자전거의 불편함을 개선한 전동자전거나, 기존 퀵보드의 불편함을 개선한 전동 퀵보드 등이 그 예가 될 수 있겠다.

또한, 단순한 '반창고'로는 제품의 가치나 판매에 한계가 있어서, 마스크네(maskne; 마스크의 mask와 여드름의 acne를 합친 말)를 개발하였는데, 이 제품은 미세먼지, 코로나 바이러스, 원숭이 두창 등의 각종 먼지나 전염병 등으로 인해 마스크를 많이 착용할 경우에 발생하기 쉬운 여드름이니 피부 트러블을 개선시켜주는 일종의 고급 반창고와 같은 제품이다.

셋째, 기존 것을 모방하되, 조건을 달거나 조건에 따른 변신이 가능한 제한적 혹은 선택적 사용이 가능하도록 모방하는 방법이다.

예를 들어 기존의 자동차 지붕에 선루프를 달아서 환기나, 채광, 시야 확보를 가능하게 개발하여 운전자나 탑승자의 필요 조건에 따라 열고 닫을 수 있게 한 경우도 있고, 완전히 컨버터블(convertible; 지붕을 접었다 펴는 등 지붕 구조를 변경 가능한 자동차) 형태로 차를 만들어 지붕이 있는 자동차와 지붕이 없는 일반자동차의 두 가지 기능을 선택적으로 활용할 수 있도록 한 자동차도 있다.

조금 쓴소리이기는 하지만, 우리 사회의 리더들은 공부를 너무 안 한다. 최근에는 미국 것 베끼기만 너무 잘하는 것 같다. 이를테면, 정권의 형태를 5년 단임제에서 4년 중임제로 하자는 의견 등, 글자 토씨 하나 안 틀리게 미국의 제도를, 생각도 없이 그대로 베끼자는 식이 많다는 것이다. 이러한 경향은 정치, 경제, 학문 등의 분야에서 특히 더 심각하다. 오죽하면 우리나라 땅에서 지도층으로 높이 출세 한번 해보려면 미국 유학쯤은 한번 갔다 와야 하는 것이 대세로 굳어지는 듯한 분위기가 있기도 하다. 분명히 우리나라의 실정에 맞는 제도와 솔루션이 따로 뭔가는 있을 터이고, 그것은 미국의 것과도 제법 다를 터인데, 노력이나 연구는 제대로 해보지도 않고, 단서나 토시 하나 바꾸지 않고 그냥 "미국을 베끼자"라는 식으로만 직간접적으로 외치고 있으니 한심할 노릇이다.

"모방도, 경박한 베낌 그 자체가 아닌, 창조적 가치를 불어넣을 수 있고, 자신만의 자유로운 개성과 생각을 녹여 담을 수 있는 방향으로 전개되어야 제대로 된 가치를 만들어낼 수 있다!" - Pa sayings

1-36. 한결같음 챙기기!

한결같은 인격으로 한결같이 살아라!

여러 일들을 진행하면서 그 시작과 마무리는 많이 차이가 나고, 완전히 다르기도 십상이다. 용두사미형이라고 하여, 처음 시작은 매우 거창하지만, 점점 진행하면서 뭐 좀 알게 되고, 제법 중간성과를 이루어내게 되면 금방 교만해지고, 그로 말미암아 급기야 마지막은 초라해지거나 파국으로 치닫는 경우가 많다. 그 반대로 발전형이라고 하여, 성경에 나오듯이, 시작은 미약하나 나중은 심히 창대한 형태도 있다. 처음 시작 시에는 보잘것없었지만, 점점 그 방법이 성장·성숙하여 나중에는 훌륭한 그 무언가를 이루어내는 형태이다. 후자의 경우가 당연히 더 바람직하다. 이러한 발전형은 처음과 중간과정 및 끝부분이 일관되게 진행되기 때문에 가능할 수 있었던 케이스이며, 여기서 가장 중요한 포인트는 시작부터 끝까지의 주요한 맥락을 동일하게 끌고 나갔기 때문에 성공으로 이어질 수 있었다는 점이다.

많이 알려진 바와 같이, 중국 삼국시대 촉한의 제갈량은 유비형제의 삼고초려 후 초지일관 유비와 그의 아들 유선에게 우의(友誼) 내지 충성을 다하여 죽을 때까지 봉사하였다. 비록 전쟁 중 그의 조용한 사망으로 5차에 걸친 북벌 자체는 실패하였어도, 촉한의 성립부터 멸망까지 가장 지대한 공헌 및 영향력을 미친 인물로, 중국 고대사에서 지금까지 가장 존경받는 인물 중 한 명으로 꼽힌다. 제갈량이 끝까지 지켜나간 정치원칙으로 알려진 공개(公開), 공정(公正), 공평(公平)의 삼공(三公)은 오늘날까지도 많이 알려진 정치사상이며, 당시 이러한 그의 공명정대한 원칙 때문에 그가 아무에게 상을 주거나 벌을 줘도 이를 시기하거나 원망하는 사람이 없었다고 한다.

한결같음 (그림: youtube.com)

또 다른 예로, 중국 한나라 초기에 진평(陳平)이라는 사람이 있었다. 원래는 위나라 출신인데 항우의 횡포를 벗어나, 유방에게 귀의한 인물이다. 그가 출세하기 전 한 마을에 사제(社祭; 토지신에게 지내는 제사)가 있었는데, 진평이 제사를 지낸 후 고기를 나눠 주는 일을 너무나도 공평하게 행사하여 주변으로부터 아무 불만도 없었고 칭찬이 자자했다고 전해진다. 이 이야기는 진평분육(陳平分肉)이라고 하는 말로 오늘날까지 회자할 정도로 유명한 일화이다. 진평은 이후 유방을 도와 천하를 통일하고 효혜제, 전소제, 후소제, 효문제에 이르기까지 격변의 시기에 고비마다 지혜와 책략으로 해결사 역할을 하였으며, 한신의 토사구팽 사건, 여황후 국정농단 사건 등 많은 우여곡절이 있었지만, 일관되게 공정과 공평으로 황제를 보필하고, 위기 시에 사직을 구하고, 평시에는 나라를 평안히 경영한 인물이며, 주변 권력이나 황제가 그렇게 많이 바뀌었어도 죽을 때까지 권좌에서 쫓겨나지 않은 보기 드문 재상이기도 하였다.

위의 두 사례를 참조해 보면, 한결같은 마음을 챙겨, 한결같이 인생을 산다면, 피치 못할 곡절이 있더라도 이를 잘 극복해내고, 말년까지 비교적 편안한 삶, 뜻깊고 가치가 큰 삶을 살 수도 있지 않을까?

또한, 어떤 일이든 시작에서 끝마무리까지 초심을 잃지 않고 한결같은 철학과 인격으로 또 그것을 발전 및 상승·진화시켜가며 꾸준히 실천하면 후회 없는 결실을 맺을 수 있으리라 생각해본다.

1-37. 풍족과 성취를 이겨내어라!

풍족과 성취를 오히려 이겨낼 수 있어야 한다!

우리 속담에 "부자 3대 못 간다"라는 말이 있다. 이 말은 보통 할아버지는 자수성가하여 고생고생 재산을 일구고, 아버지는 그 재산 덕택에 잘 누리고, 손자(재벌 3세)는 어릴 때부터 너무 사치스럽게 자라나고 돈의 귀중한 가치도 모르기 때문에 재산을 탕진한다는 의미로 통한다. 특히 손자 대에 와서는 마약이나 도박에 손을 대거나 불법적 행태, 형제들 간 부(富)의 전쟁(이른바 '왕자의 난'), 도덕적 물의를 일으키는 경우도 굉장히 많이 볼 수 있다.

재벌 3세들이 '풍족'을 이겨내기란 대단히 어려운 것 같다. 도처에 유혹이 너무 많을 것이고, 특히 우리나라의 급격한 산업화 탓에 제대로 된 3세들의 올바른 처신에 대해 배울 기회도 거의 없었을 것이기 때문이니 말이다.

물론 재벌 3세들이 다 그런 것은 당연히 아니다. 특히 서구 선진국의 경우에는 돈의 가치를 후대까지 잘 가르쳐 3대나 4대 이상 훌륭한 재벌가를 형성하는 경우도 많이 있다.

우리나라에서는 후대로 갈수록 재산의 규모는 차치하고라도 그 도덕적 타락이나, 마약, 폭행, 음주운전, 분식회계, 불법 증여 등 불법적 행동들이 무수히 많이 목격된다. 어느 재벌이라고 구체적으로 언급하지 않더라도 독자들께서는 많이들 들어보셨을 것이다. 이러한 재벌 3세들의 타락만 없어도 우리 경제는 오너 리스크를 많이 줄일 수 있을 것이니, 지금

보다 훨씬 더 좋아졌을 것이다.

그렇다면 재벌 3세들의 타락의 원인은 무엇일까? 무엇보다, '내 새끼, 내 새끼' 하면서 자기 자식만을 감싸고도는 선대의 졸부적 행태, 불공정의 일상화, 노블레스 오블리주 정신에 대한 교육의 결여, 돈의 가치에 대한 제대로 된 교육의 결여 등 여러 가지를 들 수 있을 것이다.

여기서, 무엇보다 중요한 문제는 '돈(재산)의 가치'에 대한 교육이나 사회적 토대(돈을 대하는 사회적 윤리, 준법정신 등)의 부족을 들 수 있을 것 같다. 후세들에게는 무엇보다 돈의 맛을 알게 하기 이전에, 겸양과 검소함, 높은 도덕정신, 여러 시련과 위기를 과감히 대적하려는 용기 등을 가르쳐주는 것이 무엇보다 중요하다고 할 것이다.

재산에는 물적 재산과 정신적 재산으로 나눌 수 있을 것 같다.

물적 재산이란 동산, 부동산 등의 현금성 가치와 관련된 재산이고, 정신적 재산이란 그 사람의 돈을 벌 수 있는 잠재적 재산이라고 할 수 있으며, 좋은 학력, 높은 지식, 좋은 친구, 뛰어난 판단력, 많은 경력 혹은 경험, 강한 정신력, 훌륭한 인격, 높은 도덕성과 철학, 넓은 사회적 네트워크 등이 여기에 포함될 수 있다고 생각된다.

그러나 우리나라에서 재산이라고 하면 보통 물적 재산을 말하는 것으로 통용되며, 정신적 재산을 너무 등한시하는 경향이 있다. 따라서 기업오너들은 이러한 물적 재산과 욕심스런 마음에만 너무 매달리어, 마치 불을 찾아드는 나방처럼 자신이 돈에 타죽는 것도 느끼지 못하고서 거기에만 집착하게 되는 것이다.

따라서 우리는 훌륭한 인격과 높은 도덕성을 바탕으로 하는 정신적 재산에 집중하여야 하는 것이다. 그래야 비로소 어리석은 불나방처럼 타죽지도 않고, 보다 참다운 인생을 바로 살 수가 있을 것이고, 한번 일구어

낸 재산을 사회적으로 의미 있는 곳에 많이 쓰고, 자손만대로 아름다운 칭송이 이어질 수도 있을 것이기 때문이다.

또한, '성취'에 대해서도 '풍족'과 마찬가지로 설명될 수 있을 것 같다.

높은 관직에 오르거나 이른바 사회 지도층 반열에 오른 사람들 중에는 비리나 불법적 행적에 얽혀 관직을 내려놓거나 감옥에 가야 하는 뉴스들이 허다하게 쏟아져 나오고 있지 않은가?

우리가 물적 성취라고 할 수 있는 높은 관직이나 그 명성 등에만 집중하면 절대 안 된다. 대신 정신적 성취라고 할 수 있는 그 사람 됨됨이, 학식, 봉사정신, 희생정신, 노블레스 오블리주, 높은 정신력 등이 참으로 필요할 것이다.

포클랜드 전쟁 (그림:.iwm.org.uk/history)

예를 들어, 영국 왕실의 경우, 여왕은 물론 왕실 남성 모두가 군 복무를 했으며, 대부분 최전선에 자원해 전투에 참가했다.

특히 제2차 세계대전 당시 독일이 런던 대공습 작전을 벌여 런던 곳곳에 초토화되었을 때 조지 6세는 아내인 메리 왕비와 함께 폐허가 된 런던 시내를 누비며 장병과 시민들을 격려하고 구조 및 복구 작업을 진두지휘했으며, 딸인 엘리자베스 2세를 군에 입대시켜 수송 보급 장교로 근무하게 하였으며, 찰스 왕세자 역시 해군사관학교에 진학해 6년간 해군 장교로 복무한 적이 있다.

또한, 찰스 왕세자의 동생인 앤드루 왕자는 1982년 그 유명한 포클랜드 전쟁(포클랜드 섬의 영유권을 두고 영국과 아르헨티나가 벌인 전쟁)에 참전해 최전선에서 헬기 조종사로 활약하는 솔선수범을 보여 국민의 대동단결을 이끌어내었으며, 결국은 아르헨티나군의 항복을 받아낸 1등 공신이 된 것이다.

이러한 왕실의 모범적인 실천과 높은 도덕성이 바로 오늘날 영국의 깊은 저력이 된 것이다.

"우리는 마땅히 풍족해지고, 성취할수록 낮은 쪽을 바라보아야 하며, 연민을 넘어 공감으로, 공감을 넘어 실천적 행동으로 나아가야 한다!" - Pa sayings

1-38. 그저 소리 같은 언어로 말하지 말아라!

그저 소리 같은 언어로 말하지 말아라. 또한, 그저 몸짓 같은 행동으로 행하지 말아야 한다!

우리가 서로 대화를 할 때, 그저 아무 생각 없이 말을 내뱉는 경우를 많이 본다. 이런 경우 상스러운 말도 많고, 남의 귀를 거슬리는 말도 매우 많으며, 틀린 정보, 엉터리 뉴스 등으로 상대를 혼란스럽게도 만들기도 한다. 특히 대화나 질문을 할 때보다는 답변을 해야 할 상황(답변자의 상황)에서 이러한 현상이 더 두드러지게 나타날 수 있다.

예를 들어, 어떤 질문을 받으면 잘 알지 못하면서도 그저 무엇을 말하지 않으면 상대가 무시할 것 같아서, 혹은 답변할 막연한 의무감 비슷한 모양새로 그냥 어떤 틀린 답을 마구 내어놓는 사람도 많이 있다.

누구로부터 어떤 질문을 받게 된 답변자의 상황에서, 그 답을 자신이 충분히 모를 수도 있다. 또 적절한 답을 말하기 곤란할 때도 있을 것이다.

이때 가장 좋은 답변의 방법은, 아마 상대의 질문에 모르는 부분은 모른다고 이야기하고 나서, 자기의 여러 하고픈 생각이나 의견을 첨언하면 된다. 모른다는 말이 싫어서, 혹은 모른다고 이야기할 용기가 없어서, 혹은 막연한 답변의 의무감으로 아예 틀린 답을 마구 내어놓는다면, 오히려 더 문제가 된다. 자칫 그 답변자의 정신 상태와 신뢰감이 심하게 의심받을 수도 있는 것이다.

사실 모른다는 것은 어떠한 경우에도 거의 문제가 안 된다. 때로 상대방이 생각하기에 “당연히 알아야 하는 것인데, 왜 그것도 모르느냐?” 라는 말을 들을까 봐서 겁을 낼 필요도 없다. 모르는 것을 솔직히 모른다고 시인을 하였으니, 뭐가 문제란 말인가? 또 다른 이어지는 대화에서는 상대방이 오히려 자기보다 더 모르는 대화거리가 전개되는 상황도 얼마든지 있을 수 있지 않겠는가? 아니면 네가 직접 그렇게 대화의 국면을 확 바꾸어가며 서로 대화를 이끌어 갈 수도 있으니, 대화 도중 반전의 기회는 얼마든지 있을 수 있다.

단, 여기서 잘 생각해보아야 할 점은, 상대의 질문에 대한 답을 모를 때, 모른다고 바로바로 시인을 해주면 상대로부터 새로운 지식을 배우기에는 훨씬 수월해진다. 당신이 모른다고 당당히 시인한 상황이라면, 아마 이때부터는 오히려 상대방이 더 자세히 설명해주어야 할 의무감 같은 것이 생겨 네게 더 자세히 설명을 덧붙일 것이다.

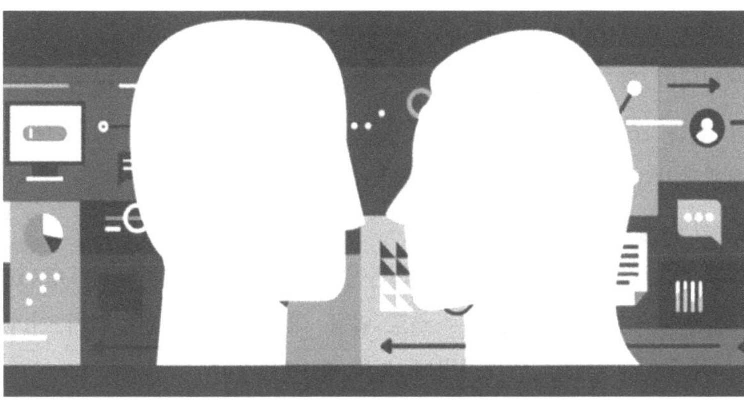

말과 행동 (그림:.technologyrecord.com/Article)

답변자의 상황에서 또 다른 포인트는, 어떤 질문을 받으면 순간 그 질문에 대한 답을 잠시 촌각이라도 생각을 해보고 답을 해주는 것이 좋다. 질문이 끝나기가 무섭게 촌각의 틈도 없이 바로 답변을 들이대면 상대방이 당황해할 수 있다. 질문자에게 그래도 정중하게 답변한다는 느낌을 주는 태도가 좋은 것이다. 즉 우문현답(愚問賢答)의 수준 정도는 아니어도 좋지만, 가능한 정중하고 차분한 느낌을 주는 것이 좋겠다는 말이다.

또한 아무 생각이나 감정이 없는 듯 그냥 의미 없는 소리에 지나지 않는 수준으로, 감정의 소통이 매우 부족한 언어로 말을 해서는 안 되는 것이다.

다시 말해, 그냥 머리로 대답하려 하지 말고, 가슴으로 혹은 소통의 느낌으로 대화를 하려는 습관이 가장 좋다는 의미이다.

이제 반대의 상황, 즉 '질문자의 상황'도 한번 생각해보자.

마치 상대방을 시험하듯, 자기 지식을 과시하듯, 너무 공격적으로 말을 꺼내는 사람도 많이 있다. "너 이것 아느냐?"라는 식으로 물어보고서는 난처해하는 상대방의 답을 끝내 기다리고 있기도 한다. 그 상대방이 답을 잘 모르는 상황이라면 얼마나 민망하겠는가?

선생님이 학생에게 질문을 하고, 학생이 대답하는 상황이라면 당연히 강한 질문 조로 말을 꺼낼 수도 있겠으나, 일반적인 동등 혹은 대등한 관계에서의 대화이거나, 일반적·사회적 대화라면, 지나친 질문 조의 대화법은 결코 좋지 못하다.

물론 일반적 대화에서도 화법 측면에서 질문 조로 말을 꺼낼 수 있으나, 질문자가 질문에 이어서 스스로 답을 해나가면서 자연스럽게 이야기를 끌어나가는 지혜로운 대화법이 좋은 방법일 것이다.

그다음 "몸짓 같은 행동(생각 없는 행동)"에 대해서도 한번 생각해보자. 주변에 아무 생각 없는 듯한 행동들을 마구 하는 사람들이 제법 많이 있다. 자신의 행동이 상대방과 주변에 어떤 영향을 미치고, 그 행동 이후에 또 상황이 어떻게 전개되어갈 것인지 생각해보고 행동을 하여야 마땅할 것인데, 그냥 남이 하라고 하니까, 혹은 그냥 왠지 그렇게 해야 할 것 같아서, 왠지 모를 근거 없는 의무감 등으로 행동하는 경우가 문제가 되는 것이다.

이러한 행동은 즉흥적으로 행동하는 습관보다 오히려 더 나쁘다. 즉흥적으로 행동하는 것은 그래도 잠시 촌각이라도 그게 맞는지 생각해보고, 순간적으로 맞는다는 자신만의 생각을 가지고 행동하는 경우가 대부분인데 반해, 이러한 생각 없는 행동들은 이러한 생각 자체가 없거나 매우 부족한 경우이다. 즉 별생각 없이, 이것저것 따져보지도 않고, 그야말로 마구잡이로 행동하는 경우이다.

또한, 이러한 "생각 없는 행동"은 소심한 행동보다도 훨씬 더 못하다. 소심한 행동은 그래도 생각을 많이 해본 경우라고 할 수 있다. 즉, 소심한 행동은 생각은 충분히 해보았는데, 단지 결단력과 실천력이 부족한 경우가 많다. 이러한 소심한 행동의 경우에는 상대에게 피해를 덜 주며, 일단 생각을 충분히 해서 하는 행동이기에 향후 개선의 여지는 얼마든지 열려있는 경우이다.

만약 어떤 조직의 리더일 경우라면 더더욱 이러한 몸짓 같은 행동(생각 없는 행동)을 절대 해서는 안 된다. 또한 생각이 부족한 행동도 해서는 안 될 것이다. 만약 리더가 생각이 많이 부족하거나 개념 없는 행동을 일삼는 상황이라면 과연 그 조직의 미래는 상상하기 어려울 것이다. 매사 왜 그러한 행동을 해야 하는지?, 그 행동의 이득과 손실은 무엇인지?, 잠복된 리스크는 없는지? 등을 먼저 챙겨야 하는 것이다.

1-39. 한 자리에 머무르지 말아라!

우리는 보통 본능적으로 한 자리에 머무르고 싶어 한다. 아마 자신의 안전을 지키기 위한 인간 진화의 본능일 수 있다!

대개 많은 사람들이 자기 집의 이사도 가능한 한 하지 않으려고 한다. 본능적으로 일단은 같은 곳에서 오래오래 잘 살고 싶어 한다. 그래서 생활에 무슨 큰 문제가 생기거나 어쩔 수 없는 상황에서만 이사를 감행할 것이다.

우리가 장을 보러 가더라도 가급적 단골로 자주 다니는 가게 위주로 다니려 할 것이다. 차를 운전하더라도 가급적 주로 다니던 길 위주로 다니려 할 것이다. 다중 이용 건축물의 시설을 이용할 때도 가급적 같은 구석 자리에 있는 같은 시설물을 다른 사람의 간섭을 받지 않으면서 지속적으로 이용하고 싶어 한다.

그러나 이렇게 안정적인 방식을 추구할수록 네 발전의 가능성은 그만큼 줄어든다는 것을 알아야 한다.

한 자리에, 혹은 하나의 방식 속에 너무 오래 갇혀 있는 것은 장기적으로는 네게 결코 도움이 안 된다. 뭔가 새로운 것을 발견도 못 하고 배우지도 못하게 될 수 있다.

새로운 곳으로, 새로운 영역으로 훌연히 떠날 줄 아는 용기가 있어야 새로운 것을 배우고, 더 많은 깨우침을 얻을 수 있다.

물론 변화에는 고통이 따르는 법이다. 그러나 분명히,

"고통을 잘 참고, 자기 내면의 좁은 편견의 세계를 깨고 나와야 또 하나의 거대한 세계와 직면할 수 있을 것이며, 그 새로운 세계는 네 성장과 깨달음의 큰 모티브가 되어줄 것이다."

진정한 고수는 한 자리에 오래 머무르지 않는다고 한다. 아니 지속적으로 새로운 도전이 기다리고 있으니 가만히 있으려야 있을 수가 없다는 것이다.

만약 자신이 행한 것이 성공을 거두어 모든 면에서 안정이 이루어졌다고 하면, 그 영역은 가급적 후배에게 양보하고, 자신은 또 다른 개척을 위해 나아가는 것이 좋다. 즉, 애써 완성시킨 작품들은 과감하게 후배나 후진들에게 양보하고, 자신은 어른 된 모습으로, 또 고수의 모습으로 더 높은 단계의 도전을 행하여야 한다는 것이다.

그러면, 왜 이렇게 고정되고 안정된 것이 문제가 될까? 모든 것에 안정이 이루어지면 더 이상 변화를 가질 필요가 없어지므로, 그대로 있으려고만 할 것이다. 그렇게 되면 더 이상의 발전은 기대하기 어렵게 된다. 즉, 본능적 안주(安住)에 취하게 되어, 결국 아무 의욕이나 활기를 상실하게 되는 것이다. 경제에 비유하면, 마치 장기 불황(디플레이션)에 빠지는 상황이 되는 것이다.

현대 사회에는 각종 분야에 너무나 많은 전문가들이 있다. 사실 이런 전문가 사회 자체가 당신을 망치고 있을지도 모른다.

가령, 아프면 의사나 약사에게, 죽음에 대한 문제는 장의사에게, 부동산은 부동산 전문가에게, 세금은 세무사, 법률문제는 변호사나 법무사, 건축은 건축사, 기술은 기술사에게 맡기기만 하면 되는 세상이다. 그러나 이렇게 단순한 방식으로 생각하게 되면 개인은 더 이상 공부를 안 하게 된다.

그런데 바로 여기에 큰 함정이 있다. 너를 도와줄 수 있는 각 분야의 많은 전문가들이 있어서 당신은 더 이상 공부를 안 해도 될지 모르겠으나, 궁극적으로는 그들이 너를 책임져 주지 못한다. 오히려 너의 발전을 가로막는 결과를 낳는 측면도 일부 있는 것이다.

예를 들어, 의사나 약사가 아무리 훌륭하여도 너의 건강이나 목숨을 최종적으로 챙겨주거나 책임져줄 수는 없다. 그 사람들은 의학 지식적으로 혹은 통계적인 의학 매뉴얼에 따라서 너를 치료해줄 뿐이고, 그 결과에 대한 책임은 온전히 네 몫이다. 결국은 너 자신 스스로가 네 건강과 생명을 최종적으로 챙길 수밖에 없고, 스스로 건강, 삶, 죽음 등에 관한 공부를 지속적으로 하여야 하는 것이다. 의사나 약사는 단지 댓가를 받고 너를 도와주는 사람에 불과함을 잊지 말아야 한다.

A rolling stone gathers no moss
(그림: ko.wiktionary.org/wiki)

또한, 가만히 생각해 보면, 출세한 사람이 꼭 훌륭한 사람이라고 말할 수는 없고, 출세를 위해 묵묵히(순수하게) 계속 노력하는 사람이 더 훌륭할 수도 있다. 왜냐하면, 보통 출세를 한 사람들의 많은 경우가 순수하고 묵묵히 노력하였다기보다는, 출세를 위해 혹은 유명해지기 위해서 일정한 인위적·작위적인 잔재주를 많이 가하였을 수가 있기 때문이다.

그러나 진정한 고수들은 자기 일이 그냥 좋아서 혹은 그 어떤 사명감 같은 것으로 하기 때문에 유명세나 출세에 그다지 관심이 없을 것이며, 단지 계속 새로운 지식의 습득과 도전에 목말라 할 것이다. 절대 전문가들에게 의지하기보다는 전문가들의 힘을 빌려 자신이 스스로 뭔가 책임질 수 있는 일을 하려 할 것이다.

아마 신은 우리를 그냥 놀고먹을 수 있고, 편하게만 지내도록 내버려 두지는 않을 것이다. 그러니, 계속 새로운 도전만이 진정하게 너를 너답게 만들어 줄 것이다. 그리고 그 도전은 네가 이 땅에서 삶을 살아온 보람이 될 수 있을 것이며, 의미가 되기도 할 것이다. 그리고 그것이 바로 신의 섭리이자 본성이기도 할 것이다.

1-40. 얻음과 성취에도 이중성이 있다!

우리는 바라던 무엇인가를 얻거나 성취하면 일단 마냥 기뻐하려 하고, 순간 희열과 앞날의 희망이 샘솟기도 한다.

그러나 무엇인가를 얻는다는 것은 무엇을 잃는 것과도 유사하다. 때로는 이러한 뭔가를 얻음이 인생의 심각한 장애물로 작용하는 경우도 있다.

예를 들어, 유명인이 되면 개인적인 자유와 프라이버시를 잃기가 쉽고, 공인이 되면 일반인들의 '알 권리'를 위해 개인적 정보를 폭넓게 공개 및 인정하여야 하고, 공무원이 되면 청렴의 올가미를 선제적으로 매어야 하는 등 '얻음'의 반대급부로 따라올 수 있는 것들은 엄청나게 많다.

직장생활에서도 보면, 보통은 유능한 기술 엔지니어가 유능한 영업사원이 되기가 매우 어렵다. 또한 유능한 참모가 유능한 CEO(최고 경영자)가 되는 것도 사실상 그리 쉽지 않다. 이는 하나에 정통하게 되면, 그만큼 그 반대편 능력이 약화될 수밖에 없는 원리라고 할 수 있겠다.

이렇게 하나를 얻으면 하나를 잃기 쉬운 이유로는, 서로 성질이 완전히 다른 영역끼리는 사고방식도 다르고 업(業)의 특성도 달라서 하나에 정통하면 그 반대 성질의 것은 당연히 약해질 수밖에 없다. 마치 오른손을 너무 잘 쓰면 왼손이 약해지기가 쉽고, 왼손을 너무 잘 쓰면 반대로 오른손이 약해지기가 쉬운 이치와 유사할 것이다.

중국 초나라의 명문 귀족 출신이었던 항우(項羽)는, 이른바 금수저 출신으로서, 자신의 무예에 대한 자부심이 대단하여 매사 말투가 자기 자랑으로 일관하기가 일쑤였으며, 보통 그 말투가 "내 실력이 어떠하냐? 대단하지 않은가?"라는 식의 자신을 과시하는 말투로 일관하였다. 이렇게 항우는 타고난 '힘과 실력'이 도리어 화(禍)가 되어 천하통일의 꿈이 좌절된 것이리라.

반면에, 강소성 패현의 작은 마을의 평민 출신이었던 유방(劉邦)은 입장이 사뭇 달랐다. 그는 귀족 가문과는 아예 거리가 멀었고, 이른바 흙수저 출신에 가까웠으며, 무슨 일이 생기면 "어떻게 하면 좋겠느냐?"라고 신하에게 항상 물어보는 말투였고, 남의 말을 주로 귀담아듣는 편이었다고 한다.

유방과 항우 (그림:.epochtimes.com)

물론 항우는 워낙 무예가 출중하였고 집안 내력 또한 대단하였으므로, 타고난 '얻음'으로 인한 자만심이 좀 있을 수밖에 없었던 것 같다. 그러나 그 자만심을 끝끝내 극복하지 못한 것은 자신의 책임이리라.

그러나 유방의 경우에는 무엇 하나 특별히 내세울 것이 없었으니 그야말로 타고날 때부터의 '얻음'이 전혀 없었던 것이다. 그러나 이것이 오히려 유방의 장점으로 작용하였던 것 같다. 그리하여 최후의 천하통일의 주인공은, 당시의 흔한 예측과는 달리, 유방으로 낙점이 된 것이 아니겠는가?

새옹지마(塞翁之馬; 인생에 있어서 길흉화복은 항상 뒤바뀔 수가 있어서 미리 헤아릴 수가 전혀 없다는 말)라는 말이 있다. 이렇듯 인생 만사가 어떻게 될지 모르니, 잘나갈 때나 많이 가졌을 때는 더욱 조심하여야 한다. 항우의 경우 만약 타고난 금수저의 한계를 잘 극복하고 조금 더 자중하고 겸손·겸허한 행동과 말투를 보였더라면 천하통일의 주인공이 충분히 될 수 있었으리라.

반면에, 인생이 잘나가지 못할 때도 별로 낙담할 필요가 없다. 유방의 사례처럼, 가진 것이 없다는 것이 오히려 장점으로 작용할 수도 있으니 말이다. 결론적으로 인생 만사가 어느 방향으로 튈지 모르니, 항상 삼가고 최선을 다해보는 수밖에는 없겠다.

1-41. 그 의도를 먼저 따져보아라!

미사여구로 치장되기 전의 원초적 의도를 먼저 따져보아라!

우리가 역사적 인물을 두고 "그는 치적이 많다, 공로가 크다 혹은 어떠한 문제가 많은 인물이다"라는 등으로 호불호(好不好; 좋음과 좋지 않음)가 갈리는 경우가 많다.

과연 어떤 평가가 맞는 것인가?, 어떠한 기준으로 보아야 하는가? 보통의 사건 대부분은 인과관계로 서로 긴밀히 얽혀 있으므로, 여기에 대한 답도 인과 관계적 측면에서 이해해야 하며, 보통은 눈에 잘 보이는 결과보다는 그 원초적 원인과 의도를 먼저 따져보는 것이 인물과 사건에 대한 판단과 평가에 매우 중요하다.

대표적인 사례를 몇 개 들어보자.

이성계의 '위화도 회군'의 경우, 그 사건의 결과는 "이성계가 조선을 건국하고 왕이 될 수 있는 토대를 만들었다"는 것일 것이다.

그러면, 그 원인 혹은 의도는 무엇인가? 왕명을 받아 요동 정벌을 떠났던 이성계가 위화도에서 다시 회군하였던 이유는 정권(실권)을 장악하기 위한 것이었으리다. 즉, 고려의 테두리 안에서 개혁을 통해 나라를 재건하려던 최영을 대표로 하는 권문세족 세력에 맞서서 자기를 중심으로 하는 새로운 세력들의 거사 명분을 만들어내고, 또 집권을 한번 해보겠다는 술수(術數)이었을 것이다.

물론, 우왕과 최영 장군의 무리한 출전 요구와 작은 나라가 큰 나라를 치면 안 된다는 등의 '4불가론'을 나름대로의 명분으로 내세웠지만, 그러한 명분은 사사로운 명분이었다고 밖에 볼 수 없다. 왜냐하면, 그 사건의 결과 이성계 자신이 실제 실권을 잡았고, 경쟁자인 최영 장군은 죽여 없애었고, 4년 후에는 계산이라도 한 듯 조선을 건국하여 스스로 왕에 올랐으니, 이보다 더 큰 실익(實益)을 취한 경우가 또 어디에 있겠는가?

위화도 회군 (그림: vod.jtbc.joins.com)

반대적 입장에서는 시들어가는 고려로는 도저히 나라와 민생을 챙기기가 불가능하니 새로운 왕조를 만들어야 했다고 변명을 할 수 있겠지만, 그런 것들은 모두 철저한 치장이요 핑계라고 보아야 한다. 왜냐하면, 위에서 언급했듯이, 결과적으로 엄청난 개인적인 이득을 취했으니 말이다. 진정 나라와 백성을 위한 순수한 마음이 조금이라도 있었다면, 사건의 결과로 얻어진 자신의 이득을 최소로 해야 했을 것이고, 반대파에 대한 지나치고 극단적인 살상을 자제했어야 했고, 오히려 나라와 백성을 위한 대국적 이득을 취하려는 노력이 반드시 선행되었어야 했던 것이다. 따라서 이러한 노력은 전혀 보이지 않으니 위화도 회군을 과연 '쿠데타'로 보아야 마땅한 것이다.

"대개 사사로운 이득이 있는 곳에는 반드시 그 범인의 실체와 그 의도가 숨겨져 있는 법이다!" - Pa sayings

두 번째 예로, '516 군사정변'의 결과는 "박정희와 군부세력이 군사정권(제3공화국)을 수립하기 위한 발판을 마련한 것"이었다. 그렇다면, 그 원인 혹은 의도는 무엇이었는가?

5·16 군사정변은 1961년 5월 15일 저녁부터 임시적 군정 실시를 목적으로 박정희가 주동하여 일어난 군사 반란 성격의 정변을 말한다. 그 역시 정권을 잡을 의도로 정변을 일으켰다는 것을 아무도 부인하지는 못할 것이다.

정변 이후 헌법기관들과 정당 등의 많은 민주적 기관이나 단체들을 해산하고, 약 3년간의 '군정 통치'를 실시하여 사회 각계의 반대 세력을 철저히 축출하고, 마치 미리 짜둔 시나리오처럼 전광석화와 같이, 1963년 박정희는 대통령 선거에 출마하여 현직 대통령이었던 윤보선을 물리치고 제5대 대통령에 취임하게 되는 것이다.

이러한 사실만 보더라도, 이 의도적 사건의 결과로 가장 큰 이득을 본 사람들은 박정희와 군사정권 참여자들일 것이다. 따라서 혁명이 아닌 정변 혹은 쿠데타가 맞는 것이다.

이 사건 역시 아무리 군사정변이 아닌 '군사혁명'이라고 미화를 하더라도, 아닌 것은 아닌 게 아니겠는가?

물론 정변 이후 제3공화국에서 박정희 대통령의 업적은 적지 않다. 우리나라의 산업 입국, 경제발전, 국력의 부흥 등에 절대적인 공헌을 해왔다. 이 점은 높이 사야 하고, 후대까지 칭송해도 좋다고 생각한다. 그러나, 그 업적이 대단하다고 하여, 그 역사적 과오를 인정하여서는 안 된다. 그것은 별개의 문제인 것이다. 그 인물의 업적과 과오는 분명히 구분하여 평가하여야 하는 것이다.

요즘 우리 사회에도 정치인, 공무원, 사회적 리더 등의 '이해 충돌'을 포함한 여러 비리 사건으로 시끄럽다. 앞서 언급했듯이, 화려한 미사여구와 혹세무민하는 말들의 홍수에 제발 속지 말고, 누가 의도적 사리사욕을 더 잘 챙겨 가는지를 우리 시민들이 눈을 부릅뜨고 꼼꼼히 따져 볼 일이다.

1-42. 방법이 없을 때는 마음을 리셋하여라!

살다 보면 어떤 큰 위기나 막다른 골목에 닥쳐서 헤어 나올 방법을 몰라 쩔쩔매는 경우가 간혹 있을 수 있다. 이럴 경우 당신은 어떻게 하는가?

첫째, 우선 당황하는 마음을 가라앉혀야 한다.

모든 상황에서 마음을 차분히 가라앉히지 못하면 해결 방법을 찾아내기가 매우 어려운 법이다. 우리가 어떤 종류의 고시·고사 시험장에 갔을 때도 마음을 차분하게 하지 못하면 매사 실수를 많이 하고, 알고 있던 문제도 틀리는 경우가 많은 것처럼 말이다.

둘째, 마음을 초심으로 리셋하여야 한다.

혹시라도 욕심을 가지고 있었더라면, 그러한 것들을 내려놓고, 초심으로 돌아가서 마음을 리셋하고, 뭐든 '선제적 대응'을 하는 것이 좋다. 즉 현재 가지고 있는 그 무엇이 아까워서 혹은 버리지를 못하여 초심으로 돌아가지 못하면 더 많은 것을 잃을 수도 있는 것이다.

마치 "개 한 마리가 입에 뼈다귀를 물고 다리를 건너다가 다리 아래 수면에 비친 자기 모습을 보게 되었고, 뼈다귀 하나에 만족하지 못한 그 개는 탐욕스럽게도 물속의 개가 물고 있는 뼈다귀를 향해 사납게 짖는 바람에 자기가 물고 있던 뼈다귀마저 물에 빠뜨리고 말았다."라는 우화에서의 경우처럼 말이다.

또한, 우리가 집이나 회사에서 컴퓨터로 인터넷, 오피스 프로그램 등을 사용하던 도중 갑자기 그 운영 프로그램이 어떤 알 수 없는 노이즈로 엉켜서 먹통이 될 때, 현재까지 애써 작업한 데이터가 날아갈 수도 있는 상황을 감수하고라도, 컴퓨터의 전원 자체를 OFF/ON 하여 처음부터 재부팅을 하여 컴퓨터를 초기화하면, 그제서야 얽혀있던 문제가 다시 풀려 해결될 수도 있는 것처럼 머릿속에 리셋이 필요한 것이다. 즉, 리셋이란 현재에 자신이 가지고 있는 기득권과 욕심 같은 것들을 모두 포기하고 과감히 초심으로 돌아가 그 문제를 원천적으로 해결하고자 하는 마음을 의미한다고도 할 수 있겠다.

우리가 잠(수면)을 잘 자야 하는 이유 또한 리셋과 연관된다. 낮에 육체적으로나 정신적으로 활발히 활동하던 우리 신체가 밤에 잠을 통해 충분히 리셋되게 해주어야 그다음 날의 활동도 가뿐해지는 법이다. 여기서 잠을 통한 리셋으로 회복되는 기능은 주로 근육의 이완, 기억력의 회복, 면역세포 증강, 신진대사 정상화 등으로 알려져 있다.

셋째, 알고 있는 지식을 차분히 '총동원'하여라.

리셋된 조용하고 차분한 마음으로, 해결에 조금이라도 도움이 되는 방법이라면 모두 총동원하여 실행해보는 것이 좋다. 물론 효과가 클 것이라고 예상되는 방법부터 실행해보는 것이 당연히 더 좋겠다.

이 단계에서는 내가 생각해낸 방법이 과연 해결 방법이 될까?, 안될까? 라는 등의 의구심이나 망설임을 가지는 것을 가급적 지양하고, 문제의 해결에 조금이라도 도움이 될 가능성이 있다면 일단은 모두 시행해보라는 의미이다.

즉, 크고 작은 여러 수단과 방법들이 서로 합력하여지게 되면, 문제의 해결 방법에 큰 도움을 줄 수 있기 때문이다.

넷째, 논리적인 사고를 하여야 한다.

머릿속에 육하원칙 혹은 이와 유사한 체계로 구체적이면서도 논리적인 사고를 하는 것이 좋다. 급하다고 빠른 방법만 찾으려면 그 방법에는 이미 해결책이 없을 수 있다.

다각도의 방법들을 동원하되, 그 실행의 우선순위나 실행방법을 결정할 때는 반드시 논리적인 판단이 우선되어야 하는 것이다. 우리 속담에,

"급하다고 바늘허리에 실을 매어서는 바느질을 할 수 없지 않겠는가?"

해녀 (그림:.lottehotelmagazine.com)

다섯째, 기본과 원칙으로 돌아가야 한다.

인생에서 방법이 없을 것 같은 큰 위기는 보통 편법이나 변칙이 많이 혼재되어있거나, 사건이 실타래처럼 여러 술수로 꼬여 있는 경우가 많다. 이럴 때는 무엇보다 잔머리를 쓰려는 시도보다는 보다 기본적이고 원칙적인 방법을 쓰는 것이 잘 통할 것이다. 즉, 사건을 기초적이고 원초적인 시각에서 바라보고, 그 어떤 트릭이나 변칙을 동원하지 말고, 마치 교과서적인 순수한 방법을 구사해보는 것이 좋다.

이해를 돕기 위해 예를 하나 들어보자, 가령 집에 있는 주방의 가스레

인지에 작은 불이 붙었고, 그 불이 앞으로 커질 위험에 처해있다고 가정해보자.

당신이라면 이때 어떻게 대응할 것인가?

일단 가능한 한 당황하는 마음을 가라앉혀야 하며, 최대한 욕심을 버리고 뭐든 선제 대응을 하여야 할 것이다. 즉 요리하고 있던 음식이 아깝다고 생각하여, 음식을 버리지 않고도 불을 끄려고 무리를 범해서는 안 된다.

그리고서 자신의 지식을 최대한 활용하여 조금이라도 도움이 되는 방법(소화기 사용, 불난 곳을 물수건 등으로 덮기, 119신고 등)을 차분하고 빠르게 생각해내어야 하고, 논리적이고 정확한 실행이 절실히 필요하다.

제주도 해녀는 산소통 없이도 바다에 들어가 전복을 따는 경우가 많이 있는데, 이럴 때, 꼭 호흡 한계 시간이 되어서 물 밖으로 나오려고 하는 찰나에 큰 '대왕전복'이나 다른 고가의 해산물이 보이고 여기에 욕심을 내다가 호흡 한계 시간을 초과하여 결국 사망에 이르는 안타까운 경우가 많다고 한다. 제발 모든 일에서 욕심을 내지 말고, 항상 마음을 차분히 리셋하고, 근원적 해결 방법을 우선시하는 것이 좋겠다.

제2부.

진정 소중한 것

2-1. 소중한 것일수록 다소 거리를 두어라!

세상 모든 관계는 적절한 '필요 거리'가 있는 법이다. 이 거리는 너무 멀어도 안 좋고, 너무 가까워도 안 좋은 가장 정당한 거리를 말한다.

지구가 태양으로부터 떨어진 거리가 현재의 지구 질량과 회전속도에 딱 맞으니 현재의 거리를 유지하고 있는 것이다. 이것은 당연히 지구와 달과의 관계에서도 마찬가지로 적용되며, 만유인력과 원심력의 법칙이 적용되는 우주 만물의 공통 원리이기도 하다.

또한, 우리의 일상생활 주변을 보면, 우리가 겨울철 화롯불 옆에 앉아 있을 때, 너무 가까우면 뜨거워 불쾌해지거나 화상을 입을 수 있고, 너무 멀어지면 추워져 별 효과가 없어지게 마련이다.

반대로 여름철 더워서 에어컨을 틀어놓으면, 에어컨에서 너무 가까이 앉으면 오히려 추워서 불쾌해지거나, 냉방병에 걸릴 우려도 있다. 그러나 너무 멀어지게 되면 이 역시 에어컨 바람이 아예 오지 않아서 에어컨이 무용지물이 되는 경우가 있다.

또한, 우리가 출퇴근 시 만원 버스나 만원 전철 안에서 많은 불쾌감을 느끼는 것도 아마 이러한 필요 거리 유지가 전혀 되지 않아서 생기는 문제일 것이다.

그렇다면 우주 만물이나, 우리 주변의 물질 간의 거리는 물리 법칙에 의해서 해석할 수 있다고도 볼 수도 있겠지만, 인간관계에서의 필요 거리는 과연 얼마가 적당한가? 물론 이는 인간관계의 특성에 따라 모두 다를 것이다.

가족 구성원들 간에 필요한 거리가 있을 것이고, 친구 간에 필요한 거리가 있을 것이고, 연인들 간 필요한 거리가 있을 것이고, 같은 회사 직원들 간에 필요한 거리도 있을 것이고, 기타 일반 대중들 간의 거래나 상호 관계 시 필요한 거리가 있을 것이다.

대체적으로는 가족 구성원들 간에 필요한 거리가 가장 가까울 수 있고, 그다음은 연인과 친구들 등의 거리, 그다음은 같은 회사 직원들 간의 거리, 마지막이 일반 대중들 간의 필요 거리 등으로 해석해볼 수 있겠다.

그런데, 이들 여러 가지 필요 거리들은 모두 제각각 많이 다른데, 어떻게 이를 알아내거나 간파해낼 수 있을까?

그 기법으로는, 우선 선제적으로 약간 거리를 조정해보면서 '밀고 당기기'를 해보는 것이 좋은 방법이 될 수 있다.

예를 들어, 친구들 간의 관계에서도 너무 가까워지면, 아무리 친구라고 하지만, 위협적으로 느껴지거나, 예의 없게 느껴질 때도 있을 것이고, 너무 멀어지게 되면 마음이 추워질 때가 있을 것이다. 이럴 때마다 약간씩 거리 띄우기의 필요 거리를 의식적으로 조절해보는 방식으로 일종의 '밀고 당기기 기술'을 한번 구사해보면 어느 정도의 거리가 좋을지 감이 올 수 있다.

그런 다음, 고려해야 할 사항은, 대체적으로 "자신이 생각하는 것보다는 약간 더 먼 거리"가 좋을 것이다. 왜냐하면, 너무 멀어서 소원해지면 다소 마음이 추워질 뿐이고 그 폐해는 적지만, 너무 가까워지면 심각한 예의의 문제나 인격 침해의 문제 등이 발생할 수도 있고, 또 서로 오해할 만한 소지도 발생할 수 있으니, 차라리 약간 먼 쪽을 선택하여 차차 친분을 쌓아 좁혀 나가는 것이 보다 안전하고 편안하다는 의미이다. 이 경우, 만약 거리가 다소 먼 것 같아서 마음에 만족이 잘되지 않더라도, 가능한 한 자신이 생각하는 일정한 필요 거리를 유지해주면서 묵묵히 "지켜보아 주기"에 당분간 집중하는 것이 더 좋겠다.

여기서 또 하나의 관점은, 서로 간 최적의 거리를 잘 맞추었다고 하여도, 이 거리가 항상 고정된 값은 아니다. 항상 변화할 수 있다는 것이다.

즉, 여러 상황에 따라 변화할 수가 있는데, 특히 친밀하지 못한 사람 간에 그 상호 마음의 거리를 점차 좁혀갈 때도 매우 조심해야 한다. 특히 내가 너무 빨리 마음의 거리를 좁혀 가까워지게 하면, 상대는 거부감을 느끼게 될 수 있다.

만원 전철 내부 (그림:.researchgate.net/publication)

이렇게 서로 간의 거리는 그 관계의 종류에 따라 항상 적당한 거리가 있는 법이지만, 이 또한 항상 변화하는 것이며, 이러한 변화 시의 속도 또한 중요한 관리 대상 항목이 되어야 하는 것이다.

가령 처음 만난 사이에 마음의 거리를 너무 빨리 좁혀 들어가면 상대가 부담스러워할 것이며. 너무 늦게 다가가면 상대방은 내가 별로 관심이 없다고 생각하기가 쉬워져서, 서로 가까워지기가 좀처럼 어려워지게 된다.

그리고 또 하나, 관계의 접근 태도 또한 적절하여야 서로 원만한 관계의 발전이 가능하다.

가령 영업맨이 영업을 할 때도 고객에게 너무 빠른 속도로, 혹은 엉터리 태도로 다가서면 고객은 당신이 취급하는 제품이나 영업활동에 의심을 가질 수가 있고, 너무 느리거나 예의 없게 다가서면 별 영업 성과를 못 낼 수도 있다.

즉, 대부분의 경우나 상황에서도 그 시점에 따른 최적의 속도와 태도(예의)가 존재한다는 것이다. 빨리 다가가야 할 때가 있고, 천천히 다가가야 할 때가 있는 법이고, 또 거기에는 항상 적절한 태도나 필요한 예의가 있을 것이니, 이를 잘 간파하여 당신 스스로가 잘 감지해내는 것이 또한 중요한 숙제이다.

2-2. 대중과 소비자가 제일 소중하다!

민주사회에서 대중과 소비자는 제일 소중하고, 유일한 독재자이기도 하다!

우리 헌법 제1조에는 "대한민국의 주권은 국민에게 있고, 모든 권력은 국민으로부터 나온다."라고 명시하고 있다. 따라서 대중인 국민은 헌법으로부터 허가받은 민주주의의 유일한 독재자의 자격이 있는 셈이다.

모든 국민은 성인의 나이가 되면 투표권을 가지고, 대통령, 국회의원, 각 지자체장 등 최고위 공직자들을 뽑음으로써, 나라의 실질적인 주인이 되는 것이다. 그래서 우리는 심지어 대통령마저도 국민이 위임해준 권력을 잠시 맡을 뿐이라는 표현을 자주 하고 있다.

또한, 국민은 자신이 뽑은 대통령이나 국회의원, 지자체장 등이 마음에 들지 않게 되면, 국회, 선거관리위원회 등을 통하여 탄핵, 제명, 국민소환 등을 행할 수 있고, 다음 선거를 통하여 언제든 바꿀 수도 있다.

또 여러 언론이나 여론조사 기관을 통하여 권력자들에게 유·무언의 압박을 매일매일 가할 수도 있다. 이렇듯, 민주주의에서의 권력자들은 많은 권력을 위임받아 행사할 수 있는 권한을 가지는 대신, 그 행사가 올바르지 못하거나, 비리나 범죄에 휘말리게 되면 언제라도 옷을 벗거나, 경쟁자에게 자리를 내주어야 하는 것이다. 그래서 자기가 맡은 자리를 제대로 감당해내지 못하거나 처신을 잘못하면 그야말로 자신이 앉은 자리가 가시방석이 될 수밖에 없다.

아마도 이러한 고위 공직자들에게 가장 무서운 것은 당연히 국민의 뜻이라고 할 수 있는 '여론' 혹은 '지지율'일 것이다. 이러한 여론이나 지지율은 보통 여론조사 기관과 언론매체를 통해 거의 매일 혹은 매주 조사 및 발표될 수 있으며, 그때마다 좌불안석(坐不安席)이 될 수 있는 것이다.

민주주의와 자본주의 (그림:.ft.com/content)

그리고 고위 공직자들은 공익을 위해 신상정보, 재산정보 등의 개인정보도 많이 노출될 수밖에 없으며, 언론이나 시민단체의 감시도 엄청나게 심할 수 있고, 또 '이해 충돌 방지'도 엄격하여 행동거지에 엄청나게 제약을 받을 수밖에 없다.

대중이나 국민처럼 '소비자' 또한 민주주의에서, 특히 자본주의식 민주주의에서는 거의 독재자에 해당한다. 그러나 이 경우에는 정권이나 공직자들을 혼내줄 수 있는 독재자가 아니고, 자본(기업이나 판매자 등)을 혼내줄 수 있는 독재자인 것이다.

기업이 만들어 판매하는 제품에 문제가 있거나, 판매행위 자체에 뭔가 잘못이 있다든지 하게 되면, 이러한 물의를 일으킨 장본인들에게 민형사상 책임을 지우거나, '불매운동' 등을 통하여 무한 압박을 가할 수 있다.

때에 따라서는 그 해당 기업을 몰락시킬 수 있을 정도까지 몰아붙일 수도 있으며, 특히 요즘에는 SNS나 인터넷 등이 발달된 환경이라 소비자들의 의견이나 뜻은 거의 실시간 모이고 표현될 수가 있어서 기업이나 판매자들에게 엄청난 잠재 리스크 혹은 스트레스가 될 수 있을 것이다.

특히 소비자들은 비교적 규모가 있는 기업들에게는 보다 많은 책임을 물어 ESG(Environment, Social, Governance; 환경, 사회, 지배구조)라든가, 탄소 배출 저감, 공해물질 배출 저감 등 현안 과제를 해결할 것을 요구할 수도 있다. 그리고 일반 기업체들에도 무언의 사회적 책임(기부, 봉사 등의 사회적 활동이나 사회적 역할)을 요구할 수 있다.

물론 대중(국민)이나 소비자도 때로 실수를 하거나 잘못 판단할 수 있다. 그러나 이들은 민주주의와 자본주의의 유일한 주인이자 주인공이다.

대중(국민)들은 항상 깨어있어야 한다. 가령 직선제 공무원들을 잘못 뽑아서 나중에 법정 구속이나 탄핵 등으로 인한 업무 공백이나 사회적 혼란 등이 생기게 되면 그 파장이 매우 클 것이다. 재선거를 위한 막대한 비용이든지, 국민 여론 및 민심 이반(離反) 등으로 인한 혼란은 사회적으로 엄청난 손실이 될 수 있다.

또 간혹 님비현상(지역이기주의; not in my backyard) 때문에 국가 공익적 사업을 못한다든지, 정치적 진영 대결이 심화된다든지, 여러 이익단체의 형태로 국정의 혼미를 가중하는 등의 경우도 대중들이 할 수 있는 실수 혹은 문제점이라고 할 수 있겠다.

그러나,

"대중이나 소비자는 민주주의의 유일한 독재자이다"　- Pa sayings

민주 시민사회에서는 비록 대중이, 국민이, 소비자가 때로 틀릴 수는 있어도, 그들 또한 나름대로는 항상 최선을 다하고 있는 것이며, 역사적 여러 경험에 비추어 보면, 순간순간 일희일비하지 않는다면 장기적인 관점에서는 그들이 항상 올바른 방향을 지향하고 있다고 믿어 의심치 않는다.

또한 그들의 고유한 '선택권' 자체가 지상의 숭고한 가치이고, 민주주의의 의미 그 자체라고도 보아야 한다.

2-3. 담장을 없애고 네 소중한 가치를 지켜라!

소하의 집처럼 마음의 담장을 없애면 네 소중한 가치를 끝까지 지킬 수 있으리라!

소하(蕭何)는 중국 진(秦)나라 말기에서 전한 초기에 걸쳐 활약한 정치가이다. 유방의 참모로서 유방이 천하를 도모할 수 있도록 도왔으며, 한신 및 장량(장자방)과 함께 한나라의 삼걸(三傑)로 꼽히는 인물이다. 비록 한신이나 장량처럼 능력 면에서 화려하지는 않았지만, 유방의 뒤에서 내실 있고 참으로 중요한 공적(행정, 인사, 관리, 병참, 보급 등의 내정 일체)을 많이 세웠다. 이른바 발종지시(發蹤指示; 사냥개를 풀어 짐승이 있는 곳을 가리켜 잡게 한다. 즉, 직접 전쟁에 참여하지는 않았어도 뒤에서 뛰어나게 전술의 방향을 정하고 펼쳤다)라고 하여 유방은 평소 그의 역할을 매우 높이 평했다.

소하는 유방과 같은 패현(沛縣) 지방 출신으로 젊어서부터 성실함과 능력으로 인정받았으며, 유방이 황제에 즉위하고 한나라가 성립된 뒤에도 승상으로서 정무를 맡아 오랜 전란으로 황폐해진 국가의 안정과 부흥에 헌신하였는데, 나중에는 유방이 그토록 믿었던 소하에게도 견제와 의혹의 시선을 드디어 보내게 되었는데, 이른바 공신에 대한 살생부를 만지작만지작하던 시기였다.

그런데 소하는 워낙 처세가 뛰어난 사람이고 욕심이 비교적 적은 사람인 터라, 위기 때마다 그 상황을 미리 간파하여, 당시 자기 친족을 전쟁에 참가시킨다든지 하고, 일부러 자신의 평판을 떨어뜨려 역심을 품을 만한 인물이 아니라는 것을 드러내 보여주기도 하고, 자신의 재산을 아예 국고에 기부해버리는 등의 과감한 행동을 실천하여 숙청을 피하는 데 성공했다. 이러한 사실에서 소하를 '보신주의자'로 해석하기도 하지만, 오히려 신생국가인 한나라 왕조를 지키기 위해 쓸데없는 풍파를 일으키지 않으려 고심한 처신의 결과라고도 평할 수 있다.

그의 진정성을 보여주는 몇 가지 일화가 있는데, 그중 하나는 아래와 같다.

소하가 전답과 가옥을 살 때는 항상 외딴 벽지에 마련하였고, 집을 지을 때는 항상 담장을 세우지도 않고, 어느 정도 이웃과 나누면서 살았던 것이다. 이와 관련해 아래는 소하가 마지막 숨을 거두면서 남긴 말이다.

"나의 후대가 현명하다면 나의 검소한 면을 배울 것이고, 현명하지 못하더라도 권세 있는 사람들에게 빼앗기지는 않으리라!"

이렇게 하여 소하는 자신의 담장을 과감히 허물어 이웃과 나누고, 진정 자손을 위하려는 자신의 소중한 가치를 대대로 지켜내려 한 것이다.

삼국지에서 천하를 꿈꾸던 유비에게 가장 아쉬운 점이 있다면, 아마 당대 최고의 지략가도 데리고 있었고, 전쟁터에 내보낼 장군들도 많이 데리고 있었지만, 이런 소하와 같은 유능한 행정가(행정·인사·보급의 달인)가 없었다는 점일 것이다. 만약 유비에게 소하와 같은 탁월한 행정가가 있었더라면 과연 어떻게 되었을까? 아마 조조와 손권을 무찌르고, 그 옛날 한고제(유방)처럼 천하를 통일할 수도 있었지 않았겠냐는 생각을 한번 해본다.

요즘 우리 정치인들이나, 사회적 지도층이라고 할 수 있는 사람들을 보면, 사회적 리더임을 스스로 자처하면서도, 위선적인 행태들이 정말 많다. 자식을 위한 위장전입은 다반사이고, 부동산 투기, 온갖 이해충돌 혹은 이권 개입, 논문의 표절 혹은 대필 등 그 타락의 정도가 너무 심한 인물들이 많다. 그러면서도 외적으로는 진정성 없는 인기에만 치중하고, 숨어서는 웃는 모습을 보이는 등, 우리 시민들이 보기에도 실로 가관일 때가 많다.

소하 (그림: ko.wikipedia.org)

우리가 소하에서 배울 수 있듯이, 재산이 많더라도 허름하고 검소하게 그 행사를 지나치지 않게 하고, 담장을 절대 만들지 않았기 때문에 이웃과 서로 사이좋게 나누어 먹을 수 있었고, 자기보다 높은 사람이나 경쟁자들의 오해를 항상 피할 수 있었고, 후세에까지 소하 자신이 높은 평가를 받을 수 있었고, 자기 자손들의 안전까지 지켜줄 수 있었으니 그야말로 1석4조가 아닌가?

제인 오스틴의 유명한 "오만과 편견"이라는 작품에서 보면, 인간이 얼마나 오만과 편견을 가질 수가 있고, 그로 인하여 쉽게 상대를 오해를 할 수 있는지를 잘 보여준다. 이른바 오만과 편견으로 인한 여러 오해로 인하여 얼마나 사람 간의 관계를 꼬이게 할 수 있고, 사실을 왜곡할 수 있는지를 잘 보여주는 고전이다.

더군다나 오늘날 제4차 산업혁명과 사스, 신종 인플루엔자, 메르스, 코로나, 원숭이 두창 등의 각종 전염병의 증가로 인하여 비대면 소통이 매우 늘어나 더욱 서로 간의 오해를 낳거나 편견을 낳기가 쉽다.

소하처럼 항상 행동 처신을 스스로 낮추고, 물리적·정신적 담장을 없애어 주변의 오해를 원천적으로 차단하여 자신의 소중한 가치를 지켜내는 것도, 요즘을 사는 우리들이 한번 본받아 볼 만한 처세라 생각된다.

2-4. 충분히 생각하면 소중한 매듭을 찾아낸다!

충분히 생각하면 소중한 매듭(해결책)을 찾아내어 풀어낼 수 있다!

우리가 평소 매우 어려운 일을 만나면, "너무 어렵다!", "내가 하기에는 불가능하다!" 등의 푸념과 함께 포기를 해버리는 경우가 많이 있다. 이는 무언가 자신의 부족을 살피지 않고 너무 쉽게 핑계 혹은 변명을 늘어놓는 대표적인 방법이기도 하다.

사실 어떤 문제라도 자신이 충분히 원했으나, 그 원하는 것을 얻을 만한 매듭(해결 방법)을 구하지 못하였다면, 결국 자신의 고민과 생각이 아직은 충분하지 못했다는 의미이기도 하다.

만약 중도에 포기 없이 지속적으로 답을 구한다면 해결책을 못 찾는 경우가 거의 없다. 왜냐하면, 지속적으로 답을 구한다는 이야기는 그냥 시간에 비례하여 생각을 많이 하는 것이 아니고, 생각이나 방법 자체의 진화와 업그레이드를 통해 점점 더 상상 못할 우수한 해결책을 찾을 수도 있다는 말이다. 수학적으로는 지수함수적으로 생각이나 해결 방법 자체가 점점 어마어마하게 진화를 거듭해 나가는 것이 된다. 이렇게 되어 나가면 그야말로 해결책을 찾아낸다기보다는 꼬인 실의 매듭을 풀어 아주 쉽게 문제를 해결하고 골칫거리 문제를 아주 용이하게 종결지을 수 있는 단초를 드디어 만들어 낼 수 있는 단계로 진입할 수 있게 되겠다.

이것이 바로 중도에 포기만 없다면 거의 뜻하는 바를 이룰 수 있는 이유인 것이다. 많이 알려진 고사성어 중에서 우공이산(愚公移山; 우공이라는 사람이 산을 옮긴다)이라는 말이 있다. 이 말은 오랜 시간이 걸리더라도 꾸준히 노력해 나간다면 결국엔 뜻을 이룰 수 있다는 뜻인데, 실제 이것이 가능한 근거를 내 생각대로 한번 설명해보면, 우공이라는 사람이 물리적인 시간에 비례하여 노력을 기울인 것이 아니라, 산을 옮기기로 일단 결심을 해놓고, 일을 진행해 나가면서 점점 산을 옮기는 방법과 수단을 기가 막힐 정도로 개량하여 드디어 누구도 상상하지도 못했던 산을 옮길 수 있게 되었는데, 이는 작업을 진행하면서 산을 옮기는데 필요한 난제(難題)에 대한 솔루션(공사장비, 도구, 기술, 자금, 인력 등의 확충)을 드디어 찾을 수 있었기 때문에 가능했다는 의미로도 해석해 볼 수 있겠다.

"충분히 집중된 궁리(생각)의 힘은 위대한 것이다!" - Pa sayings

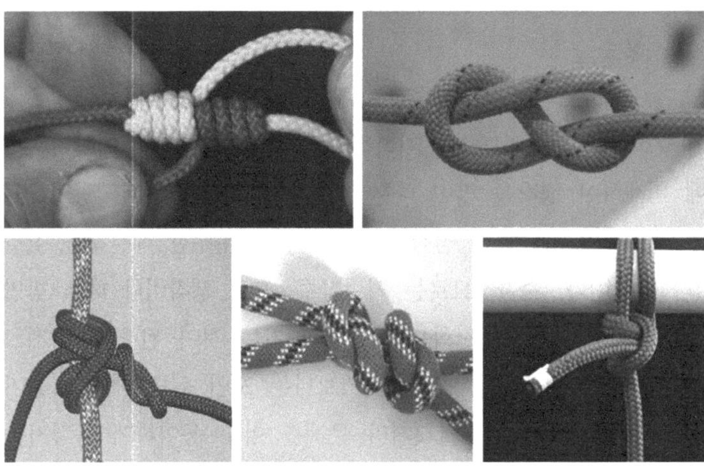

매듭 풀기 (그림:.roffs.com)

2-5. 자신의 소중한 능력을 정시에 써라!

자신의 소중한 제1능력은 함부로 노출하여 쓰지 말고, 반드시 정시(定時)에 써라!

우리가 흔히 하는 말 중에서, “신은 누구에게나 먹고 살 수 있는 한 가지의 재주는 준다.”는 말이 있다. 이 말은 누구라도 자신의 내면을 잘 살피고 원하는 바를 지속적으로 구해나간다면 한 가지 이상의 아주 큰 능력을 개발해낼 수 있다는 뜻이다. 그러나 설령 자신이 엄청난 능력을 발견하고, 그 능력을 고도화하였다고 하더라도, 그것을 너무 전면에 내세우거나, 지나치게 휘두르거나, 함부로 과시하거나 자랑하는 행태 또한 좋지 못하다.

만일 자신의 소중한 제1능력을 함부로 자랑하거나, 가벼이 드러내 보이다가는 주위로부터 많은 시기를 받을 수 있고, 때로 심한 역풍을 맞을 수도 있는 것이다. 항상 자신이 제일 자부심을 가질 수 있는 제1능력은, 어떤 일을 도모함에 있어서, 일정 기간 동안은 두 번째 혹은 세 번째의 무기로 행사하는 것이 더 좋다. 만약 당장 제1능력을 급하게 사용하였는데도 문제를 해결하지 못하는 경우가 생긴다면, 그다음에는 대책을 찾기가 매우 어려워진다. 이미 히든카드를 모두 써버린 격이니 말이다.

그렇다고 해서, 제1능력을 사용하는데 너무 인색하거나 망설여서도 또한 안 된다. 진짜 그 능력이 이미 무르익었고, 필요한 시기가 왔다면 기꺼이 사용할 수도 있어야 하겠다. 중요한 것은 그것의 실력(고도화)과 행사하는 시기인 것이다.

큰 장수는 칼집에서 칼을 함부로 빼내어 들지 않는다. 그러나 한번 빼어 들면 단숨에 적을 제압한다. 칼을 빼어 들어야 할 때 제대로 못 빼내

들거나, 너무 경박하게 빼내었다가 제대로 사용해보지도 못하고 다시 칼집에 집어넣거나, 빼어 들기는 하였는데 적을 제대로 제압하지 못한다면 여전히 너의 내공이 많이 부족한 편이다. 이는 너 자신과 그 제1능력을 한 수준 더 수양해야 함을 의미한다고 하겠다.

단 숨에 적을 제압한다 (그림:.nytimes.com)

스포츠를 예로 들자면, 가령 권투 시합이나 야구 경기에서 원투펀치라는 말이 있다. 이러한 원투펀치를 너무 쉽게 마구 휘두르거나 부적절하게 사용하다가 상대에게 수를 간파당하여 역공을 받는 경우를 많이 볼 수 있다. 가령 권투 시합에서 무리하게 주먹을 휘두르다가 상대의 카운터 펀치(되받아치는 기술)에 걸려 다운되는 상황도 많이 있지 않은가?

따라서 무엇이든 상대에게 치명적일 수 있는 자신의 주 무기(주기술, 제1능력)는 함부로 노출하지 말고, 꼭 한 겹 아래에 숨겨 지니는 것이 좋다. 그런 모습이 진정한 고수라고 할 수 있지 않을까?

그리고 이러한 제1능력은 항상 제때(Punctuality; 적절한 최적의 타이밍)에 적절하게 사용하는 것이 가장 효과를 배가하는 방법이라는 것을 꼭 명심해야 한다. 즉, 때를 기다릴 줄 아는 것 또한 고수의 기본 덕목일 것이다.

개인의 경험적·지식적 역량의 총합을 내공이라고도 말할 수 있을 것인데, 이 내공은 여러 능력의 총합으로 이루어지겠지만, 그중에서 제1능력이 차지하는 비중이 가장 높을 것이다. 제1능력은 가능한 한 쉽게 노출하지도 말고, 그야말로 애지중지 가다듬고 고도화하여 간직하다가 모쪼록 큰일에, 제 때에 사용하여야 하겠다.

그다음으로 중요한 것이 구성(콤비네이션)과 조화이다. 아무리 개별적 제1능력(기술)이 뛰어나도 여러 능력이 전체적으로 조화가 잘 이루어져야, 최종적으로 우수한 실력(전투력)을 발휘할 수 있다는 것은, 전체적 질서와 조화를 중시한 손자병법의 기술편을 참조해 보더라도, 당연한 이치인 것으로 보인다. 즉 제1능력이라고 하여, 그 하나에만 너무 의존하지 말고, 다양한 다른 능력들과의 조화가 필요하다는 의미일 것이다.

결론적으로 볼 때, 자신의 내공이 부족하면 이를 충실히 기르고 고도화하여 두었다가, 적기에 세상에 드러내어야 한다. 그것도 자신의 총체적 능력면에서 두루 조화롭게 드러내야 하겠다.

요즘 자신의 내공이 많이 부족하면서도 큰일을 하려고 하거나, 큰 자리를 탐하거나, 무리한 요구를 하는 경우를 많이 본다. 그야말로 내공이 부족하여 큰일을 해낼 준비가 안 된 사람이 큰 것을 탐하는 것은, 자칫 큰 창피를 당할 수 있는 탐욕 혹은 과욕을 부리는 것에 지나지 않는다. 이는 분명 그 결과도 좋지 못하다.

수신제가 치국 평천하(修身齊家 治國 平天下) 혹은 진인사 대천명(盡人事 待天命)이라고 하지 않았던가? 자신의 내공을 차곡차곡 길러 큰일을 맡을 준비를 충분히 해두면, 나중에 신께서 분명히 너를 큰일에 쓸 것이 아니겠는가?

2-6. 작은 것을 버리고 소중한 것을 택하라!

작은 것을 기꺼이 버릴 수 있어야 소중하고 큰일에 집중할 수가 있다!

살면서 누구나 매일매일 처리해야 할 일들은 대단히 많다. 온갖 회사일 혹은 생업에 관한 일, 온갖 집안일이나 가족과 관련된 일, 기타 여러 사회 활동과 관련된 일을 합치면 아마 엄청날 것이다.

이렇게 우리는 하루하루 살면서 엄청나게 많은 감당해야 할 일들과 맞닥뜨린다. 또 이런 일들을 너무 열심히 하다 보면 일과 휴식의 언밸런스(불균형)가 발생하거나, 리듬이 깨어져 자칫 병이 생기기도 쉽다.

그런데 여기서 하나의 중요한 관점은, 남이 기꺼이 하려고 하는 일들은 가능한 한 남들에게 넘기는 것이 좋다. 보통의 경우를 보면, 서로 감당해야 할 일거리에 대해서 남들의 의견을 잘 물어보지도 않고, 혹은 남들이 기꺼이 하려고 하는 일에 대해서조차도 자기가 할 수 있다고 하며 기어이 움켜잡고 있으려고 하는 경우가 많다.
그리고 자신보다 훨씬 더 그 일을 잘 알고, 잘 할 수 있는 사람이 옆에 있더라도 구태여 상대적으로 서툰 자신이 직접 하려고 고집하는 경우도 있다. 물론 자신이 할 수 있기에 덤벼들기도 하였겠지만, 일을 놓치기 싫은 마음이 작용한 욕심이었을 수 있다. 이렇게 되면, 그 일을 남에게 넘겼더라면 더 적절했을 일에서조차 무리하게 하려는 자신의 고집으로 소중한 힘만 탕진할 수 있다.

예를 한번 들어보자. 어떤 사람이 경치 좋은 곳에 작은 전원주택을 하나 짓고자 한다고 가정을 해보자. 곰곰이 연구한 끝에 자신이 공대 출신이고 손재주가 제법 있으며 건축이나 각종 건물의 설비 등에 아는 바가 많고, 또 충분히 할 수 있겠다는 생각이 들어, 그 집 짓는 일을 직접 하겠다고 마음을 먹었다고 쳐보자. 그렇게 되면, 일단 집 짓는데 소요되는 돈은 좀 아낄 수가 있겠고, 그 집이 완성된 후에는 자기가 지낼 집을 자신이 직접 지은 것에 대한 뿌듯함, 자부심 등을 느낄 수도 있겠다.

그러나 잃은 것 또한 만만치 않을 것이다. 보통은 그 집을 짓는 일은 건축전문가에게 맡기고 자신은 집 짓는 일 대신 자신의 주업(主業)을 했을 경우에 벌 수 있는 금액이 자신이 직접 집을 지음으로써 세이브할 수 있는 금액 대비 훨씬 더 클 것이다. 서툰 자신이 집을 짓는 것과 수많은 집을 지어본 전문가가 집을 짓는 것은 건축 기술이나 시간 면에서 아마 차이가 클 것이다. 그리고 그 끝마무리 또한 자신이 직접 짓게 되면 완전하지 않은 것이 많을 것이니, 집을 사용하면서 수리비, 사후관리비 혹은 유지비 등이 많이 증가할 수도 있다.

그래서 결국에는 집을 다 지은 후 후회를 할 수 있을 것이다. 서툰 사람이 그 집을 짓는 동안, 육체적·정신적 고생을 엄청나게 하였을 것이고, 뒤 끝마무리 또한 시원치 않을 수가 있어서 마음이 후련하지 않을 수 있다.

이럴 것이면 왜 자신이 고생을 사서 하였는가? 차라리 건축 전문가나 전문 업자들에게 맡겨 제대로 짓도록 하고, 필요하다면 자신은 가끔 뒷짐 지고 코치만 하면 될 것인데, 스스로 고생을 자처했으니 말이다.

만약 그 전원주택 짓는 일을 전축 전문가나 전문 업자들에게 믿고 맡겨주었더라면, 그 사람들도 그 일감을 흔쾌히 맡겨주는 것에 대해 고마워할 것이고, 또 그 일을 함으로써 돈을 벌어서도 좋을 것이고, 자신의 전문적 지식이나 기술을 발휘할 수 있는 기회를 얻어서 그만큼 보람도 있을 것이다. 이렇게 결정을 해주었더라면 남들도 좋게 해주고, 자신도 편한 길을 선택한 것이 되고, 공동의 사회적·경제적 효용가치도 훨씬 더 높았을 것이다.

전원주택 짓기 (그림: tinyhousebuild.com)

따라서 일반론으로 볼 때, 가능한 한 많은 일들을 다른 사람에게 넘겨라. 자기도 행복해지고 그 일을 받는 남들도 행복해지기 위해서 말이다. 즉, 자기가 어떤 일을 충분히 할 수 있어도, 서툴 수 있거나 그 일에 관한 전문가가 아니라면, 웬만한 일들은 그냥 넘기는 것이 좋은 선택일 것이다.

자신이 가장 핵심적이고 소중하게 챙겨야 할 일로서는, 보통 자기만의 주업(主業), 창조적인 일, 혹은 자신만의 아이디어가 포함된 일, 기타 자기 삶의 질에 관한 일 등을 들 수 있을 것이다. 그리고 혹시라도 남들이 꺼리거나 싫어하는 일이 있거들랑, 이러한 일에 대해서는 너무 고민할 필요가 없다. 그냥 자신이 솔선수범하여 처리를 직접 하거나, 다른 처리 방법을 고안해 내면 될 일이다. 그것이 보람된 일일 것이다. 반면, 남들이 기꺼이 하려는 일에까지 너무 직접 챙기려는 것은 부가가치 없는 생각이기 쉽다.

기업들도 대개 그 기업에 가장 소중한 핵심 가치의 업종이나 기술은 보유하고, 나머지의 것들은 아웃소싱(외주화), 용역 발주 등을 통하여 타 업체에 넘기고, 구태여 자신들이 직접 하려고 하지 않는다. 자신들이 그런 잡다한 일들을 모두 쥐고 있어 보아야 효용가치가 없을 것이라는 이유이다.

"자고로 작은 것을 미련 없이 버릴 줄 알아야, 비로소 자신에게 가장 소중한 일에 집중할 수 있는 것이다!" - Pa sayings

2-7. 상대를 진심으로 인정하고 소중히 여겨라!

"선비는 자기를 알아주는 사람을 위해 죽는다(士爲知己者死)"라는 구절은 사마천의 '사기'에 나오는 말로, 여기에서 선비라는 용어는 요즘으로 치면, 사람(남자, 여자 모두 포함)으로 해석하는 게 좋겠다. 이 말은 오늘날까지 많은 사람의 대화나 책에서 회자되고, 인용될 정도로 참으로 그 의미가 중요하고 소중하다. 직장에서나 어떤 크고 작은 조직에서도, 상대의 능력이나 재주(장점)를 알아주고, 기꺼이 인정해주며, 소중히 여겨주는 사람이 된다면 끝까지 그 사람은 자기 사람이 되어줄 수 있을 것이다.

삼고초려 (그림: kknews.cc/zh-hk/history)

중국 삼국 쟁패 시대의 제갈량은 당대 최고의 지략가로 그 이름이 유명하지만, 삼고초려(三顧草廬)의 예로 자신을 알아주고 인정해준 유비를 위해서 한평생을 바친 사람이다. 제갈량의 시호인 충무후(忠武候)를 보면 알 수 있듯 제갈량의 유비에 대한 충성심은 예로부터 끝없이 칭송받아왔다. 유비-유선 2대에 걸쳐 촉한의 중대사를 결정하고 실행했던 그는 조조에게 수없이 많은 회유를 받았지만, 그야말로 죽어서 그만둘 때까지 옛날 삼고초려의 은혜를 잊지 않고 계속 유 씨 부자를 형님 혹은 황제로 섬긴 것이다.

그는 마지막까지 티끌 같은 작은 희망도 놓지 않고 나라의 융성을 위한 교두보를 확보하기 위해서 출사표를 던지며 몸을 아끼지 않은 채 북벌 전쟁에 매진하였으니, 이러한 점 때문에, 제갈량의 군사적 재능이나 정치력을 낮춰보는 사람은 있어도, 제갈량의 충성심을 의심하는 사람은 거의 없는 편이다.

우리가 사회생활을 하면서, 많은 사람을 만나고, 서로 교류하면서도 보통 서로의 이해관계를 먼저 챙기기 때문에, 서로 친하게 지내다가도 어떤 계기로 인하여 금방 사이가 틀어지기도 하여, 그 친밀한 관계가 장기간 끊어지지 않고 계속 이어지기가 매우 힘들다.

그런데 여기서 잘 생각해보아야 할 점은, 상대가 진정 자신이 원하는 사람이고, 끝까지 가야 할 만한 인물이라면, 도중에 네가 다소 서운한 점이 있거나, 서로 간에 소원해지더라도, 지속적으로 상대를 믿어주고, 끝까지 인정해주는 태도가 필요하다. 그래야 서로 간의 끈끈한 신뢰가 쌓여 좋은 관계로 지속될 수 있다.

우리가 가장 경계해야 할 것은 바로 감탄고토(甘呑苦吐; 달면 삼키고 쓰면 뱉는다)이다. 이치에 맞고, 안 맞고 하는 것들은 따지지 않고, 그저 자신의 비위에 맞느냐, 안 맞느냐, 혹은 자기에게 어떤 이익이 되느냐, 안 되느냐 하는 것만을 기준으로 상대방을 받아들이고, 안 받아들이고 하는 등의 행동이나 언행은 크게 잘못되었고, 무척 좁은 소견에 해당한다.

유비와 제갈량의 관계를 보더라도, 상대방을 진심으로 인정하고 소중히 여겨주는 것이 때로 목숨보다 더 소중한 가치가 될 수 있다.

2-8. 보이지도 들리지도 않는 행간에 주목하라!

세상에는 잘 보이거나 들리는 것과 보이지도 들리지도 않는 것의 두 가지가 있다. 물론 두 가지 모두 중요하다. 그러나 전자는 잘 보이거나 잘 들리기에 관찰 및 관리가 용이하고, 후자는 잘 보이지 않거나, 잘 들리지 않기 때문에 항상 놓치기 쉽고, 제대로 관리와 통제가 이루어지지 못해 낭패를 보는 경우가 있다.

우리가 말을 할 때도 비언어적인 의사전달 요소가 생각보다 중요한 것이다. 미국 캘리포니아 대학 알버트 메러비안 교수가 조사한 바에 따르면, 일반 메시지 전달에서 말의 내용이 차지하는 비중은 겨우 7% 수준이고, 말의 음조, 억양, 크기 등이 38%, 비언어적인 요소인 태도가 55%나 된다고 한다. 또한 말이 차지하는 비중 7% 중에서도 말의 내용 그 자체의 비중은 더 낮을 것이다. 그 외 말의 뉘앙스라든지, 말속에 숨겨진 의미 등이 차지하는 비중이 또 있을 것이니 말이다. 이렇게 우리는 말에서도 들리는 것보다 들리지 않아 잠복되어있는 여러 요소들의 중요성이 얼마나 크고, 얼마나 더 중요한지를 잘 이해해야 한다.

글로 된 신문, 책, 모바일 매체, 인터넷 데이터·광고 등의 여러 매체를 읽을 때도 그 쓰인 글 자체보다는 그 글의 행간에 숨겨진 뜻을 잘 캐치해내는 사람이 아마 더 현명한 독자이자, 현명한 소비자일 것이다. 이렇게 행간을 잘 읽은 사람은 그만큼 남들에게 잘 속지 않고, 생각하는 수가 높고, 더 영리하게 행동하여 결국 남들보다 더 지혜롭게 살 수 있는 기회가 많아질 것이다.

우리는 자고로 보이지도 들리도 않는 것과 한판 전쟁을 잘하여야 현명한 세상을 살아낼 수 있는 것이 아닐까? 고금을 막론하고 크게 성공한 인물은 자신이 스스로 이러한 능력을 가졌거나, 이러한 능력을 가진 책략가를 바루 옆에 두었다.

우리나라 역사의 경우만 보더라도, 삼국시대의 이사부, 최승우, 종간, 아지태, 그리고 고려 태조 왕건의 책사 태평, 최지몽, 최응, 조선 태조 이성계의 오른팔인 정도전, 태종 이방원의 장자방인 하륜, 세조를 임금으로 세운 한명회 등은 모두 당대 최고의 지략가들이었으며, 보이지도 들리지도 않는 것을 헤아려 알아차리고, 천문과 앞날을 내다볼 줄 알았고, 자기 주군이 하는 말의 속뜻을 정확히 알아차리는 능력을 지녔던 것이다.

또한, 중국 역사에서는 은주 혁명기의 강태공, 춘추전국시대의 순무(손자)와 관중, 초한 쟁패기의 장량과 범증, 삼국 쟁패기의 제갈량, 주유, 순욱, 사마의, 명나라 개국공신인 유백온 등이 활약한 바 있다. 역사서에 따르면, 이들은 모두 당대 최고의 지략가들이었으며, 보이지도 않고 들리지도 않는 날씨와 바람을 다스리고, 상대 적장의 심리를 꿰뚫어 볼 수가 있었고, 천리 밖 전쟁의 승패를 단번에 판단·예측하는 능력을 가졌다고 평할 만큼이나 대단한 능력을 보유한 자들이었다. 물론 역사서라는 것이 다소 과장이 있을 수 있겠으나, 그만큼 지략가들의 활약이 역사적 주도 세력에게 중요하였던 것만큼은 사실이었던 것 같다.

좀 더 세부적인 사례로 보면, 조선시대 하륜은 위에 언급한 것처럼 태종 이방원의 장자방인 셈인데, 하루는 태종이 "임금의 자리를 세자에게 물려주겠노라(선위; 禪位)"라고 선언하였는데, 그때 태종의 처남인 민무구, 민무질과 최측근 이숙번은 그 말을 곧이곧대로 시행하려고 하다가 바로 숙청을 당했는데 반해, 하륜은 태종의 그 말을 "임금의 자리는 털

끝만큼도 건드리지 마!"라는 뜻으로 이해를 하여 "전하! 선의는 절대 아니 되옵니다."라고 답을 했다고 한다. 그리고 태종에게 선의를 거두어들일 만한 명분도 제공하였으므로, 태종이 제일 아낄 수밖에 없었다. 즉, 하륜은 태종의 언어의 속뜻(의도)을 정확히 이해하여 끝까지 살아남을 수 있었고, 성공할 수도 있었던 것이다.

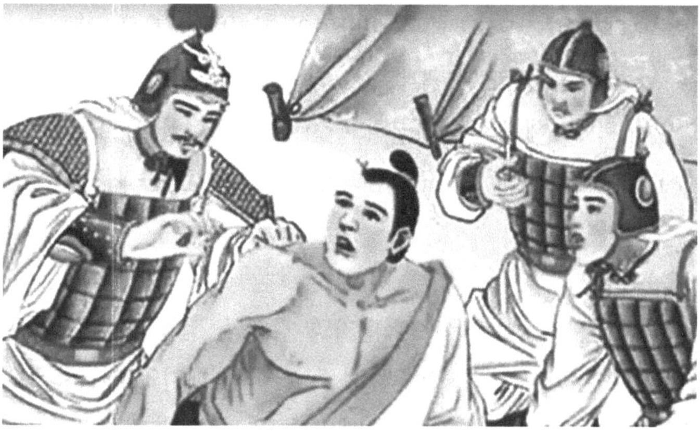

오기 장군 (그림: sunnews.cc/history)

사마천의 '손자 오기열전'에 따르면, 춘추전국시대 명장 중 '오기'라는 장군이 있었는데, 젊은 병사가 다리에 심한 종기로 사경을 헤맬 때 그 종기의 고름을 자기 입으로 직접 빨아내어 낫게 해주었다는 것이다. 그런데 이러한 사실을 전해 들은 그 병사의 어머니는 오히려 슬피 울었다고 한다. 옛날에 그 병사의 아버지에게도 오기 장군이 똑같이 종기의 고름을 빨아서 낫게 해주었는데, 상처가 낫은 후에는 자기 몸을 돌보지 않고 전쟁터에서 용감히 싸우다가 적진에서 죽고 말았다는 것이다. 이렇게 그 병사의 현명한 어머니는 사리와 이치에 워낙 밝아 오기 장군의 그 친절함 속에 숨겨진 또 다른 내면의 진실을 단번에 알아보고 아주 슬피 울었던 것이다.

삼국지에는 장계취계(將計就計; 상대편의 계략을 미리 알아채고 그것을 역이용하는 계책)의 장면이 여러 곳에 나오는데, 이는 상대방의 잘 드러나지 않는 계책을 잘 파악한 후 그것을 역으로 이용하는 방법이다.

예를 들어, 촉한의 총사령관 제갈량의 5차 북벌 때, 적장 사마의(위나라 총사령관)가 시켜서 거짓 항복을 하려고 하는 정문이라는 장수의 의도를 제갈량은 정확히 눈치를 채게 된다. 왜냐하면, 정문이 자기 항복의 진정성을 설파하기 위해, 자신이 직접 목을 베어 가져온 장수의 머리가 사마의가 그렇게 아끼던 바로 '진랑'이라는 장군의 것이라고 주장하였는데, 제갈량이 보기에는 진랑이 정문에게 그리 쉽게 목이 베일 정도로 약한 장수가 아니란 것을 이미 눈치채고 있었기 때문이다. 그래서 제갈량은 정문의 거짓말에 대한 자백을 모두 받아낸 다음, 역으로 정문을 시켜 거짓 편지를 작성하게 하여 사마의에게 보내서 위나라 군대가 촉한 진영을 공격하게 하라고 하였고, 이에 은근히 욕심 많은 사마의가 응하여 촉한 진영으로 공격을 해왔었고, 이때 매복을 하고 있던 촉군 병사들이 위나라 군대를 크게 격파한 사례이다.

과거의 뛰어난 지략가나 현인들은 이렇게 모두 보이지 않는 것, 들리지 않는 것과의 한판 승부로 남들보다 더 명석한 판단을 하였고, 승리를 할 수 있는 확률을 더 높이 가졌을 것이다. 당 시대의 기술 수준의 시각으로 본다면, 이들은 매우 지능적이고 선진적·과학적인 판단으로 전쟁의 승패를 쥐락펴락하였고, 나라 전체의 존망을 결정하는 핵심 키를 쥐고 있었던 인물들이었다.

2-9. 내가 통제할 수 없는 일은 아예 잊어라!

내가 통제할 수 없는 일은 아예 생각하지 말고, 바로 잊어라!

내가 제어하고 통제할 수 없는 일에 대해서는 더 이상 생각 자체를 하지 않는 것이 좋다. 그러나 보통은 내가 통제할 수 없는 일일수록 계속 머릿속에 남아서 나를 괴롭히는 경우가 많이 있다. 그렇다고 그것을 계속 생각해본 들 무슨 소용이 있겠는가? 어차피 나의 제어 범위를 넘어서는 것이니 말이다. 그런 것들은 그냥 내버려 두거나, 아예 잊어버리는 것이 가장 좋겠다.

그런 것에 미련을 가지면 가질수록 내 가슴을 더욱 조여 올 것이다. 오히려 잊어버리고 태연하게 지내는 것이 나을 것이며, 자신은 자기가 충분히 통제할 수 있는 일이나 행위에 더 몰두하는 것이 훨씬 낫다.

예를 하나 들어보면, 핸드폰을 집에 두고 승용차를 운전하여 곧바로 대형마트에 갔다고 가정해보자. 대형마트 바로 앞의 주차장에 차를 주차하고 매장으로 들어갔을 때, 마침 핸드폰이 없다는 것을 알아차렸다면 매우 당황할 것이다. 그리고 불안감에 사로잡혀 온통 머리가 복잡하게 되고, 이러한 사실은 매장 내에서 쇼핑시간 내내 당신을 괴롭힐 수 있다. 이럴 때는 네 머릿속 생각을 좀 단순화할 필요가 있다.

먼저 주차장에서 매장 입구에 이르는 짧은 길에 핸드폰을 떨어뜨리지 않았는지를 확인 후, 그렇지 않았다면 핸드폰은 차 안이나 집에 안전하게 잘 있을 것이므로, 이제부터는 불안의 고리를 너의 뇌리에서 끊어낼 수 있어야 한다. 그리고 즐겁게 쇼핑하는 것에만 집중하는 것이 좋겠다. 매사 이런 방식으로 당신의 뇌를 꾸준히 훈련하여야 한다는 뜻이다.

옛날 어떤 선비가 길을 가다가, 자기 앞에 옹기장수가 옹기(독)를 팔기 위해 지게에 옹기를 몇 개 지고 가는 것을 보았다. 그런데 한참을 걸어가던 도중 그 지게에서 옹기가 하나 '쿵' 하고 크게 소리를 내며 길바닥에 떨어져 그만 깨져 버렸다.

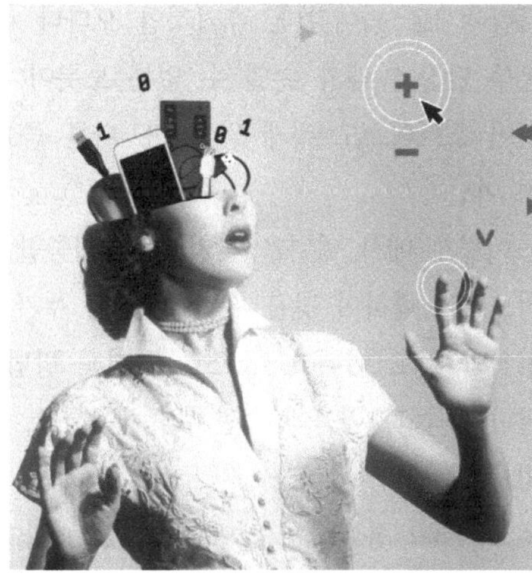

통제할 수 없는 일은 생각하지 마라
(그림: wired.com)

선비는 너무 놀라고, 또 안타깝게 생각하였다. 그런데 그 옹기장수는 아예 뒤도 돌아보지 않고 계속 가기만 하는 게 아닌가? 그래서 얼른 옹기장수에게 다가가 물어보았다. "옹기가 깨어졌는데 어떻게 뒤도 안 돌아보고 가시는가?" 옹기장수는 대답하였다.

"이미 깨어진 독을 내가 안타깝게 생각한다고, 혹은 내가 울기라도 한다고 다시 어떻게 붙일 수가 없지 않겠습니까?"

여기서 선비는 크게 깨달았다고 한다. 과거에 너무 미련을 두지 말고 앞으로의 일이 중요할 것이며, 내가 통제할 수 없는 일을 계속 머릿속에 담아둘 필요가 없다는 것을 깨달은 것이다.

내가 책을 출간하기 위해 원고를 쓸 경우에도 마찬가지의 논리가 성립된다. 출판사 담당자와 함께 해당 책 내용에 대한 여러 번의 교정을 마친 후, 마지막 탈고를 하고 나면 다시 그 내용상의 오타, 오기, 오류, 잘못된 표현 등에 대해 미련을 가져서는 안 된다. 이미 탈고하여 내 손을 떠났으니, 그 주도권은 이미 인쇄와 제본 등의 그다음 공정을 담당하는 사람에게로 넘어갔다. 추가적인 오타나 수정이 필요한 부분을 찾아내어 본들 당장은 내가 손댈 수 없는 노릇이다. 더 이상의 미련을 두지 않는 것이 스트레스도 적게 받고, 또 다른 중요한 일에도 전념할 수 있는 것이 아닌가?

이렇게 매사 미련을 갖지 않고 집중할 수 있는 정신력은 스스로 의지적으로 노력하여 갖출 수밖에 없다. 누가 가르쳐 준다고 해서 잘 배워질 성격의 것도 아니고, 스스로 경험적 방법 등으로 훈련하고 연습하고 숙달하여, 몸과 마음에 습관처럼 체득하고, 뇌리에 각인되어야 비로소 자신의 것이 된다.

또, 내가 용이하게 제어할 수 있는 일이라고 하더라도 늘 제어가 원활한 것만은 아니다. 살다 보면, 어려움이 닥칠 수 있고, 그럴 때마다 쩔쩔매는 것이 우리네 인생이다. 그러니, 쉽다고 혹은 만만하다고 늘 마음먹은 대로 제어가 가능한 것은 아니다.

우생마사(牛生馬死)라는 말이 있다. 이 말은 홍수에 물살이 거셀 때 말과 소가 모두 강에 빠지게 되면 헤엄이 서투른 소는 살아남고 헤엄을 잘 치는 말은 오히려 죽는다는 의미이다. 즉, 말은 헤엄에 자신이 있어 거센 물살을 거스르려고 계속 발버둥을 치다가 결국 힘이 빠져 죽지만, 소는 물살이 흐르는 대로 떠내려가다가 강둑이나 나무에 걸리거나, 땅에 도착할 수 있어 살아남을 수 있다는 뜻이다. 이 격언은, 살다 보면 일이 순조롭게 잘 풀릴 때도 있지만, 아무리 애를 써도 뜻하는 대로 되지 않는 때도 많이 있는데, 어렵고 힘든 상황일수록 말처럼 거스르려 발버둥 치는 것보다, 소와 같이 도도히 흐흐는 물에 몸을 맡기고 곧 다가올 기회를 엿보는 것이 현명하다는 지혜이다.

즉, 자신이 능히 할 수 있거나, 통제할 수 있는 일에 보다 집중을 하되, 시기가 좋지 못할 때는 그 마저도 무리하지 말라는 뜻일 것이다.

2-10. 정직을 바탕으로 소중한 의(義)를 실천하라!

자신을 정직(正直)으로 인도하여야 자기 인생이 빛날 수 있다!

공자는 "人之生也直(인지생야직)하니 罔之生也(망지생야)는 幸而免(행이면)이니라."라고 하였다.

이 말을 의역하면, 사람 생명의 본질은 정직함이니, 만약 정직함 없이도 무사히 잘 살고 있다면, 이것은 그저 요행히 화를 면하고 있는 상태일 뿐이라는 것이다. 즉, 공자는 정직하지 않고 멀쩡하게 살아가기를 기대하는 사람의 삶은 곧 있기 어려운 요행에 기대는 삶에 불과하고, 정직이야말로 인간의 보편적 덕목이라고 믿었던 것이다. 그러나,

> **정직은 정직으로 끝나면 되는 것이 아니고, 이를 바탕으로 소중한`의(義; 올바름)를 이루어야 한다.** - Pa sayings

우리나라 옛이야기 중, 창원이라는 고을에 어느 노부부(老夫婦)가 있었는데, 비가 오는 날 마루에 같이 앉아 쉬고 있었을 때, 남편이 이유 없이 히죽히죽 웃길래, 부인이 왜 웃느냐고 따져 물어보아도 도무지 이야기를 해주지 않았다고 한다. 그리고는 밤에 잠자리에 들어서도 부인이 계속 토라져 있으니, 그제야 남편은 그 이유를 설명해주었다.

"옛날 당신이 이 마을의 다른 남자와 결혼하여 신혼생활을 할 당시, 나는 당신의 아름다움에 빠져 너무 애간장을 끓이다가, 그만 시골 장에 갔다가 돌아오는 당신의 예전 남편을 고갯길에서 기다리고 있다가 그자가 고갯길을 지나갈 때 돌로 쳐서 죽이려 계획하였고, 그래서 몰래 숨어 있다가 뒤에서 돌로 내리쳤는데도 완전히 죽지 않아 결국은 목을 졸라

죽였어요.” 또,

“그러고는 당신에게 접근하여 청혼을 하였었고, 또한 그 남자가 당신에게 주려고 장에서 구입하여 지니고 있었던 금비녀를 내가 감추어두었다가 당신에게 결혼선물로 주었던 것이라요.”

남편은 이렇게 모든 것을 털어놓게 되었다. 그러고는 계속 고백을 이어갔다.

“오늘 지붕 처마에서 비가 마당에 떨어져 거품이 이는 것을 보니, 그 옛날 그 남자(부인의 첫 신랑)가 죽을 때 입에 일었던 거품이 생각났어요. 죄지은 사람은 그날 후 40년 이상 당신과 해로하고 있는데, 사랑하는 부인을 남기고 졸지에 영문도 모르게 죽은 사람만 불쌍한 것이 바로 이 세상이니, 세상이 하도 우스워서 웃었어요.”

비록 40년 전의 일이지만, 이런 고백을 들은 부인은 밤에 한숨도 못 자고 있다가, 비록 첫 신랑이 워낙 오래전에, 별로 같이 살지도 못하고 죽는 바람에, 그 얼굴조차 잘 기억이 나지 않았지만, 그래도 인간의 도리를 생각하여, 그다음 날 아침 남편을 관아에 고발하였고, 고갯길에서 물증인 첫 신랑의 뼈가 결정적인 증거가 되어, 남편은 사형을 당하게 되었고, 부인은 첫 신랑의 뼈를 수습하여 무덤을 만들어주어 기꺼이 의(義)를 실천했다는 것이다. 다소 극단적인 면이 있는 옛이야기이지만, 그 시사하는 바는 자못 크다고 하겠다.

러시아의 대문호 톨스토이는 러시아의 시인이자 소설가, 개혁가 및 사상가로 잘 알려져 있는데, 수많은 집필을 통해 러시아 귀족들이 지나치게 많은 재산을 소유하고 있기 때문에 민중들이 가난하게 살 수밖에 없음을 자주 비판하였다. 이러한 비판의 글은 러시아 귀족들의 반발을 일으켜 그의 일부 서적이 출판금지를 당하게 하기도 하였다. 하지만 일반 독자들이 필사본이나 등사본의 형태로 책을 만들어 몰래 읽기도 하였고, 외국 출판사들이 그의 작품을 출판하여 세계적인 베스트셀러가 되기도 하였다.

그는 자신이 옳거나 사회적으로 필요하다고 생각하는 것에 대해서는 굽히지 않고 몸소 실천하는 성격이어서, 직접 농민학교를 운영한다든지, 교과서를 쓰기도 했는데, 농민과 귀족이 평등하게 교육받도록 하였으므로 귀족들의 반대가 아주 심했으나, 농민들로부터는 많은 칭찬과 찬사를 받은 것이다.

톨스토이 (그림: gramhir.com)

그는 또 글을 쓰는 까닭은 오로지 자신이 깊이 깨달은 바를 다른 사람들에게 전달함으로써 그들의 삶에 진정으로 도움이 되기를 바라는 간절한 마음에서 비롯된 것이라고 하였다.

그리고 사람들 내면의 탐욕과 과욕 같은 것들은 끝내 충족될 수 없으므로, 급기야 허위, 기만, 부정부패 등으로 이어질 수밖에 없고, 이와 같은 상태에서는 어김없이 부도덕, 인간 본성의 이탈 같은 기만행위가 나타난다고도 하였다. 따라서 사람은 스스로 자신의 삶에서 탐욕과 과욕을 내려놓고, 오직 정직으로 자신을 인도하고 또 그것을 바탕으로 소중한 가치를 실천해 나가야 자기의 인생이 빛날 수 있고 행복해질 수 있다는 것이다.

톨스토이는 어떠한 일을 할 때는 쉬운 일인가, 어렵고 힘든 일인가, 혹은 자신에게 이득이 되느냐, 안 되느냐 하는 등을 살피기 이전에, 먼저 정직한 마음으로, 그것이 옳은 일인가, 그른 일인가를 먼저 잘 생각해보는 것이 중요하다고 말한다.

즉, 철저한 내면의 자기성찰을 통해 스스로에 대한 정직함이 기본 바탕으로 전제되어야 하고, 또 이를 바탕으로 세상에 옳고 가치 있는 일에 대해서는 과감히 실천을 하여야 한다고 주장하였다.

만약 이러한 정직이 부족하여 얄팍한 어떤 수단이나 방법으로 무언가를 이루려 한다면, 설령 얻고자 하는 일에 성공을 하였더라도, 결국은 생(生)의 파국에 이를 가능성이 크고, 의(義)의 실천은 요원해진다는 것이다.

2-11. 네 소중한 의지를 강하게 단련하여라!

강한 의지는 큰 성취로 이어지는 법이다!

어떤 한 회사원이 있었다. 사장님이 회사 건물 옥상에 상시 게양되어 있는 태극기가 조금 내려와 있어서 마치 '조기'를 게양한 것처럼 보여서 보기가 싫으니, "제대로 수정하여 위로 바짝 올려 게양해 보아라."라고 막내 격인 신입사원에게 지시를 하였다.

신입사원이 옥상에 올라가 보니 과연 태극기를 매다는 연결고리가 아래로 좀 처져 있어 '조기'만큼은 아니지만, 제법 많이 내려와 게양되어있었다. 그런데 신입사원이 생각하기에는 태극기를 묶는 연결고리가 원래부터 아래로 내려와 있는 구조로 되어있으니, 태극기도 내려 게양할 수밖에 없고, 더 이상 올릴 방법은 없다고 생각하였다. 그래서 사장님이 자주 수정하라고 여러 번 지시를 하여도 매번 마찬가지 상태로 태극기는 게양되어있게 되었다.

어느 날 사장님이 직접 올라가서 태극기 게양대를 보니, 신입사원의 말대로 태극기를 묶는 연결고리 자체가 아래로 내려와 있으니, 그렇게 약간 내려온 채 게양될 수밖에 없는 상황이기도 하였다. 그러나 사장님은 신입사원에게 중요히 한수를 말해주었다.

"태극기를 묶는 연결고리 자체가 아래로 좀 내려와 있으면, 여기에 연결하는 태극기도 자연히 아래쪽으로 처지게 설치할 수밖에 없는 것처럼 생각되기는 하지만, 그렇다면 기존 연결고리에 태극기를 묶지 말고, 태극기봉 바로 아래에 그냥 묶으면 되지 않겠는가? 그리고 혹시 나중에 바람에 처질 염려가 있으니 케이블타이(플라스틱 재질로 된 묶는 끈의 한 종류)로 단단히 묶어주기만 하면 되지 않겠는가?"

신입사원은 케이블타이를 가져와서 과연 사장님 지시대로 해보니 태극기가 정상적으로 게양될 수 있게 되었다. 물론 신입사원은 그야말로 신입사원이기에 아직은 많은 부분에서 부족했을 것이다. 그런 부분은 앞으로 적극적으로 자기 멘토나 상사에게 배워서 커나가고 성장해 나가면 된다.

단, 신입사원의 제대로 된 성장의 관건은 사실 마음자세에 있다. 위에서 언급한 태극기 게양의 문제도, 만약 신입사원이 스스로 할 수 있다는 의지만 강했더라면 혹은 강한 긍정의 마인드를 가질 수 있었더라면 아마 쉽게 해결할 수도 있었다. 그만큼 모든 일에는 해내고야 말겠다는 의지가 중요한 것이다. 의지가 지속되면 자신감을 낳고, 자신감이 충만하다면 어떤 난관에도 좌절하지 않을 것이니, 언젠가는 목표한 바를 이루어낼 수 있을 것이다.

NBA(미국 프로농구)에서 LA 레이커스의 전설인 코비 브라이언트는 경기 도중 오른팔의 뼈가 부러진 적이 있었는데, 감독, 관중, 팀 동료 등 모두가 크게 걱정하였지만, 정작 코비 자신은 그러한 큰 부상에도 이렇게 말했다고 한다.

"저는 괜찮습니다. 오히려 왼손을 연습할 절호의 기회가 생겼습니다!"

이후 오른팔에 깁스를 한 코비가 이전과 다름없이 새벽 4시 반부터 매일 땀에 젖은 채로 왼손으로 드리블과 슈팅 연습을 하더니, 얼마 뒤 출전한 경기에서는 결국 오른손 못지않게 왼손으로 드리블을 하고 슛을 쏘아서 관중들과 시청자들의 탄성을 자아내게 했다는 것이다.

이렇게 코비는 일반인들보다 생각하는 방식이 좀 달랐고, 그러한 강한 긍정적 사고방식은 그가 성공할 수밖에 없는 이유가 된 것이다.

사실 잘 생각해보면, 하려는 의지를 가지고, 제대로 결심하게 되면 뭐든 해낼 수 있는 것이 인생사이다. 우리나라에서도 널리 알려진 와신상담(臥薪嘗膽)이라는 사자성어가 있다.

와신상담 (그림: wantubizhi.com)

중국 춘추시대 오나라 왕 부차가 월나라 왕 구천에 의해 죽은 부왕(父王) '합려'의 원수를 갚기로 작정하고, 이를 잊지 않기 위해 장작더미 위에서 잠을 자며 국력을 키우고 복수를 다짐하였고, 드디어 월나라 왕 '구천'을 패배시킬 수 있었다. 이후 월나라 왕 구천은 노예를 자처하며 방에 쓴 쓸개를 매달고 매일 그것을 맛보면서 오나라 왕 부차에게 복수를 맹세하고, 호색가인 부차에게 미인계(빼어난 미인 서시(西施)를 바침) 등을 이용하여 드디어 복수하고 최종적인 승리를 거두게 되었다는 실사(實史)에서 유래된 말이다.

결론적으로 볼 때, 사람은 누구든 의지가 강하면 대부분 뭐든 이루어낼 수 있는 잠재력을 이미 지니고 있다. 즉,

"네 소중한 의지를 강하게 단련하여, 훗날 큰 성취로 이어지게 하여라!" - Pa sayings

2-12. 너무 진짜 같은 것은 가짜이다!

가짜는 그 가짜임을 숨기기 위해 더욱 화려한 모습과 장황한 말로 둘러대거나, 길게 추가 설명을 덧붙이기가 일쑤이다. 사기꾼은 그 진심을 숨기기 위해 더욱 그럴싸한 감언이설을 내뱉어야 하고, 위선자는 자기 변론을 위해 그만큼 많은 특유의 언변을 토해내어야 한다. 그만큼 많은 이들은 가면 혹은 가식적 행태를 갈구하는지도 모르겠다.

동식물의 세계에서도 유사한 사례들이 많이 있다. 뻐꾸기, 두견이, 카우새, 일부 찌르레기 등은 탁란(托卵)이라고 하여, 기생의 한 형태로서, 다른 종(種)의 둥지(종다리 둥지, 때까치 둥지 등)에 알을 낳아 그 종으로 하여금 대신 자기 새끼를 기르게 한다.

예를 들어, 뻐꾸기가 종다리 둥지에 몰래 알을 낳을 경우, 뻐꾸기 새끼는 부화한 후 종다리 어미로부터 많은 먹이를 받아먹고 무럭무럭 자랄 수 있고, 또 몸집이 매우 커서 작은 종다리 새끼들을 둥지 밖으로 모두 밀어내어 떨어뜨리고, 뻐꾸기 새끼 혼자만 정상적으로 자랄 수 있게 되는 것이다.

어류 중에서는 감돌고기의 경우, 꺽지 아비가 정성스레 마련한 산란장에 몰래 자기 알을 낳고 튄다는 것이다. 즉, 감돌고기는 꺽지 아비가 한눈을 파는 사이에 떼로 몰려와 탁란을 하고, 그 감돌고기 새끼는 꺽지 새끼보다 먼저 태어나 잘 보살핌을 받고, 꺽지 아비에게 잡아먹히기 전에 좀 빨리 빠져나오게 진화하여 무사하게 탈출할 수 있게 된다는 것이다.

탁란 (그림: en.wikipedia.org)

이와 다소 유사하게 닭이 집오리의 알을 품거나 오리 새끼를 키우는 경우도 종종 발생한다고 한다.

파리지옥(Dionaea muscipula)이나 벌레잡이말(Aldrovanda vesiculosa) 등과 같은 식충식물은 파리, 거미, 벌레 등을 유인하여 쉽게 삼키기 위해 더욱 입을 크게 벌리고, 진짜 일반 식물들처럼 꿈쩍 않고 버티고 있으며, 그 모양도 다른 식물들과 똑같은 모양으로 위장한다고 한다.

거짓과 위장과 음모는 아마 지구상 모든 생명체에서 보일 수 있는 자연현상의 일부라고 보아야 할 것이다. 그렇다면, 이러한 여러 거짓된 속성들을 잘 파악할 줄 알아야 인간도, 동물도, 곤충도 속임을 당하지 않고, 건전하게 잘 살아남을 수 있고, 자기의 종족 보존도 가능해질 것이 아닌가?

일반적으로 진실한 자는 비교적 말수가 그리 많지 않다. 굳이 자기 자신을 변호하려 하지 않기 때문이다. 설령 말을 많이 해야 할 경우가 발생하더라도 그것은 자기 변론을 위한 말이 아니고 상대를 위한 설명이나 소통에 해당할 것이다. 반면, 거짓된 자일수록 그 거짓된 마음을 숨기기 위해, 일단은 많은 말을 할 것이고, 거짓의 낯빛을 하고, 가식적 몸짓을 하고 있을 가능성이 크다.

요즘 우리 주변에 거짓과 가식이 넘쳐나는 몇 가지 사례를 들어보자.

먼저, 유튜버들의 경우에도 이러한 문제점이 많다. 물론 유튜버들이 처음 유튜브를 시작할 때는 돈보다는 그 내용에, 인기보다는 진실에 방점을 찍고 시작하는 경우가 대부분이겠지만, 금방 초심은 잃어버리고 점점 돈을 좇게 되며, 자신의 유튜브 방송이 지향하는 내용은 부실해지고, 독자들에게 구독, 알림과 좋아요 설정을 종용하는 데에만 열을 올리게 되는 것이다. 유튜브 시청자들의 성향에 따라 다르기는 하겠지만, 내가 보기에는, 보통 유튜버들이 요즘 전달해주는 정보의 약 80% 이상은 엉터리이거나, 가짜 뉴스이거나, 적어도 많이 부정확한 내용들이다. 이렇게 유튜브 채널들은 이른바 엄청나게 많은 경우에 가짜뉴스의 온상이요, 가짜뉴스 대란의 진원지라는 오명을 쓰고 있는 것 또한 사실이다.

그다음 홈쇼핑의 경우를 보자.

홈쇼핑을 시청하거나 이용할 때, 사람을 지나치게 흥분하게 하거나, 지나치게 그럴듯해 보여 마음이 매우 솔깃하게 하는 말들은 곧이곧대로 믿어서 안 된다.

또 '마감 임박' 이라는 자막이 뜨거나, 수량이 부족하다고 광고하는 것들은 대개 거짓이라고 한다.

우리의 뇌는 광고를 듣고 보거나, 쇼핑 물품을 검색하거나, 구매 결제 버튼을 누를 때 등 거의 모든 구매 과정의 각 단계에서 도파민이라는 신경 전달 물질이 생성된다. 일종의 '도파민 보상회로'가 작동하는 것이다. 이렇게 분비된 도파민은 사람의 감정을 흥분시켜 흥미, 의욕, 행복 등을 사람에게 선사한다. 의학적으로도 이렇게 흥분되는 광고, 스포츠 등을 볼 때마다 도파민 보상회로 때문에 유혹을 떨쳐내지 못하고 점점 더 중독 상태로 빠져들게 되며, 얄팍한 상술은 인간의 이러한 약점을 노리고 있는 것이다.

결론적으로 볼 때, 너무 진짜 같고, 흥분시키거나, 대단한 것 같으면 거짓이기가 쉬우므로, 일단은 의심해 보거나, 다시 살펴보아야 한다. 진짜와 가짜의 그 미세하고 미묘한 차이에 항상 주목해야 하고, 숨겨진 거짓을 간파해낼 줄 알아야 하겠다.

무엇보다 거짓이라는 손바닥으로 진실된 하늘을 가릴 수 없다는 사실을 어리석은 자들이 하루빨리 깨닫게 해주어야 한다. 자신의 소중한 인생을 거짓으로 살면 결과적으로는 아무 의미가 없는 인생을 살고 마는 것이 아니겠는가?

도대체 인생에서 한낱 거짓으로 무엇을 할 수 있겠으며, 설령 백번 양보하여, 거짓으로 자기가 목적하는 바를 이룬다고 하여도, 그것이 과연 자기 인생에서 무슨 의미를 가질 수 있겠는가?

2-13. 공짜에 줄 서지 말아라!

공짜 상품에 줄을 서서 기다리거나, 마음과 시간을 허비하는 것은 네 인생을 소모시키는 일이다!

요즘 백과점이나 여러 다양한 매장 등에서 사은품을 준다고 하거나, 대대적인 경품 이벤트를 한다거나 혹은 미리 적립한 스티커 등을 모아오면 선물을 받을 수 있다고 홍보하면, 정해진 시간에 많은 사람들이 줄을 서서 기다리는 경우가 많다. 사은품, 경품, 선물, 무료 티켓, 무료 이용권 등을 주는 곳은 보통 상품이 부족하다고 하여 '선착순'임을 선언하기가 일쑤이다. 이에 따라 많은 사람들이 줄을 길게 빙빙 돌아가며 서서 기다리는 진풍경이 연출되는 경우도 많이 있다. 때로는 그 매장 앞에서 새벽부터 진을 치고 기다리는 사람들도 많다. 어떨 때는 매장 앞이 무슨 도떼기시장도 아니고, 너무나 혼잡하여 지나가는 행인들에게 많은 불편을 주기도 한다.

그야말로 자본주의적 마케팅(보여주기식, 미끼식, 경쟁심리 이용방식 등)다운 발상인 것이다.

제발 좀 이러한 줄을 서지 말았으면 좋겠다. 그런 공짜 상품 하나 준다고 해놓고 "손님이 왕"인 작금 세상에 무슨 일을 벌이고 있는 것인가?

존귀하게 모셔야 할 손님을 두고 줄을 서는 수고를 하라느니, 선착순이니 각오하라느니, 물건에 하자가 있어도 공짜로 받았으니 반품은 안 된다느니, 그야말로 그 갖가지 행태가 가관이다.

물론 자신이 특별한 굿즈(goods: 특정 브랜드나 연예인 등이 출시하는 기획 상품 등)에 대한 마니아(mania)라서 특별한 가치를 부여하고 있거나 혹은 아주 특별한 취향이나 사연을 가진 사람들은 차치하고라도, 나머지 대부분의 일반인이라면 이런 행태에 동조할 필요가 없다. 그런 행사에 줄을 서는 것은 네 소중한 마음과 시간과 노력을 쓸데없는 곳에 허비하는 일에 지나지 않기 때문이다.

줄서기 (그림: huffpost.com)

줄을 서서 기다리는 동안 당신의 시간당 노동의 값어치가 공짜 상품이나 선물로 대체될 정도밖에 안 되는지를 잘 한번 생각해볼 필요가 있다. 반면에 그들은 고객을 위한다고 내세우면서도, 정작은 고객을 이용하여 자신들의 상품 홍보와 매출에만 열을 올리고 있는 것이니, 정작 승자(이득을 보는 자)는 공짜 상품 등을 내세우는 메이커 혹은 매장일 것이다.

우리 고귀한 고객들이 이런 노름에 놀아나서는 곤란한 것이 아니겠는가? 자본주의식 마케팅 발상에서는 원칙적으로 공짜라는 것은 없음을 항상 깨달아야 하겠다.

또한, 이러한 과정에서 고객의 정신적 피해도 크다. 그러한 줄이 당신의 고귀한 정신을 갉아먹기 때문이다. 당신은 한순간이라도 마치 먹잇감에 목말라하는 자로 비추어져서는 안 되지 않겠는가?

설령 공자 미끼에 나를 온전히 맡기더라도, 마지막에 겨우 받아낼 수 있는 것은 자칫 허접하고 얄팍한 선물 하나뿐일 것이다. 또 보통 공짜로 받은 선물은 애착이 적어 싫증도 금방 나는 법이다.

또한, 세일 상품의 경우도 마찬가지이다. 미국의 블랙 프라이데이, 중국의 광군제, 인도의 디왈리, 한국의 코리아 세일페스타 등 세계 각국마다 늦가을이나 연말쯤 개최되는 대표적인 세일행사들이 있고, 이런 것 외에도 거의 연중 계절마다 열리는 행사들도 많으며, 요즘은 워낙 각 브랜드별로 돌아가면서, 마치 순번대로 행사를 여는 듯하여, 세일행사의 의미가 많이 퇴색된 것이 사실이다.

이러한 세일행사 역시 그 취지는 원래 판매처에서는 재고 처리가 쉬워지고, 구매자는 저렴한 가격에 물건을 구입할 수 있고, 나라에서는 국가 경제를 활성화할 수 있다는 쪽으로 적극 홍보를 하고 있으나, 실상은 소비자들에게 과소비를 부추기는 판매 방식에 불과한 것이다.

자칫 이러한 행사에 즉흥적으로 끌려다니다가는 자기도 모르게 충동적으로 쓸데없는 물건을 많이 구매하게 되고, 나중에 확인해보면 구매한 많은 상품들의 효용가치가 떨어지거나, 제대로 활용을 못하고 버리는 낭패를 보는 경우가 허다하다.

따라서 이러한 세일행사에도 마구 끌려다녀서는 귀중하고 소중한 네 마음과 시간을 빼앗기고, 결과적으로 과소비나 불필요한 소비로 인하여 나중에 크게 후회하게 될 수 있다.

지금까지 언급했지만, 만약 그 공짜 사은품이나 행사물품, 선물 등이 네가 평소에 꼭 필요한 것이었다고 한다면, 그냥 아낌없이 일반 구매를 하는 것이 좋을 것이다.

세일 상품의 경우에도 네가 평소에 꼭 구매하고 싶은 것이었다면 너무 세일행사들을 쫓아다니지 말고, 적당한 시점에 적당하다고 판단되는 수준에서 그냥 구매하여라. 시간 뺏기고, 마음 허비해 가면서 괜히 그들의 상술에 말려들 필요가 없는 것이다. 또한 많은 상점들이 세일행사를 한답시고 미리 엉터리로 제품가격을 마구 올려서 가격표를 붙여놓고, 세일을 왕창 해준다는 식으로 홍보하고 있는 곳도 있으니 참으로 황당하고 어처

구니없을 노릇이다.

"자본주의의 속살을 제대로 이해하고, 그 속에 숨겨진 치열한 몸부림과 먹이사슬의 관계를 잘 파악할 수 있어야, 얄팍한 상술에 속지도, 휘둘리지도 않을 것이다!" - Pa sayings

2-14. 성공할 수밖에 없는 습관을 가져라!

네가 진정 원하는 바가 있다면, 거기에 애쓰기 이전에 먼저 습관과 주변 환경에 길을 터주어라!

진정 원하는 바를 얻기 위한 실력이 아직 부족하다면, 일단 용기와 자신감을 먼저 가져 보아라. 그리고서 그 성취의 수준에 걸맞은 습관(생활의 패턴)과 환경(주변의 분위기와 여러 조건들)을 만들어 주어 보아라. 그러면, 훨씬 원하는 것의 실현에 가까워질 것이다. 즉, 이렇게 자신감과 습관, 환경이라는 기본 조건이 충족된다면 그만큼 목표를 달성하기 위한 실력이 갖추어질 토양이 만들어지게 된다.

자신감은 조급함을 쫓아내고, 배려의 마음, 여유로운 마음, 평안한 마음을 갖게 하는 방향으로 전개되어야 한다. 그리고 이러한 마음은 다시금 자신감을 공고히 해줄 것이며, 선순환의 고리를 만들어낼 것이다.

결국 목표 달성의 핵심적 관건은 습관과 환경이라는 토양에 달려있다. 거기에 물을 잘 주고, 거름도 잘 주어나가면 저절로 목표는 달성되어 진다고 볼 수 있겠다.

즉, 내가 성공할 수밖에 없는 습관을 가졌고, 주변의 모든 환경조건이 여기에 순조롭다면 원하는 목표가 이루어질 것은 시간문제이다. 추가적으로 조급함을 피하고 꾸준히 도전한다면 결국은 좋은 결과가 있을 것이다.

특히, 인간은 습관에 절대적으로 지배를 받는다. 따라서 목표 달성에 걸맞은 습관을 가지는 것은 목표 달성의 1등 공신이 되는 것이다. 습관이라는 것은 여러 경험의 반복으로 몸과 마음에 체득되는 것이므로, 한번 좋은 습관을 체득해놓으면 좀처럼 그 습관이 도망쳐 달아나지 않는다. 결국 그 습관은 성공의 길을 열어주는 핵심 안내가가 되는 것이다.

'공사견문록'에는 선조와 광해군 때 이조 및 형조 판서 등을 지낸 '이상의'의 '패령자계(佩鈴自戒)'에 대한 이야기가 나온다.

이상의는 당시 당파에 구애받지 않고 인재를 등용하여 그 공정함을 두루 칭송받은 인물이다. 그러나 이러한 그도 어렸을 때는 매우 경솔하였고, 한번 앉아서는 오래 견디지를 못하는 성격이었다고 한다. 또 입을 열기만 하면 망발하는 경우가 많아서 그의 부모로부터 꾸지람을 많이 들었다. 그런데 하루는 이상의가 작은 방울을 허리춤에 차고 나타났다. 그리하여 경박하게 행동하여 방울의 소리가 들릴 때마다 스스로가 더욱 경계하는 마음을 다잡았다고 한다.

이는 경솔하고 경박했던 자신의 행동을 경계하기 위한 고육지책이었다. 이후 이상의에게 작은 방울은 평생을 함께한 동지이자 자신을 채찍질하게 만드는 경쟁자이기도 하였다. 이렇게 작을 방울을 결코 몸에서 떼지 않고 꾸준히 행실을 바로잡은 바, 결국 그것이 습관이 된 것이다. 나중에는 하루하루가 지나갈수록 방울 소리가 조금씩 줄어들더니, 중년 이후에는 그 방울 소리가 잦아들고 저절로 신중한 사람이 되었다고 하는 이야기가 전해진다. 이렇게 자기 통제를 잘 해낸 이상의의 이야기에서 보듯이, 과연 사람은 스스로 꾸준히 노력하여야 습관을 바꿀 수 있고, 또 그 바꾼 습관은 자신에게 원하는 바를 충분히 가져다줄 수 있다는 것이다.

조선 영남학파의 거두 남명 조식(曺植) 선생도 '이상의'와 유사한 사례를 가지고 있다.

그는 학문은 현실의 문제를 해결해야 하고, 지식을 알게 되면 바로 행하여야 된다는 '실천궁행'을 주장하였다. 실천으로 옮기지 못하는 학문은 바로 죽은 학문이라는 것이 그의 견해였다. 이러한 실천에 대한 강조는 훗날 북학파와 남인 학파들이 실용성을 강조하는 풍토로 그 맥이 이어지게 되었다.

허리 방울 (그림: wingspan.co.nz)

당시 남명의 이러한 실천적 선비정신을 잘 알려 주는 유명한 일화가 전해진다. 바로 '성성자(惺惺子)'와 '경의검(敬義劍)'에 대한 이야기가 그것이다. 남명은 늘 성성자라고 부르는 방울을 옷고름에 차고 다녔는데, 자세가 흐트러질 때마다 방울 소리가 나게 하여 그의 자세를 바로잡고 정신을 바짝 차렸다고 한다. 또 그는 경의검이라는 칼을 늘 차고 다녔는데, 이는 사악한 것과 불의(不義)를 물리치고 의(義)를 실천하겠다는 그의 강한 의지였던 것이다.

영국의 극작가이자 문학 비평가였던 존 드라이든은 아래와 같은 유명한 명언을 남겼다.

"처음에는 우리가 습관을 만들지만, 그다음에는 습관이 우리를 만든다."

그렇다! 우리가 아침에 일어나는 시간, 밥 먹는 습관, 남들의 말에 반응하는 습관, 일하는 습관, 대화하는 습관 등 온갖 생활 속의 습관들은 한번 고착되면 좀처럼 바꾸기가 어렵다. 그러나 위의 조선시대 이상의, 남명 조식 등의 사례에서도 보았듯이, 천천히 그러나 단호히 자신의 습관을 개선해 나간다면 언젠가는 자신이 원하던 습관으로 결국 바꿀 수가 있으며, 이렇게 잘 개선되고 정돈된 습관과 이 습관으로 구축되는 주변 환경은 지금의 네 미약한 모습을 그토록 원했던 모습으로 바꾸어줄 수 있을 것이다. 즉,

"진정 원하는 바가 있다면 그것이 이루어질 수 있게, 걸맞은 습관과 환경을 만들어 주어라! 그러면, 저절로 이루어져 갈 것이다!"
- Pa sayings

2-15. 큰 흐름이 큰일을 해낸다!

누구나 인간인 이상 본능적으로 남보다는 자신을 먼저 생각하고 고려하려 할 것이며, 이는 당연한 것일 수 있다. 그러나 우리는 학습을 통해서 사회생활을 배웠고 사회구성원과의 관계를 어떻게 해야 마땅한지를 많이 배우고 경험을 하였다.

일반적으로 나를 먼저 챙기면 상대는 불편해지기 십상이다. 그러나 상대를 먼저 챙기고 고려하면 내가 별로 불편하다는 생각이 잘 안 든다. 오히려 그렇게 하면, 마음이 편안해지고, 여유가 생기고, 뭔가 뿌듯해지는 듯하다. 이것은 인간의 본성 중 선(善)이 발현되는 과정이라서 그러할 것이다.

반면, 시기는 나를 망치기 쉽다. 남이 잘되는 것을 허용하고 오히려 격려를 해주어야지, 그 꼴을 못 봐서 배가 아프다고 소리치면 내 속을 더욱 아프게 하고 망가뜨리게 된다.

'해납백천(海納百川)'이라는 말이 있다. 이 말은 중국 동진(東晉) 시대 원굉이 지은 '삼국명신송'에 나오는 말인데, "모든 물줄기는 바다를 향하고, 바다는 이를 거부하지 않고 받아들인다."라는 말로서, 스스로 바다처럼 넓고 배려심 깊은 마음을 가져서, 작은 강이든 큰 강이든 모두 포용하고, 깨끗한 물이든 더러운 물이든 가리지 말고 보듬으라는 다소 큰 의미의 교훈을 내포한 고사이다.

우리나라는 최근 프로 스포츠가 매우 인기인데, 만약 우리가 자국 선수의 보호 차원에서, 외국의 우수한 축구선수, 야구선수, 배구선구, 농구선수 등의 국내 진출을 허용하지 않았더라면, 과연 우리 프로 스포츠가 지금의 인기를 구가할 수 있었을까?

또, 자국의 고용률을 올리기 위해, 외국의 인재가 국내에 진출하는 것을 막았더라면 지금과 같은 경제성장을 제대로 이룰 수 있었을까?

이 모두가 해납백천과 같은 교훈을 잘 실천했기 때문에 이루어낼 수 있었던 성과이리라!

일본의 수출규제로 인한 불매운동 (그림:.aljazeera.com)

일본의 경우를 한번 보자. 2019년 7월 1일, 일본 경제 산업성은 작심하고 대한민국으로 수출하는 '관리 규정'을 개정하여, 일본의 '화이트 리스트 국가 목록'에서 한국을 제외시키고 반도체, 디스플레이 공정 과정에 이용되는 포토레지스트(PR), 플루오린화 수소, 플루오린 폴리이미드(PI) 등 3개 품목에 대한 전격적인 금수조치(Embargo)를 단행하였다. 그 결과, 우리 기업들이 처음에는 무척 당황하였지만, 곧바로 이들 품목에 대한 빠른 국산화 개발을 진행하였고, 수입선 다변화도 속히 진행한 덕분에 거의 피해가 미미할 정도였었다. 오히려, 그 사태 이후 일본 소재업체들이 짐 싸서 줄줄이 일감이 있는 한국행을 선택하는 진풍경이 연출되기도 하였다. 일본 정부는 제 꾀에 스스로 넘어간 격이 된 것이다.

당초 삼성·SK의 반도체 라인이 멈춘다던 호들갑들은 기우에 지나지 않았으며, 유난히 위기에 강한 우리나라의 저력을 유감없이 보여준 사례였다.

결론적으로 볼 때, 개인이든 국가이든 판단과 배려의 통(桶)과 격(格)이 좀 커야 한다는 것이다. 항상 상대를 먼저 생각하고 배려하며, 내게 약간의 손해가 있어도 쿨하게 받아들이고, 서로 미래의 협조를 담보해 나가야 바람직하겠다.

지금 당장 내가 더 앞서 나가야 하겠다고 하는 무리한 집착이나 욕심 같은 것은 지양하고, 모든 것은 장기적 관점으로 생각하여 판단하되, 호혜평등의 원칙에 따라 격이 없이 협의하고, 좀 손해 보아도 괜찮다는 편안한 마음으로 서로 도와가며 사는 것이 현재와 미래 사회를 지혜롭게 잘 살아나갈 수 있는 방법일 것이다.

해납백천의 교훈과 같이, 모든 면에서 새가슴을 가지지 말고, 긴 안목으로 인재를 두루 쓰고, 조금이라도 도움이 되면, 세계 모든 영역과도 연결하려 초연결 사회를 만들어 나가야 하겠다.

"큰 강과 큰 바다와 같은 큰 흐름이 큰일을 해낼 수 있는 것이고, 큰 가슴을 가진 자만이 큰 미래를 열 수 있을 것이다!" - Pa sayings

2-16. 소중한 것은 크기가 아니라 방향이다!

인생에서 정말 소중하고 중요한 것은 어떤 성공이나 성취의 크기가 아니라, 그것을 추구하는 방향(지향점)이다!

입체주의의 거장 파블로 루이즈 피카소(Pablo Ruiz Picasso)는 약 3만 점의 엄청난 그림, 조각품, 판화 등의 작품을 남겼는데, 그 작품의 개수나 다양성 이상으로 그의 예술적 깊이와 정신이 대단했던 것이다. 예를 들어, 한국전쟁에서 벌어진 미국의 노근리 학살사건(충북 영동군 노근리에서 미군이 한국인들을 전투기와 기관총으로 학살한 사건), 나치 독일에 의해 자행된 게르니카 학살사건 등의 역사적으로 잊혀서는 안 될 사건을 예술로써 당당히 고발하였다.

당 시대의 범죄행위나 반인격적 행위를 고발 및 풍자하고, 비뚤어진 풍속을 비판하고, 새로운 예술세계를 학습·개척하고, 새로운 기풍을 창조하는 등 그의 예술적 지향점은 참으로 놀랍다.

조선말의 추사 김정희도 세기의 천재로서 엄청난 예술혼을 불태운 인물이다. 서예·도서·시문·묵화·전각(篆刻) 등 매우 다양한 방면에서 독창적인 영역을 개척하였고, 뛰어난 작품들을 많이 남겼다.

또한 고증학·금석학에도 뜻을 두어 중국의 학자들과 오가며 많이 배우고 교류하였으며, 특히 그가 직접 고증한 '북한산의 진흥왕 순수비'는 역사학적 관점에서도 대단한 업적으로 알려져 있다.

비록 냉혹한 시대에 태어나 여러 유배지를 오가는 등 고처를 많이 겪었지만, 그때마다 그는 인격적으로도 많은 반성과 깨달음을 가졌으며, 학문적으로도 추사체, 세한도, 모질도, 부작란도, 완당집, 시문, 기타 각종 도서와 서예집 등을 통하여 아주 독창적인 세계, 우리나라만이 해낼 수 있는 예술 세계를 개척해나가려는 그 지향점은 조선의 작품과 예술 수준을 최고의 경지로 끌어올렸다고 평가된다.

위에서 살펴본 바와 같이, 피카소나 김정희 같은 천재들은 저마다의 예술적 지향점이 가히 경지를 보여주었고, 인류의 문화 발전에 크게 공헌하였는데, 그러면, 일반인들의 입장에서는 어떤 삶을 지향해야 하는 것일까? 요즘은 여러 인터넷 매체들의 발달로 인하여, 일반인들도 유튜버로서의 활동도 하고, 각종 자기 분야의 전문가로서도 활동하고, 책도 많이 출판하고, 사진촬영 작가나 화가, 음악가, 영화 프로듀서 등으로서 활동하는 이가 많다. 그러나 이러한 자신의 예술가·전문가 등으로서의 활동에 있어서 중요한 포인트가 하나 있다. 바로 독창성 있는 차별화 여부이다.

성공을 위한 의연한 지향성 (그림: pxhere.com)

그저 그런 흔한 것들은 가치가 작다. 유사한 방식으로 활동하는 사람들이 워낙 많으니, 자신만의 고유한 색깔을 찾아야 하는 것이 중요하다.

괴테는 "가장 민족적인 것이 가장 세계적이다"라는 말을 하였다. 획일화 되어 가는 세계 문화는 의미가 적고, 각 나라마다의 수천 년 내려오는 고유한 문화적 다양성 및 특수성 자체가 위대하고 존중되어야 할 자산이라는 것이다.

최근 BTS를 포함한 한국 연예인이나 예술가들의 한류 문화가 전 세계적으로도 뜨겁다. 이러한 한류의 경제적 효과는 엄청난 것이며, 무엇보다 우리나라의 문화적 위상 또한 대단한 성장을 하고 있는 것이다. 이러한 성장은 무엇보다 다른 나라의 것과의 철저한 차별화, 우리 고유한 역사와 전통에 대한 자부심, 우리 것에 대한 애착, 우리만의 매력을 스스로 창조해보려고 하는 열정 등을 바탕으로 기획한 것이 주효했던 것으로 해석된다.

어쩌면 "오로지 한없이 가지고 싶은 것은 높은 문화의 힘이다."라고 힘주어 말한 김구 선생의 조국에 대한 꿈이 오늘날에 와서 이루어지고 있는지도 모르겠다.

우리 개인들의 지극히 개인적인 삶에도 마찬가지 원리가 적용된다. 우선 자신이 가장 잘 할 수 있는 재주와 능력을 발굴하고, 하루하루 애착을 가지고 키워나간다면, 언젠가는 크게 꽃을 피울 수도 있을 것이다. 아니, 아주 크게 꽃을 피울 수 있기를 기대하는 것이 중요한 것이 아니라, 자기 고유의 잠재된 가치 혹은 가장 자기다운 가치를 발견하고 이 땅에 실천해보고, 또 실현 및 성공시켜 나간다면, 기왕에 이 세상에 와 살면서, 자기 스스로의 의미도 매우 크고, 그 무엇보다 행복한 일일 것이다.

정말 소중하고 중요한 것은 성공의 크기나 업적이 아니고, 성공을 위한 자기만의 과정과 지향점(방향)이며, 성공을 바라보는 의연한 자세일 것이다.

2-17. 유혹이 많은 세상에 멘탈을 키워라!

이토록 유혹이 많은 세상에 제대로 적응하고 살아남으려면 너의 멘탈(정신력)을 키워라!

요즘 우리 사는 세상에는 유혹이 너무도 많다. 온갖 매체에서는 상품, 주식, 부동산, 음식, 매장, 회원권, 이용권 등 사회 전 영역에서, 전방위적으로 홍보와 광고를 이름한 유혹들이 쏟아지고 있다.

가장 흔한 사례를 몇 가지 보면, 어떤 상품을 구입하면 사은품을 준다, 큰 것 사면 작은 것은 무료로 끼워준다, 오늘 구입하면 배송비는 무료로 해준다. 이 상품은 포인트를 얼마 더 준다. 커피 쿠폰을 10장 모아오면 무료로 1잔 제공한다는 등의 형태는 요즘 아주 흔하게 볼 수 있는 유혹들이다. 이렇게 매일매일 온갖 쿠폰이나 할인, 포인트 등의 유혹이 쏟아지고 있으며, 그것도 일일이 열거하기 어려울 정도로, 머리가 어지러울 정도로 쏟아져 혼란스럽기만 하다.

심지어는 불법적 광고나 홍보 등도 많이 등장한다. 효능이 입증되지 않은 제품을 어떠한 곳에 효능이 입증되었다고 광고한다든지, 지켜지지 않는 약속을 하여 고객을 기망한다든지 등의 사기성 광고까지 많이 등장하고 있다.

이러한 유혹과 거짓의 홍수 속에서, 보통 우리가 흔히 귀가 얇다고 생각되는 사람들은 더 많이 속아 넘어간다. 그리고 해당 제품이나 상품에 지식이 적거나, 그것에 대해 모르면 모를수록 더 잘 속을 수밖에 없다.

따라서, 구매를 결정하기 전에 항상 홍보나 광고하는 것이 입증이 되었는지, 잘 이해하기 어려운 부분에 혹시라도 거짓이 숨겨져 있지 않은

지 등을 꼼꼼히 따져 보아야 한다.

보통은, 저것을 안 사면 큰일이 날 것 같아서 심장이 두근두근하게 하는 것, 유난히 큰소리치거나 근거 없는 장담이나 호언을 늘어놓는 것, 100% 진짜라는 것, 판매원이 너무 단적으로 효과를 표현하는 것 등은 특히 조심하여야 한다.

또한, 물건이나 상품뿐만이 아니다. 주식이나 부동산, 카드, 회원권, 이용권, 심지어는 병원, 약품, 건강보조품 등에서도 온갖 유혹들이 많고, 그것은 사기 성격의 요소를 많이 포함하고 있는 경우도 있다.

요즘 우리가 정보검색을 위해 많이 이용하는 구글이나 유튜브, 포털 등의 경우에도, 불특정 다수가 자료나 영상을 올릴 수 있기 때문에, 거의 약 70% 이상은 부정확한 내용이거나, 틀린 내용이거나, 아예 사기성 내용이거나 하는 등의 범주에 들어갈 것이다. 그런데, 일반 이용자들은, 특히 자기가 선호하는 매체라면, 일단은 믿고 보는 것이 일반적인 태도이다. 그러나 나중에 여러 매체 간 서로 비교해보거나, 직접 경험해보고 나서, 뭔가 문제가 발생했음을 알고 뒤늦게 후회하는 경우도 많이 있다.

내가 생각하기에, 보통 사기꾼이나 그 범주에 근접한 사람들의 가장 큰 특징은 두 가지이다. 첫째는 허풍이다. 허풍이라는 것은 비싼 외제차·비싼 집·명품 가방 등을 잘 보여주기도 하고 유난히 과장이나 장담이 심한 경우를 말한다.

두 번째의 특징은 칭찬과 뻔뻔함의 공존한다. 속이려고 하는 상대방에게 칭찬·아첨 등을 하다가도 돈 문제나 트러블 발생 시에는 가차 없이 뻔뻔해진다.

반면에 사기꾼이나 그 범주에 근접한 사람들에게 잘 속는 사람들의 범주에는 대개 심리적으로 불안정하거나, 내공이 약한 사람들이 많다. 이러한 사회적 사기성 현상들을 잘 통찰하여 무엇보다 자기 자신을 강하게 만들어야 소중한 너의 삶을 속지 않고 멋지게 살아낼 수 있을 것이다.

멘탈이 강해야 한다
(그림: lifesupportscounselling.com.au)

그러면, 이러한 유혹을 극복하고 정상적인 경제활동과 사회활동을 할 수 있도록 멘탈이 강해지려면 어떻게 행동해야 할까?

우선은 모든 정보나 거래에 대해서 가볍게 결정을 하여서는 안 되고, 스스로의 신중한 검토 절차를 거쳐야 하며, 잘 모르는 부분에 대해서는 여러 전문가의 도움을 많이 받을수록 좋다. 자칫 한두 전문가의 말만 믿다가는 낭패를 볼 수도 있다. 이는 믿는 도끼에 발등 찍히는 결과와도 유사할 것이다. 또한, 모든 글이나 말에는 그 속에 숨겨진 행간의 내용이 있을 수 있으니 이를 잘 읽어내고 헤아릴 줄 알아야 한다.

그리고, 무엇보다 중요한 것은 그 정보나 거래에 대해서 욕심과 조급함을 극복해야 한다는 것과 자신의 내공(총체적 경험과 지식의 합)을 잘 쌓아서 스스로의 멘탈이 강해지게 하는 일일 것이다.

2-18. 큰 리더라면 큰 희망을 내다 걸어라!

지도자에게는 무엇보다 진정성이 중요할 것이다.

윈스턴 처칠은 갈리폴리 전투에서 큰 작전실패 때문에 장관 사퇴 후 낙향하여 시골 마을에서 지내다가, 그래도 조국을 위해 중령이라는 낮은 직급을 받아서라도 군에 다시 복귀하게 되었고, 적을 바로 눈앞에서 대적해야 하는 최전방 초소를 담당하는 투혼을 발휘하였다. 이러한 스스로의 희생 정신이 결국 나라를 구하고, 자기 국민을 구할 수 있게 한 원동력 되었던 것이다. 그는 수상 취임 후 의회 연설에서 "우리의 목적이 무엇이냐고 물으신다면, 한 단어로 대답하겠습니다. 그것은 승리입니다. 어떤 대가를 치르더라도 승리, 어떠한 공포가 닥쳐와도 승리, 갈 길이 아무리 멀고 험해도 승리, 승리 없이는 생존도 없기 때문입니다"라고 국민에게 큰 희망을 전하는 명연설을 하였으며, "성공이 끝이 아니며, 실패는 치명적이지 않다. 중요한 것은 끊임없는 용기이다.", "역사를 잊은 민족에게 미래는 없다."등의 진정성이 묻어난 희망의 메시지로 국민에게 큰 용기를 북돋웠다.

우리 역사에서도, 많이들 알려져 있듯이 세종대왕은 그 리더십이 대단하였다. 세종은 문치주의 정책을 펼치면서 세 명의 정승에게 조정의 대소사를 맡아보게 하였는데, 분명하고 강직한 성격의 황희에게는 주로 인사, 행정, 군사 등의 권한을 맡겼고, 어질고 부드러운 성격의 맹사성에게는 교육, 제도 정비, 예술 등의 권한을 맡겼고, 성격이 크게 원만한 윤회에게는 상왕 태종과의 자신(세종) 간의 중개자 역할과 외교 활동 등을 맡겼다. 이렇게 신료들의 성품에 따라 가장 잘 할 수 있는 적합한 임무를 분담하여 맡긴 것이다. 이는 권력남용의 가능성을 우려하여 한 사람에게 너무 큰 권한은 넘겨주지 않은 것이기도 하다.

그리고 정인지, 정초, 이천, 장영실, 이순지 등에게 명하여 천문 기구인 간의, 혼천의, 혼상, 일성정시의, 앙부일구, 자격루, 누호, 천문도, 역법, 금속활자(갑인자,병진자 등), 음악·서적의 편찬, 법전 정비, 도량형, 총통, 조세제도 등을 연구 및 개발하게 하였다. 이러한 엄청난 발명과 연구는 모두 백성들의 생활과 나라의 발전을 위한 진정한 애민 정신에서 나왔음이 역사서 여기저기에 나타나 있다.

또한 이러한 엄청나게 많은 정치인과 기술인들을 앞에서 카리스마로 끌고 가는 것이 아니라, 큰 정책의 방향만 선언하고, 실무 면에서는 오히려 뒤에서 뒷바라지하면서 지도를 한 것이다. 대신 그 사명과 목표(희망)를 분명히 하고, 좋은 의미에서 나라와 백성을 위해 평생 그들을 부려먹은 것이다.

리더는 무엇보다 진정성이 중요하다 (그림: squeezegrowth.com)

이러한 세종의 리더십은 항상 열린 마음으로, 정책의 방향만을 제안하였으며, 큰 카리스마는 오히려 중요하게 생각하지 않았고, 사사건건 신료들을 채찍질하거나 참견하는 일이 적었다고 한다. 대신 신료들의 말을 많이 들었고, 혹시라도 불편한 사항이 있으면 최대한 물심양면 도왔다고 한다.

한번은 궁궐의 숙직으로 밤늦게까지 책을 읽다가 그만 책상에 엎드려 잠이 든 신숙주에게 세종이 결코 야단치지 않고, 오히려 곤룡포를 벗어서 덮어 주었다는 유명한 일화가 전해지기도 한다.

이렇게 진정한 리더는 여러 주위 환경을 잘 만들어주고(즉, 멍석을 멋지게 깔아주고) 중간에 관여를 적게 한다. 혹은 그 회의체의 일개 구성요원으로만 참여하여 이슈를 이끌어 가기도 하는 것이다. 이러한 리딩 방식은 누구나 스스로 참석하여 열린 마음으로 창조적 의견을 제시 및 검증받을 수 있고, 절대 권위적이지 않은 방식으로서, 요즘 방식으로 표현하면, '플랫폼적 리딩 방식'의 일종이라고 부를 수 있겠다.

이러한 플랫폼적 리딩 방식에서는, 조직 구성원들 모두가 의식적으로 또렷하게 깨어있으므로, 옆의 동료나 남이 시킨다고 해서 곧이곧대로 일을 하는 것이 아니라, 잘 생각해보고 마음이 움직이면 그때 비로소 선택하고 실행하며, 아니면, 남이 미처 생각하지 못한 일들을 먼저 제안하거나, 남의 제안을 업그레이드하여 더 좋은 안건을 상대에게 역제안하기도 한다. 그렇게 하여 조직 전체의 생산력은 극대화가 가능하며, 조직의 이익과 목표(희망) 또한 비교적 용이하게 달성이 가능한 것이다.

"큰 리더라면 큰 희망을 내다 걸고, 가급적 세부적·구체적 간섭은 적게 하는 것이 좋고, 되도록 지위고하를 따지지 않고, 수평적 대등한 관계를 유지하면서 소통하여야 할 것이다!" - Pa sayings

2-19. 선배들의 소중한 어깨를 빌려라!

인생에서 어떤 한계를 만나고, 그것을 뛰어넘기를 진정 원한다면, 먼저 선배들의 소중한 어깨를 빌려라!

아이작 뉴턴은 잉글랜드의 과학자, 수학자, 천문학자, 조폐 전문가, 연금술사, 신학자, 종교학자 등으로서 엄청난 업적을 남겼으며, 아마 과학자 중에서는 아인슈타인과 함께 인류 역사상 가장 위대한 인물로 꼽힐 것이다.

그는 이탈리아의 갈릴레오가 타계한 해 크리스마스(12월25일)에 작은 시골 마을에서 체중 1.5 킬로그램밖에 안 되는 미숙아로 태어났다. 산모와 함께 생사의 기로에 섰던 그는 마을 사람들의 정성스러운 간호로 겨우 소생하게 된 것이다.

아이작 뉴턴의 어린 시절은 매우 불행하였다. 이미 아버지가 죽은 뒤에 태어난 조산아였으며, 몸집이 매우 작게 태어나고 자라났다. 뉴턴이 3살이었을 때 그의 어머니가 재혼하면서 그는 외가에 맡겨지게 되었다. 따라서 뉴턴은 그의 양아버지에게 매우 큰 적대감을 보였다.

또 나중에 대학을 다니던 도중에는 영국에 페스트(유럽과 아시아를 돌며 세계 전인구의 약 20% 이상을 죽인 인류 최악의 전염병, 흑사병이라고도 불림)가 대대적으로 재유행하게 되어, 이 기간 동안 폐교로 인해 뉴턴은 2년 동안 고향에 내려갈 수밖에 없었다. 이러한 혹독한 세월 앞에서도 뉴턴은 만유인력, 망원경, 수학, 천문학 등의 분야에 엄청난 과학적 발명을 이룬 것이다. 오히려 2년 동안의 낙향 생활을 자신이 그동안 부족하였던 아이디어나 과학 명상 시간으로 적극적으로 활용하는 역발상의 기간으로 만들어내며, 뛰어난 업적의 초석 내지는 밑거름으로 삼은 것이다.

거인의 어깨 위에 (그림: profoundtalent.com)

나중에 자신의 과학적 업적의 비결에 대해서 동료가 묻자 “내가 다른 사람보다 더 멀리 앞을 내다볼 수 있다면, 그것은 거인들의 어깨를 딛고 서있기 때문입니다.”라고 하였다.

즉, 자신의 물리학은 코페르니쿠스, 갈릴레오, 케플러, 데카르트, 보일, 샤를 등 선배 과학자나 수학자들의 눈부신 업적 위에 숟가락 하나 정도를 더 올려놓았을 뿐이라는 의미의 겸손한 표현이다.

객관적으로 보더라도 진정한 천재들은 자신 혼자 기발한 아이디어를 내고 발명을 이루어내었다기보다는 선배 과학자들의 여러 업적을 종합하고 재해석을 이룸으로써 더 큰 가치 혹은 진정한 종합적 물리 체계를 만들어 낸 경우가 많았다.

또한 뉴턴보다 후대에 나온 세기의 천재 알베르트 아인슈타인도 그런 의미에서 자신의 연구실에 존경하는 선배 과학자인 뉴턴, 패러데이, 맥스웰 등의 사진을 걸어두고 자신의 특수 상대성 이론, 일반 상대성 이론, 광양자설, 통일장이론 등을 연구하였다는 사실이 잘 알려져 있다.

즉, 오늘날까지도 천재적 인물의 대명사로 잘 알려진 알베르트 아인슈타인마저도 거인의 어깨 위에 올라탈 수 있었기 때문에 비로소 자신의 큰 업적을 만들어 낼 수 있었다고 스스로 시인하고 있었던 것이다.

거인의 어깨 위에 올라탈 수 있었던 또 한 명의 인물을 예로 들어보자.

주원장(명나라 태조; 홍무제)도 아이작 뉴턴처럼 페스트를 이겨낸 대단한 인물인데, 어릴 때 마을에 흑사병이라는 전염병이 돌아, 부모뿐만 아니라 대부분의 형제, 친지들이 다 죽었으며, 단지 그와 둘째 형만이 살아남아 부모 형제를 위한 묏자리를 겨우 구하고, 낡은 옷에 시신을 감싸서 매장했다고 전해진다.

이렇게 페스트로 고아가 되는 등 어려운 역경 속에서도 그는 강한 정신력으로 탁발승 등으로 전전하다가 홍건적의 부장 곽자흥의 휘하로 들어가면서 점점 성공의 기회를 잡아갔다.

처음에는 곽자흥이라는 큰 인물 밑에서 열심히 배우며 시키는 대로 활동하였으나, 이후 곽자흥의 실력을 넘어 독자적인 세력을 키워나갔다. 이때 곽자흥의 의심을 피하기 위하여 곽자흥의 양녀 마 씨와 결혼하여 그의 사위가 되었으며, 이후 곽자흥 사후에는 그 군대가 분열되자 이들을 대부분 흡수하여 훨씬 더 큰 세력을 만들었다.

그런 후 원나라의 강남 거점인 난징(南京)을 점령했고 군웅할거 시대를 제패하여 명나라를 건설하였다. 이때 그의 모토(motto; 좌우명)는 주승(朱升)이라는 스승으로부터 배운 "고축장, 광적량, 완칭왕(高築墻,廣積糧,緩稱王)"이었다. 이를 의역하면 "담장을 높이 쌓아 백성과 군사들을 보호하고, 식량과 무기를 차곡차곡 저장하고 준비하여, 대의(大義)를 달성하되 왕 혹은 황제의 권좌는 사양하다가 아주 늦게 마지못해 받을 수밖에 없는 상황이 되면 그때서야 받을 수 있겠다."라는 의미이다. 이는 그의 엄청난 자신감과 포부 그리고 대의(大義)를 대변하는 말이라고 하지 않을 수 없겠다.

이렇게 주원장이라는 인물은 혹독하고 참담한 페스트라는 역경을 이겨내고, 곽자흥과 주승이라는 거인의 어깨를 넘어, 훨씬 더 큰일을 해낼 수 있었던 것이다.

위에 언급한 뉴턴, 아인슈타인, 주원장 외에도 이렇게 거인의 어깨 위를 딛고 더 큰 세상을 봄으로써, 자신의 큰 업적을 이루어낼 수 있었던 인물은 고금을 통해 엄청나게 많다. 인류사에서 위대한 업적을 만들어내려면, 이렇게 역사적으로 먼저 살았던 선배들의 업적을 소중히 여기고 적극적으로 받아들이는 것이 분명 바탕이 되어야 비로소 그다음 자신의 차례를 맞이하여 더 뛰어난 혹은 한계를 뛰어넘는 완전히 새로운 업적에도 도달할 수 있었던 것이다.

"자신이 그토록 원하는 일에 대한 한계를 뛰어넘으려면 지나온 선배(거인)들의 소중한 어깨를 빌려라!" - Pa sayings

2-20. 가장 소중한 능력은 조정자로서의 역할이다!

한 국가나 조직의 경영자에게 가장 소중한 능력은 조정자로서의 역할이다!

가난한 이민자 출신의 집안에서 태어난 드와이트 데이비드 아이젠하워(Dwight David Eisenhower)는 사관생도 시절에도 성적이 그리 좋지는 못하였다. 대략 중간 정도 혹은 그 약간 아래의 성적으로 알려져 있다. 그의 동문이자 상관이었던 맥아더 장군이 웨스트포인트에서 손꼽힐 정도로 우수한 성적으로 이름 높았던 것과는 대조적인 부분이다.

그렇지만, 그는 노르망디 상륙작전을 승리로 이끌며 제2차 세계대전의 승리를 이끌었던 전쟁영웅이 되었으며, 이후에는 육군참모총장, 컬럼비아대 총장 등을 거쳐 미국의 34대 대통령까지 이르게 되었다. 그의 인생 후반기는 맥아더 장군보다 더 훌륭하게 되었다고도 볼 수 있겠다.

제2차 세계대전에서 연합군을 지휘하는 동안 그는 "독일을 패배시킨다"라는 명확한 목표를 끝까지 흔들리지 않고 관철시켰다.
특히, 복잡한 이해관계로 얽혀 끊임없이 충돌하는 영국군 지휘관 버나드 몽고메리와 미군 지휘관인 조지 패튼 사이에서 조정자 역할을 하고, 거기에 자신의 전술을 더 추가하여 뛰어난 전략을 완성할 수 있었다.

나중에 그는 34대 미국 대통령에 당선된 뒤 비밀리에 한국을 찾았고, 한국 전쟁을 종결시키는 데 남한과 북한을 참석 및 중재시켜 "휴전 협정"을 끌어내었다. 훗날 그가 가장 자랑스러운 성취 중 하나로 한국전쟁

종료를 위한 자신의 노력을 들기도 하였다.

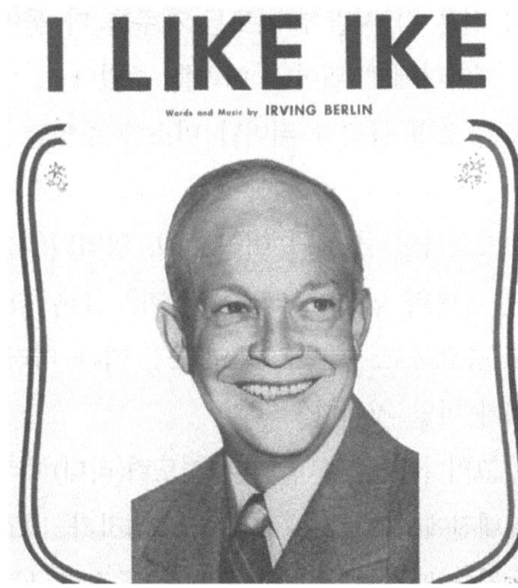

어빙 베를린의 "I like IKE" 음반 표지 (그림: flickr.com)

그의 인간성에 대한 일화 중 하나를 소개하자면, 맥아더와 아이젠하워 두 사람을 만나고 온 여성의 인물평이 있다. 그녀가 맥아더에 대해 "맥아더를 만났을 때 나는 그가 정말 위대한 장군이라고 생각했다."라고 했고, 아이젠하워에 대해 "그를 만나자 내가 얼마나 매력 있는 여자인지 알게 되었다."라고 평했다고 한다.

이 여성의 표현을 보면 한 마디로, 맥아더는 천재 중 천재이고 상대를 도취시킬 줄 알며, 이아젠하워는 천재는 아니지만, 인간적 매력이 있어서, 상대의 마음을 움직일 줄 아는 탁월한 재주를 지녔다는 의미로 해석해 볼 수 있겠다.

또한 이아젠하워는 워낙 소탈한 성격이라 역대 웨스트포인트 출신들의 사열을 받을 때 동기 한 명이 "아이크(IKE; 아이젠하워의 별칭), 내려와 같이 걷자"라고 외치자, 진짜 단상에서 내려와 동기들과 같이 행진하기도 했다고 한다.

그의 미소 또한 백만 달러짜리 이상의 가치가 있다는 평가를 받을 정도로 인기가 많았던 것으로 보인다. 때문에 대중적인 이미지가 굉장히 좋았고, 이후 대통령에 출마하고 당선되는데 이 미소가 큰 역할을 했다고도 한다.

이렇게 아이젠하워 대통령의 인간적 면모를 몇 가지 살펴보았지만, 역시 신은 한 사람에게 모든 재주를 다 몰아주지는 않는 것 같다.

맥아더에게 뛰어난 머리를 주었다면, 아이젠하워에게는 뛰어난 지도력 혹은 조정 능력과 뛰어난 미소를 주었던 것 같다.

그렇다면, 오늘날 여러 사회 영역의 지도자(리더)나 경영자들에게는 어떤 유형의 인격이 더 중요할까? 물론 최고 지도자들에게는 뛰어난 두뇌도 중요하고, 능력도 중요하고, 기타 여러 가지 필요한 요소들이 한두 가지가 아닐 것이다.

그러나 조직의 관리나 지도력(리더)이라는 관점에서 본다면, 제2차 세계대전에서 스스로 승리의 조정자가 되고, 복잡한 이해관계로 충돌하는 동지들을 타협하게 하여 전쟁 종결의 1등 공신이 된 아이젠하워의 통솔력, 조정력이 더 매력적으로 다가오는 것 같다.

2-21. 소중한 상대를 옥죄지 말아라!

우리 역사에서 대표적으로 불행하고 안타까웠던 사건 중 하나가 바로 '임오화변(사도세자 뒤주 아사 사건)'이다.

사도세자는 영조의 차남으로 태어나, 아버지와 오랜 갈등 끝에 만 27세의 젊은 나이로 뒤주에 갇혀 8일 만에 굶어 죽임을 당한 인물이다.

사도세자가 태어날 당시, 영조는 장남 효장세자를 7년 전에 안타깝게 잃고, 다른 아들은 두지 못한 상태였고, 당시로서는 매우 늦은 42세의 고령에 어렵게 늦둥이 왕자를 얻은 것이었다. 영조가 출산을 직접 지켜볼 정도로 엄청나게 기뻐한 것이 사실이며, 영조가 세자의 공부할 항목을 필사까지 해서 전해 줄 정도로 어릴 때는 애지중지 키운 것이다. 사도세자 또한 총명함이 뛰어나 2살에 이미 천자문을 배웠다고 한다.

그러나, 사도세자는 후궁의 서자였기 때문에 태어난 지 겨우 100일 만에 영조의 정비 정성왕후의 양자가 되어야 했고, 어머니인 영빈 이 씨의 곁을 떠나야만 했다. 이러한 영조의 조급한 결단은, 과거 자신의 어머니가 무수리(숙빈 최씨) 출신이었고, 경종 독살설 등의 나쁜 소문에 시달린 열등감에 기인했을 수도 있지만, 어쨌든 자식인 사도세자를 어릴 때부터 여러모로 가혹하게 대했던 것 같다.

하루는 사도세자가 자기 어머니인 영빈 이 씨와 전쟁놀이를 하였음에도 불구하고, 영조가 다그치자, 소학과 학문을 공부하였다고 거짓을 고한 적이 있었다. 어린아이의 실수를 잘 보듬어 주었으면 좋았겠지만, 이때 영조는 크게 진노하여 몸소 세자가 있는 곳까지 찾아가서 꾸중을 했다고 한다. 그리고 세자를 모셨던 궁녀들을 추궁하고 결국 가혹한 형벌을 받게 하여 죽게 만들었다.

한중록에 따르면, 이러한 일련의 사건들은 어린 사도세자에게는 엄청난 충격으로 작용하였고, 이후부터는 부왕 영조로부터 극심한 불신과 가혹한 꾸중을 계속 들어야 했다고 하며, 이 때문에 그의 마음에는 늘 불안과 공포의 그림자가 드리워졌다고 한다. 아버지 영조를 너무 두려워하고 무서워했으며, 영조 앞에서는 말 한마디도 제대로 못했다고도 한다.

사도세자의 정신병(공포증과 광증)은, 서로 대립하는 당파였던 노론과 소론의 싸움에 이용당한 탓도 있었다지만, 보다 근본 원인 측면에서는, 이러한 영조의 호된 훈육, 지나친 꾸지람에 기인한다고 보는 게 타당할 것 같다.

세자는 15세가 되는 해에 대리청정(아버지를 대신하여 정사를 돌봄)을 시작하게 되었는데, 이때도 영조는 세자를 심히 못마땅하게 여기면서도 마땅한 대안이 없다는 까닭으로 세자에게서 대리청정을 거두지 않았다. 영조로부터 칭찬이나 격려는커녕 호통과 때로는 폭언을 들으면서도 세자는 대리청정을 수행할 수밖에 없었다.

결국은 1762년 7월 아버지 영조는 세자를 폐하여 서인으로 삼고, 그 더운 여름날 휘령전 앞 쌀 담는 뒤주 속에 세자를 가두었다. 세손(정조)이 할아버지인 영조에게 달려와 아비를 제발 살려달라고 외쳐도, 영조는 들은 체도 않고, 곧바로 내관을 시켜 세손을 문밖으로 내쳤다고 한다. 그 뒤 동궁의 관료들이 세자가 갇힌 뒤주의 틈으로 미음(죽)과 물을 넣어준 적이 있었는데, 이를 알게 된 영조는 내관을 시켜 뒤주에 유약을 발라서 통풍구(틈새)를 모두 막아버렸다. 사도세자는 감시가 엄해지기 전에 이미 소지하고 있던 부채를 반으로 쪼개 그것으로 오줌을 받아 마셨다. 그러나 그로부터 3, 4일 만에 세자는 뒤주에서 굶어 죽고 만 것이다.

후일 영조는 자신의 행동을 후회하고 반성하는 듯, 아래와 같은 내용의 '금등지사'를 만들어 후세까지 보관하게 하였다.

피 묻은 상복과 삭장 지팡이를 찾아냈다
(그림: news.suwon.go.kr)

"피 묻은 적삼(상복)이여, 피 묻은 적삼이여, 삭장 지팡이여, 삭장 지팡이여, 누가 영원토록 금등으로 간수하겠는가? 천추에 나의 품으로 돌아오기를 바라고 바란다."

위의 사례에서 보았듯이, 자칫 자기 자식이라고 하여 호된 훈육, 지나친 꾸지람 등은 절대 안 된다. 그 누구도 상대의 마음을 구속해서도 안 되고, 옥죄어서도 안 된다.

인간은 그 누구도 똑같이 소중한 인격체인 것이다. 지극히 존경받아야 할 대상이고, 누구라도 온전한 하나의 인격을 가지며, 인간의 존엄성 측면에서는 누구도 동등한 지위를 가진다고 볼 수 있다.

"사람의 마음을 옥죌 수 있는 권한은 그 누구에게도 없다!" - Pa sayings

2-22. 소중한 사람에게 잔소리하지 마라!

소중한 사람에게 잔소리하지 말고, 가슴으로 대화하여라!

우리는 서로 주고받는 말의 뉘앙스 속에서, 그 말이 잔소리(필요 이상 혹은 쓸데없어 귀에 거슬리는 감정이 섞인 말)인지, 대화(정보나 이야기를 이성적으로 주고받음)인지 금방 구분할 수 있다. 그래서 상대방의 말이 잔소리로 느껴질 때는 서로 간에 쉽게 속상해하기도 하고, 짜증도 많이 낸다.

그럼에도 우리는 이래저래 잔소리를 많이 하거나 들으며 살게 된다. 배우자 간에, 부모와 자식 간에, 직장 상사와 부하직원 간에, 기타 여러 관계에서 왜 잔소리는 있어야만 하는가? 그 이유에 대해서는, 보통 성격탓, 인격탓, 피해의식탓 등 여러 심리적인 부분을 말할 수 있겠지만, 결국은 이해관계(혹은 피해관계)의 탓이 가장 클 것 같다. 서로 간의 이해관계나 피해관계가 얽혀 있을 경우 스스로에 대한 방어기재가 작용하여 타인의 행동을 간섭하려고 드는 것이다.

그렇다면 그 해결책은 무엇일까?

첫째, '솔선수범적 대화'이다. 이는 자신의 생각과 주장이 타당하고 적당하다는 것을 몸소 실천하고 설명하여 상대가 따라오게 하는 적극적인 대처방법이다.

가령, 비록 집안이 어지럽혀져 있고, 싱크대가 지저분한 원인이 배우자에게 더 있다고 하더라도, 본인이 먼저 청소 혹은 설거지를 하는 방식으로 솔선수범을 직접 행하면서, 필요시에만 정중한 지원 요청을 하는 방법이다. 즉, 상대에게 먼저 좀 하라고 잔소리하기 이전에 자신이 먼저 그것을 몸소 행하고, 필요시에만 정중한 설명을 추가하여 상대가 스스로 느끼어 자발적으로 자신에게 동조해오길 기대하는 방식이다.

잔소리 (그림: m.blog.naver.com)

또 다른 예로, 자식들에게 지시하듯이 자꾸 공부하라고 말하지 말고, 자신이 스스로 항상 학습하는 모습, 독서하는 모습, 혹은 그와 유사한 모습을 보이고, 좋은 이야기들을 많이 해주면, 이런 모습들이 자식에게 산교육이 될 수가 있고, 자식들은 이에 감화되어 부모를 따라 열심히 공부할 수 있게 그 행동을 유도하는 방식이다.

둘째, 이해관계(혹은 피해관계)를 아예 탈피하는 것이다. 이 방법은 피해를 최소로 줄이기 위한 다소 소극적 대처방법인데, 정신적인 함양과 동시에 실천해보는 것이 좋겠다.

이 방법에서는 서로 간의 관계가 정상적으로 개선되기 이전까지 일단 물리적으로나 정신적으로 가능한 한 서로 엮이지 않는 구조와 패턴을 만드는 것이 중요하다. 거리상 이격이나 서로 간의 동선(지나다니는 길)의 회피도 가능한 방법이겠지만, 가족이나 직장 등의 경우에는 이러한 이격이나 동선 회피가 다소 어려울 수도 있을 것이다. 이럴 경우에는 독립적 생활 혹은 독자적 행동 패턴을 가급적 늘려나가는 것이 좋겠다.

또 서로 엮이지 않고 피해를 주지 않도록 진심으로 약속할 수도 있고, 서로 간의 간단한 소통 규칙을 정하는 작업 등도 필요하겠지만, 무엇보다 스스로 정신적 욕심을 벗어나야 하는데, 상대가 자신의 속물이 아닌데도 불구하고 자기가 원하는 대로 움직여 주길 바라는 허망한 집착을 버리려는 정신적 함양이 매우 중요하다.

즉, 이 방법은 상대의 인격에 대한 존중으로부터 시작되어야 한다. 내가 무언가를 적극적으로 바라는 것은 무례할 수도 있으니 상대의 방식을 최대한 존중 및 이해하고, 나 스스로를 통제해 가면서 내가 먼저 맞추어 가는 방법이다.

소중한 대인 관계에서 잔소리가 아닌 제대로 된 대화를 이끌기 위해서는, 위에 소개한 두 가지 방법 중 하나를 택하거나, 상기 두 가지 방법 모두를 동시에 시도해보는 것도 좋은 방법이 될 수 있다.

결론적으로 볼 때, 잔소리를 많이 늘어놓는 것은 상대의 인격에 대한 존중의 결여로부터 시작되는 경우가 대부분이다. 또는 그러한 결손적 행동이 습관화되어서 자연스레 지속되는 행동이 바로 잔소리일 것이다.

따라서 아무리 가까운 사이라고 하더라도 항상 상대의 입장과 처지를 먼저 고려하는 성숙된 인격으로 스스로를 가다듬고, 항상 주변 누구에게도 편안한 사람으로 자신이 인식되도록 스스로를 인도하여야 하겠다.

2-23. 청개구리 심리를 역으로 활용하라!

심신 부조화의 청개구리 심리를 역으로 활용할 줄 알아야 한다!

인간에게는 인간이 원하는 것과는 반대로 움직이려는 청개구리 심리가 본연적으로 내재되어있다고 볼 수 있다. 이러한 청개구리 심리는 정신적 상태와 물질적(육체적) 상태가 반대로 작용하려는 본능적인 '심신(心身) 부조화'의 상태라고 보아야 할 것 같다.

가령, 우리의 수면은 잠자는 것에 대해 염려를 하면 할수록 더 방해되게 마련이다. 불면증 환자에게는 잠을 의식하면 할수록 더 수면의 질이 악화되기 쉽고, 심하면 몹시 불안해하거나, 우울증까지 초래할 수 있다. 즉, 정해진 시간에 잠이 들기 위해서 무리하게 애쓰거나, 억지로 수면 시간을 조정하려 들면, 뇌에는 불면증 회로가 구성되고 좀처럼 빠져나오기 힘들게 된다. 또 잠을 잘 오게 하기 위해서 술을 먹거나, 일부러 몸을 피곤하게 만들어 보아도 보통 일시적인 효과에 불과한 경우가 많다. 급기야는 수면제, 수면보호제 등의 약을 복용해 보기도 하고, 그래도 좀처럼 불면증 회로를 벗어나기 힘들어진다.

이러한 경우에, 청개구리 심리를 역으로 활용하여 보는 것이 좋을 것이다. 즉 불면은 보통 잠을 자야한다는 강박관념, 잠에 대한 집착 등으로부터 출발하므로, 스스로 용기를 내어, "나는 잠을 결코 자지 않아도 괜찮다"라는 다소 편안하고 여유 있는 마음의 상태를 만들고, 잠이 오지 않을 경우에는 억지로 자려고 애쓰지 말고, 독서를 한다든지, 자기가 좋아하는 다른 일을 해보는 것도 좋겠다. 그러다 보면 잠시 후 자연스럽게 하품을 하면서 졸음이 쏟아질 것이다. 그때 "책 읽고 있는데 아쉽게도 졸리네!"라고 너스레를 떨면서 잠자리에 들면 되는 것이다.

청개구리 (그림: teepublic.com)

다른 예를 들어보면, 상대방에게 돈을 빌려주었는데, 왜 안 주는지 자꾸 생각하면 할수록 더 못 받을까 봐 불안해질 수 있다. 차라리, 나중에 무조건 꼭 받아야 할 최후 양보선(마지노선)을 스케줄상에 체크해 두고 그 이전에는 잊어버리는 것이 좋다. 만약 그 마지노선이 되어서도 상대방이 안 주는 일이 발생한다면, 그때가 되어서 계획된 최후통첩이나 법적 절차를 밟으면 될 일이다. 어떤 경우를 보면, 얼마 안 되는 작을 돈을 가지고서 스트레스 받고, 불안해하는 사람들을 많이 본다. 그러지 말고 마음이 편안한 방법을 택해야 하는 것이다. 당분간은 안 받아도 된다 혹은 늦게 받아도 된다는 편안한 마음을 가진다면 대개는 바로 상대방이 먼저 챙겨서 돌려주는 경우가 많다. 최악의 경우 최종적으로 시간이 몰리더라도, 미리 스케줄상 계획된 절차를 밟으면 되는데 왜 당신이 미리 걱정을 사서 하는가? 심리전에서 불필요한 강박관념은 금물이다.

또 다른 예로, 중요한 시험에 응시하면서, "떨어지면 큰일 난다. 꼭 붙어야 한다"라는 마음을 굳게 먹으면 먹을수록 더 마음이 불안해지고, 시험장에서 실수하기도 쉽다. 또한 그렇게 시험의 합격 여부에 대해 불안한 마음을 가지는 것은 그 시험의 결과에 아무런 도움이 안 된다. 이러한 조급함은 보통은 합격에 방해가 되는 경우가 더 많음을 우리는 경험적으로 잘 알고 있다.

따라서, 떨어져도 바로 다음에 또 시험을 칠 기회가 있고, 더 내공을 쌓으면 그때는 합격할 수 있다고 생각하거나, 설령 시험에 합격이 안 되어도 다른 중요히 할 일이 또 많이 있다고 생각하는 등 다소 편안한 마음을 가지면 가질수록 시험 결과는 더 좋아질 가능성이 크다. 편안한 마음을 가질수록 실수도 적어지고, 내면적으로 자신감을 가지기 용이해짐을 잘 알아야 한다.

또 다른 예를 하나 더 들자면, 당신이 국회의원이 되고자 입후보하여, 선거 캠페인을 할 때, 무조건 당선이 되어야 한다고 생각하면 할수록 당신은 더욱 조급해질 수 있으며, 그 결과 온갖 편법이나 해서는 안 될 상대에 대한 음해를 일삼아, 나중에 결국 당선은 되어도 당선 무효형이라는 형을 받아 국회의원직을 내려놓아야 하는 결과를 초래하는 경우를 우리는 매 선거 때마다 뉴스를 통해 자주 대하게 된다.

이 경우에도 너무 조급해하거나 국회의원직에 목숨 걸지 말고, 이번에 최선을 다해도 떨어진다면 다음번에 또 기회가 있다거나, 이번에 떨어져도 조금 지나면 장관, 기관장 등 다른 곳에 도전할 기회도 얼마든지 있다는 등의 편안한 마음의 퇴출구와 여유를 가져야 모든 일이 순조롭게 잘 풀려나간다. 조급해진다고 절대 당선에 도움이 되지 않는다는 점을 상기해야 할 것이다.

무조건 당선되기를 원해버리면 무조건 당선이 안 되는 길로 저절로 접어들게 될 수 있고, 그 결과 급기야는 불법, 편법 등을 동원하게 되는 큰 오류의 함정으로 빠져들게 되어서는 절대 안 되겠다.

2-24. 능력의 한계를 인정하지 말아라!

토머스 에디슨은 초등학교도 제대로 나오지를 못하였는데, 당시 신문 배달이나 전보 심부름 등으로 돈벌이(요즘으로 치면 '알바'를 했는 셈)를 했다. 그러나 그의 성격만은 항상 밝고, 그 누구에게도 지지 않을 정도로 강인하였다.

그러나 12세 정도에 이미 새가 지저귀는 소리를 못 들을 정도로 청각 장애가 심하였는데, 그럼에도 불구하고, 피나는 연구를 거듭한 끝에 축음기(구리로 만든 원반 혹은 원통에 홈을 파서 주석박을 씌워 소리를 기록하고 재생할 수 있는 장치)를 세계 최초로 개발해낸 것이다. 어떻게 잘 들을 수도 없는 사람이 소리를 저장하고 재생할 수 있는 장치를 개발해 낼 수 있었을까? 참으로 놀랍다!

이외에도 에디슨은 전구(백열전구), 전신기, 발전기, 발전소, 축전지 등 무수히 많은 발명품들을 개발해내었으며, 총 1,033개의 발명품, 1,300여 개 이상의 특허 등을 남겼다고 한다.

루트비히 판 베토벤은 20대에 이미 청력 상실이 발생하기 시작했다고 한다. 그의 청력은 점진적으로 감소하면서 심각한 형태의 이명(耳鳴) 때문에 더욱 방해를 받았고, 중요한 수입원인 연주회에도 나가지 못해 삶이 점점 더 어려워졌다고 한다.

그러나, 그는 자살 대신 예술을 통해 계속해서 살아가겠다고 토로하면서, 전원 교향곡, 영웅 교향곡, 합창 교향곡, 비창 소나타, 월광 소나타 등 수많은 명곡들을 남겼다.

그는 아래와 같이 줄곧 말했다고 한다.

"운명의 멱살을 잡으십시오. 그것은 확실히 나를 완전히 짓밟지 않을 것입니다."

"당신의 귀먹음이 더 이상 비밀이 되지 않게 하십시오, 예술에서조차."

참으로 놀랍다! 어떻게 귀머거리가 세계 음악사에서 불멸의 작품으로 불릴 수 있는 거대한 대작들을 그렇게나 많이 만들어낼 수 있었을까?

또한 헬렌 켈러는 생후 19개월 만에 성홍열과 뇌막염을 앓은 이후 평생 시각 장애와 청각 장애를 안고 살아가게 된다. 그러나 그녀는 미국의 교육자, 연설가, 작가, 사회주의 운동가로 저명한 활동을 많이 하였으며, 인문계 학사 학위를 받은 최초의 시청각장애인이었다.

그녀는 이렇게 심각한 장애를 극복한 여성으로서 대단한 사회운동을 실천한 위대한 사회주의 지식인이었으며, 특히 불리한 신체조건 등 많은 장애 속에 살아가는 사람들을 위한 든든한 지원자, 여성 참정권 주창자, 평화주의자, 노동인권주의자 등으로 활동하였으며, 이른바 '포괄적 사회인권운동가'로서 한평생을 바친 것이다. 또한 총 12개의 집필 서적과 수많은 '언론기사'들을 남겼다.

물론, 앤 설리번이라는 선생의 희생적인 도움 있기는 하였지만, 시각과 청력을 동시에 잃은 사람이 어떻게 그렇게 뛰어난 활동과 엄청난 업적을 남길 수 있었을까?

스티븐 윌리엄 호킹 박사는 영국의 이론물리학자이며, 블랙홀 우주론과 양자 중력의 연구에 많은 기여를 했고, 자신이 연구한 이론들과 일반적인 우주론 등을 다룬 여러 과학 서적들도 저술하였다.

호킹은 21살 때부터 루게릭병(근위축성 측색 경화증)을 앓았으며, 당시 의사로부터 앞으로 2년밖에 못 살 것이라고 하는 시한부 선고를 받았으나, 엄청난 연구 활동을 계속하여, 블랙홀이 열복사를 방출한다는 사실을 밝힌 이론(호킹 복사 이론) 등 많은 연구실적과 논문들을 발표하였다.

한때 병세가 악화되어 기관지를 절제하는 수술을 받은 후에는 얼굴의 움직임을 이용하여 문장을 만들어내고 그것을 말로 전달하는 음성합성기를 사용하여 의사소통을 하게 되었으며, 평생 휠체어에 의지하며 생활하였으나, 결코 좌절 없이 세계 과학사에 큰 업적을 남겼다.

이렇게 에디슨, 베토벤, 헬렌 컬러, 호킹 박사 등 여러 인물들을 살펴보았지만, 세계사에서는 이렇게 상상치 못할 역경을 이겨낸 인물들이 무수히 많다.

인간 능력에 한계는? (그림: globalascensionnetwork.net)

아내의 정신병과 자신의 신경쇠약 및 자폐증 등을 극복하면서 수많은 작품을 쓰고 노벨문학상까지 수상한 헤르만 헤세, 선천성 시각장애인이면서도 인권과 장애인 관련 운동의 메시지를 강하게 담고 있는 수많은 흑인 팝 음악을 발표한 스티비 원더, 갑작스럽게 찾아온 소아마비를 딛고 미국 최고의 대통령으로 남은 루즈벨트, 한나라 이능 장군이 흉노에 항복한 것을 옹호하다가 황제의 분노를 사서 궁형에 처해 있다가 2년 후 출옥하여 평생 동안 정진하여 동양 최고의 역사서인 '사기(史記)'를 저술

한 사마천, 두 다리가 절단된 중증장애인이면서도 병서인 '손자'를 지어 낸 중국 최대의 병법가인 손자, 한 손에 손가락이 2개씩 밖에 없고 다리도 매우 짧은 기형아(사지 기형 장애인)로 태어났음에도 손가락 기술이 생명과도 같은 피아니스트계에서 뛰어난 연주자가 된 현존 대한민국의 이희아, 고졸(高卒) 출신에도 독학으로 엄청난 지식을 깨우치고 석연치 않은 교통사고를 당해 평생 다리를 절게 되었으며 숱한 납치와 가택연금 등의 탄압에도 굴하지 않고 군사 정권에 끝까지 항거한 대한민국 제15대 대통령 김대중 등 세계사에서 무수한 인물들이 감동적인 그들만의 인생 고난과 그 극복기를 전하고 있다.

위에서 여러 인물들을 언급하면서 살펴보았지만, 과연 인간의 하고자 하는 능력에는 한계가 있는 것일까?

아마도 인간 저마다의 핸디캡들은 자신의 공부나 연구에 혹은 관심 분야에 오히려 집중할 수 있도록 하는 촉매제로 작용하였을 수도 있다. 그리고 이러한 집중력은 극한상태에서 더 극명하게 그 진가를 발휘하는 것으로 보인다. 만약 인체에서 하나의 감각기관이 약해지거나 무디어지면, 다른 감각기관은 오히려 더 발달하는 원리와도 유사하다.

아무튼 너무 쉽게 자기 능력의 한계점을 운운하는 사람들은 꼭 이러한 사례들을 잘 새겨볼 필요가 있을 것 같다.

2-25. 약함에도 역설이 있다!

만약 당신 앞에 엄청난 크기의 바위 덩어리가 있다고 한다면, 바위는 너무 강하고 네가 너무 약한 존재라는 느낌이 번쩍 들어, 순간 움직여볼 생각을 할 수 없을 것이다.

그러나, 한 발 떨어져서 그 바위의 허점(빈틈)을 잘 생각해보고, 바위 아래쪽의 빈틈을 찾아내어, 그 틈에 넣을 만한 큰 지렛대를 찾아서 밀어 넣어 움직여 보겠다고 계획을 잘 짜면 아마도 움직일 수 있을 가능성이 매우 커진다. 즉, 이는 곧 자신의 약함에 대한 역설인 것이다.

사람에게도 누구나 허술하거나 부족한 빈틈이 많이 존재하기 마련이다. 자신의 이 빈틈(약점)을 공격받지 않기 위해서는 적(敵)이나 외부로부터의 보호도 필요하지만, 자기 내부로부터의 보호도 필요하다.

만약 네가 어려서부터 소화능력이나 위장 계통이 약하다면 매사 먹는 것에 조심해야 할 것이고, 거기에 좋다고 알려진 여러 자연식품도 이용해보고, 필요시 병원과 약국도 잘 이용해 볼 필요가 있다. 또한, 외부로부터의 바이러스나 세균 등에 의한 공격, 외적인 큰 충격 등으로부터도 특별히 조심을 해야 한다. 이렇게 내적·외적으로 모두 신경을 많이 쓰고 노력을 꾸준히 해나간다면 당신의 소화기·위장 계통은 비로소 제대로 보호될 것이다.

옛말에 '무병단명 일병장수(無病短命 一病長壽)'라는 격언이 있다. 이 말은 건강한 사람이 오히려 빨리 죽을 수 있고 병으로 자주 고생하는 허약체질의 사람이 오히려 더 오래 살 수 있다는 이야기이다. 다시 말하자면, 건강한 사람은 자신의 건강을 과신하여 주의하지 않는 까닭에 병약해져서 빨리 죽을 수 있고, 반면에 병을 하나쯤 가지고 있는 사람은 그 약점을 보완하기 위해서 건강에 늘 유의하고 항상 몸을 조심하여서 결국은 더 오래 살 수 있다는 의미이다. 이러한 부류의 격언들은 바로 자신의'약점에 대한 역설'일 것이다.

즉, 약점이 좋고 나쁘고를 말하기 이전에, 그것을 잘 알고 대처를 제대로 한다면, 어떠한 공격으로부터도 방어가 충분히 가능하다는 뜻이다.

아르키메데스의 지렛대 (그림: slidesplayer.org)

일본의 유명한 마쓰시타 고노스케는 그가 이룩한 세계적 기업인 '마쓰시타 전기'의 성공비결에 대해 기자들이 묻자, "첫째, 나는 가난한 집에서 태어났습니다. 둘째, 보잘것없는 학력이었습니다. 셋째, 몸이 연약했습니다."라고 하였다. 즉,

"자신이 가난한 집에서 태어났기 때문에 어릴 때부터 돈의 중요성을 깨달을 수 있었고, 초등학교 4학년 중퇴라는 학력이 전부이었으므로 주변 사람들로부터 하나라도 더 배우려고 그들의 말을 끝까지 경청하여 배우려 하였고, 자신이 병약하였으므로 말년까지 조심하여 비교적 오래 살고 있다."라는 의미이다.

이러한 마쓰시타의 사례 역시 참으로 소중한 교훈이자 '약점의 역설'인 것이다.

스포츠 경기 중에서 '씨름'의 예를 한번 들어 보자. 과거 이만기 선수

는 씨름 선수치고는 비교적 체격이 작고 왜소한 편이지만, 자신의 약점을 극복하고 이봉걸 선수, 이준희 선수 등 거구들을 연거푸 무너뜨리고 우리나라 씨름 1세대의 황제라고 불릴 수 있었던 것이다.

왜소한 이만기 선수가 이렇게 잘 할 수 있었던 것은, 아마도 자신의 약점은 최대한 극복하고 상대의 단점은 최대한 이용할 수 있는 기술을 개발한 덕택일 것이다. 무게 중심이 높은 거구인 선수들의 아래로 파고 들어 뒤집기를 하거나, 재빠른 동작으로 상대의 무게 중심을 흩트리는 전법 등을 집중적으로 개발한 것이 무게중심이 낮은 작은 체구가 오히려 유리해지는 "약함의 역설"로 주효했던 것이다.

이러한 사례들 외에도 무수한 사례들이 있겠지만, 중요한 것은, 이른바 다윗과 골리앗의 싸움에서도, 상대의 빈틈(약점)을 잘 연구하고 나의 단점을 잘 관찰하여 보완한다면 얼마든지 어려운 상대를 물리칠 수 있다는 것이다.

즉, 아무리 상대가 대단해 보여도 잘 뜯어보면 분명히 공격 가능한 빈틈이 있을 것이다. 그게 바로 급소이다. 이러한 급소를 잘 공략하면 원하는 바를 반드시 이룰 수 있을 것으로 보인다.

우리가 살아가다가 가끔은 그야말로 자신의 한계를 느끼게 하는 순간이 찾아올 때가 있다. 이러할 때는 포기하거나, 무턱대고 계산 없이 대들기만 하지 말고, 한 발짝 물러나 곰곰이 잘 생각해보아라.

흔히들 말하는 지피지기(知彼知己)의 정신으로, 나와 상대의 장단점을 동시에 파악하여 알아내고, 그 공략법을 잘 마련하여 지혜롭게 도전하면 분명히 목표하는 바를 이룰 수 있는 것이다.

"아무리 대단하고 완벽한 대상이어도 빈틈을 타고 들어가서 공략하면 반드시 붕괴시킬 수 있는 것이다!" - Pa sayings

2-26. 들을 귀가 없다면 말하지 마라!

아무리 좋은 이야기도, 상대방에게 들을 귀가 없다면 결코 말하지 말아라, 역효과가 나기 십상이다!

살다 보면, 상대방에게 분명히 도움이 될 것 같은 뭔가 좋은 이야기를 해주고 싶은 충동이 생길 때가 많이 있다. 특히 자식이나 친지들이나 가까운 친구에게는 더욱더 그러하다. 그러나 아무리 좋은 이야기라고 하더라도 상대방이 심리적으로 거부를 하게 되면 아무 소용이 없다.

즉, 상대방이 전혀 관심없을 경우나, 싫어하는 경우나, 부정적인 관점으로 보는 경우에, 네가 상대방에게 좋은 이야기 혹은 유익한 정보라고 생각하여 무리하게 이야기하게 되면 역효과를 불러일으켜 마이동풍(馬耳東風; 의미 없는 말)이나 우이독경(牛耳讀經; 알아듣지 못함)처럼 되어버리는 경우도 있고, 혹은 상대방이 오히려 화를 버럭 낼 수도 있는 것이다.

예를 들자면 상대방이 정치 관련 이야기를 싫어하는데, 정치와 관련되어 여당이 어떠하고, 야당이 어떠하고, 어떤 정치인의 평이 어떠하다고 하는 등의 이야기를 늘어놓게 되면 짜증부터 낼 가능성이 크다.

혹은 상대방이 지지하는 정치인을 내가 어떠한 논리로 나쁘게 평하게 된다면, 상대방은 내가 그 정치인을 폄하하고 있다고 생각할 것이고, 또 상대방이 싫어하는 정당을 내가 좋다고 이야기하거나 혹은 상대방이 싫어하는 정치인이 내가 훌륭하다고 평한다면, 상대방은 기분은 썩 좋지 못할 것이다.

물론 당신이 생각하기에는 매우 공정하고 타당한 이야기를 상대에게 하였다고 생각하고, 모든 말에 악의가 전혀 없었고, 모든 것이 선의에서 비롯된 것이라고 생각하겠지만, 그것은 당신의 생각일 뿐이고, 상대방의 생각과 느낌은 전혀 그러하지 않을 수 있다. 이 경우 당신은 괜히 실없는 사람만 되고 마는 것이다.

마이동풍 & 우이독경
(그림: iec.co.jp/media/corner/kotowaza)

정말 당신의 주장이 논리에 맞고, 객관적이고 무척 타당하며, 상대에게도 매우 유익한 정보라고 생각한다면, 아무 때나 마구 꺼내지 말고, 적당한 때를 기다려라. 상대방이 받아줄 분위기는 조만간 찾아올 것이다. 세상은 하루하루 계속 변화해나가고, 상황은 역전에 역전을 거듭하여, 신체리듬이나 파형 공학적으로는 마치 사인 곡선(Sine Curve)을 이루면서 변해갈 것이다.

네 말을 들어줄 분위기가 리듬의 상향으로 형성되면 그때 꺼내어도 되는 것이다. 만약 네 성격이 다소 성급하여 바로 설명을 해주어야 할 것 같고, 설명을 안 해주면 뭔가 큰일 날 것 같은 느낌이 들더라도, 그것은 당신의 느낌에 불과한 것이니 때를 기다려라.

부디 느긋하게 기다렸다가 좋은 분위기가 형성되고, 상대방에게 들을 귀가 생기면, 그때 네가 하고픈 좋은 이야기를 시원하게 들려주어라.

"세상에 천재지변이나 재난 상황이 아니라면 그리 급할 것은 없는 법이다!" - Pa sayings

조선의 청렴한 대문호, 송강 정철은 그토록 조급하고 성급했기 때문에 주변으로부터 "무리한 세자 건저문제로 조선의 기강을 흩뜨렸다.", "주색에 빠져 나랏일을 그르친다."는 등의 온갖 모함과 화(禍)를 입었으며, 또한 성격이 강직했으나 너무 거칠었기에 파직, 유배 등의 호된 대가를 치를 수밖에 없었다. 이렇게 너무 조급하거나 성급한 것은 고금을 막론하고 절대 금물이다.

그렇다면, 네가 마음먹고 있는 이야기를 들려줄 만한 좋은 분위기가 절대 안 오면 어떻게 하느냐? 라고 질문을 할 수 있을 것이다. 그러나 그러한 상황은 거의 없을 것이다. 세상에 기세의 흐름과 형세가 항상 무궁무진하게 바뀌는 것인데 어찌 그렇게 요지부동한 세상이 있겠는가?

그러면 백번 양보하여, 네가 상대에게 조언해줄 좋은 분위기가 계속 오지 않는다고 쳐보자. 그러면 또 어떠한가? 그 사람 스스로 사회적으로도 정신적으로도 계속 성장을 할 것이 아닌가? 굳이 네가 이야기를 해주거나 가르쳐주지 않아도 스스로 알게 되거나, 또 다른 사람으로부터 혹은 어깨너머로 들어 깨우치는 등 여러 경로를 통해서도 배우거나 알게 될 수도 있을 것이다. 즉, "내가 아니면 안 된다"라는 식의 생각은 아주 곤란한 것이다.

2-27. 소중한 자존감을 지켜라!

자기 책상 위에 상장, 상패 등을 놓아두거나 걸어두지 말아라. 차라리 소중한 자존감을 지켜라!

대부분의 사람들은 집이나 직장 등에 자신의 책상을 하나쯤 혹은 그 이상을 보유하고 있을 것이다. 그리고 보통 그 책상의 머리맡이나 좌우측 혹은 주변의 벽 등에 여러 장식품들을 많이 걸어둔다. 그리고 그 장식품은 자신이 그동안 수상한 여러 상장, 상패 등과 같은 자랑거리들일 경우도 많다.

이런 것들은 자칫 삶에 지친 자신에게 위안이 될 수 있고, 잠시 자존심을 높이는 데도 도움이 될 수 있다. 그러나 거기에는 또한 남들에게 자랑하고픈 마음, 과시하고픈 마음들도 많이 포함되어있음을 부인하지는 못할 것이다. 남들의 출입이 빈번할 수 있는 곳에 상장 등을 걸어두는 경우라면 더욱 그러할 것이다.

그러나 이러한 자랑하거나 과시하고픈 마음을 달래고 가만히 다시 생각해보면, 이렇게 자기 책상 위나 그 주변에 상장, 상패 등을 두는 것보다는, 그런 것들을 대신하여 수수한 자기 사는 모습 중 중요한 순간들, 생활 속의 사진, 자신이 존경하는 사람의 사진, 부모의 사진, 비싸지 않은 예술작품, 아끼는 사람의 사진 등 주로 큰 자랑거리는 안 되지만, 자기 삶에서 소중한 의미를 지니는 그러한 장식물을 두는 것이 훨씬 좋다고 생각한다. 그 이유는 아래와 같이 생각된다.

첫째 자신의 인격 수양이나 명상에 관한 것이다.

사람은 항상 자신의 외면세계에 앞서 내면세계를 먼저 살펴야 한다.

어떻게 보면, 누군가가 자기를 알아주기를 바라는 마음 자체가 허영인 것이다. 그 누구도 알아주지 않더라도 항상 자신 있는 사람이 진정으로 꿋꿋하고 변함없는 인격을 가진 사람일 것이다.

책상 위의 장식품 (그림: founterior.com)

내면적 자신감으로 충만한 사람은 늘 자기 내면을 수양하고 성찰하며, 자신이 아직도 많이 부족함을 깨달을 것이고, 무엇보다 앞으로 해야 할 일에 집중할 것이고 과거의 영광에는 크게 의미를 두지 않는 경우가 대부분일 것이다.

이렇게 자신을 반성하고 채찍질을 하면, 주변 사람들뿐만 아니라, 자기 자신에게도 많은 도움이 될 것이다. 그리고 자신이 부족하다고 생각하고 있으니 앞으로 더욱 노력과 정진을 할 것이고, 거기에 따라 자신의 인격이나 성과가 더욱 커져 나갈 것이다.

둘째, '교훈'에 관한 것이다. 자녀와 배우자, 친구 등을 포함한 주변 사람들에게 과연 어떤 것이 보다 교훈적이고 감동을 줄 수 있을 것인가?

자기 책상 위에 자신의 화려한 활동을 증명해 보일 수 있는 상장, 상패 등을 놓아두는 행위와 수수하고 감동적이었던 생활 사진이나 자신이 존경하는 사람의 사진 등 자신의 자랑거리와는 다소 거리가 있는 것을 두는 행위 중에서 어떤 것이 더 주변인 혹은 관계인들에게 교훈적이고 흐뭇하고 풋풋함을 줄 수 있을까?

특히나 자라나는 자녀들이라면 부모의 책상 위에 선택되어 있는 장식품으로부터 부모가 무엇을 중시하고 무엇을 동경하는지를 더더욱 배워나갈 것이다. 그래서 가급적 부모가 애지중지하는 장식품들이 보다 교훈적이고 감동적인 것이라면 그들의 자라나는 인성 개발에 많은 참고가 되지 않을까?

혹시 상장, 상패 등의 자랑할 만한 것들도 나쁘지 않고, 자녀들에게 도움이 많이 될 것이라고 이야기하는 분들도 있을 것이다. 그러나 서두에 언급했지만, 사람은 자신의 외면세계에 앞서 내면세계를 먼저 살피고 성찰해야 하는 것이 아닐까? 또한 화려한 결과를 동경하기보다 그 순수한 과정을 보다 더 중요시 해야 하지 않을까? 특히 자녀들이라면 더더욱 그러한 인성적 부분에 감화되는 것이 더 중요할 것으로 보인다.

아마도 당신이 당신의 책상 위에 상장, 상패 등을 걸어두든 안 걸어두든 간에, 자녀들이나 주변인들은 이미 당신이 어떠한 대단한 상이나 상패를 받았는지를 다 눈치채고 있을 수도 있다. 오히려 그런 것들을 구태여 안 걸어둠으로써 당신은 당신의 인격을 더 크게 과시할 수도 있는 것이다.

지금 내 책상 위에는 별 특별한 것은 없다. 가장 눈에 띄는 것은 내 부모님 사진이다. 한 분은 돌아가셨고, 한 분은 생존해 계신다. 제사 때마다 그 사진(母)을 제사상 위로 모셨다가, 제사 후에는 다시 내 책상 위로 모신다. 이는 제사 지낼 때마다 어머니를 그리워하는 아버지를 위한 내 작은 배려이기도 하고, 내 가치이기도 한 것이다.

아버지는 원격(비대면) 제사 도중 영상 속에서 항상 어머니를 그리운 눈빛으로 보시는 것 같다.

"아무쪼록 당신의 소중한 인격과 자존감을 제대로 지키기 위해서라도, 책상 앞에 걸어둔 자랑거리(상장, 상패 등)를 과감히 치워버려라!" - Pa sayings

2-28. 작은 고객도 똑같이 소중하다!

작고 미약한 고객도 똑같이 소중한 법이다. 어떤 고객께도 항상 VIP를 대하듯 최선을 다하고 정성을 보여라!

사람들은 보통 작은 일에는 신경을 적게 쓰려 하고, 큰일이나 돈을 많이 벌 수 있는 일에는 신경을 많이 쓰려고 할 것이다. 당연한 것일 수 있다. 생물학적으로도 인간이 많은 일들을 더 효율적으로 처리하려면 당연히 그렇게 진화하여야 했을 것이다. 그러나 사람(고객)을 대하는 것에 대해서는 좀 달리 생각하여야 한다.

가령, 손님이 자기 가게에 물건을 사러 들어와서 가격이 적게 나가는 물건들만 만지작거리고 있으면, 아마 주인의 마음에는 “하나 더 팔아도 그만이고, 하나 덜 팔아도 그만이다”라는 생각이 은연중에 들어서 별로 신경도 안 쓰고, 때로는 불친절해질 수도 있다.

그러나, 작은 손의 손님도 그 손님 하나로 끝나는 것이 아니다. 앞으로 전개될 수 있는 입소문이나 SNS, 댓글 등의 파장은 어떻게 할 것인가?

더 중요한 문제는, 그러한 불친절이 반복된다면 주인의 마음이 스스로 점점 황폐화되어갈 수밖에 없다는 점이다. 장사를 잘하려면 기본적으로 친절이 몸에 배야 할 텐데, 그런 불친절한 습관이 심해지면 나중에는 은연중에 불친절의 강도나 횟수가 증가하고, 급기야는 가게의 문을 닫아야 할지도 모를 일이다.

무엇보다, 작은 손의 손님이든, 큰 손의 손님이든, 손님을 대하는 태도가 한결같아야 함은 바로 네 인격 자체이기도 함을 알아야 한다.

또한, 요즘은 인터넷 구매가 부쩍 많은데, 가령 인터넷 구매 방법으로 사과 한 박스를 주문하였다고 생각해보자. 그런데 택배로 받은 물건을 기대를 잔뜩 하고서 뜯어보니, 흠집이 있는 사과가 많이 섞여 있다면 그 가게의 물건을 재구매할 마음이 생기겠는가? 더구나 댓글에 상품에 대한 평점은 최하의 점수를 받을 수 있고, 나쁜 리뷰 또한 달릴 수 있을 것이다. 한 치의 앞도 내다보지 못하고 그저 당장 자기의 흠집이 생긴 사과를 어떻게든 하나 더 팔아서 조금의 돈이라도 더 벌어보려는 얄팍한 마음이 안타깝다 못해 불쌍한 것이다.

꼭 흠결 있는 사과를 처분해야 한다면, 흠결이 있다고 공개적으로 표시를 하고, 별도의 가격을 매겨서 팔아야지, 얕게 속이거나 슬쩍 어물거려 넘어가려는 속셈은 결코 좋지 못하다는 뜻이다.

작은 것 하나에도 정성을 다해라 (그림:.hgtv.com/outdoors/gardens)

물론 이렇게 꼭 입소문이나 댓글, 평점, 리뷰 등이 매우 무서우니, 그래서 바르게 장사를 하라는 것만은 아니다. 무엇보다 거짓으로 속여 팔지 않고, 항상 고객에게 친절하게 상대하고, 정직한 정보를 제공하는 등의 문제는 장사하는 사람들의 고객을 대하는 기본적 도리라고 스스로 생각할 수 있어야 마땅한 것이다.

대학이나 학원에서 강의하는 교수들도 고객(수강생)이 많으면 제대로 열심히 강의하고, 수강생이 적으면 적당히 시간을 때우려고 하는 타성에 젖을 수도 있다. 그러나 이러한 행동 또한 매우 좋지 못하다.

적은 수의 수강생도 그 개개인의 입장으로 보면, 소중한 시간을 내어 강의에 참석한 것이고, 많은 수강생이 있는 학반과 똑같은 수강료를 내었을 텐데 제대로 된 대접을 못 받는다면 어디 타당하겠는가?

교수는 수강생이 단 한 명만 출석하여도 그 학생에게 전해주어야 하는 학습에 최선을 다하여야 하는 것이다. 물론 학생 수가 아주 적으면 강의의 방식은 다소 달라질 수도 있겠지만, 그 학생이 원하는 학습권을 최우선적으로 챙겨주고 존중해주어야 할 것이다.

이렇게 몇 가지 예를 들어 설명해보았지만, 또 한가지 중요한 점이 있다. 여기서 언급한 고객이라는 것이 당신 외의 모든 사람이 될 수가 있는 것이다. 배우자, 자녀, 부모, 회사원, 친구, 손님 등 당신이 상대하는 모든 사람들에게 그 상황에 맞게 친절하게 잘 대해 주어야 한다는 것이다. 그 모든 사람들이 또한 네 인생길에 소중한 고객이라고도 보아야 할 것이기 때문이다.

그리고 고객에 대한 배려는 더 크게 생명에 대한 배려로 커져 나갈 수 있었으면 좋겠다. 심지어는 자신이 기르는 애완동물, 자기 집 화분의 식물 한 포기에 이르기까지도 정성을 다해야지, 그렇지 못하고 대충 대하다가는, 어떠한 방법으로든 당신에게 반격을 가하거나, 영영 이별을 고할 수도 있을 것이다.

2-29. 삶의 소중한 고두보를 만들어라!

꼭 이루고 싶은 바가 있다면, 그래서 그 성취를 위한 집중도를 높이고 싶다면, 일단 집중하는 곳의 관점 혹은 범위(면적)를 최대한 좁히는 것이 좋다.

적지 않은 사람이 자기 인생에서 뭔가 하고 싶은 것도 많고, 이루고 싶은 일도 많은데, 정신적으로는 너무나 산만하고 도무지 집중이 안 되어 무엇 하나 제대로 이루어내는 것이 없는 경우를 많이 본다.

우리가 학교 다닐 적에 과학 실험에서, 햇빛처럼 강한 빛에 돋보기를 갖다 댄 후 초점에 검은색 종이를 놓으면 연기를 내며 타들어 가는데, 이 실험에서는 어느 학생이 종이 위에 초점을 더 작게 맺힐 수 있는가 하는 것이 핵심이 된다. 이것은 돋보기가 많은 햇빛의 량(에너지)을 작은 점 하나에 집중시켜 그만큼 큰 힘을 낼 수 있게 된 결과이다.

이렇듯 우리네 인생에서도 자신이 간절히 원하고, 또 공략하고픈 대상의 가장 약한 고리를 잘 찾아내고, 거기 작은 한 곳에 먼저 집중할 필요가 있는 것이다.

만약 집중하는 곳이 너무 넓으면 에너지가 분산되어 제대로 힘을 쓸 수가 없다. 일부러라도 그 범위를 좁게 하는 것이 좋다. 마치 송곳의 끝이 뾰족할수록 물건을 더 잘 뚫을 수 있듯이, 관점이나 범위가 좁으면 좁을수록 더 큰 집중도가 생기고 해결의 실마리가 잘 풀려나갈 것이다.

예를 들어, 어마어마하게 큰 댐이 무너지는 것도 처음에는 작은 구멍 하나에서부터 시작되는 것이다. 그리고 한번 무너지기 시작하면 도미노처럼 순식간에 거대한 댐이 붕괴되고 마는 것이다. 정말로 경이로운 일이다. 그 거대한 댐이 바늘구멍만 한 작은 구멍 하나로 결국은 붕괴될 수 있으니 말이다.

화산지형의 경우에도 마찬가지이다. 화산은 지구의 약한 고리 즉, 일반적으로는 지각판의 경계 부분에서 많이 일어난다. 지각의 두 판이 갈라지거나 충돌하는 곳에서 활발한 화산활동이 일어나서 지구 내부의 마그마 등의 물질이 지구 표면을 뚫고 나와 분출하여 만들어진 지형이 바로 화산이다.

제주도의 한라산, 울릉도의 성인봉, 백두산 등도 바로 이렇게 만들어진 화산지형인 것이다. 그리고 이러한 지형은 땅속 마그마가 지구의 약한 고리, 즉 약하고 아주 미세한 틈을 타고 흐르다가 점점 더 그 틈이 벌어지고 급기야는 지구 표면에 도달하여 큰 화산과 분화구(한라산의 백록담, 울릉도의 나리분지, 백두산의 천지 등)를 만들어내는 형태로 생성된다.

인생에서도 진정 목표하는 바가 있다면, 처음에는 자신이 비교적 잘할 수 있는 것, 비교적 공략하기 쉬운 매우 좁은 범위에 한정하여 집중적으로 공략하는 것이 좋다. 그렇게 해서 일단 공략의 교두보를 확보한 이후, 점점 진행해 나가면서 약간씩 그 공략의 범위를 넓혀나가면 목표한 큰 결과에 도달할 수 있는 것이다.

우리가 전쟁을 할 때도, 산의 봉우리를 등정할 때도 먼저 목표를 달성하기가 상대적으로 용이하고, 비교적 약할 수 있는 고리를 잘 발견하고 거기에 집중 공략을 가하여 일단 교두보를 확보하는 것이 중요하다. 그래야 이후 거기에 베이스캠프를 치고, 더 추진할 힘을 얻고, 채비를 하여 전면 공격이 가능해지는 것이다. 그리하여 점점 더 목표한 지점으로 가까이 갈 수 있는 것이다.

물론 성공에 대한 불확실성이 매우 클 수 있는 목표를 공략할 경우에는, 두 지점을 동시에 공략하는 것도 가능하다. 그러나 일반적으로 세 개 이상의 지점을 동시에 공략하는 것은 좋지 않다. 그리고 두 지점을 동시에 공략하더라도 그 두 지점 모두 좁은 영역(목표)에 한하여야 하며, 또한 먼저 한 곳이 뚫릴 가능성이 높아지기 시작하면 그 곳으로 모든 힘을 집중하여 완전히 뚫은 후, 그다음 나머지 한 곳마저 정복하면 될 것이다. 즉, 모든 전과정에서 무엇보다 '선택과 집중'이 중요하다.

베이스캠프 (그림:.lonelyplanet.com/articles)

이렇게 처음의 선택은 최대한 그 범위를 좁히고, 집중도를 최대한으로 끌어올려야 소중한 교두보를 드디어 만들어낼 수 있는 것이고, 이것은 자신의 인생 최대의 성과를 얻어낼 수 있는 든든한 베이스캠프가 되어줄 수 있을 것이다.

2-30. 진퇴는 서릿발처럼 판단해라!

삶은 선택과 판단의 연속이다. 아침부터, 아래와 같은 여러 고민들이 온종일 꼬리에 꼬리를 문다.

"지금 일어날까 말까?"

"점심은 무엇을 먹지?"

"저녁에 운동을 할까 말까?"

"저녁 회식에 참석할까 말까?"

"친구에게 전화를 할까 말까?"……

이러한 일상적인 판단보다, 아래와 같이 훨씬 중요하거나 심각한 판단들도 많다.

"직장에서 퇴사를 할까 말까?"

"아주 큰 투자 건이 있는데, 과연 투자를 할까 말까?"

"세금 문제 때문에 부동산을 어떻게든 처분해야 할 상황 같은데, 누구에게 어떤 방법으로 처분할까?……

먼저 언급한 일상적으로 필요한 판단들은 한 번의 판단으로 자기 삶에 그리 타격을 주는 일은 거의 없으므로 쉽게 쉽게 판단하는 편이 오히려 좋다. 그리고 번복하는 일이 될수록 적어야 좋다. 만약 일상적인 작은 판단마저도 이랬다, 저랬다 번복하기를 좋아한다면, 이 경우에는 그 판단 자체가 문제가 아니고, 그 번복 자체가 문제로 되어 사회생활에서 신뢰나 신임을 잃는다든지, 생활의 비효율성이 증가한다든지 하여 자기 인생에 많은 마이너스를 가져올 수 있다.

그다음 매우 중요하거나 심각한 판단들에 대해서는, 과연 어떻게, 어떤 마음으로 하는 것이 좋을까?

결론적으로는, 검토는 면밀하고 다면적으로 하되, 최종 판단은 서릿발 처럼 단호히 내리고, 되도록 뒤돌아보지 않는 것이 좋다.

추상같은 판단 (그림: ajp.com.au)

먼저 검토를 면밀하고 다면적으로 하라는 것은, 큰 건일수록 한번 판단하면 바꾸기가 매우 어려우니, 신중에 신중을 기해서 하는 것이 좋으며, 고려 대상의 한 가지 면만 보지 말고 다면적으로 검토를 하라는 것이다.

가령, 다니던 직장에서 어떤 심한 스트레스로 인해 퇴사를 할 수도 있는 상황인데, 단지 현재의 스트레스를 피하기 위한 방편으로 퇴사를 하면 안 되고, 퇴사를 한 후 먹고 사는 문제 혹은 가족의 부양 문제는 어떻게 할 것인지, 다음 직장은 쉽게 구할 수 있을 것인지, 현 직장의 상사나 다른 동료들에게 피해가 가는 일이 없는지, 나의 주특기나 장래에는 문제가 없는지, 현 직장에 대한 법적·도의적 책임은 없는지, 인수인계에 관한 무리는 없는지 등 다면적인 모든 것들을 꼼꼼히 그리고 아주 면밀하게 따져서 최종 결정을 할 문제이다.

다른 예로, 회사에 큰 투자가 필요한데, 막대한 자금이 들어간다고 하면, 과연 본 건을 계획대로 진행해도 될지를 결정할 때도 단순히 회사의 규모나 매출을 키우고 자신의 실적을 올리려는 마음에서 결정을 내리면 절대 안 될 것이며, 은행 차입 시 회사의 신인도 하락의 정도, 가능한 입찰 참가 자격의 유지 가능 여부, 주가에 영향 정도, 다양한 주주들이나 직원들의 피해 여부, 향후 회사의 발전 방향에 맞는지, 회사가 추구하는 가치에 부합되는지, ESG(친환경 여부, 기업의 사회적 책임이나 규범 등)와 지역사회에 미치는 영향이 없는지, 혹시라도 법적·도의적으로 문제가 되는 면이 없는지 등 다양한 방면의 판단 기준을 아주 꼼꼼하고 다면적으로 따져볼 일인 것이다.

그리하여, 이러한 검토들이 모두 끝났으면, 그다음에는 서릿발처럼 최종 판단 및 결정을 내리고, 결코 미련을 가지지 말아야 좋다는 것이다. 이미 자기 손을 떠난 일에 대해 자꾸 미련을 가지면 스트레스만 가중될 것이다. 이렇게 미련을 갖지 않아서 머릿속을 비워두어야 그다음에 더 부가가치 있는 또 다른 일에 집중이 가능해질 것이다.

혹여나 우유부단하여 우물쭈물하거나, 불필요한 미련을 갖는 습관이 있다면, 어떤 판단 후에도 개운치가 않을 것이며, 자칫 판단의 전후를 모두 놓치는 수가 있다. 즉 사사롭거나 작은 것에 발목을 잡히기 시작하면 후속되는 다른 큰일과 큰 결정에 막대한 지장을 초래할 수 있을 것이다.

그런데 만약, 그 판단의 대상이 도의적 책임을 낳을 수 있는 문제이거나, 사회적 규범이나 법률과 관련된 문제라면, 이러한 것은 사사로운 개인적 이익 측면과 기업의 이익 측면을 넘어서는 공익이나 국익과 관련된 문제일 수 있으므로 더욱더 공정하고, 정당한 절차를 거쳐서 판단을 내려야 하고, 주변의 어떠한 압력이나 유혹에도 흔들리지 않는 의연함을 보여 주어야 하며, 최종적 결정 이후에는 되도록 흔들리지 않도록 해야 한다.

예를 들어 우리 회사가 하려는 일에 사회적 책임(ESG)의 위반이나 법률적 하자가 발생할 것으로 판단이 된다면 단호한 반대 결정을 하거나, 방향의 전환이 속히 필요할 것이고, 다른 작은 이익이나 유혹은 돌아볼 필요도 없을 것이다.

"삶은 태도의 문제이다."라는 말이 있다. 우리의 삶은 무수한 판단의 연속이라고 할 수가 있고, 확실히 판단하여야 할 큰 문제 앞에서는 절대 우물쭈물 대지 말고, 다면적 검토를 철저히 실시한 후에, 마치 서릿발처럼 명확하게 결론을 내리고, 부조리하거나 불확실한 것들과는 단절을 고하고, 모든 미련을 털어낼 수 있어야 네 삶이 편해지고, 앞으로의 더 중요한 일에 매진할 수 있겠다.

2-31. 소중한 에너지를 모으고 집중하여라!

자기 삶에서 항상 소중한 에너지를 모으고 집중하는 습관이 필요하다!

천재 아인슈타인은 동료의 전화번호도 못 외웠다고 한다. 아니, 당연히 안 외웠다고 하는 것이 맞을 것이다. 그는 자신의 뇌를 효율적으로 쓰기 위해서 불필요한 것은 절대 암기하지 않았다. 전화번호나 일상적인 것은 노트에 많이 적어두었다가 필요할 때마다 찾아 쓰는 편이 낫다고 생각한 것이다. 그래서 남는 에너지는 몽땅 물리학 연구 등 본인이 의미가 크다고 생각하는 곳에 몰아넣은 것이다.

사실 우리의 뇌는 많은 것을 담아놓으면 그 데이터를 관리하는 데에도 에너지가 많이 소모되고, 그 용량이 꽉 차서 다른 데이터를 더 담을 수가 없게 된다고 한다.

따라서 자신의 머릿속을 항상 최대한 비워두어서 그 용량에 어느 정도의 여유가 있어야, 상대적으로 의미 있고 가치 있는 일에 자신의 소중한 에너지를 집중하는 것이 가능해지고, 목표한 삶의 질이나 가치를 올릴 수 있는 것이다.

그렇다면, 삶의 에너지를 집중할 수 있는 방법은 무엇인가?

첫째, 삶 속의 많은 사건들과 정보를 되도록 많이 삭제하고 잊어버려라.

이것은 마치 컴퓨터의 메모리에서 필요 없는 것을 삭제하여 정보처리 능력을 올리는 작업과 유사한 것이다. 즉 머릿속을 많이 비워야 유익한 정보를 추가로 많이 담을 수 있는 것이다.

둘째, 과거에 대해 미련을 갖지 말아야 한다는 것이다.

만일 이미 정리히고 끝낸 사건에 대해 미련을 버리지 못하고 자꾸 회고하여 괴로워하거나 고민하는 것은 매우 좋지 못하다. 이런 의미 없는 일은 과감히 단절하고 다가올 미래의 가치에 집중해야 하는 것이다.

아인슈타인의 휴식 (그림:.huffingtonpost.kr)

셋째, 중요히 기억해야 하는 것을 항상 분류하고 기록을 잘 해라. 단, 항상 검색이 잘 되는 방법(자료를 디지털화하든지 혹은 노트 등에 견출지나 색인표를 붙이는 방법 등)으로 해야 한다.

하루에도 엄청난 데이터가 쏟아지는 것이 현대사회이다. 이런 데이터의 홍수 속에서 꼭 기억해야 하는 정보와 유익할 만한 정보는 분류를 잘 하고 체계적으로 정리를 해두어서 필요할 때 언제든지 찾을 수 있어야 한다. 그 정리해둘 곳은 스마트폰이나 노트북, 컴퓨터, 노트, 저장매체 등 어떤 방법이라도 좋을 것이다. 그러나 만약 검색이 용이하도록 해놓지 않으면 그 쓰임새가 매우 제한적일 것이다.

넷째, 서두르면 안 되고, 수시로 쉼을 가져라,

우리의 뇌는 휴식이 있어야 효율이 올라간다고 한다. 목표한 바를 이루기 위해 서두르는 것은 금물이다. 즉,

"바쁘면 지는 것이니. 차라리 '느림의 철학'을 택하여라!"

- Pa sayings

또 밤에 충분히 자는 것은 물론이고, 점심식사 후라든지, 자신의 생활 패턴에 맞게 자투리 시간을 골라서 충분히 휴식을 취할 수 있도록 하는 것이 좋다.

다섯째, 거시적 관점을 먼저 가진 후, 미시적 관점을 가져라.

이를테면 어떤 일이든 그 전체적인 틀(프레임)을 먼저 잡고 나서 그 일의 세부 사항을 처리하는 것이 좋다. 흔히 "숲을 먼저 보고, 나무를 보라."라는 말이 있듯이, 숲을 보지 않은 상태에서 나무만 보고 판단하다가는 금방 길을 잃어버리는 수가 있다. 뭔가 목표하는 바에 집중하려면 전체적인 큰 틀을 먼저 만들고, 그 세부적인 살을 붙여나가는 방법이 가장 효율적이고 정확한 방법이라는 것은 이미 여러 분야에서 증명된 사실이다.

여섯째 불광불급(不狂不及) 이다.

불광불급이라는 말은 "미치지 않으면 도달하지 못한다."라는 뜻인데. 자기가 하고자 하는 일에 그만큼 집념을 가지고 고도로 집중해야 자기가 원하는 경지에 이를 수 있다는 의미로 해석해볼 수 있겠다.

예전 고려 말에 태어나 조선 초에 주로 활동한 '최홍효'라는 이름의 명필이 있었는데, 하루는 과거시험에 응시하여 시험장에서 시험을 치르는데, 자기가 쓴 답안이, 자기가 그토록 따라 쓰려 노력했던 왕희지의 글씨체와 같은 수준으로 써지게 되어 한없이 기뻐했다고 한다.

그래서 자기 글씨에 도취한 채 오랜 시간 뚫어지게 보고 또 보던 그는 자신이 쓴 글이 아까워서 차마 과거장에 제출하지 못하고 답안지를 옷 속에 품고 집으로 돌아왔다. 우연히 왕희지와 같게 써진 필치, 그 글자

앞에서 과거급제의 꿈마저 까맣게 잊고 말았다는 고사에서 이 말이 유래되었다고 한다.

이렇게, 자기 삶에서 아래와 같이 한번 살아보는 것도 상당히 의미 있는 일일 것 같다.

"삶에서 목표를 달성하지 않아도 상관없을 정도로 여한 없는 집중을 한번 해보아라!" - Pa sayings

2-32. 가장 소중한 것은 눈에 보이지 않는다!

가장 소중한 것은 눈에 보이지 않으니 마음으로 느끼고 깨달아야 한다!

사람에게 가장 소중한 것은 저마다 그 정형화된 형태도 없고, 그 대상이나 범위도 정해진 것이 없다. 단지, 스스로 마음으로 귀함을 느끼고, 사랑하는 마음이 저절로 생겨나는 것을 말한다고 할 수 있다.

그렇다면 과연 자신에게 가장 소중한 것(가치)은 방법론적으로 어떻게 찾을 수 있을까?

개인마다 가장 소중히 생각하는 가치는 모두 서로 다를 것이니, 남에게 물어볼 수도 없는 것이며, 특정한 기준을 이야기할 수는 없다. 단지 아래와 같이 고려할만한 관점을 몇 개 정리해보자.

첫째, 보상과 무관한 가치이어야 한다.

소중한 가치는 무엇보다 돈을 많이 벌 수 있다든지, 내가 어떤 이득을 보겠다느니 하는 개념과 무관해야 한다. 그런저런 보상 없이도 스스로 만족할 수 있는 수준이 되어야 한다.

둘째, 편안하게 대할 수 있어야 한다.

소중한 것을 대할 때는 마음에 불편함이 없어야 하고, 편안하고 부담이 없이 대할 수 있어야 한다. 마음에 뭔가 안정과 위안을 가져다주지 못하는 가치는 소중한 가치일 수가 없다.

셋째, 뇌리에 꽂히느냐?

소중한 것은 현재의 나의 능력과는 무관하다. 이를테면 '그림 그리기'가 당신에게 소중하다면 현재의 실력에 연연할 필요가 없을 것이다. 설령 그림 그리기에 실력이 부족하더라도, 그것이 돈벌이가 아닐진대, 그냥 배우고 즐기고 몰두하면 될 일이다. 중요한 것은 직관적으로 자기 뇌리에 와 꽂히는 그러한 것이 자기 가치에 보다 가까울 것이다.

넷째, 접근성이 좋거나 소질이 있어야 한다.

소중히 간직할 것에는 그 도달할 수 있는 접근성이 좋은지를 생각해보아야 한다. 이를테면, 내가 음악 작곡가나 지휘자 등을 아무리 동경한다고 하여도, 거기에 접근성이나 주변 배경(인프라, 주변 환경 등)이 부족하다면 배우기가 매우 힘들 것이다. 그러나 주변에 아주 유능한 멘토가 있다든지, 자신의 특출한 소질이 있다면 접근성이 다소 부족하더라도 극복이 가능할 수 있겠다.

소중한 것 (그림:.manchestereveningnews.co.uk/news)

다섯째, 주변과 상생하여야 한다.

소중한 것은 가능한 한, 어느 누가 보더라도 두루 좋은 것이어야 한다. 자신이 좋아하고 소중히 한다고 하여도 주변에 피해를 주면 곤란한 것이다. 예를 들어, 내가 기르는 애완견이 내게는 아무리 훌륭하여도 주변 사람에게 심하게 위협을 준다면, 어떻게든 다른 훈련 방법이나 다른 해결 방법을 모색해 보아야 한다.

여섯째, 평생을 바쳐서 사랑할 만한 일인가?

금방 싫증을 낼 수 있는 것은 소중한 것으로서의 가치가 매우 적다. 그 가치가 내게 매우 훌륭하여 어떤 상황에서도 항상 좋아할 수 있는 것이어야 한다. 물론 평생이라는 말은 누구도 장담하기는 어렵겠으나, 그만큼 긴 시간을 함께할 수 있을 정도의 가치를 지녀야 한다는 것이다.

이렇게 소중한 것이 어떤 것인지를 살펴보았는데, 이러한 소중한 것은 꼭 하나일 필요는 없다. 오히려 하나면 외로울 수도 있을 것이다. 자기 인생에서 참으로 소중한 것에는 두 개 혹은 그 이상도 얼마든지 가능할 것이다.

요즘 여러 매체에서는 달인, 명인, 장인, 명장들이 많이 소개된다. 이런 사람들은 자신들이 소중히 여기는 것을 주특기로 삼아 계속 발전시켜 어느 정도 경지에 이른 사람들일 것이다.

예를 들어, 호떡 만들기를 열심히 연구하여 국내 호떡 일인자가 된 사람, 꽈배기를 열심히 만들고 연구하여 전국에서 찾아와 줄을 서서 기다리게 하는 달인 등 많은 사례들이 있다.

또 손흥민 선수는 어떠한가? 내 생각에는, 손흥민에게 축구는 곧 달인의 수준을 넘어 종교의 수준일 것 같다. 동양인으로서 신체적 조건을 그렇게 내세울 것도 없었을 것이고, 특별히 내세울 수 있는 배경은 더더욱 없었을 것이지만, 모든 것을 극복하고 스스로 자신의 소중함을 발전시켜 최고에 가까운 경지에 오른 것이다.

이렇게 자신에게 진정 소중한 것은, 처음에는 아주 미약하거나 보잘것 없을 수 있어도, 스스로 좋아하고 사랑하며 소중히 여겨 그것을 잘 업그레이드시켜 나가다 보면, 나중에는 그 능력이나 값어치가 점점 더 성장하여 아주 큰 보배가 되어줄 수 있는 것이다.

"네게 아주 소중한 비전과 가치를 한번 찾아내고 키워 보아라, 어떠한 고통도, 쓰라린 아픔도 모두 감내할 수 있을 것이고, 달콤한 유혹조차도 포기할 수 있을 것이다!" - Pa sayings

2-33. 그 누구도 배신할 수 있음을 인정하라!

세상 그 누구도 너를 배신할 수 있음을 인정하여라. 심지어는 네가 가장 아끼는 사람마저도 예외는 아니다.

애당초 배신을 거부하려는 마음이 네게 있었다면 그것은 너의 욕심이자 사치였을 것이다. 다소 역설적인 측면에서 보면, 당신이 무슨 자격으로 그들의 배신을 거부할 수 있는가? 당신은 상대인 그 사람과 그동안 단지 인간관계를 맺었을 뿐이고, 배신을 하고 말고는 그 사람의 몫인 것이다. 만약 그 사람과 법적인 문제가 있다면 그것은 별개의 문제이다.

인간관계는 항상 변화무쌍하다. 아무리 많은 친밀한 인간관계를 맺고 있더라도 너는 근본적으로서는 홀로 이 지구상에 있는 것이다. 배신이라는 마음은 기본적으로 상대방에게 무언가 대가나 보상을 바라기 때문에 생기는 것이다. 대가나 보상을 생각하지 않았다면 애당초 배신도 없는 것이다.

따라서 서로 거래관계가 아니라면, 대부분의 일반 인간관계나 교류에서 대가나 보상을 받을 생각을 하지 말고, "그냥 준다" 혹은 "바라지 않는다"는 마음을 가지는 것이 편안할 것이다. 그리고 가능하면 조건부로 무엇을 약속하지 말아라. 구태여 그로 인한 스트레스를 무엇 하러 만드는가? 설령 말로써 어떤 약속을 했더라도, 받을 것은 가능한 한 바로 잊어버려라. 그냥 쿨하게 줄 것만을 기억하여라.

예를 들어, 당신이 친구와 농사일을 품앗이(한 사람이 어떤 일에 대하여 도와주면, 상대편이 그것에 대한 대가로 다시 도와주는 방식으로 하여, 농번기에 서로 일손을 주고받는 방식)로 서로 도와주기로 하고, 내가 먼저 도와주었는데, 그 친구는 네가 필요한 시간에 다른 일이 있다는 핑계로 도와주지 않았다고 가정을 한번 해보자.

그러면 당신은 큰 실망을 가지고, 상대 친구를 욕할 수도 있고, 약속을 안 지켰다고 서로 싸울 수도 있을 것이다.

품앗이 (그림: ncms.nculture.org)

그러나 만약 애초부터 당신이 그 친구를 위해서 도와주는 것에만 초점을 맞추고, 나중에 다시 도움을 받는 것에 대해서는 "별로 신경 안 쓰겠다!"라는 마음을 가지고서 그냥 쉽게 약속하였다고 해보아라.

아니나 다를까, 친구가 약속을 어겼다고 하면, 그래도 별로 화가 나지 않을 것이다. 애초부터 당신 마음가짐의 초점이 힘든 친구를 위해 도와주는 것에만 맞추어져 있었으니 말이다.

만약 그런 후 나중에, 친구가 "그때는 참 미안했다!, 내가 피치 못할 사정이 있어서 그만~"이라고 말을 하면서 다른 도움을 준다고 하면 그 도움은 오히려 '덤'이라고 생각될 것이다. 그리고 앞으로의 친구와의 관계는 오히려 더 돈독해질 수도 있으리라.

소중한 당신은 세상에 무엇이든 선한 마음으로 아낌없이 내어주고, 결코 아까워하지 말아라. 그리고 보상과 대가에는 별로 관심을 갖지 말아라.

그리하여 네 소중한 인생에서 절대 무엇에도 상처받지 말고, 스트레스도 받지 말고, 온전히 편안한 생(生)을 누릴 자격이 있는 것이다.

2-34. 잘못은 바로 인정하여라!

잘못은 바로 인정하고, 주장은 단숨에 하는 것이 좋다!

여러 대인관계에서 '잘못'을 바로 인정하는 경우가 매우 적은 것 같다. 그러나 사람들이 자기 잘못을 보다 잘 인정하고 이해를 구한다면, 사람 간의 관계에서 바로 다음 진도가 매끄럽게 잘 나갈 수 있을 것인데, 그 놈의 알량한 자존심 때문에 잘못을 쉽게 인정하지 못하게 되는 경우가 많으며, 이렇게 되다 보니 그 대화나 서로 간의 관계는 계속 정체되거나 답보상태를 보이고 마는 경우가 많다.

또한, 자신의 맞는 주장에 대해서는 머뭇거리지 말고, 단숨에 하는 것이 좋다. 이는 무조건 근거도 없이 확신을 가지고 주장하라는 것이 아니고, 과도하게 자기주장만 하라는 것은 더더욱 아니다. 있는 그대로의 사실(fact) 그 자체를, 혹은 자신이 평소에 가진 확신적 의견 등을 우물쭈물 대지 말고 단번에 주장하라는 것이며, 기회를 놓치면 그 효과가 반감되기 마련이다.

전국시대 위나라 출신의 진나라 정치가이자, 저명한 군사가였던 범저는, 연나라 사람으로 유세가 뛰어난 채택(蔡澤)이 진나라로 들어와서 자신의 잘못(범저 자신이 추천한 사람들이 적국과 내통하거나 투항한 사건 등)을 지적했을 때 처음에는 화를 내며 채택을 잡아 오도록 명하는 등 소란을 떨었지만, 이후 채택과 많은 이야기를 나누는 과정에서 권력에 대한 자신의 욕심이 지나쳤음을 깨끗이 인정하고 며칠 뒤 조정으로 들어가 소양왕에게 채택을 천거하고, 자신은 사직을 청하였다고 한다. 이처럼 자신의 잘못을 꼬치꼬치 지적하는 이에게, 그 주장이 과연 맞다면 흔쾌히 인정하고 사죄하는 인물은 역사적으로도 매우 보기가 드물다. 이렇게 하여, 범저는 적당한 때에 쿨하고 미련 없이 떠남으로써 여생을 편안히 보낼 수 있었다.

세계적으로 과거의 많은 권력자들 또한 자신의 막강한 권력을 남용하여 끝없이 질주하고, 주변의 많은 우려와 지적에도 아랑곳하지 않고 날뛰다가 결국은 초라한 말년을 맞이한 사례들이 드물지 않다.

또한 우유부단한 성격으로 자신이 해야 할 역사적 주장과 소명을 다하지 못하고, 무덤까지 진실을 가지고 들어가 버리는 바람에, 미해결된 역사적 많은 사건들의 진실을 알 수 없게 되어 아쉬운 경우도 많다.

I'm sorry (그림:.youtube.com)

우리나라 사람들은 일반적으로 "미안하다, 죄송하다"는 표현이나, "잘못되었습니다"라는 시인에 인색한 편이다. 외국인들에게서는 생활상에 "I'm sorry", "My Apologies", "Pardon Me" 등의 표현이 어렵지 않게 표출하는 것을 볼 수 있는데 반해, 우리나라사람들은 대개 무뚝뚝하거나, 심지어는 자신의 잘못이 누가 보더라도 확실한 상황에서도, 그 잘못에 대한 시인 자체를 거부하려는 경향을 가진 사람도 많다.

이렇게 되면, 가장 큰 문제는 서로 간 마음의 펜딩상태(사건의 미해결상태 자체를 말함)를 초래하여, 장시간 관계의 단절을 가져오기 쉽다는 것이다.

사실 웬만한 실수에는 자신이 잘못되었다고 인정만 쿨하게 해주어도 그 관계가 바로 회복되는 경우가 대부분이다. 그런데 이러한 잘못에 대한 인정이 없으면, 상대방은 그 인정을 받아내기를 기대하며 계속 기다릴 수도 있고, 그러한 인정이나 시인을 받아내기 위해서 더 무리한 요구를 할 수도 있는 것이다. 즉 점점 그 관계의 상황이 더 나빠져 가는 악순환의 고리가 만들어지는 경우가 많다.

따라서 우리는 아주 작은 잘못이 있어도 그냥 쉽게 "미안합니다", "죄송합니다", " 저 때문에 다치지 않으셨습니까?", "제가 잘못 생각했습니다", "저의 실수입니다", "제 때문에 마음 상하셨죠!"라는 등의 말을 달고 사는 것도 좋은 태도일 수 있다.

삶은 결국 태도의 문제이지 않은가? 항상 자기 자신을 낮추고, 상대방을 높이고 배려하며, 사소한 것에도 감사할 줄 아는 태도를 가진다면 당신의 인격도, 삶도 보다 빛나고, 대단해질 것이다.

2-35. 문제의 보다 넓은 범위를 조명하여라!

문제(트러블)의 실체보다 훨씬 더 넓은 범위를 조명하는 것이 좋다!

우리는 살아가면서 어떤 문제(트러블)에 봉착하였을 때, 보통 그 해결 방법으로 문제가 되는 부분에만 집중하려는 경향이 있다. 이렇게 너무 문제가 발생한 부문에만 집중하게 되면, 전체적으로 문제 해결의 큰 그림을 놓칠 때가 많다. 물론 이 경우 문제에 대한 검토 범위를 너무 키워 버리면 검토할 판이 너무 커져서 감당이 안 된다고 변명을 할 수도 있겠다. 그러나 그런 변명을 늘어놓다가 자칫 문제의 제대로 된 해결이 요원해지는 경우를 많이 본다.

이를테면, 부모가 성적이 부진한 자식에게 그 원인을 잘 파악하고 치유를 해주어야 하는데도 불구하고, 그냥 공부하라고 자주 다그치기만 한다든지, 매일 공부하는 시간과 공부한 량만을 체크한다든지, 학원에만 보내려 한다든지, 기타 돈으로 해결하려고 하는 등의 어리석음을 범하는 경우가 있다. 물론 공부를 얼른 잘해서 곧 다가올 시험에 좋은 성적을 내야 한다는 다급함 때문이라고 변명을 할 수 있겠지만, 이는 결코 좋은 방법이 못 된다.

무엇이든 근본적인 대처가 중요한데, 일단 자녀와의 소통을 통해서 가급적 그 원인을 구체적으로 파악하고 대책을 세우는 것이 좋겠다.

그리고 여기서 근본적인 대책이란 보다 근원적이고, 확실한 방법이어야 하며, 그것은 대개 다소 문제의 범위를 넓혀서, 처음부터 충분한 대처가 되도록 계획을 짜는 것이다.

우리에게 잘 알려진 맹모삼천지교(孟母三遷之教; 맹자 어머니가 맹자의 공부를 위해서 이사를 세 번 하였다고 하는 고사)라는 고사를 한번 보자.

만일 맹모(맹자 어머니)가 자식이 공부를 등한시한다고 하여, 다그치거나, 책을 사준다든지, 서당을 보내준다고 하는 등 지엽적으로 대처를 한다면 결코 목적을 달성하기 어려웠을 수도 있다. 맹모는 자식의 공부를 위한 근본적인 대처 방법으로서 공부하는 환경을 제대로 만들어 주는 방법을 택했는데, 이 방법은 간단하지 않고 어려운 방법이었겠지만, 근원적 해결에 보다 가까이 갈 수 있는 방법이었을 것이다.

맹모삼천지교

(그림:.guwenxuexi.com/classical)

다른 예로, 우리가 치아가 아파서 치과 치료를 할 때도, 아픈 곳만 때워서 치료를 얕게 하게 되면, 얼마 가지 않아서 치통이 재발할 수 있고, 반면에 그 원인을 잘 파악한 후 해당 원인보다 더 넓은 범위를 근원적 치료(음식물이 아예 잘 끼이지 않아서 충치가 생기기 어려운 치아 구조로 만들어 주는 것, 치아 뿌리나 치골 자체를 튼튼하게 해주는 치료 등)로 대처하게 되면 훨씬 더 좋을 방법이 될 수 있을 것이다.

또 다른 예로, 만약 병원에서 암에 대한 치료를 한다고 하더라도 암이 생긴 부분만을 수술용 메스로 도려내기보다는 보다 더 넓은 범위에 대한 다면적 치료와 처치 요법을 겸해야 암에 대한 근본적 대처에 가까워질 것이다. 자칫 급한 마음에 암세포 자체의 치료에만 집중하다 보면, 암이 주변 세포로 전이되어 훨씬 더 큰 문제를 야기할 수 있는 것이다. 특히 이 경우 암세포를 죽이는 것에만 신경 쓰지 말고, 환자의 면역세포 자체를 키워서 암세포에 대적할 수 있게 하여, 암세포가 스스로 사멸하기 쉬운 체내 환경을 만들어 주는 것이 무엇보다 중요하다는 의견이 많다.

결론적으로 볼 때, 우리는 살아가면서 수많은 문제들과 대적한다. 이럴 때마다 1차적으로는 문제의 원인 파악의 정확성을 기해야 한다. 자칫 원인 파악이 엉뚱하게 되거나, 문제의 변죽만 울리다가는 문제의 해결은 영영 어려워질 수 있는 것이다.

그다음에는 그 원인을 둘러싼 보다 넓은 범위를 포함하여 충분하면서도 보다 근원적인 해결 대책을 세워야 한다. 즉 보이는 문제점의 작은 울타리 내부만을 생각하지 말고, 다면적으로 검토하고, 연관 관계를 전부 따지고, 폭넓은 대책을 세워야 제대로 된 해결책이 될 수 있다는 의미이다.

간단한 수학 문제 하나를 풀더라도, 잘 안 풀릴 때는 지금까지 자기가 풀이한 방식을 고집하거나 아까워하지 말고, 과감히 그 문제와 관련된 다른 풀이법도 두루 살펴보고, 혹은 아예 처음부터 그 문제를 다시 재조명하여, 보다 세밀하고도 확장된 풀이법을 터득해 나간다면 제대로 된 풀이 방법을 발견할 가능성이 매우 커지게 될 것이다.

이렇듯,

"어떤 문제를 제대로 해결하려면, 그 문제의 실체보다 훨씬 더 넓은 범위를 조명해보고 해결점을 찾아라!" - Pa sayings

2-36. 타인의 시선을 의식하면 진다!

야구 경기에서 타자가 투수의 투구 폼이나 시선을 너무 의식하게 되면 자신의 리듬(타격 밸런스)을 잃어버리기 쉽다. 반대로 투수가 타자의 명성이나 행동, 시선 등을 너무 의식하게 되면 자신의 기량을 충분히 발휘하지 못하고 포볼이나 안타를 내어주는 경우가 대단히 많다.

우리의 일상생활에서도 타인의 시선과 입장을 너무 의식하다 보면 자기 자신을 잃어버리기 쉽고, 실수하기도 쉬우며, 정신적으로도 황폐해지게 된다.

뭐든 중요한 것은 자기 소신이고, 자기중심이다. 따라서 자기 생활태도 면에서, 소신과 중심을 명확히 가지는 것이 첫 번째로 챙겨야 할 부분이고, 기타 타인에게 피해를 주지 않게 고려한다든지, 배려해야 한다는 것 등은 그다음인 것이다.

즉, 자기가 바로 서지 않은 상태에서 남이나 외부 세계를 친절하게 고려한다는 것은 어불성설이기 때문이다. 이처럼 여러 가치들이 서로 주객이 전도되면 안 되는 것이 당연하다.

심리적으로, 타인의 시선을 자꾸 쳐다본다는 것은 주로 의지가 약할 때, 불안할 때, 자신이 없을 때 많이 발생한다.

어떤 게임에서도 보통은 남을 많이 의식하는 쪽이 진다. 자기가 완전히 자신 있다면, 남의 눈치를 볼 것도 없고, 눈치를 보며 멈칫거리거나 머뭇거릴 이유는 더더욱 없는 것이다.

그러나, 보통은 상대방보다 뭔가 세력이 약하다면 자기도 모르게 자꾸 눈치를 보게 되고, 뭔가 다른 방편으로 체면을 채우고 싶어질 것이다.

또한, 이럴 때에는 감정의 기복도 심해진다. 나의 기준이 약한 상태에서 외부나 타인의 감정을 너무 의식하게 되면 주변의 상황이나 조건이 흔들릴 때마다 내 감정도 따라 흔들리기 때문이다.

반대로 타인의 눈치를 별로 의식하지 않을 정도가 되려면 무엇보다 자신의 수양과 내공이 상당히 커야 한다. 원래,

"내적인 가치가 충분한 사람은 외적으로 특별한 체면치레를 챙기지 않아도, 외부로부터 무언가를 보상받지 않아도 이미 충분히 족한 법이다!" - Pa sayings

다빈치의 꿈 (그림:.gearinfinity.in/post)

레오나르도 다 빈치는 인류의 역사에서 '다재다능과 창의'의 대명사로 꼽힌다. 그는 이탈리아 피렌체에서 사생아로 태어나 온갖 차별로 인하여 학교에서 읽고 쓰기를 포함한 정상적인 교육을 도저히 받지 못했고, 대부분을 독학으로 배워나갔다. 그러나 주변에서 '몽상을 한다'고 놀려대어

도 아랑곳하지 않고, 남들이 놀려대거나 말거나 간에, 남들에게 별다른 피해를 주지 않는 한, 자신의 몽상은 자유라고 생각했던 것이다. 이렇게 다빈치는 자기의 관점과 중심이 아주 뚜렷했던 인물이었다.

새의 날아오르는 방법에 대한 공부로 비행기의 원리에 대한 연구, 바람의 생성 및 구름과 비의 발생에 대한 연구, 공기 역학과 조류의 비행 등에 관한 연구, 낙하산과 헬리콥터에 대한 연구, 해부학 연구, 인체의 각 부분의 역학적 원리에 대한 연구, 식물학에 대한 연구 등 수없이 많은 독창적인 연구를 하였으며, 그 당시의 그의 연구 노트와 설계도, 연습장 등이 지금까지도 남아 전해진다.

당시 주변 사람들은 다빈치의 이러한 호기심과 연구를 허황된 것이라고 놀려대었으나, 다빈치는 다른 사람의 시선을 의식하지 않고 자신의 과학적 예술적 탐구 정신을 마음껏 발휘해나간 것이다. 그것도 순전히 독학으로 연구하고 몰두하였으니 얼마나 대단한가?

물론, 연구 도중 무수한 실패도 많이 겪었으나, 이를 아랑곳 하지 않고, "틀리면 수정하면 된다"는 식으로 편하게 생각하고, 자기 스스로의 계획과 내면세계로의 시선에만 집중했던 것이다.

"타인의 시선을 의식하지 말고, 스스로 외로운 길을 용감히 뚜벅뚜벅 걸어가고, 참다운 네 마음으로부터의 자유로움을 찾아라!"
- Pa sayings

2-37. 소중한 행복은 너만 OK 하면 얻어진다!

인간으로서 최대로 소중한 목표인 '행복'은 그냥 당신이 마음으로 OK(좋아!)를 선언하면 얻어지는 것이다!

누구나 인간으로 태어나 살아가면서 최대의 목표는 바로 '행복'일 것이다. 보통은 이러한 행복을 얻기 위해서 돈도 필요하고, 권세도 필요하고, 지위도 필요하고, 기타 많은 것들이 더 필요하다고 할 것이다.

그러나 우리가 극단적으로 한번 생각해보면, 돈도 별로 필요 없고, 권세도 별로 필요 없고, 지위나 기타 아무것도 별로 필요 없고, 그저 자신이 심리적으로 "나는 행복하다!"라고 느낄 수만 있다면, 그것 또한 행복이라고 할 수 있을 것이다.

물론 이러한 정신적으로 다소 초월적인 케이스는 일반인들에게 그리 쉽지 않을 것이다.

그러나, 그 누구도 스스로 수양하여 내공이 충분히 있다면, 이와 비슷하게 충분히 살아갈 수 있을 것이라고 생각한다.

요즘은 일반인 중에서도 자원봉사에 충실히 가치를 두는 사람이 있고, 보이지 않게 기부를 많이 하는 사람도 있고, 높은 지위를 탐하지 않고 자신의 소확행(소소하지만 확실한 행복) 혹은 취미, 단체 활동 등에 충실한 사람들도 남녀노소 할 것 없이 늘어나고 있는 추세이다. 이런 사람들 중 일부는 돈, 권세, 지위 등에 상관하지 않고서 자신의 현실에 매우 만족하는 경우도 있다.

즉 누구나 자신의 현실에 불만을 느끼지 않고, 기꺼이 받아들여 OK 할 수 있다면 그 자체가 바로 행복이라고 할 수 있는 것이다.

단지, '소확행'의 경우에는 그때그때 마다 단세포적으로 행복을 추구하는 경우가 많으므로 다소 삶이 가벼워질 수 있기 때문에, 진정한 '행복의 추구'라는 것은 보다 지속적 관점과 뭔가 인생에서 남는 것이 있는 축적의 방향으로 추구하여야 더 바람직하겠다.

소확행 (그림:.nytimes.com)

'세계 행복지수'라는 것이 있다. 그러나 이것은 국내총생산(GDP)이나 자유, 기대수명, 사회적 지지 등 실질적인 행복과 다소 동떨어진 가치가 많이 포함된 지수이므로, 사실상 행복감을 나타내는 지표라고 할 수 없다.

반면에, '세계 기부지수'라는 것이 있는데, 이 지수는 주로 사람 돕기, 기부, 자원봉사 등과 관련된 지수이므로, 그만큼 사회적으로 나눔의 정신에 관한 지표이며, 실질적으로 행복을 대변할 수 있는 지표의 참고 자료로 활용해볼 수 있겠다.

그런데, 이러한 '세계 기부지수'의 상위권의 나라는 주로 잘 사는 나라라고 생각하기가 쉽지만, 실상은 전혀 그렇지 않다. 주로 후진국 혹은 개발도상국이라고 할 수 있는 나라들이 주로 이 지표의 상위권에 배치된다. 최근까지도 주로 단골 상위권에 배치되는 나라들은 인도네시아, 케냐, 미얀마, 뉴질랜드, 호주, 가나, 우간다, 나이지리아, 태국 등 주로 잘 살지 못하는 나라들이 많다.

사실상 이치적으로 보더라도, 돈과 행복의 직접적 상관관계는 거의 없다. 왜냐하면, 행복이라는 것은 스스로 만족을 느끼면 되는 것인데, 돈이라는 것은 보통 많아지게 되면 오히려 더 큰 욕심이 생기고, 스스로 적당한 선에서 절제하지 않는 한, 절대 만족할 수 없는 속성을 지니기 때문이다.

이점에서는 권세나 지위도 마찬가지이다. 가령 어떤 회사에서 부장까지 승진한 직원이 결코 거기서 만족하는 법을 보았는가? 절대 그렇지 않다. 임원이 되고 싶어 하고, 사장이 되고 싶어 하는 것은 당연한 일일 것이다. 사람의 욕심은 끝이 없는 법이며, 대개 가지면 가질수록, 얻으면 얻을수록, 오르면 오를수록 더 심해지기 십상이다.

그러면 삶에서 최대의 가치인 행복을 위해서 당신은 과연 무엇을 하겠는가? 꼭 슈바이처나 테레사 수녀와 같은 위인을 생각할 필요는 없다. 당신만의 소중한 일거리, 진심으로 즐기는 일거리 등을 스스로 잘 발견하고, 그것에 진정 가치를 느끼고, 또 욕심 없이 거기에 잘 집중할 수 있다면, 그것 이상의 행복은 거의 없을 것이다. 즉,

"사람 간의 행복의 우열은 돈도, 권세도, 지위도 아니다. 오직 내면의 가치와 네 철학과 향기의 수준일 것이다!" - Pa sayings

또한,

"행복을 추구한다는 것은 늘 욕심을 버리고, 자기 가치를 꾸준히 실천해 나가는 과정 그 자체라고 할 수 있다!" - Pa sayings

2-38. 이야기할 때 아무 자랑도 섞지 마라!

강연이나 강의를 할 때 혹은 어떤 세미나, 발표회, 보고회 등에서 주제를 발표할 때, 발표자(강연자, 강의자, 발표자, 보고자 등)의 태도 중에서 가장 중요한 것 중의 하나가 "주제의 내용 전달에 충실하게 집중해야 한다."라는 것이다.

그런데 어떤 발표자는 내용이 옆길로 빠지는 경우가 많아서 발표가 산만해지기도 하고, 또 어떤 발표자는 했던 말의 반복이 너무 심하여 자칫 지루하게 느껴지기도 한다. 그런데 이보다 더 심각한 실수가 직간접적으로 자기 자랑이라고 할 수 있는 성격의 말들을 너무 많이 늘어놓는 버릇이다.

예를 들어, 어떤 은퇴한 저명인사가 강연을 할 때, 강의 내용을 쭉 설명하다가 중간중간에 "내가 (왕년에) 대학 총장 하던 시절에 ~, 내가 회장 하던 시절에 ~, 내가 장관 하던 시절에 ~, 내가 세계적 저명인사인 누구를 만났을 때 ~ 이러이러한 일이 있었다."라는 식으로 청중들에게는 다소 거북하게 들릴 수도 있는 말들을 필요 이상으로 섞게 되면, 청중들은 그 발표자의 스펙이나 이력에 순간 감탄할 수도 있겠지만, 그만큼 해당 주제에 대한 집중도는 흐트러지기 쉽다.

그리고 이러한 쓸모가 없고 자기 자랑에 가까운 말들이 점차 많아지게 되면, 거부감마저 들 때가 있는 것이다. 강연이나 발표의 내용에 충실해야 할 발표자가 마치 "왕년에~"라는 꼰대 특유의 발표 방식을 고집하는 것 같아서 그 내용에 집중하기가 매우 흐트러지니 말이다. 물론 발표의 내용상 확실히 피할 수 없는 대목에서 그런 자신의 이력 등에 관한 설명을 하는 경우라면 예외로 인정을 해주어야 하겠다.

사르트르는 자신의 철학과 문학 활동의 진실성과 진정성에 방해가 된다는 이유로 자신과 조국의 크나큰 영광일 수 있는 노벨상까지도 거부하지 않았던가? 이 정도는 아니어도, 최소한 발표 중간중간에 간접적 자기 자랑을 계속 늘어놓는 것은 피하는 것이 좋다고 본다.

강연 (그림: icme.stanford.edu/get-involved)

모름지기 강연자나 강의자는 그 내용의 충실성으로 승부를 걸어야 하고, 발표자나 보고자 또한 그 내용의 정확성과 신뢰성에 승부를 걸어야 할 것이다. 자칫 주제를 벗어나서 자기 혹은 자기 주변에 관한 이야기를 너무 많이 한다든지, 자랑 섞인 말들을 늘어놓는다든지, 은연중 자기 피알을 많이 한다든지 하는 것은 꼴불견 혹은 꼰대질로 보이기에 충분할 수 있다.

우리들의 일상생활에서의 대화에서도 마찬가지이다. 상대방과 대화 도중 유난히 자기 자랑과 같은 유치한 말들을 늘어놓거나, 간접적으로 자기 피알을 많이 해나가는 행태는 결과적으로 자신의 신뢰를 오히려 떨어뜨리게 되며, 자신의 열등감을 역설적으로 노출시키는 행위일 수가 있기 때문에, 서로의 관계를 오히려 악화시킬 수도 있는 것이다.

2-39. 바닥을 칠 수 있는 용기를 가져라!

살다 보면, 누구나 실수도 있을 수 있고, 사회적 지위 추락도 있을 수 있다. 그 누구도 많은 사연과 우여곡절로 인하여 굴곡진 인생을 살지 않는 사람이 거의 없을 정도라고도 볼 수 있겠다. 그러나 이렇게 사회적으로 추락할 경우를 대하는 개인의 태도는 사뭇 다를 것이다.

이러한 개인적 태도를 크게 두 가지로 분류해 보면, 하나는 자신의 처지가 부끄럽고 창피하거나 억울하다고 생각하여 숨거나 회피하려는 부류일 것이고, 또 다른 하나는 그래도 담담하게 받아들이는 부류일 것이다.

언론, 매체 등에 소개되는 여러 사례들을 보면, 두 번째의 방법이 당연히 더 좋은 방법, 더 무난한 방법이 될 수 있겠다.

누구나 인생에서 실수는 여러 번 할 수 있는 것이고, 이럴 때마다 회피를 하게 되면 오히려 더 그 자세가 꼬이게 된다. 그 실수에 대한 제대로 된 수습과 반성이 없이 회피에만 초점을 맞추게 되고, 마구 감추려 들면, 당장은 좋을지 몰라도, 그런 실수를 더 반복할 가능성이 커지고, 더 중요한 것은 잘못에 대한 반성의 부족으로 회복을 위한 정신적 모멘텀을 제대로 만들 수가 없게 된다는 것이다.

반면에, 실수에 대한 수습을 제대로 하고, 원인분석, 대책수립, 철저한 반성, 재발 방지에 대한 진지한 노력의 순으로 회복 절차를 이어가게 되면, 향후의 실수를 없애거나, 매우 줄일 수 있을 뿐만 아니라, 오히려 삶의 새로운 관점을 배우고 재도약의 큰 발판을 마련해낼 수도 있을 것이다.

예를 들어, 어떤 중소기업 사장(대표)이 열심히 그리고 성실히 사업을 했으나, 생산한 제품이 잘 팔리지 않아서 회사가 망하게 되는 바람에 많은 빚을 지게 되었다고 한다면, 우리 법에는 '기업 회생절차'라는 것이 있다. 이 절차에 따라서, 법원의 보호를 받아 가면서 하나하나 법에서 정한 정상적인 절차에 따라 수습해나간다면, 처음에는 물론 어려움이 있어도, 점차 사업의 정상화가 가능할 수 있을 터인데, 만약 그렇게 하지 않고, 회사가 어렵다고 하여, 선제적으로 회사 재산을 빼돌리거나 숨기고, 위법적 행태를 보이는 등, 회사(법인)나 직원의 고통은 아랑곳하지 않고 자신만이 살면 된다는 식으로 행동하다 보면, 회사와 직원들 모두에게 막대한 피해가 돌아갈 것이다. 또한 사장이나 회사 법인도 다시 회생할 수 있는 기회를 영영 차버리게 되는 셈이 된다.

세상 모든 일에는 이해타산을 따지기 전에 꼭 챙기고 감당해야 하는 것이 있다. 그것은 바로 상황의 각 대목마다 네가 감당해야 할 '도리'이다.

이 도리에 어긋나지 않아야, 어쩌다 실수하였더라도 나중에는 용서가 비교적 용이하게 될 것이고, 새로운 회복도 가능해질 것이고, 훗날 네 성장에 오히려 큰 디딤돌이 될 만한 인프라들을 하나하나 만들어 나갈 수 있는 기회도 잡을 수 있다.

만일 실수를 하여 매를 맞아야 한다면 매를 맞고, 감옥에 가야 한다면 기꺼이 감옥에 갔다 오는 것도 맞을 것이다. 그래야 제대로 된 속죄를 할 수 있을 것이고, 네 마음도 한결 편안해질 것이다. 그리고 이러한 속죄로 인한 편안한 감정은 다시금 네가 살아날 수 있는 용기와 희망을 전해줄 수 있을 것이다.

여기서 또 하나의 중요한 것은 진정으로 속죄하고, 반성하고, 재발 방지의 약속을 하여야 한다는 점이다. 자칫 거짓된 악어의 눈물을 보이거나, 위선 된 행동을 보이다가는 주변이나 사회로부터 신뢰를 잃어 재기가 불가능해질지도 모른다.

악어의 눈물 (그림:.amazon.com)

우리 사회는 요즘 여러 부도덕한 사건과 사고들은 잦아도, 진실한 사과와 진실한 반성은 찾아보기 힘들다.

원래 침몰하는 자는 바닥을 치지 않고서는 좀처럼 다시 떠오르기 힘든 법이다. 그런데 자칫 바닥을 치지 않기 위해 온갖 편법을 동원하거나 위법적 행동을 하거나, 자신만의 수작을 부리게 된다면 물만 더 마시고, 바닥을 치기 전에 익사할 수도 있을 것이다.

혹여 당신은 살다가 어려운 시절을 만나더라도, 결코 그렇게 하지 말 것이며, 모쪼록 모든 일에 용기를 가지고, 실수에 대해 책임질 일이 있다면 이를 기꺼이 받아들이고, 힘차게 바닥을 치면 새로운 도약의 기회는 얼마든지 열려있다.

2-40. 남 탓을 하면 다음을 기약할 수 없다!

아둔한 사람일수록 남 탓을 하고, 남 탓을 하면 네 다음(미래)을 기약할 수 없다!

아둔한 사람일수록 자기 내면은 잘 살피지 못하고, 남의 탓을 일삼는 경우가 많다. 즉, 자신과 관련된 어떤 좋지 못한 결과가 나왔을 때, 주변의 개인이나 단체에게 섭섭해하고, 자신의 잘못에 대해서는 전혀 인지나 인정을 하지 못하는 경우가 많다.

따라서, 이 경우 나쁜 결과의 원인을 철저히 남의 탓으로 돌리기로 일관하며, 자신에 대한 진지한 반성은 없으니, 결과적으로 자신에게 내재된 문제점에 대한 개선은 없으므로 바람직한 미래를 기대하기는 앞으로도 어려울 것이며, 오히려 과거의 실수를 반복할 확률이 매우 높아진다.

원래 자신에 대한 자존감이 높은 사람일수록, 용감하고 당당하게 자신을 객관화하여 볼 줄 알며, 잘못된 점은 적극적으로 시인하는 편이다. 그러나 자존감이 낮은 사람일수록 자신을 평소 과대평가하는 경향을 보이며, 그 과대평가를 유지하고 확인하기 위하여 상대를 계속 공격하려 드는 것이다.

자존감이 낮은 사람은 이렇게 하여 상대를 계속 지적하려 들고, 이를 통해 자신이 우월하다는 순간적인 착각을 갖게 되는 것이다. 그러나 이러한 우월감은 남을 지적할 당시의 아주 짧은 시간에만 느끼게 되는 것이고, 잠시 후에 자기 원래의 삶 속으로 다시 돌아오면 이때는 오히려 열등감이 밀려오기 마련이다.

이렇게 하여, 결과적으로 자신이 다시 우월감을 느끼게 하기 위해 상대를 지적하는 것을 반복하고, 급기야는 지적의 중독 증세에 빠질 수 있다.

비 판 (그림:.nytimes.com)

반대로 자존감이 높은 사람들은, 자신이 잘났든, 못났든 간에, 있는 그대로의 자신을 사랑할 줄 아는 사람들이다. 높은 자존감을 가진 사람은 진정 자신을 보듬을 줄 알고, 반성할 줄도 아는 사람들이다. 이렇게 되어 자신의 위상이나 상태가 점점 좋아진다는 점에 또한 주목하여야 한다. 즉, 자신을 보듬어 주고, 반성함으로써, 미래에는 보다 더 개선된 자신을 발견하게 되는 것이다.

또한, 상대가 보는 나의 모습에는 나의 모습 이외에도 상대의 모습이 엄청나게 많이 담겨져 있다는 것을 항상 깨달아야 한다.

반대로 내가 상대를 평가하는 그 모양새는 실제 그 상대의 모습보다는 나의 모습이 더 많이 투영되어있을 수 있는 것이므로, 결국 상대에게 욕하는 것은 내게 욕하는 것과 유사한 행위이며, 상대를 칭찬하는 것은 나를 칭찬하는 것과 유사한 의미가 된다.

인터넷상의 악플 문제의 경우에도 유사하게 해석할 수 있다. 자신에 대한 자존감이 낮으니 병적 수준으로 상대를 공격하려 들 수 있고, 어떤 한 사건에 이러한 악플러들이 많이 모여들면 유명 연예인이나, 애매한 사람들을 죽음으로 몰아갈 수도 있다. 이러한 악플 행위들은 자신에 대한 위선일 뿐만 아니라, 그야말로 간접 살인을 저지를 수 있는 사회적 악마의 행위가 될 수 있는 것이다.

어떤 정치인은 자신이 선거에 출마해 애석하게도 실패했을 경우에, 그 이유를 소속한 정당이나 지지단체의 지원이 부족했다거나 잘못되었기 때문이라고 책임을 은근히 전가하면서 섭섭함을 내비치는 경우도 있다. 이러한 모습들은 참으로 어리석고 아둔한 행위이다. 그리고 무엇보다 이러한 사람에게는 다음 선거에서 아예 기회가 없을 수도 있고, 당해 선거보다 더 암울해질 가능성도 있다.

진실한 사람은 자신부터 반성해야 하며, 욕할 일이나 욕할 사람이 있으면 항상 자신을 먼저 돌아보아야 한다. 절대 함부로 남을 욕하거나 비판하려 들지 말아야 한다는 것이다. 정말 공개적으로 비판할 일이 있다면, 그것을 보다 객관적이고 어느 정도 공론화된 자리에서 논리적이고 점잖게, 그것도 근거를 제대로 대어가면서 비판하는 것이 가장 바람직하겠다.

2-41. 단절보다는 연결고리가 소중하다!

사회적 여러 관계에 있어서, 서로 단절보다는 어떻게든 관계의 연결고리를 계속 유지하는 것이 여러 면에서 좋은 것이다!

인간관계에서는 언제라도 기존 연결고리가 약해지거나 단절되기도 하고, 또 새로운 연결고리가 만들어지고 점점 단단해지기도 한다. 그런데 이러한 관계의 연결고리들을 적절히 잘 관리하여야 네 삶 속에 많은 시너지 효과를 불러일으킬 수 있다.

만약 서로 간의 사이에 화가 나는 일이 발생하거나, 어떤 문제가 발생할 때 그 관계를 너무 쉽게 단절하다가는 나중에 아주 큰 아쉬움이나 불이익이 올 수 있다.

가령 네가 오해나 실망 등으로 인하여 관계를 단절시킨 친구가, 사람의 미래라는 것은 그 누구도 모를 일이니, 나중에는 아주 잘나갈 수도 있는데, 이 경우 다시 서로 만나게 되었고, 만약 네가 도움받을 일이 절실히 필요한 경우라고 한다면 너는 아주 난감해질 수도 있을 것이 아닌가?

기업 간의 거래관계에 있어서도, 거래하고있는 업체에 신용불량이 발생하거나, 법적 문제 등이 발생하면, 모든 관계를 깨끗이 정리해버리는 경우가 있다. 그러나 복잡한 산업 생태계에서 동종 업계끼리라면 각종 입찰, 컨소시엄 간 경쟁, 법적 분쟁 등 어떠한 형태로든 나중에 다시 만나게 되거나 부딪히게 되는 경우가 많이 있다. 이러한 경우 만일 네가 그 거래업체와 헤어질 때 무리하게 연결고리를 끊지 않았거나, 적어도 단절이나 절교를 선언하지 않았더라면 우군으로 만날 수도 있었을 텐데,

그러지 못하고 완전한 절교나 단절을 선언하였고, 이후 서로 간의 관계가 소원해진 경우라면 적군으로 만나기가 쉽고, 그렇게 되면 서로 앙숙이 되어, 결과적으로 그 경쟁에서 다른 제3자에게만 유리하게 해주는 결과가 발생할 수 있다.

다른 예로, 다니던 회사에서 자신이 심적으로는 인정할 수 없는 사유로 퇴사할 경우에 기존 많은 동료 직원들과의 관계를 아예 끊기도 한다. 그러나 이러한 경우에도 네가 스스로 단절을 원했다거나, 단절을 감행했다는 인상을 주지 않는 것이 좋다. 그래야, 긴 인생의 여정 중, 나중에 아쉬울 때가 발생하면 서로 간에 도움을 줄 수도 있을 것이고, 만약 새로운 국면에서 만난 경우라면 더 새로운 관계를 만들어 갈 수도 있을 것이다. 또 퇴사할 당시 오해가 있었다면 쿨하게 풀 수도 있는 문제이다.

더욱이, 무엇보다 "옷깃만 스쳐도 인연"이라고 하는 교훈이 있는 것처럼, 사람 간의 관계는 일단은 그 대부분의 관계가 모두 소중하게 여겨져야 한다.

개인이든, 단체든 서로 간에 관계의 연결고리만 잘 유지하고 있으면, 네 의지에 따라서는 나중에 얼마든지, 어느 때나 거기에 징검다리를 놓을 수도 있고, 서로 간 새로운 일을 도모해 볼 수도 있을 것이다. 즉, 든든한 잠재 우군을 항상 데리고 있는 격이 된다.

또한 그 관계의 연결고리를 유지한다고 함은 그렇게 거창할 필요는 없으며, 지나치게 의도적이거나 무리한 단절만 없다면 대개 어느 정도는 유지가 가능할 것이며, 조그마한 끈(잠재되어있으나 언제라도 연결 가능한 공통분모의 논제)이라도 있으면 더욱 좋겠다.

물론 네가 그 연결고리를 통해 징검다리를 놓는 것을 원치 않는 상황에서 상대방이 연결을 원해 오는 경우라면, 일단 징검다리는 연결하지 않아도 되겠지만, 최소한의 상대의 인격이나 입장을 존중해 주면서, 당연히 '정중한 거절' 혹은 '정중한 판단 보류' 등을 해야 하겠다. 그리고 되도록 상대에게 피해가 없는지 살펴보아 주어야 할 것이다.

바야흐로, 제4차 산업혁명의 시대가 도래했지 않은가? 이 제4차 산업혁명의 시대에도 인공지능, 로봇 등과 더불어 가장 중요한 것 중 하나가 바로 연결의 기술(초연결, 협업 혹은 소통 기술 등의 분야) 이다. 이러한 연결의 기술은 산업 생태계뿐만이 아니라, 정치, 경제, 사회, 문화 등 전 분야에 걸쳐 엄청난 효율의 개선, 기술의 진보, 인간 편익의 증대 등을 불러올 것으로 보인다.

따라서 누구라도 이러한 연결의 기술에 좀 더 빠르게 익숙해질 수 있고, 소중하게 생각할 수 있는 자만이 살아남을 수 있고, 큰 혜택을 제대로 누릴 수도 있을 것으로 보인다.

초연결 (그림:.hpcwire.com)

또 앞으로는 문과(인문계 분야의 학문)와 이과(자연계 분야의 학문)의 통합이 필요한 분야도 엄청나게 늘어날 것으로 보이며, 현실세계와 가상세계 또한 보다 적극적으로 연결이 될 것이다. 따라서 너를 닮은 아바타 또한 전성시대를 맞을 수 있을 것이다.

아무쪼록 앞으로의 초연결 시대에는 자기 것만을 고집하지 말고, 여러 매체나 SNS 등을 통한 활발한 소통만이 최후의 무기가 될 수 있을 것으로 보이며, 그 다양한 헤어짐과 만남의 연속 과정에서도 소중한 관계의 지속성과 연결고리에 대한 관리가 더욱 필요할 것으로 보인다.

자신을 둘러싼 연결고리들을 항상 유효하고 건강하게 잘 관리한다는 것은 자신의 기술이나 능력뿐만이 아니라, 타인이나 타 집단의 기술이나 능력도 같이 활용할 수 있다는 것이므로, 그 시너지는 참으로 소중하고 대단할 수 있다.

2-42. 분쟁이 일어날 수 없는 삶의 시나리오를 써라!

우리나라의 병폐 중 하나가 사회적 갈등이나 분쟁이 너무 많다는 것이다. 세계적으로도 우리나라의 갈등 지수는 5위권 내에 들어갈 정도로 매우 심각한 편이다.

이러한 사회적 갈등 혹은 분쟁의 문제는 우리의 사고방식을 보다 건전하고 생산적인 방향으로 바꾸고, 보다 더 합리적인 시민 의식을 가질 수 있다면 얼마든지 피해 갈 수 있는 문제이다.

예를 한번 들어보자.

유산 상속 문제에 있어서도, 아무리 유서를 정교하게 잘 써 두어도 사후에 유서의 진위문제, 유류분 문제 등으로 많은 법적 소송에 휘말리기 십상이다.

이러한 분쟁은 분쟁 그 자체도 엄청난 사회적 스트레스로 작용하고, 사회적 비용을 많이 초래하지만, 그보다 더 큰 문제는 형제끼리 혹은 가족 간에 유산 분배 문제로 서로 반목하게 되고, 오가는 발을 끊게 되는 관계 상실의 문제가 허다하게 발생할 수 있다는 점이다.

이런 유산 상속의 문제도, 우리가 법적으로 된 분배율을 정확히 지키거나, 사회적 기부를 잘 활용한다든가, 재산 분배 시 최소한 유류분 분쟁이 없을 정도 이상의 비율로 유언을 남길 수 있게 하든가, 아니면 선진국에서 많이 활용하는 '신탁(Living Trust)' 등의 제도를 활용하는 방식 등, 사실 그 해결 방법은 꽤 많이 있다.

중요한 것은, 사후에는 자식들 간 그 조정이 대개 쉽지 않으니, 살아 있을 때 혹은 평소에 늘 자기 재산에 대해 매우 가볍게 해두면 된다. 여기서 가볍게 해둔다는 것의 의미는 증여나 양도를 할 것이 있으면 미리 미리 해두고, 자식에게 물려줄 것이 있다면, 위법하지 않은 방법으로 미리 물려주고, 기부할 것이 있으면 미리 기부하거나 의향서 등을 제출해 놓으면 되는 것이다.

신탁 (그림: legaldocsbyme.com)

이 경우 많은 사람들이 세금이 너무 많다고 생각해서 잘 실천을 못하는 경우가 많다. 이러한 부분은 생각의 관점을 좀 바꾸어야 할 것이다. 당신이 이 세상에 살면서 여러 복지혜택도 많이 받고 직간접적으로 나라의 도움을 받은 적도 많이 있을 것이다. 이제 당신도 타인을 위해 세금을 많이 내어도 별로 아깝지 않다고 생각해야 마땅하다.

그리고 또 하나의 관점으로서, 자식에게 물려주는 것만이 선(善)이라고 생각할 필요도 없다. 나라에 내는 세금이나 기부는 어차피 우리 이웃들을 위해 쓰여질 것이 아닌가? 즉, 세금을 내거나 기부를 하는 것도, 크게 보면 자식에게 물려주는 것 이상으로 값어치가 충분히 있을 수 있다고 생각해야 한다.

또한, 이러한 과정에서 무엇보다 주요한 것은 피상속인이 본인의 고귀한 뜻대로, 상속에 대한 처리를 젊어서부터 미리 실천하되, 사후 분쟁을 원천적으로 없앨 수 있는 방식으로 처결해두거나 시나리오를 짜야 하는 것이다. 그저 자식들의 선의를 기대하는 것은, 적어도 돈의 문제에 있어서는 잘 안 통할 수 있다는 것이다. 즉, 자신의 사후 자식들 간 갈등이나 분쟁이 일어나려야 일어날 수 없는 형태로 미리 상속에 대해 정리를 깨끗이 해두는 것이 가장 바람직하다. 즉,

"젊어서부터 자신의 모든 삶의 짐을 잘 정리하고서, 당신 자신을 깃털처럼 가볍게 해두어라!" - Pa sayings

다른 예로, 우리 사회의 법률 제개정 문제에 있어서도, 사후약방문(死後藥方文)식으로, 어떠한 사고 이후에 그 피해자나 법 입안자의 이름을 딴 법만을 자꾸 만들어내지 말고, 미리 충분히 검토하여 정상적인 법률안을 만들어 나가야 한다.

우리나라의 법률안 제개정의 형편이, 대개 사고가 일어나면, 민심에 휩쓸려 법리적으로 치밀한 검토가 매우 부족한 상태로, 설익은 법안들을 마구 쏟아낸다.

즉, 사고 당시의 국민적 정서에 영합하여 표심이나 여론에서의 이익을 얻으려고 하는 얄팍한 심리에서 제개정되는 경우가 많아서 그 견실함 및 법적 수준이 매우 약한 경우가 대부분이다. 따라서 나중에 헌법소원이나 무효화 분쟁의 대상이 되거나, 무용지물이 되기가 십상이다.

무엇보다, 사전에 법률안을 충분히 검토하고, 그 법률로 인하여 앞으로 어떤 갈등과 분쟁이 추가로 발생할 수 있는지를 검토하고 반영해야 할 것이며, 법률안 제개정의 취지가 헌법정신에 맞는지, 앞으로의 시민사회의 발전에 공헌하는지, 민주주의 이념에 부합하는지 등 다방면의 필요 검토사항을 꼼꼼히 따져야 하는 것이다.

분명히,

"사전에 충분히 검토하면 충분히 좋은 법을 만들 수 있다. 나중에 무효화 논쟁, 헌법소원 등이 아예 필요 없을 정도의 법적 장치를 충분히 해두어라!" - Pa sayings

이렇게 하여, 그 제개정된 법의 시행 후, 법적 효력으로 인하여 어떠한 사회적 갈등이나 분쟁이 도저히 일어나려야 일어날 수 없는 형태로 법이 집행되어야 하겠다.

그리고 또한 '하인리히 법칙'이라는 것이 있지 않은가? 어떠한 큰 사회적 사고가 일어나기 전에 수많은 징조가 먼저 보일 것이고, 여러 작은 마찰이나 사건사고들이 많이 발생할 것이니, 법률과 관련된 지속적인 모니터링과 검토가 중요하다. 즉, 작은 징후나 미약한 사고도 그것이 반복된다면 곧이어 큰 사고로 이어질 수 있다는 점을 항상 명심하고, 정교하고 예측 가능한 법리의 진보적 시나리오를 가진 진정한 '생활 법치주의'를 실현해 나가야 하겠다.

위에서 우리는 유산 상속문제와 법률안 제개정 문제에서 살펴보았지만, 개인의 문제이든 사회의 구조적 문제이든 간에 분쟁이나 사회적 갈등이 일어나려야 일어날 수 없는 구조로 미리미리 그런 예방적 시나리오를 짜나가야 한다는 개념이 매우 중요하다.

제발 아무 생각 없이 그때그때 행동하거나, 별 개념도 없이 처신하지 말고, 갈등이나 분쟁이라는 것은 많은 부분에서 미리 예상이 가능한 경우가 많으므로 이를 구조적이고 체계적으로 예방할 수 있는 방식으로 풀어나가야 하고, 기존의 되는대로식, 즉흥식 혹은 사후약방문식 사고를 제발 이제는 접어야 하겠다.

물론 그렇게 철저히 준비하고 대비하여도, 사후 나타나는 문제점이 분명히 있을 것이다. 그러나 이것은 사전에 준비하고 대비한 만큼은 이미 가벼워져 있을 것이고, 더 중요한 관점은 법이든, 제도이든, 유언이든, 무엇이든 간에 생각한 만큼, 고민한 만큼 세련되고 진화해나간다는 것이다.

제3부. 가치로운 발견

3-1. 여백이 있어야 채워진 공간이 가치롭다!

여백이 있어야 채워진 공간이 더욱 선명하고 가치로운 법이다!

책도 너무 글씨가 빽빽하고 장황한 논리로 전개되면 읽기에 부담스럽다. 사람도 너무 빈틈이나 버퍼(심리적 완충 공간)가 없고 바른말만을 하게 되면 주변에 사람이 모이지 않아서 외로워진다. 따라서 누구나 마음속에 다소 간의 여백을 적절히 가지고 생활하는 것이 여유롭고 행복한 삶을 누리는 첩경이 될 수 있을 것이다.

이러한 여백의 중요성을 몇 가지 역사적 고사를 통해 살펴보자.

첫째 조선시대 영조 임금의 사례이며, 이 사례는 '여백'이 너무 없어서 좋지 못한 결과를 낳은 사례이다. 영조는 너무 빈틈이 없도록 자신 스스로가 노력한 결과, 여러 가지 좋지 못한 결과를 많이 낳았다. 영조에게는 원래 모친의 미약한 출신과 정통성 문제가 즉위 초기부터 존재하였는데, 이를 극복하고자 지나치게 자신을 채찍질하고, 신하들에게는 너무 완벽주의와 외적인 보여주기식으로 국정을 운영하다 보니, 정신적 여유는 어느덧 사라지고, 신하와 자식에게 끊임없는 의심과 시험에 들게 하는 등 강박성 불안증과 유사한 증세를 보였었다. 특히 자식인 사도세자에게는 지나치게 다그치기 식으로 매사 재촉을 하다 보니, 다소 호방하고 자유로운 성품을 타고난 세자에게는 도저히 감당이 안 되었을 것이다.

물론 사도세자도 부왕이 원하는 바람직한 제왕으로서 성장을 잘하고 싶은 마음이 분명 있었겠지만, 부왕의 집착성 기대와 희망을 도저히 감내하기 어려웠을 것이고, 결국 영조는 사도세자를 뒤주 속에 가두고 8일

만에 굶겨 죽이는 끔찍한 사고를 치고 만 것이다. 이렇듯 여유 없는 조급함은 때로 큰 부작용 내지는 사고로 이어질 수 있다.

사도세자 (그림:.kyobobook.co.kr/product)

둘째 동양화의 예로서, 동양화에서 여백의 의미에 대해서 살펴보자. 동양화는 서양화보다 '여백의 미'를 매우 중요시 한다. 오히려 "여백이 있음으로써 동양화가 완성된다."고 말할 정도로 여백이 주는 의미가 상당히 크다고 하겠다.

이러한 여백은 내면을 중시하는 동양적 사고를 고스란히 반영한 것이며, 표현하고자 하는 대상에 대한 표현은 비교적 간결하게 하고, 여백을 강조함으로써, 오히려 더욱 풍성하고 심오한 내용을 전달하고자 하는 것이다.

여백은 또한 보는 이로 하여금 여러 가지 생각과 상상을 허용하게 하는 방법이며, 여백이 많은 그림은 자칫 미완성으로 보이기 쉬워도, 나름

심오한 의미를 내포하고 있는 경우가 많다. 즉 대상과 여백을 적절히 대비시킴으로써 더욱더 강조하고픈 대상을 돋보이게 하려는 고도의 기술 중 하나라고도 평가할 수 있겠다.

무엇보다 이 여백은 보는 이로 하여금 편안한 감정과 여유를 줌으로써 그윽한 고전미, 상상의 미학, 초월적 이미지 등을 전달할 수 있고, 자칫 삶에 지친 현대인들에게 심적 여유를 주는 역할을 할 수도 있다. 더 나아가 여백 있는 동양화는 정신적 휴식과 명상 등에 크게 도움을 주어 현대인들에게 더 나은 미래를 위한 절묘한 힐링의 매개체 역할도 할 수 있을 것이다.

셋째, 중국의 상고 시대인 은주 혁명기(BC 11세기경)의 정치가이자 전략가인 강상(강태공, 태공망)의 이야기이다. 그는 공부를 대단히 좋아하였지만, 나이 70세까지 기회가 좀처럼 오지를 않았다. 이때 강상의 부인은 계속 뒷바라지만 하다가 결국은 지쳐서 가출을 하고 말았으며, 그 후 집에 식량이 떨어지자 강태공은 위수 가에서 낚시를 주로 하였다고 한다. 이때 그는 바늘이 없는 낚싯대를 사용하였다는 이야기도 있고, 그 낚싯대가 수면 위에서 세 치 정도 높은 곳에 있었다고도 하지만, 확실하지는 않다. 어쨌든 이렇게 백수로 지내며 여유와 여백을 가지며 낚시를 하던 중 그 근처에서 사냥을 하던 서백(주나라 문왕)의 눈에 띄게 되어 드디어 정계에 입문하게 되고, 재상 자리에까지 이를 정도로 중용되게 된다. 이후 문왕과 그 아들 무왕을 보좌하여 역성혁명(주나라 개창)을 달성하였고, 나중에는 제나라의 초대 국왕이 되기도 한다.

이렇듯 강태공은 기다림과 여백의 미학을 끝까지 발휘하여 결국은 성공한 인물이다. 물론 워낙 오래전의 이야기이기는 하지만, 분명 그의 일대기는 삶이 그를 힘들게 하여도 낚시를 하면서 삶의 여유와 여백을 찾고, 끝까지 자신을 위한 시대가 오기만을 기다려 결국은 성공한 케이스이며, 이 사례는 우리에게 분명 진정한 기다림이 무엇인지, 진정한 마음의 여백이 무엇인지 등에 대하여 깊은 성찰을 불러오게 한다.

우리네 인생은 기본적으로는 열정적으로 사는 삶이 가치도 있고, 의미도 크고, 여러모로 괜찮다고 생각한다. 그러나 열정 그 자체는 좋으나, 그 열정적인 삶의 속도가 너무 빠르기만 하다면, 앞으로 내달림에 지쳐 자칫 탈이 나기가 쉬우며, 매사에 경박한 결정들이 많아지고, 이로 인한 스트레스가 과중하게 되어 개인적으로든 사회적으로든 큰 손해나 손실로 다가올 수 있을 것이다.

따라서 항상 기다림의 중요성, 여백이 주는 푸근함, 여유 있는 삶의 철학들을 자주 곰곰이 생각해보고 또 실천해나가는 것도 좋은 삶의 방편일 것이다. 만약 열정적인 삶을 원한다면, '여유 있지만 꾸준한 열정', '여백이 있지만 핵심이 강렬한 열정'을 실천하는 것도 그다지 모순된 행동은 아닐 것이다.

세상에 몇 안 되는 응급상황이나 예외적인 비상 상황을 제외한다면, 사실 반드시 빨리 처리해야 하는 일이나, 기다리지 못 할 일은 거의 없다고 보면 된다. 보통 누군가가 자신의 이익만을 위해서 네게 빨리 판단하고 행동해줄 것을 요구할 수는 있겠지만, 실질적으로는 필히 빨리 처리해야 하는 것은 거의 없다고 보면 되는 것이다.

이러한 관점에서, 어떤 일이든 절대 스스로 조급해하지 말고, 자신의 모든 삶의 속도를 잘 통제해 나간다면, 여백과 여유를 통해 순간순간 삶의 큰 위안을 찾을 수 있을 것이라고 생각한다.

3-2. 창조적 '노마드'의 가치를 택해라!

집단 무의식적 태도보다는 창조적 '노마드'의 자세가 낫다!

무심코 길을 가다가 주변 사람들이 어떤 매장에 길게 줄을 서고 있으면, 심리적으로, 뭔지는 몰라도 자신만 줄을 서지 않으면 손해를 볼 것은 심정(FOMO 증후군)에서 무슨 일인지 이리저리 알아보고 싶어 하고, 웬만큼 바쁘지 않은 상황이라면 가급적 자신도 그 줄에 끼어 어떤 이익을 같이 공유하고 싶은 것이 인간의 심리이다.

이런 현상과 관련하여 '3(이상)의 법칙'이라는 것이 있다. 이는 세 사람부터는 보통 집단으로 인식되어, 한 명 혹은 두 명의 사람이 동일 지점을 바라볼 때는 관심이 없던 사람들도 세 명이 동시에 그 지점을 보면 그곳을 향하여 관심을 가지게 된다는 것이 여러 실험을 통해 밝혀진 바가 있다.

이는 고대로부터 삼인성호(三人成虎: 세 사람이 입을 모으면, 없는 호랑이도 있다고 우길 수 있다) 혹은 증삼살인(曾參殺人: 세 사람이 입을 모으면, 증삼이라는 사람이 살인을 했다고 누명을 뒤집어씌울 수 있다) 등과 같은 고사로 이미 증명이 되어 온 셈이다.

이렇듯 사람은 무리(3인 이상)의 속성에 약할 수밖에 없다. 따라서 아주 실체적 진실을 밝히는 것이 중요한 법원의 재판 과정 등에서는 전문증거(법정에서 직접 진술하는 것이 아니고, 전해 들은 '-카더라'라는 식의 증거)라는 것이 대부분의 경우 증거로 인정받지 못한다.

또한, 추우강남(追友江南: 친구 따라 강남 간다) 혹은 밴드웨건 효과(Bandwagon Effect: '편승효과'라고 하여, 남들이 다 하면 그 무리를 따른다)라는 말이 있다. 이는 자기가 하고 싶든, 하기 싫든, 그 이전에 '집단 무의식적 태도(남들이 하니까, 무의식적으로 나도 따라 하려는 생활 태도)'로 따라 하는 것을 말하며, 남들의 행동에 끌려 덩달아서 나도 하게 되는 경우를 주로 일컫는다.

삼인성호 (그림:.jianbihua.com)

물론 친구들이나 주변 사람들의 행동에 '부럽다'라는 심리가 발동하여 따라 하고 싶은 충동이 누구나 발생할 수 있고, 이를 무조건 나쁘다고 할 수만은 없다. 어쩌면 이것은 자신만 뒤지지 않으려는 '자기 보호 본능'의 발로일 수도 있는 것이다.

그러나 우리가 잘 생각해보아야 할 점은, 만약 당신이 이렇게 무작정 세 사람 이상이 행한다고 하여 따라 하기를 너무 쉽게 한다면, 어떤 경우에는 네 피해도 꽤 클 수 있다.

가령 다른 사람들이 매장에 줄을 서서 어떤 사은품을 받고 있다고 하더라도, 그 사은품이 당신에게는 필요 없을 수도 있는 것이다. 충동적 마음으로 마냥 긴 줄을 기다리다가는 네 소중한 시간과 정신을 많이 빼앗길 것이고, 나중에 그 필요도 없는 사은품을 힘들게 받고 나서는 허탈감마저 들 수도 있을 것이다. 즉 이렇게 따라 하기를 좋아하다가는 네 정신 자체가 점차 피폐해지기 쉬운 것이다.

또 다른 예로, 유튜브 같은 데에서 정치적 진영논리에 사로잡힌 많은 사람들이 자기와 같은 진영의 주장을 하고 있다고 하여, 한쪽 진영의 목소리만 계속 듣다가는 네 마음과 생각의 공정성을 기할 수 없고, 나중에 민주시민으로서의 투표권을 올바르게 행사할 수 없을지도 모른다.

그래서, 이러한 '3의 법칙' 혹은 '집단 무의식적 태도'는 심리적으로 경계해야 할 부분도 많이 있는 것이다. 무엇보다 중요한 것은 남이 한다고 하여, 별생각 없이 무작정 따라 하는 것은 금물이다. 꼭 머릿속에 객관적인 판단을 순간순간 잘 내려서 허망한 일을 겪지 않도록 하는 것이 아주 현명할 수 있겠다.

일반적으로, 이른바 '아무 생각 없이 따라 하기'에 편승하기보다는 오히려 도전적이고 창조적인 '정신적 노마드(Nomad; 유목민)'를 선택하는 쪽이 네게 훨씬 유리할 것이다. 왜냐하면, 인생에서 가치 있는 것은 남들의 것과 똑같거나 유사한 것이 결코 아니며, 남들이 가진 것과는 다른 당신 것만의 차별성을 지녀야 진정한 가치를 인정받을 수 있기 때문이다.

3-3. 세상 이치의 속살까지 캐내어라!

창의성을 새장 안에 가두지 마라, 세상 이치의 속살까지 캐내어라!

누구든 자신의 창의성을 새장이라는 작은 틀 안에 가두지 말아야 한다. 대신 넓고 높은 창공으로 훨훨 날아다니게 하여야 한다.

오늘날 우리 교육의 가장 큰 문제는 '표준화'의 미명(美名)이다. 표준화라는 것은 운용, 활용과 응용 측면에서는 아주 유용한 수단이지만, 교육적인 면에서는 결코 유익하지 못하다. 표준화라는 미명 아래에서 획일화를 시켜버리면 사고의 폭이 좁아져 새로운 발명이나 창조, 응용력을 기대하기 매우 어려워지는 법이다.

제대로 된 교육이란 창의성을 좁은 곳에 가두지 말고, 오히려 넓은 곳으로 나올 수 있도록 뚫어주어야 한다. 그래서 창의성이 차별성, 독창성, 진보성 등을 낳을 수 있게 배려하여야 한다.

특히 요즘은 제4차 산업혁명의 시대가 아닌가? 이러한 국경 없는 첨단 무한경쟁의 시대에 살아남으려면 그야말로 창의성과 이를 바탕으로 하는 지적재산권(특허기술, 실용신안 등)이 생명과도 같은 것이다. 그래서 국내외 특허청 등에서 기술에 대한 심사를 할 경우, 해당 기술에 차별성이나 독창성 같은 요소가 없으면 절대 받아주지를 않는다. 저명한 학술지 논문이나 노벨상 또한 마찬가지의 논리로 심사가 이루어진다. 기존 대비 차별화와 독자성을 가지고 학술적 혹은 실용적 발전에 획기적인 전기를 마련했다든지, 새로운 큰 공헌을 하여야 비로소 높은 평가가 가능해지는 것이다.

즉 지적재산권이나 저명한 학술지 논문, 노벨상 등에는 창의를 바탕으로 하는 타 지식 대비 차별성과 기존 기술 대비 발전성(진보성)이 기본이라는 것이다.

그렇다면 어떻게 하면 창의성을 챙길 수 있을까? 창의성 계발을 위한 여러 가지 방법이 많이 연구되고 보고되어있기는 하지만, 그 핵심은 아래와 같다.

첫째는, 뭔가를 갈구하여야 한다는 것이다. 즉, 결핍은 창의를 낳는 법이다.

기존 지식과 기술에 대한 불편함에 분노할 줄 알아야 뭔가를 강하게 갈구할 수 있다는 의미이다.

둘째는, 열린 마음으로 사색하고 연구하라.

여러 있을 수 있는 아이디어에 대하여 혹은 어떤 문제점에 대한 해결방법의 일환으로 열린 마음으로 사색하고, 독서하고, 연구를 해나가야 한다.

보통 어떤 문제이든, 궁하면 통하는 법이고, 곰곰이 생각하면 그 해결방법이 나오기 마련이다.

셋째는, 항상 노트에 메모하거나, 스케치를 많이 하라는 것이다.

예를 들어, 어떤 전시회나 제품 발표회 등에서 여러 제품이 출품된 것을 보고 브레인스토밍(무엇에 대해 여러 사람들이 동시에, 서로 남의 생각을 배척하지 말고, 자유롭게 자기 생각을 제시하고 토론하는 방법)이나 '생각 비틀어보기' 등을 통해 자기가 느낀 점, 보다 더 창의적으로 개선할 수 있는 자기만의 아이디어 등을 그때그때 궁리하고, 메모를 하거나 스케치를 하는 것이 좋다. 새로운 아이디어라는 것은 원래 생각이 날 때 바로바로 기록하지 않으면 금방 잊어버리는 속성을 가지고 있다. 항상 언제 어디서나 메모나 스케치를 할 수 있는 필기도구, 스마트기기 등을 항상 준비하여 지니고 다니는 것이 참으로 필요하겠다.

실제 다산 정약용, 니체, 칸트, 스티븐 잡스, 빌 게이츠, 일론 머스크, 링컨, 슈베르트, 레오나르도 다빈치 등 역사적으로 '메모광'들은 대단히 많다.

링컨은 자기 모자 안에 필기도구와 종이를 항상 휴대했다고 하고, 슈베르트는 자신의 하얀 와이셔츠에 마저 악상을 메모한 것으로 아주 유명하다.

또한. 창의적 천재인 레오나르도 다빈치는 죽기 전까지 약 수천 장의 메모와 스케치를 남겼고, 후대에서 그의 스케치를 보고 비행기를 만들고, 해부학을 연구하고, 공기역학을 연구하고, 그림이나 기타 예술분야에도 영감을 얻었다는 것이다.

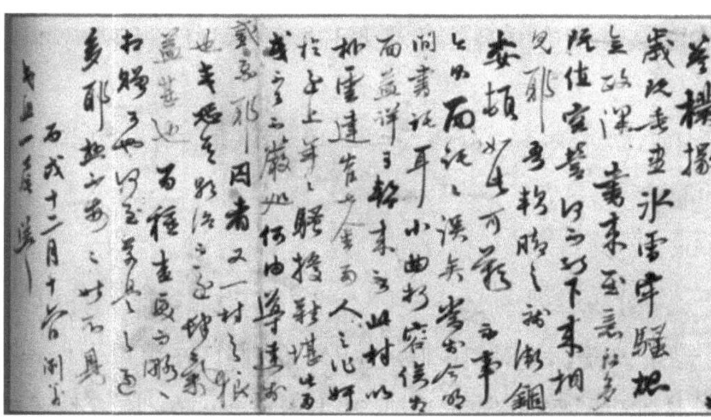

정약용 간찰 (그림:.suwonilbo.kr)

다산 정약용은 수많은 책을 읽으면서 각 깨달은 바를 모두 적었고, 생활 속에 그때그때 떠오른 생각을 메모하거나, 편지로 작성하여 가족에 보내기도 하고, 약 18년 동안의 유배 생활을 통하여 기록한 내용을 약 500권의 책으로 집대성하기도 하였다.

그 밖에 빌 게이츠는 회의 때마다 구조화된 형태 혹은 그림 형태의 메모를 하거나, 책을 읽을 때마다 밑그림을 그리기로 유명하며, 일론 머스크는 나무와 나뭇가지, 잎사귀 등의 그림을 그려서, 마치 한 그루의 나무와 같은 구조화된 메모를 하는 것으로 유명하다.

결론적으로 볼 때, 어떤 대상을 보더라도, 그 장점 이상으로 단점이나 문제점과 불편한 점 등을 먼저 생각하여 이를 고치거나 개선하려고 갈구하는 마음이 우선이고, 이후 열린 마음으로 사색하여 문득문득 떠오르는 생각이나, 주변에서 힌트를 얻은 아이디어를 항상 노트나 메모지, 스마트기기 등에 메모하거나 스케치하는 습관을 가져야 창의성이 제대로 발휘된다.

이렇게 하여, 모든 일에는 창의성, 독창성 등을 바탕으로 하여야 보다 나은 가치를 만들어 나갈 수 있을 것이며, 아직 인류에게 발견되지 않은 무한한 보석들을 제대로 찾아낼 수 있을 것이다. 아마도,

"신이 우리 인간에게 가장 두려워하는 것은, 인간이 온갖 창의성으로 제대로 무장하여 세상 이치의 속살까지 모조리 캐내는 것일지 모르겠다!" - Pa sayings

3-4. 선(善)의 가치를 제대로 지켜라!

선(善)의 가치를 제대로 지켜라. 선행은 자랑하면 더 이상 선(善)이 아니다!

세상에서 가장 중요하고, 훌륭한 가치는 아마도 정의와 선(善)이라고 할 수 있을 것이다. 이 중에서 정의는 많은 이들이 곡해하여 헛되게 사용하기도 하고, 잘못된 정의에 대한 이론으로 인간을 오히려 핍박하기도 한다. 함부로 "정의의 심판"이란 말을 내뱉으며 자신의 이익을 위해 상대를 타도하자, 남을 심판하자는 등을 외치는 사례가 바로 그것이다.

그러나, 선(선행)에 대해서는 별 이견이 적다. 그냥 좋고 훌륭한 이데아(이성적 최상위의 관념)인 것이다. 그래서 정신적·물질적 가치나 관념을 평가할 때 선(善)은 아주 훌륭한 잣대가 되어줄 수 있을 것이다.

예를 들어, 종교계에 있어서도 교인마다 자신이 믿는 종교가 제일 좋은 것이라고 생각할 것이고, 정치나 이데올로기도 자신이 지지하는 쪽이 맞다고 주장할 것이 당연하다. 그러나 이럴 때, 선(善)의 잣대로 판단해보면 비교적 쉽게 그 수준을 비교 및 평가가 가능하다. 즉, "인간을 위해 누가 더 이롭게 하였는가?"라는 잣대인 것이다. 이렇게 인간에게 이롭게 했느냐(착하게 하였느냐), 그렇지 못했느냐 하는 잣대는 상대적으로 보다 명료한 편이며, 다른 이데아보다 비교적 객관화가 쉬운 편이다.

요즘 사회는 자신의 선행 자체를 사진, 영상 등의 매체를 통해 많이 홍보하고 의도적으로 노출시키는 경우가 많다. 그러나 선행이라는 것은 스스로 자랑하면 이미 그것은 진정한 의미의 선은 아니다.

자신의 행동을 자랑하고 선전한다면, 심적으로 이미 자신이 만족감을 느끼고, 스스로에게 칭찬도 받았고, 행복해진 상태가 되므로 정신적 위안 혹은 보상을 받은 셈이다. 더 이상 선행이라는 용어가 어울리지 않게 되는 셈이다.

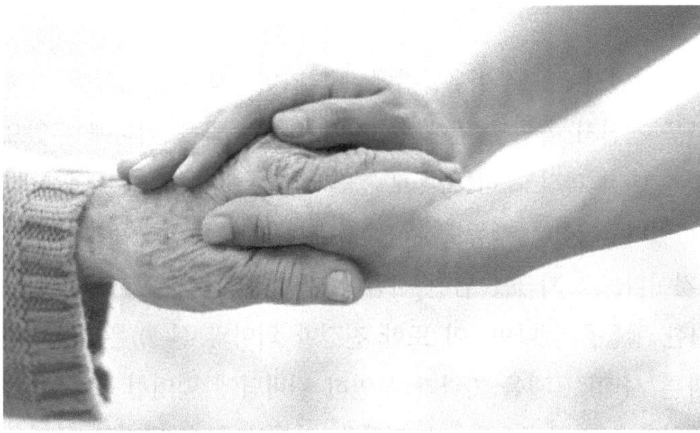

선행 (그림: m.health.chosun.com)

이러한 선(善)과 관련하여 의학적으로는, 사람이 스스로 자랑하고 또 칭찬을 받게 되면 우리 뇌에는 '도파민 보상회로'가 형성되어 계속적으로 자랑하거나 칭찬을 받고 싶어 하는 중독증에 빠질 수가 있고, 이것이 심해질 경우에는 자랑하여 칭찬을 받기 위해서 무조건 가식적으로라도 선행을 반복하여야 하는 심각한 오류와 모순에 빠져들게 되는 것이다.

진정한 선(善)은 많이 알려지고 소개되었듯이, "왼손이 하는 일을 오른손이 모르게 하는 것"이다. 천국 혹은 천당에 가는 것을 바라고 선행을 했다면, 좀 과한 평가라고 하시는 분이 있겠지만, 이것 역시 진정한 의미의 선(善)은 아닌 것이다. 천국이나 천당에 갈 수 있다는 위안을 이미 마음속에 받은 것이고(도파민을 받은 것이고), 그것이 충분히 심적 보상이 될 수도 있었으므로 그것은 이미 선(善)이 아닐 수 있다는 의미이다.

신이 내려준 본래의 선(善)의 의미는 정신적으로나 물질적으로나 아무런 보상을 바라지 않고, 보상의 가능성도 예상되어있지 않고, 양심적으로도 그런 것들을 바라지 않는 상태(심적으로 어떤 대가도 포기한 상태)의 선(善)을 말하는 것일 것이다.

매년 연말연시에 불우이웃돕기에 써달라며, 자신의 정체를 밝히지 않고 거금을 경찰서 출입문 앞에 두고 가거나, 거금을 어디에 두었으니 찾아서 좋은 데 써달라고 하는 메모 등을 남기는 감동적인 사례를 가끔 접할 때가 있다. 이러한 행동도 완전히 대가가 없는 상태이어야 진정한 선(善)일 것이다. 그 거금을 남긴 사람이 만약 천국 혹은 천당에 갈 목적으로 그러한 행동을 했다면, 이 또한 진정한 의미의 선(善)은 아닐 것이다.

또 다른 사례로, 길을 가다가 우연히 길바닥에 떨어진 거금이 담긴 지갑을 주웠다고 가정해보자. 그 지갑을 경찰서 등에 맡기고 주인을 찾아달라고 하면 여기까지는 선(善)이라고 할 수 있다. 그러나 자신의 이름을 밝히고 언론 등에 보도가 되기를 은근히 바라거나 또 다른 그 무엇을 '견물생심'의 마음으로 바란다면 그것은 이미 선행이 아닌 상태로 변하게 되는 것이다.

만약 주인이 나타나 그 고마움의 표현으로 일부 보상금을 흔쾌히 전해받았다면 이 역시 그의 행동은 선행이 아닌 상태로 변하게 될 것이다.

단, 자신의 선행 사실을 최대한 노출하지 않으려고 노력하였고, 부득이하게 자신의 신분이 노출되었고, 충분히 거절하였음에도 부득불 일부 금액을 인지상정상 사례금으로 받을 수밖에 없었다면 거기까지는 그대로 선(善)이라고 평가할 수 있겠다.

"진정한 선(善)은 그야말로 왼손, 오른손이 서로의 프라이버시를 지켜주는 상태의 선행이어야 한다!" - Pa sayings

이런 것이 신이 내린 고결한 선(善)의 가치요, 그것을 행하는 사람의 진정한 인품적 가치인 것이다. 그리고 끝까지 자신의 행동에 진정성 혹은 순전성이 묻어있어야 선행이 그대로 선행으로 유지될 수 있다고 생각한다.

"드러내지 않는 선의(善意)와 선행이야말로 후회 없는 결과를 낳고, 지극하고 무한한 행복에 가장 근접할 수 있는 유일한 방법이다!" - Pa sayings

3-5. 자기만의 가치를 찾아내고 실천해 나가라!

인생에서 자기 가치의 실현은 신이 네게 내려준 미션이라고 생각해도 좋을 것이다. 그러면 자기의 가치란 무엇인가? 개인마다 자기 가치는 매우 다를 수 있다. 가령 부자가 되어 노블레스 오블리주를 실천하는 일, 큰 정치인이 되는 것, 큰 문학가나 예술가가 되어 자아를 실현하는 일, 종교인이 되는 것, 실천하는 봉사자가 되는 것 등이 있을 수 있다. 그러나 이러한 모든 가치 카테고리의 공통점을 기준으로 분류해보면, 크게 사회적으로 유익한 일을 실천하는 것과 종교나 예술 등을 행하는 것의 두 가지로 대별될 수 있을 것 같다. 이들 모두 인간 본성으로부터의 궁극적 초월적 의미를 담고 있기 때문이다.

사회적으로 유익한 일을 실천하는 것에는 돈을 벌어 기부를 많이 하는 것, 사회의 발전에 공헌하는 것, 사회적 약자나 소외층에 도움을 주는 일 등이 포함된다. 또한, 종교나 예술 등을 행하는 것이란 종교에 귀의, 음악의 경지, 미술의 경지, 문학의 경지, 스포츠의 경지, 기타 자신만의 순순한 성취 목표 등에 도전하는 일일 것이다.

그러나, 이러한 자기 가치의 방법적인 부분에서는 너무나도 다양하고, 아주 천차만별일 것이다. 또한 그 개인마다의 서로 다른 방법들 자체가 모두 소중한 것이며, 각기 존중되어야 마땅하다.

그러면 이러한 저마다의 자기 가치의 구체적 형태는 개인적으로 어떻게 찾을 수 있을까? 그것은 신의 응답을 받을 때까지 생각하고, 고민하고, 질문을 계속해나가는 수밖에 없다. 그리고 나중에 그 응답을 받게 되면, 그 일을 자신의 천직(신이 내린 미션)으로 생각하고 평생을 두고 한번 투자해보는 것이다.

조선시대 후기 충청남도 홍주(지금의 홍성군)에 조광일(趙光一)이라는 유생(선비, 양반)이 있었는데, 그는 과거급제나 영달(榮達)에 뜻을 두지 않고, 한평생 침을 놓는 의사로 살았으며, 여러 어려운 여건에서도 자신만의 가치를 묵묵히 지켜낸 인물이다. 그는 부귀영화나 입신양명보다는 그냥 의원으로 사는 것 자체에 큰 의미를 두었고, 또 그 일을 진정으로 즐거이 행한 인물이다.

한때 홍양호라는 큰 인물이 "의술이란 원래 천한 기술이고, 백성들이 사는 마을은 비천한 곳이다. 그대가 가진 재능으로 귀하고 현달한 인물들과 사귀게 되면 큰 명성을 얻을 수도 있을 터인데, 어째서 시정의 보잘것없고 천한 백성들이나 치료하고 다니면서도, 스스로를 돌보지 않는가?"라고 물었는데, 그는 이렇게 대답했다고 한다.

조선의 의원 (그림:.goodmorningcc.com/news)

"대장부가 한 나라의 재상이 되지 못한다면, 차라리 산촌의 의원이 되는 일도 참 좋을 것이요. 재상은 도(道)로서 백성을 구제하고, 의원은 의술로써 사람을 살린다오. 다만 재상은 잘 먹고 잘 살고, 의원은 못 먹고 못 산다는 점이 다르기는 하지만, 백성들에게 돌아가는 공덕은 똑같은 것이지요.

재상은 때를 제대로 만나 도를 실천함에 행복을 느끼기도 하겠지만, 때로는 그렇지 못하여 불행해지기도 하지요. 또 임금이 주는 음식을 먹어서 그 책임이 항상 따르기에 임금의 믿음을 얻지 못하면 큰 벌이 받기도 하지요.

그러나 의원은 오직 의술로써 백성을 구제하는 큰 뜻을 실천하므로 백성들의 믿음을 얻지 못할 리 없소. 이러한 까닭으로 나는 내 의술로써 참으로 즐겁게 살아가는 것이요.

그리고 내가 의술을 베푸는 것은 무슨 개인의 이익이나 영달을 얻고자 함이 아니라오. 다만 내가 정한 내 뜻과 믿음을 실천할 따름이오. 그래서 나는 귀한 사람보다는 천한 사람과 더 친하다오.

그리고 내가 그동안 침을 잡고 백성들 속에 돌아다녀 그동안 살려낸 사람이 수천 명 이상은 될 것이고, 내 나이가 이제 마흔 남짓 되니, 앞으로 10년만 더 하여도 아마 만 명은 살려낼 수 있을 것이요. 만 명을 살려내고 나면 나의 일도 끝이 날 것이오."

이렇게 조광일은 대단한 인격의 인물이었다. 당시 다른 일반 의원들이 교만하고 부도덕하여 양반들이나 부자들만을 치료해주고, 가난한 백성들은 죽어 나가도 거들떠보지도 않았던 풍토에서도, 자신이 천명한 굳은 의지를 끝까지 지켜나간 것은 참으로 대단하다고 감탄하지 않을 수 없다.

조광일의 사례에서도 보았듯이, 우리는 저마다의 신이 내려준 천직(미션)이 무엇인지 꾸준한 노력을 기울여 찾아 나가야 자신의 의미를 제대로 찾는 길이 될 것이며, 그 해답을 찾고 또 완성시켜 나가면서 수많은 난관에 부닥치겠지만, 끝까지 자기 의지를 잘 지켜나가야 비로소 최후의 승자가 될 수 있을 것이다.

많이 알려진 바와 같이, 싯다르타는 대각견성을 하기 위해서 보리수나무 밑에서 끝없는 명상을 지속했었다. 그렇다고 하여, 이러한 행동이 꼭 특별한 위인들만의 몫이라는 것이 아니다. 물론 위대한 성인들처럼 대단한 행적을 할 수는 없겠지만, 항상 생활 속에서 자신을 날마다(매일 아침) 반성하고, "일신 우일신"으로 마음가짐을 새롭게 해나가고, 자신의 삶을 항상 성찰하고, 신이 내려준 자신의 미션을 충실히 찾아내어 삶의 끝까지 견지해나갈 수 있다면, 한평생 참으로 보람된 삶을 살아낼 수 있을 것이다.

3-6. 큰 미련에도 홀연히 떠나라!

세상 대부분의 범죄는 탐욕(재물욕, 권력욕 등)에서 비롯된다고 해도 과언이 아니다. 변시연(한학자) 선생의 글을 인용하자면, 사람에게는 지족(知足), 지분(知分), 지지(知止)의 삼지(三知)가 중요하다고 한다. 이를 풀이하자면 만족할 줄 알고, 분수를 알고, 물러날 때를 알아야 한다는 것이다. 이 중에서 특히 중요한 것이 지지(知止)라고 생각된다. 이것을 제대로 행하지 못하면 끝내 망신을 당하거나 화를 입기 십상이다.

중국 춘추시대 월나라의 전략가 '범려'라는 인물이 있었다. 그는 나라의 부국강병 정책을 주도하여 월나라를 금방 강국으로 탈바꿈시키고, 이웃 오나라를 멸망시키는 등 대단한 공적을 세운 인물이다. 아마 구천이라는 왕이 천하 제후 중의 맹주(춘추 오패; 春秋五覇)가 될 수 있었던 데에는 그의 공로가 절대적이었을 것이다. 그러나 범려는 대업을 이룬 후 일등 공신으로서 부귀영화를 누릴 수도 있었겠지만, "원한다면 나라의 절반을 주겠노라!"라고까지 말한 왕의 구애를 뒤로하고, 밤에 짐을 꾸려 사라져버렸다.

범려는 떠나면서 동료 재상이었던 문종(文種)에게 '같이 떠나자'라고 하는 신신당부가 담긴 편지를 남겼다고 한다. 즉, "토끼를 다 잡고 나면 사냥개는 삶아 먹히고(兔死狗烹), 새를 다 잡으면 활을 더 이상 쓸 데가 없어져 창고에 넣어져 버린다(鳥盡弓藏), 또 적국을 다 정복하여 사라지게 하면 묘책을 내던 신하(책사)는 설 자리가 없어진다. 부릴 대로 부려먹다가 쓸모가 없어지면 제거되는 것이다. 아시다시피 우리 임금 구천은 욕심이 많고 시기심도 많은 사람이다. 환난(患難)을 같이 견딜 수는 있어도, 같이 안락을 누릴 수 없는 인물이다. 그대도 하루속히 떠나지 않는다면 틀림없이 참혹한 화를 겪게 될 것이니 이번에 함께 떠나자."라는 편지를 남긴 것이다.

이 고사는 바로 역사적으로 처음 나오는 '토사구팽(兎死狗烹)'에 대한 기록이기도 하다.

보통 신하의 탁월한 역량은 임금의 목표를 이루기 위해서 반드시 필요하지만, 일단 목표를 이루고 난 후에는 그것이 부담으로 작용할 수 있다. 아니나 다를까, 문종은 이러한 범려의 충고를 듣지 않고 머뭇거리다가, 나중에 결국 월나라 왕 구천으로부터 자결할 것을 명받았다고 한다. 임금은 신하의 힘과 능력이 혹시라도 자신에게 반기나 역모로 작용하지 않을까 하여 항상 두려워할 수 있는 것이다. 더군다나 큰 공을 세운 엄청난 인물이라면 더더욱 의심받을 수밖에 없고, 이것은 왕권 강화를 위해 장애가 된다고 판단되어 숙청의 이유로 작용하기도 하는 것이다. 우리나라 역사에서도 이순신 장군이 선조의 토사구팽을 미리 예상하고, 노량해전에서 목숨을 기꺼이 내어놓아 명예스러운 죽음을 택했다는 설이 있지 않은가?

역사적으로 범려와 더불어 지지(知止)를 가장 잘 실천한 사람으로서 대표적으로 꼽히는 인물이 아마도 한나라(전한) 재상 장량일 것이다. 장량은 탁월한 책략으로 한고조(유방)을 도와 천하를 통일한 후, 더는 권력에 뜻을 품지 않고 유방을 처음 만난 유현의 유후가 되어 조용히 물러났다. 이런 그의 선택은 후일 유방의 조강지처 '여태후'의 피바람에서 벗어날 수 있는 현명한 행보였던 것이다. 사람을 두루 알아볼 줄 아는 안목이 뛰어난 그였기에 여태후의 숨겨진 탐욕과 무자비함을 초한 전쟁 과정을 통해 이미 파악하지 않았을까? 즉, 한고조 사후 벌어질 여태후의 무지막지한 행보를 미리 읽어낼 수 있었으므로 조용히 권좌의 중심에서 물러났던 것으로 보인다. 그는 이렇게 하여 한고조 사후 여태후의 어마어마한 숙청으로부터 비교적 자유로웠으며, 큰 욕심 없이 말년을 평안하게 살 수 있었다.

범려의 말년 (그림: waikuge.com)

위의 범려와 장량의 사례에서, '물러나기(知止)'가 얼마나 중요하고 소중한 것인지 한번 생각해볼 수 있다. 적절한 시점에 물러날 줄 알아야 자신을 지킬 수 있고, 새로운 인생 단계의 도전을 할 수 있는 기회도 열리는 법인 것이다. 그러나 현실의 우리는 항상 눈앞의 이기와 욕심, 미련 등에 집착하느라 때를 놓치는 경우가 많다. 문종처럼 머뭇거리고 주저하다가 상황을 오판하고 잘못된 선택을 할 수도 있고, 성공의 기쁨에 도취하여 지지(知止)를 잊어버릴 수도 있고, 과욕과 탐욕으로 끝까지 지지(知止)를 거부할 수도 있는 것이다.

한국 근대사에서 이승만 대통령과 박정희 대통령도, 당신들의 많은 업적에도 불구하고, 나 아니면 안 된다 식의 오만과 과도한 권력욕에 대한 집착으로 개인적으로나 국가적으로도 엄청난 시험에 들게 하지 않았던가?

공자의 논어에는 "천하에 도가 있으면 나아가 능력을 기꺼이 발휘하고(天下有道則見), 천하에 도가 없으면 조용히 뒤로 물러나 수신에 힘써야 한다(無道則隱)."라는 구절이 나온다.

아마 욕심을 내려놓고 홀연히 물러나기를 청할 줄 알면, 결국 인생에서 승리하고 평안해질 수 있지 않을까?

3-7. 너를 반대하는 사람의 가치를 높여라!

너를 반대하는 사람의 가치를 높여주어라, 오히려 요직에 중용하여라!

조선시대 세종은 황희가 과거에 자신이 세자로 책봉되는 것에 반대하였고, 자신의 외숙부들을 죽음으로 내몰았지만, 그의 사람됨이 바르다는 것을 알고 과감히 유배지로부터 다시 불러들였다. 즉, 충녕대군(훗날 세종)이 왕세자로 책봉되자 국본을 너무 쉽게 바꾼다며 이를 반대하던 황희를 용서하고 불러들여, 물론 상왕 태종의 권유가 컸지만, 나라를 위해 크게 쓴 것이다. 비록 황희가 고분고분하지도 않았고, 왕에게도 '아닌 것은 아니다'라는 입장을 분명히 말하는 까다로운 정치가였으나, 국가 미래를 보고 크게 판단한 것이다.

이후 과연, 세종이 기대한 대로, 황희는, 탄핵과 복직 등의 여러 정치적 굴곡은 있기는 하였지만, 솔직하고 청빈한 삶과 뛰어난 정치력으로 좌의정, 영의정 등을 재직하는 동안 농사의 개량, 예법의 개정, 제도와 법제의 정비 등 나라 발전을 위한 엄청난 업적을 남기게 되었다. 이는 자신의 반대자를 그 장점과 능력만을 보고, 오히려 중용한 세종의 덕이라고 아니할 수 없다.

다른 말로 표현하자면, 세종이 자신을 그토록 반대했던 황희를 구슬려, 나라와 백성을 위해 엄청나게 부려 먹은 것이다.

중국 춘추 시대 제나라 16대 왕의 자리에 오른 제환공 강소백은 과거 형(兄)과의 왕위 쟁탈전 도중에 관중(管仲)이 자신을 죽이려고 시도한 사실이 있었기에 이 책임을 물어 관중을 죽이려 하였다. 그러나 환공의 심복이며, 관포지교라는 말의 뿌리가 될 만큼 관중의 좋은 친구이기도 한 포숙아(鮑叔牙)의 설득으로 환공은 관중을 살려주었으며, 오히려 좋은 인재를 모시기 위해 성의를 다해 맞이하고, 이후 재상으로 임명하였다.

이는 환공이 관중을 최종 평가하기로, 자기의 주군(제환공의 형인 공자 규)을 위해 그러한 행동을 한 것이므로 오히려 충성스러운 인물이라고 평하게 된 결과였다. 그리고 이러한 환공의 생각은 아주 현명하였다. 재상이 된 관중은 엄청나게 지혜롭게 개혁을 추진해, 국력, 군사력, 문화 등을 크게 향상시킨 것이다. 그리하여 환공은 춘추오패 중 제일 첫 번째 패왕(霸王)이 되어 당시 중국 천하를 호령하게 된 것이다.

세종과 황희 (그림: blog.daum.net)

당나라 태종(이세민) 또한, 황제가 되기 전 황위 쟁탈전 상황에서 당시 태자이었던 형 이건성 편을 들어 자신을 죽이라고 진언한 '위징'이라는 인물을 오히려 충신으로 평가하고 중용하였다. 위징은 특유의 솔직한 태도, 200회가 넘는 진심의 간언 등으로 당태종의 치적을 도운 것이다. 태종은 위징이 죽었을 때 몹시 슬퍼하며, 옆에서 따르던 신하에게 다음과 같이 말했다고 한다.

"사람은 구리로 거울을 만들어서 의관을 바로잡고, 옛것을 거울로 삼아서 역대의 흥망성쇠를 알 수 있으며, 사람을 거울로 삼아서 자신의 득실을 알 수 있다. 위징이 죽음으로서 짐은 거울 하나를 잃고 말았다."

또한, 위징은 아래와 같은 유명한 말을 남겼다.

"사람의 인생에 의기(意氣)가 있다면야, 구구한 공명(功名) 따위가 무슨 문제가 되랴?"

위에서 살펴본 바와 같이 세종, 제환공, 당태종 등은 모두 자신을 심하게 반대한 사람을 오히려, 그 인물의 성품에 거짓이 없을진대, 용서하고 중용하여 보배로 쓴 것이다. 이리하여 이들로 하여금 나라와 백성의 삶에 크게 기여하게 하였다.

우리는 보통 인생을 살면서 자신을 반대하는 자는 싫어하고 멀리하려고 하는 것이 인지상정이다.

물론 개인은 혹여 그러할 수도 있다고 하겠지만, 특히 공적인 일을 맡고 있거나, 큰 조직이나 나라의 큰 리더들은 절대 그리하면 안 된다. 세종, 제환공, 당태종처럼 설령 자신을 심히 반대하더라도, 그 사람의 인격이 반듯하고, 그 뜻에 사리사욕적 요소가 없을진대, 국민을 위해 충분히 중요히 쓸 수 있어야 하지 않겠는가?

우리나라 대통령도 반대당인 야당의 주요 인물을 책임총리 등으로 발탁하여 중요히 쓸 수 있는 배포가 있었으면 좋겠다! 그런 정치가 바로 국민의 마음을 움직이는 감동이 될 수 있지 않겠는가?

3-8. 상품에 담긴 가치가 더 중요하다!

상품보다 거기에 담긴 가치가 더 중요하다!

마케팅 분야에서 스토리셀링(스토리텔링 마케팅)이 지속적으로 많은 각광을 받고 있다. 이는 상품에 내재된 이야기로 하여금 소비자를 설득하고, 호감을 이끌어내는 마케팅의 한 수단이다.

이탈리아 명품 구두 페라가모는 영화 '7년 만의 외출'에서 마릴린 먼로가 지하철 통풍구에서 하얀 치맛자락을 날리는 매혹적인 장면을 광고로 내보내면서 할리우드 여배우가 급히 공수해서 영화 촬영에 신을 만큼 각선미를 돋보이게 하고, 멋스럽고, 편안한 신발이라는 이야기로서 자사 제품을 홍보하였다.

또한, 글로벌 생수 업체인 에비앙(Evian)은 자사의 물을 스토리셀링하기 위해 1789년 한 귀족이 알프스의 작은 오지 마을 에비앙에서 요양하면서 지하수를 먹고 병을 고쳤고, 그 후 물의 성분을 분석해 보니, 물속에는 미네랄 등 사람에 좋은 성분이 다량 함유되어있었다는 이야기를 광고 메시지로 활용한다. 따라서 에비앙은 단순한 물이 아닌 약 혹은 약수라는 브랜드 스토리를 소비자들에게 각인시키고 있다.

또, 미국의 주방용품 업체인 윌리엄 소노마는 가정의 행복한 이야기를 파는 것으로 유명한 기업이다. 주방의 요리 기구와 그릇 등 제품별로 캐릭터, 히스토리 등을 테마로 한 브랜드 스토리를 광고 및 판촉 활동에 적극 활용하고 있다.

에비앙 스토리
(그림: dev1.evian.com)

안흥찐빵 원조건물
(그림: img.yonhapnews.co.kr)

우리나라 강원도 횡성에도 유명한 스토리셀링의 사례가 있다.

이곳에는 '안흥 찐빵마을'이라는 곳이 있는데, 매년 축제도 열리는데 1999년 제1회를 시작으로 현재까지 이어오고 있다.

이 축제에는 스토리셀링의 소재로, 우리 옛 이야기인 '도깨비 삼형제 이야기'가 절묘하게 결합되어있다.

그 전설에 따르면, 장난꾸러기 도깨비 삼형제가 안흥의 옛 지명인 실미에서 강림으로 넘어가는 길목에서 도깨비불을 들고서 길손의 먹거리를 빼앗아 먹곤 했다. 이에 팥이 도깨비 귀신에게 해롭다는 얘기를 도사에게서 전해 들은 이 고장 현감은 길손들에게 술떡 안에 팥을 넣어 다니라고 일러줬다. 도깨비들은 이런 사실도 모른 채 평상시처럼 팥이 든 찐빵을 행인에게서 빼앗아 먹고는 금방 바위로 변해버렸다는 전설이다.

이 마을은 이러한 스토리셀링 마케팅 기법을 활용하여 지역 주민의 화합과 지역경제 활성화라는 두 가지 목표를 모두 달성할 수 있게 되었다.

이러한 스토리셀링의 기대효과는 일반 사업(Business) 분야에서도 마찬가지 원리로 적용될 수 있다. 산업의 각 분야별 고만고만한 경쟁업체들끼리 레드오션 시장에서 아옹다옹할 게 아니라, 스토리셀링과 같은 뭔가 혁신적이고 차별화된 아이디어를 고안해내고 상품화하는 것이 무엇보다 주효할 수 있다. 같은 상품이라고 하여도, 스토리가 있는 상품과 없는 상품은 그 느낌부터가 완전히 달라지는 것이 아니겠는가?

가령 예를 들어, "○○병원으로 오시면 국내 처음으로 샴쌍둥이 수술에 성공한 ○○○의사 선생님을 볼 수 있습니다.!"라는 등으로 스토리셀링을 할 수 있다.

건설회사의 경우 같으면, "우리는 대지진이 발생하여 폐허가 된 ○○나라에 안전하고 편안한 집을 지어주었고, 그것도 지진의 강도 ○○까지 견딜 수 있는 건축 기술로 지어주었으며, 국제기관의 공인도 받았다."라는 식으로 홍보를 할 수도 있겠다.

여기서 주의할 것은, 첫째 이러한 스토리셀링은 단발성으로 끝나면 그 의미가 매우 적다는 것이다. 스토리셀링은 무엇보다 후속 스토리들을 연이어 발굴해내거나, 축제행사, 기념품, 이벤트, 홍보물 등을 지속적으로 개발해내어 스토리 자체가 다채롭고 지속적으로 전개되어 나가야 한다는 것이 중요하다.

둘째 아무리 스토리셀링이 마케팅 혹은 판매를 위한 것이라고는 하지만, 진심을 담지 않으면 한계가 있다. 스토리셀링을 얄팍한 영업 수단으로만 활용한다면, 그 수명이 오래가기 어려울 것이지만, 진정 고객을 위해 꼭 필요한 상품을 좋은 품질로 생산 및 공급해주고, 고객의 마음을 진정으로 위하고, 어루만져 준다고 생각할 수 있어야 그 사업이 영속될 수 있을 것이라고 생각된다.

3-9. 진정한 벗은 화려하지 않아도 멀리 간다!

여러분이 아끼는 친구일수록 사사건건 미주알고주알 꼬치꼬치 따지는 일은 결코 없을 것이다. 왜냐하면, 친한 친구나 아끼는 친구는 이미 믿음 혹은 신뢰가 바탕에 깔려있으므로, 이것저것 따져 물어볼 필요가 없는 것이다. 단지 그냥 궁금한 것 정도만 물어보아도 충분하다. 이런 현상은 서로 간의 우정이 깊어질수록 더 확연하게 그렇게 될 수 있다.

그러면 이것을 반대로 한번 생각해보아라. 어떤 사안들에 대해서 꼬치꼬치 캐지 않고, 이것저것 구체적으로 따지지 않고, 항상 서로 편안함을 주고받을 수 있다면, 그 상대 친구는 언젠가는 너와 친해지고, 결국 둘도 없는 좋은 친구가 되어줄 수 있지 않겠는가?

자고로, 오래가는 친구에 대해서는 시시콜콜함 자체가 필요 없고, 그저 편안하고, 믿음으로 대하고, 무슨 말이든 쉽게 들어주려 할 것이다. 친구의 단계를 좀 나누어 보면, 아래와 같다.

첫째, 약간 친한 친구이다. 이 단계의 친구는 거래를 하면 안 된다. 거래를 하면 그 관계가 금방 깨어지기 쉽다. 그러나 그냥 가벼운 실수 정도만 허용될 수 있으며, 필요충분조건은 아니지만, 분명 필요조건 정도는 될 수 있는 인간관계일 것이다.

둘째, 많이 친한 친구이다. 이 관계에서는 거래를 해도 되며, 어느 정도의 큰 실수도 너그러이 이해받을 수 있다. 그러나 이 관계에서는 지나친 실수가 누적되거나, 도가 지나친 행동을 하게 되면, 사이가 벌어지고, 결국은 깨어질 수도 있는 것이다.

셋째, 엄청나게 친한 친구이다. 이 관계는 그야말로 안 만날 수는 있어도, 헤어질 수는 없는 정도의 친구이다. 그야말로 멀리서도 서로 아껴주기 때문에, 거리와 시간과 조건에 무관하게 사귀는 친구이다. 마치 가족이나 친지 이상으로 친한 경지인 것이다.

관중과 포숙아 (그림: kknews.cc)

친구에 관한 이야기를 할 때, 자주 등장하는 인물이 관중과 포숙아이다. 이들은 '관포지교'로 널리 알려진 인물들인데, 특히 관중은 중국 역사상 최고의 지략가 중 한 명으로 널리 알려진 인물이기도 하다.

관중과 포숙아는 어릴 때부터 같이 장사(동업)를 하게 되었는데, 관중이 욕심이 좀 있어서 포숙아 몰래 자기 몫을 좀 더 떼어 가고 있었다. 남들이 이를 보고 포숙아에게 본대로 일러바치니 포숙아는 대수롭지 않은 표정으로 이렇게 말했다.

"관중은 나보다 가난하니 당연히 많이 가져가야지요!"

또한 관중이 벼슬을 하려고 시험에 세 번이나 실패했어도 포숙아는 관중을 타박하지 않고, 위로하며 말하기를,

"자네는 아직 시운(時運)을 타지 못한 것이야, 너무 실망하지 마시게!"

또 한번은, 관중과 포숙아가 전쟁터로 같이 나갔을 때 관중은 항상 맨 뒤에 서서 싸웠고, 싸우면서도 여러 번이나 도망을 쳤었다. 이를 본 주변 병사들이 관중을 대놓고 비난하자. 포숙아는 이번에도, 아래와 같은 말을 하며 옹호해주었다.

"관중에게는 늙으신 어머님이 계시네. 만약 관중이 죽기라도 한다면 어머님을 누가 돌보겠나?"

관중은 이 말을 듣고서, 포숙아를 이렇게 찬탄했다.

"나를 낳아주신 분은 부모님이지만, 나를 이해하고 인정해주는 사람은 오로지 포숙아뿐이다!"

훗날 관중과 포숙아가 모시는 주군이 각각 달랐고, 서로 왕위 쟁탈전이 벌어졌다. 여기에서 승리한 왕(환공)은 반대편에서 자신을 죽이려 한 관중을 처형하고자 하였다. 그러나 옆에서 포숙아가 말려 주었다.

"관중은 자신이 모시던 주군을 위해 충성을 다하였을 뿐입니다. 재주가 많은 인재이니 왕께서 중히 기용하시어 쓰시면, 분명 보물이 될 것입니다."

이에 왕은 포숙아에게 설득당하여 관중을 나라의 재상으로 삼게 되었고, 포숙아의 예언대로, 환공의 제나라는 관중의 탁월한 활약덕택에 춘추시대 열국의 패자로 발돋움하게 되었다.

위의 고사에서 보면, 관중과 포숙아의 관계는 포숙아가 일방적으로 관중을 챙기는 다소 일방적 관계로 비춰질 수 있으나, 관중도 분명 포숙아를 아끼고, 진정으로 이해해주었던 것으로 보인다.

기록을 보면 관중은 평소에도 포숙아에게 진심으로 '고맙다'는 표현을 자주 사용하였으며, 나중에 관중이 세상을 떠나면서 왕이 후사(후임)를 묻자, 포숙아는 자신과 절친 사이인지라 오해받을 인사라고 하면서 포숙아를 후임으로 쓰는 것은 좋지 못하다고 말하였는데, 이는 포숙아가 지나치게 청렴하고 강직하여 높은 재상 자리에 가면 자칫 화를 입을 수도 있다고 생각하였기에, 포숙아를 천거하지 않고 다른 인물로 천거를 하였을 것이라고 평해진다. 그리고 포숙아는 이미 관중의 그런 마음을 충분히 헤아렸다고 전해진다.

즉, 관중은 친구인 포숙아가 바로 자신의 후임 재상으로 책봉된다면 여러 구설수나 지나치게 청렴한 성품 탓으로 제대로 된 정치를 하지 못할 것으로 예상하고, 친구를 위해서 그러한 행동을 보인 것으로 생각된다.

과연, 관중과 포숙아 정도의 관계라면, 앞에서 세 번째로 언급한 "엄청나게 친한 친구"라고 해도 될 것 같다.

이렇게 진정한 친구는 친구의 마음을 믿음으로 꿰뚫어 보고, 죽음 직전까지도 그 신의를 버리지 않는 것으로 보인다. 또한 진정한 친구는 자신의 호의에 티를 내거나, 자극적인 관계의 화려함 등이 없는 것이 보통이다. 어떠한 경우에도 절대 생색을 내지 않으려 하며, 스스로 잘난체하는 표현이나 표시도 전혀 하지 않는다. 이미 그 단계를 넘어선 것이다. 그렇지만, 쉽게 변치 않고, 어쩌면 죽는 날까지 함께 오래가는 네 인생의 참다운 보물인 것이다.

3-10. 본질적 가치에 다가서야 신에게로 향한다!

네 마음속에서 탐욕과 가식의 허영을 털어내야 한다. 허상과 허울마저도 걷어내어야 하고, 보다 본질에 가까워져야 한다.

접근해야 할 진실이 있다면, 너 자신부터 먼저 깨끗이 하고, 그 실체의 뿌리에 주목하여라.

아름다운 꽃나무나 여러 식물들을 볼 때도 그 잔가지나 꽃을 보기보다 줄기와 뿌리를 더 집중하여 보아라.

잔가지나 꽃의 근본은 바로 줄기에 있고, 그 줄기의 근본 또한 바로 뿌리에 있느니 항상 그 뿌리에 가장 주목할 필요가 있는 것이다. 잔가지나 꽃은 언제라도 피고 또 지고 할 수 있는 것이다. 거기에 너무 연연하지 말아라.

또한 큰 인물은 어떤 일이나 프로젝트를 진행함에 있어서, 줄기와 뿌리를 만들 줄도 알고, 볼 줄도 안다. 후배들은 거기에 잔가지도 치고 꽃도 피울 것이다. 만약 줄기와 뿌리가 튼튼하다면 나머지에 잠시 실수가 있거나 문제가 생겨도 큰 탈은 없을 것이다.

우리가 대화를 하면서도 말 그대로의 내용보다는 그 내용에 감추어진 진의를 깨달을 수 있어야 한다. 또 거래를 하거나, 여러 일을 하면서도 상호 간의 말이나 행동에 너무 민감해지지 말고, 그 말과 행동을 있게 한 사유나 원인을 먼저 헤아려보는 것이 좋다. 이것이 바로 줄기와, 더 나아가 뿌리에까지 집중하는 자세인 것이다.

살다가 네 마음의 흔들림에 방황하지 말고, 항상 문제의 본질이나 종국적 가치의 도착점에 집중하여라.

악기는 그 모양이나 가격보다는 음색이 고와야 결국 좋은 악기라고 말할 수 있을 것이며, 마찬가지로 예술 작품에는 호소력이 있어야 하는 것이 중요하고, 사람은 본질 혹은 성질이 착하고 아름다워야 함이 중요할 것이다. 또한 이러한 궁극적인 가치들이야말로 결국 사람으로 하여금 감동을 자아내게 하고, 누구에게나 큰 울림을 줄 수 있지 않겠는가?

보이지 않는 본질

사람의 본질적 가치는 인간 본연의 선(善)을 기준으로 판단해보는 것이 좋겠다. 그 사람이 높은 사람이든 낮은 사람이든, 돈이 있든 없든, 종교가 무엇이든 아무런 상관이 없다.

문제의 본질을 보려면, 그냥 보이는 것에서 한두 겹 더 들어가거나, 한두 층을 더 캐내어야 한다. 누가 더 바탕적 선(善)을 잘 실천하는지를 비교해보면 어느 정도 그 사람의 줄기와 뿌리를 짐작해볼 수도 있을 것이다.

우리가 일상에서 맞닥뜨리는 여러 문제(트러블)에 대해서도, 그 본질에 대한 이해와 자신감이 있어야 하고, 또 내공을 쌓고 연구를 많이 하여 그것을 휘어잡아야 결국 그 문제를 이겨낼 수 있고, 진정한 승자가 될 수 있다.

방법적인 측면에서는, 모든 일이나 판단 시에는 먼저 욕심이나, 자존심을 철저히 내려놓아야 한다. 그것들은 자칫 네 눈을 흐리게 하여 항상 일을 그르치게 할 수 있기 때문이다. 이러한 사심들을 철저히 걷어낼 수 있어야, 결국 네 인생을 네 작품으로 승화시킬 수 있을 것이다.

그 다음, 오직 본질적 가치에 집중하여라. 즉, 공무원이면 봉사 자체에, 스포츠맨이면 스포츠맨십 자체에, 기술자이면 인간을 위해 유익한 가치가 있는 기술 자체에, 의사이면 생명 자체에, 기업인이면 경제적·사회적 역할 자체에 집중하는 것이 좋겠다.

물론 인간이 본질적 가치에만 집중하고 그 일탈적 행위가 전혀 없기는 어려울 수도 있다. 그러나 살면서 여러 다양한 행위들과 가치들이 있겠지만, 본질적 가치가 중심이 된 삶 자체가 중요하다는 것이다. 즉, 세상 여러 일에 맞닥뜨려 행함에 있어서 때로 실수가 있거나 잘못을 하더라도, 항상 본질적 가치를 중심에 두고 모든 것을 평가하고 조절하라는 의미이다.

결론적으로, 세상을 그저 보이는 대로 느끼고, 들리는 대로 이해해서는 안된다. 속이며 속으며 살지 말고, 울거나 울리지 말고, 체면이나 가식으로 살지 말고, 제발, 보이는 것이나 들리는 것에서 한두 겹 더 들어가서 본질적 가치의 이해에 다가서야 너를 온전히 완성시키고, 비로소 신에게로 향할 수 있으리라.

3-11. 자연스러움이 최선의 가치이다!

자연스러움은 최선의 가치요, 최고의 아름다움이다!

인간이 만든 조명이 제아무리 밝아도 햇빛이 주는 편안한 밝기는 못 따라간다.

수채화가 아무리 멋져도 자연 풍광이 주는 편안하고, 그윽하고, 깊이 있는 아름다움은 못 따라간다.

화분이나 화병에 아무리 식물을 정성 들여 길러도 자연 속에서 무심히 자라나고 피는 식물보다는 그 기운이 사뭇 못하다.

제아무리 꾸미고 화장을 하고 멋을 부려 보아도 본연의 자연스런 아름다움과는 비길 게 못 된다.

사람의 옷이 아무리 훌륭하고 아름다워도 천의무봉(天衣無縫; 천사의 옷처럼 꿰맨 흔적이 없음)의 경지에 도달할 수는 없는 노릇이다.

아무리 성형을 하고 여러 군데를 손대고 고치어도 마음 한편은 항상 허전하기만 한 법이 이치이다.

아무리 허영적 행세로 거들먹거려도, 안창호 선생의 신독(愼獨; 홀로 있을 때도 도리에 어긋남이 없음)보다는 그 기세가 못할 것이다.

이렇듯 우리 인간은 물질적이든 정신적이든 많은 부분에서 자연이 주는 자연스러움을 추구하고, 무척 흉내를 내고 싶어 하지만, 결코 원래의 자연스러움을 그대로 재현하기는 매우 어려운 일이다. 그것은 그냥 흉내 혹은 바람에 불과할 것이다.

그렇다면 인간은 왜 그토록 많은 흉내를 내는 것일까? 그 이유로는 무엇보다 아마도 인간의 욕심(혹은 허영)과 경쟁 본능을 들 수 있을 것 같다. 무엇을 하고 싶다, 무엇이 되고 싶다, 누구를 꼭 이기고 싶다는 등 인간의 무한한 욕망과 경쟁적 본능이 이러한 문화를 부추기는 것으로 볼 수 있다.

자연스러움 (그림: kekeshici.com)

그러나, 인간이 인간으로서 제대로 존엄을 가지고 살려면 이러한 심리들을 완전히 잠재우지는 못할지라도, 어느 정도 통제는 할 필요가 있는 것이다. 만약 그렇지 못하면 무한한 욕망과 경쟁 속으로 치달아 끝없는 사회적 스트레스만 가중될 뿐이다.

이렇게 욕망과 경쟁 구도에서 기인한 지나친 꾸밈을 넘어 원래의 '자연스러움'은 최고의 아름다움이며, 미덕일 것이다. 이를 위해 우리는 가급적 스스로 좀 불편하고 귀찮더라도, 아날로그적인 삶, 감성적 삶을 추구할 필요가 있다. 물론 이는 전면적 아날로그적·감성적 삶에 대한 권유가 아니며, 지나치게 인위적인 현실의 가공에 대해 통제를 좀 하는 게 좋겠다는 의미이다.

헬스클럽이나 휘트니스보다는 자연 속 운동하기, 진한 화장보다는 자연스럽고 연한 화장이나 생얼(본얼굴), 석유화학 제품보다는 천연 제품, 멋내기나 뽐내기보다는 수수함, 승용차보다는 걷기나 자전거 타기 등의 유산소운동을 겸하는 이동, 먹거리로는 가급적 가공이 적게 이루어진 자연식품, 농약 재배보다는 유기농 재배, 화석에너지보다는 신재생에너지의 이용 등의 비율을 최대한 늘려나가는 것이 좋겠다.

이러한 아날로그적·감성적 가치의 삶을 다른 말로 표현하면, 사회적 패스트(Fast)보다는 슬로우(Slow) 운동, 인위적인 것보다는 자연스러움, 치료하는 것보다 치유, 물질적 가치의 추구보다 정신적 가치의 추구, 가식적 행동보다는 진실한 행동, 효율와 결과보다는 그 과정에 대한 중시 등으로 표현할 수 있겠다.

빠르다고 혹은 간편하다고 절대적으로 좋은 것은 당연히 아니다. 지나침은 모자라는 것보다 못하다고 하는 말이 있지 않던가? 지나친 패스트(Fast)나 부자연스러움 등으로의 쏠림현상은 사회적 병폐로 돌아와 엄청난 공동체의 부담으로 작용할 수 있을 것이다.

"지나친 인위적임과 부자연스러움은 '몸 따로, 마음 따로'의 엇박자로 너를 지치게 하고 소진할 것이며, 오직 자연스러움만이 너를 보다 자유케 하리라!" - Pa sayings

3-12. 가치 없고 부질없는 것에 너를 소모하지 말아라!

인생에서 가치 없고 부질없는 것에 시간과 마음을 소모한다는 것은 참으로 허망한 일이다!

자신의 인생에서 자신이 주인공이 되어 인생을 끌고 가야 하는 것은 당연하다고 할 것이다. 그러나 우리는 보통 주변 사람들의 행동에 좌지우지되거나, 직간접적으로 너무 많은 영향을 받는다. 가령 잘 생각해보면 불필요하게 남들의 과시적 행동이나 가식적 행동 등을 많이 따라 하기도 하고, 그럼으로 인하여 자신의 소중한 시간과 정신을 많이 허비하기도 한다. 후에 생각해보니, 별로 중요하지도 않고 소중하지도 않은 일에 온통 나를 소모한 것 같아 매우 개운치 않을 경우도 많다. 즉 FOMO 증후군(Fear Of Missing Out syndrome)에 의해 진실된 자아가 거짓된 자아에게 속은 경우라고 볼 수도 있겠다. 혹은 자신이 주인이 되어 주체적으로 판단하여 행동하지 못하고, 남에 의해 자기 마음이 마구 휘둘려진 경우라고도 할 수 있겠다.

우리는, 몸은 생업에 종사하느라 어쩔 수 없는 경우가 많아도, 그래도 마음만은 인생에서 스스로 주도적으로 살고 싶어 한다.

주도적 삶을 살아내기 위해 가장 필요로 하는 것은 많은 돈이나 높은 지위가 아니고, 오히려 자기 스스로의 '정신적 위상' 혹은 '정신적 내공' 일 수 있다.

돈이라는 것은 많으면 많은 대로 살고, 적으면 적은 대로 금방 적응하며 살게 되어있다. 돈이 부족하다고 불만이어도, 일단 거기에 적응을 하게 되면 실제 생활하기에 그리 불편을 못 느낀다. 네가 네 인생을 열심히 살진대, 아마 네가 필요한 최소 비용 이상은 분명히 벌 수 있을 것이다.

또 높은 지위를 가졌다고 하여 자기 주도적 삶을 살 수 있는 것은 아니다. 높은 지위이든 낮은 지위이든, 이런 따위의 것이 중요한 것이 아니고, 자기의 직분에 대한 감당 능력이 중요한 것이고, 또 자신의 주체적 의지가 중요한 것이다. 이러한 감당 능력이나 의지가 강하다면 모든 일에 임하매, 스스로 주인공이 되어 일처리를 할 수 있을 것이다.

단지 이런 생각에 한 가지 문제가 있다면, 남에게 과시하고픈 욕구 충족이나, 허영을 채울 수 없다는 것이다. 그러나 잘 생각해 보면, 이러한 것들은 그리 중요한 것이 못 된다. 스스로 정신적 가치를 추구하는 습관을 충실히 가지게 되면 마음이 부자가 되므로 이러한 물적·형식적인 것에는 관심이 점차 멀어질 것이다.

예를 들어 주변의 어둡고 소외된 곳을 돕기 위해 스스로 행동하는 봉사자들에게는 자신에게 재산이 적다는 것, 가진 것이 적다는 것 따위가 크게 문제가 되지 않는다. 왜 그런가? 정신적으로 이미 부자가 되어 있기 때문일 것이다. 오히려 없어도 뿌듯한 마음을 항상 지니게 되는 것이다.

가치의 발견 (그림: lbb.in/delhi)

또, 높은 수준의 종교나 문학이나 예술에 전념하는 사람들도 주로 그 일에 몰두할 뿐이지, 돈을 많이 벌어야 하겠다는 생각은, 일반인들 대비 상대적으로 매우 적은 편일 것이다. 물론 자신의 생활이 가난해서 자신의 그런 명성이나 재능을 돈을 버는 데 많이 활용할 수는 있겠다. 그러나 적어도 주객전도(主客顚倒) 내지는 왝더독(Wag the dog)이 되어있는 경우는 그리 많지 않을 것이다.

만일 이러한 그들의 활동에 금전적 논리가 주되게 개입되는 일이 발생한다면, 본연의 가치는 온데간데없고, 고매한 그들의 활동이 초심을 잃고 그야말로 타락으로 접어들기 쉽다.

만약, 인생에서 가치 없고 부질없는 일에 너의 소중한 시간과 마음을 소모한다면, 이는 참으로 허망한 일인 것이다.

또한, 대단한 종교·봉사 활동, 문학이나 예술 활동 등을 하지 않더라도, 정신적 가치의 추구는 일반인 누구나 가능하다고 생각한다.

그러기 위해서는 아래와 같이 행하는 것이 좋겠다.

첫째, 절대 돈이나 지위 따위에 대한 욕심을 내지 말아야 한다. 사실 먹고 살 정도 이상의 형편만 되어도, 자기 내면의 허영이 결코 문제가 안 된다면, 누구나 자기의 물질적 생활에 큰 문제가 안 될 것이다. 그러니 그러한 물욕에 집중할 필요가 없는 것이다. 요즘 많은 사람들이 돈에 대한 욕심을 스스로 미화하고, 심지어는 찬미하는 경향이 있기도 하지만, 돈 욕심에 대한 적절한 자제, 스스로 만족할 줄 아는 삶, 절제와 겸손, 돈 자랑 자제, 상대에 대한 배려와 존중 등은 고금을 막론하고 행복한 삶을 위한 진리이다. 그리고 '지위'에 대해서도 마찬가지이다. 스스로의 허영과 자랑하고픈 마음을 자제하고 편안해질 수 있다면, 그따위의 지위가 무에 필요하겠는가?

둘째, 자신만의 차별화된 정신 가치에 집중하는 것이 좋다. 이는 자기가 스스로 생각하기에, 의미가 크다고 생각하는 것, 좋아하고 행복해하는 것, 가치가 있다고 생각하는 것 등에 집중하는 것이다. 이에 대한 구체적인 내용은 스스로 고민해보고 정할 문제이다.

셋째, 어차피 돈이나 지위 등의 가치도 인생에서는 필수항목 중 하나일 수 있으므로, 추구는 하되, 적어도 정신적 가치와 주객이 전도되는 일이 없도록 관리해 나가면 된다.

스스로 자기 소중한 삶의 주인임을 잊지 말고, 자신의 가치를 소중히 하여, 자기 인생 전반에서 걸쳐 이를 가꾸고 키워나가야 하고, 그 제대로 된 의미를 인생길 여기저기에 새겨나가는 것이 자기 삶을 온전하고 의미있게 살아내는 길이 아닐까?

이 길만이 인생에서 무언가에 계속 끌려다니지 않고, 자신이 주도적으로 설계하고 개척하는 자신만의 인생을 살아내는 길일 것이다.

3-13. 다양성의 가치는 원래 인간의 본성이다!

인간은 대개 다른 사람과 '생각이 다름'에 대한 인정에 인색한 편이다. 그래서 자신의 생각에 반대하는 상대방에 대해 공격을 하기도 하고, 여러 수단과 방법으로 불이익을 주려고 하기도 한다.

그러나 이러한 행동은 세상을 보고 읽는 식견 측면에서, 아직 부족함이 많아서 그러하다고도 볼 수 있다.

좀 크고 넓게 생각해보면, 자신과 생각이 달라서 오히려 좋을 수도 있는 것이다. 그래야 내가 놓친 다른 부분을 함께 고려해볼 수 있으며, 나를 깨우쳐 주어 고마운 존재가 될 수도 있을 것이다.

즉, 상대방을 존중하는 바른 태도는 먼저 상대방의 말을 귀 기울여 듣고, 설령 자신의 생각과 다르더라도, 오히려 자신이 틀릴 수 있다는 넓은 생각과 아량으로, 일단은 그 말을 마음으로 존중한 다음, 서로 간의 이해와 공감의 차이점을 헤아리고, 이견을 점차 좁혀 나가는 태도일 것이다.

설령 이견을 좁히지 못하면 또 어떠한가? "나중에 누구의 말이 맞는가?"라는 결과보다는, 오히려 반대 의견을 자기 처신의 경계로 삼아 항상 삼가는 자세로 일을 진행하다 보면 훨씬 더 좋은 결과를 가져올 수도 있다는데 초점을 맞추어야 한다.

다름 혹은 다양성은 원래 인간의 생물학적·물리학적 본성에 가깝다. 즉, 달라야 끌리는 것이다. 남자는 여자에 끌리고, 여자는 남자에 끌리고, 자석의 N극은 S극에 끌리며 S극은 N극에 끌리는 서로 간 인력이 작용하고, 전기의 +극은 -극에 끌리며 -극은 다시 +극에 끌린다. 또 사람이나 동물이나 간에 우생학적으로는 멀리 떨어진 지역의 종족 간 교합이라야 우수한 2세가 태어날 가능성이 높아지는 것이다.

또한, 지구의 대기 상태는 기압이 서로 달라야 바람이 불 수 있고, 온도의 차이가 있어야 유의미한 유체나 열의 흐름이 발생할 수 있는 등 서로 간 성질이 다른 것끼리 끌리고 조합되는 것이 자연의 기본 원리이자 본성에 가까운 사실이다.

다양성 (그림: sites.google.com/site/lizbethseportfolio)

우리의 생활에서도 이러한 자연의 원리를 잘 참조하여, 절대적으로 무엇이 좋고 나쁘고 하는 차별보다는, 다른 것들이 서로 만나 좋음을 만들어내는 시너지를 잘 고려하고 생각해보아야 한다.

그리고 만약 일대일로 사람을 대하는 것이 아니고, 여러 사람이 모인 집합체에서는 보통 사람들이 다수의 의견과는 다른 소수의 의견에 따르거나, 자기만의 또 다른 의견을 내는 것을 많이 꺼린다. 그럼에도 불구하고 만약 여러 사람들의 의견에 반하는 의견을 내는 사람이 있다면, 그 사람은 상당히 용기 있는 사람이다. 그리고 이러한 반대적 의견들은 역설적으로 오히려 보호되어야 한다. 그렇게 되어야 그 조직 혹은 집합의 건설적인 발전과 성장에 도움이 될 수 있는 것이다.

많은 천재들이 남들과는 다소 다른 독특한 생각과 행동을 많이 하였고, 그로 인한 따돌림이나 심지어는 일부 정신질환까지 앓은 적이 있다는 것은 많이 알려진 사실이다. 그러나 결과적으로는 우리 사회가 이들을 잘 포용했으니 망정이지, 이들을 완전히 배척했더라면 오늘날 우리 사회의 다방면의 발전이 어려웠을 것이다. 천재 음악가 루드비히 반 베토벤은 평소 매우 퉁명스러웠고, 불같은 성격이었으며, 그의 거친 말버릇과 괴팍성은 주위 사람들로부터 '미친 사람'이라는 소리를 듣게 했으며, 나중에는 외톨이 신세가 되어 대인 기피증을 앓기도 했다.

후기 인상파의 대표격인 빈센트 반 고흐는 고갱과의 다툼 끝에 자신의 귀를 잘라 버렸고, 그 귀를 가끔 만나던 창녀에게 갖다주었다는 유명한 일화가 있다. 또 고흐는 어려서부터 고집이 워낙 세고 자아가 강해서 어른들이 석양의 해를 '빨간 해'라고 하자 '노란 해'라며 자신의 주장을 굽히지 않았다는 이야기도 있다.

또한 테슬라와 스페이스X의 최고경영자(CEO)인 일론 머스크도 어릴 때 남아프리카 공화국에서 학교에 다닐 적에, 그의 천재적인 소질 때문인지, 친구들로부터 많은 따돌림을 받았다고 한다. 이러한 따돌림은 그가 캐나다와 미국 등 여러 곳으로 이주해 다닌 주요 원인이 되기도 한 것으로 보인다.

우리에게 다양성에 대한 존중이 매우 중요한 이유는 바로 이것이 참다운 인본주의(humanism) 실현에 있어서 아주 중요한 핵심 요소가 될 수 있기 때문이다. 자칫 인류가 국수주의, 민족주의, 신 제국주의, 지나친 자국 이익주의 등으로 빠지지 않도록 감시의 시선을 항상 보내야 하며, 천편일률적인 생각을 지양하고 다양성을 존중하는 참다운 인본주의로 나아갈 수 있도록 하여야 하겠다.

그 옛날 공자는 논어의 자로 편에서 아래와 같은 말을 남겼다.

"군자는 화이부동(和而不同)하고 소인은 동이불화(同而不和)한다."

이는 다른 사람과 생각을 같이하지는 않지만, 이들과 화목할 수 있는 군자의 세계와 밖으로는 같은 생각을 가진 것처럼 보이나 실은 화목하지 못하는 소인의 세계를 상호 대비시킨 말이다.

즉, 한마디로 말하면, "사람들의 생각은 모두 다를 수밖에 없지만, 서로 양보하고 조화할 줄 알아야 한다."로 의역해 볼 수 있겠다.

한편, 요즘 우리나라의 MZ세대에게 많이 인기가 있는 MBTI(마이어스-브릭스 유형 지표; Myers-Briggs Type Indicator)라고 하는 성격테스트가 있다.

MBTI 유형은 원래 개인이 자기보고서 형태의 문항에 답을 하면서, 자신의 심리적 유형을 16가지 중에서 찾을 수 있게 하고, 이를 생활에 유익하게 활용할 수 있게 만든 '자기 심리 진단 툴'의 하나이다. 그러나 이 툴은 세계적으로 그 타당성 혹은 유효성이 학술적으로 전혀 입증되지 못하여 비판도 많이 받아왔으며, 설령 일부 적용을 하더라도 전문가에 의한 참조 자료로만 활용하는 수준의 심리테스트 방식이므로, 공식적인 곳에는 사용해서는 안 되는 것이지만, 최근 우리나라에서는 민간 회사의 직원 채용 프로그램의 일환으로도 사용하고 있는 등 그 병폐가 커지고 있다.

우리나라의 MZ세대가 이를 선호하고 있는 이유는, 아마 성격이 서로 다른 이성이나 친구들을 사귀려고 노력하는데 돈이나 시간을 많이 허비하지 않고, 첫 만남부터 바로 MBTI 유형을 물어서 동일하거나 서로 유사한 성격의 사람들끼리 쉽게 사귀겠다고 하는 편의주의적 발상 때문일 것이다.

그러나, 이런 태도들은 크게 잘못되었다. 이렇게 MBTI에 과몰입하게 되면, 대인관계에서 MBTI 유형에 따라 자기 임의대로 상대를 판단하고 편견을 가질 수 있으며, 사회적인 평가와 시선이 두려워서 스스로 거짓된 테스트를 진행할 수도 있겠다.

그리고 이 방식이 무엇보다 잘못된 점은, 사람들 간의 다양성의 중요성을 고려하지 않는다는 점이다. 즉, 사람의 성격은 서로 같거나 유사한 성격끼리만 매칭이 잘되는 것이 절대 아니며, 성격적 궁합이라는 것은 서로 반대적 성격끼리도, 서로가 가지지 못하는 점을 부러워하거나 존경하는 마음에서, 더 좋아해 주는 경우도 많이 볼 수 있다.

그러한 다양성을 기반으로 한 성격적 매칭을 존중하지 못한다면, 우리 사회는 스스로 고립되고 위험한 사회, 자연의 이치를 거스르는 사회로 빠질 수 있을 것이다.

3-14. 스스로 변해야 생존과 가치의 혁신을 가져온다!

스스로 변하지 않으면 빠르게 퇴보한다, 오직 변화만이 네 생존과 가치의 혁신을 담보할 수 있다!

세상에 멈추어있는 것은 없다. 거시 경제 측면에서 보면, 물가는 계속 올라가고, 주가도 계속 오르고, 부동산 가격도 오르고, 과학기술도 계속 발달하여 현재는 제4차 산업혁명의 시대까지 와있고, 사회 시스템도 계속 진보하고 있어서, 뭐 하나 올라가지 않는 것이 없다. 그런데 만약 네가 변하지 않고 가만히 있겠다고 하면 가당한 일인가?, 아니, 과연 변하지 않고 머물러 있는 것이 가능하기나 한 일인지 묻지 않을 수 없다!

따라서 인간은 스스로 자발적으로 계속 변하려고 하여야 한다. 그런데 피동적으로 변화에 끌려가면 피곤하고 뒤처지는 결과를 가져올 수 있으므로, 가능한 한 능동적으로 그 변화를 주도하는 것이 좋다.

원래는 인간이 본능적으로 변화에 저항하려는 성질이 강하다. 즉 스스로 가급적 변화하지 않으려고 하는 것이다. 가령 가급적 자기 집의 이사를 피하려고 하고, 자기가 현재 있는 위치나 장소를 고집하려 하고, 가급적 이직을 피하려 하고, 자동차도 가급적 직진으로 운전하고 싶어 하고, 가급적 하던 일을 그냥 계속 이어가고 싶어 하는 등이 모두 그러한 성질이다.

그래서, 인간은 이러한 변화에 저항하려는 성질을 극복하고, 의도적이고 계획적으로 변화를 선택하고 도전하여야, 결국 성공할 수도 있고, 살아남을 수도 있을 것이다.

삼성 신경영 선언 (그림: news.heraldcorp.com)

과거 삼성의 이건희 회장은 1993년 그 유명한 독일 프랑크푸르트에서 했던 '신경영 선언'에서 초일류 기업으로의 도약을 이루기 위해 "출근하지 말고 놀아라, 놀아도 좋으니 남의 뒷다리는 잡지 마라, 입체적 사고를 하라"와 같은 파격적 주문을 많이 했으며, 특히 이 자리에서 "마누라와 자식만 빼고 다 바꾸라"라고 한 말이 많이 알려져 있다. 이는 타성에서 벗어나지 못하고, 자기 스스로의 변화에 둔감했던 사람들에게 자발적 변화를 주문 한 것이며, 이로 말미암아 삼성그룹이 대한민국을 넘어 세계적인 초일류 기업으로 거듭날 초석을 다질 수 있었다고 평가할 수 있겠다.

그다음 프로 스포츠 선수들의 예를 보자. 보통 한 팀에서 좀 쓸모를 다한 선수들을 다른 팀으로 팔거나(이적), 양쪽 팀 모두의 필요에 의해 선수들끼리 맞교환하는 방식의 트레이드가 많이 이루어지는데, 이러한 이적이나 트레이드가 선수 개인으로 보면 매우 충격일 것이다. 자신이 한 팀에서 쓸모가 없어져 다른 팀으로 팔려 가거나 트레이드된다는 인상을 받기 때문이다.

그런데, 보통 이렇게 하여 팀을 옮긴 후의 성적이 옮기기 이전의 성적

보다 훨씬 좋아지는 경우가 많다. 왜 그럴까?

이는 위기의식 때문에 멘탈이 강해져서 그런 것으로 보인다. 어떻게 보면, 친정 팀에서 쫓겨난 신세가 되었으니, 더 잘하지 못하면, 연봉도 깎이고, 인기도 추락하여 더 이상 선수 생활을 할 수 없게 되고, 그렇게 되면 집안 부양가족들의 생계도 보장이 어려울 수 있을 것이니, 최종적으로 자신이 선택할 수 있는 것은 보통 더 열심히 하여 더 성적을 올리는 것 외에는 뾰족한 방법이 없다. 이렇게 하여 팀을 옮긴 선수들은 그 아픔을 견디어내고 결국은 성공하는 사례가 굉장히 많은 것이다.

이렇게 인간 본연의 변화에 대한 저항성을 극복하고, 스스로 변화를 선택하였거나 혹은 변화를 당했거나 모두 더 잘되는 경우가 많다. 그렇다면, 스스로 변화를 선택한 경우와 변화를 당한 경우 중에서 어떤 케이스가 더 자신의 발전에 도움이 될까?

정답은 당연히 전자(前者) 이다. 스스로 변화를 선택한 경우가 남에게 변화를 당한 경우 보다 그 변화의 형태가 능동적이고 적극적이기 때문에 훨씬 더 효과가 큰 것이다. 그야말로 강한 의지가 행동을 이끄는 형국이라서 그러할 것이다.

위에서 몇 가지 살펴본 바와 같이, 우리는 이렇게 인간의 본능적인 변화에 대한 저항성을 극복하고, 스스로 아프지만 변화를 선제적으로 선택하여, 더 높은 곳, 더 도전적인 곳을 찾아가야 한다. 만약 그렇지 못한다면 남들보다 빠르게 퇴보되어 갈 것이 자명하다. 그 옛날 이건희 회장이 “제발 뒷다리 잡지 마라, 모두 다 바꾸어라, 마누라와 자식 빼곤 다 바꿔라!”라고 외친 이유를 잘 알 수 있을 것 같다.

“만약 아무런 아픔이 없고, 두려움도 없는 인생이 있다면, 그것은 아마도 신의 실수일 것이다!” - Pa sayings

3-15. 서로 통하면 가까워진다!

서로 뜻이 잘 통하면 가까워지고, 통하지 않으면 멀어지게 마련이다!

세상의 원리가 다 그렇다. 서로 간의 의사나 뜻이 잘 통하게 되면 왠지 가까워지고 자주 만나게 되며, 서로 간의 의사나 뜻이 잘 통하지 않으면 왠지 멀어지고 만남도 점점 잦아들게 되어있다.

예를 들어, 어떤 모임에 나가려다 당신과 껄끄러운 사람이 있다면, 그 사람이 윗사람이든 아랫사람이든, 왠지 꺼려질 때가 있다. 그래서 적당히 이유를 둘러대고 못 나가는 것으로 통보하는 경우도 있을 것이다.

그런데 일반적으로 상대방이나 제3자가 보기에는 당신의 그런 속마음은 잘 모르고, 네가 못 나간 이유가 당신이 둘러댄 그 이유 때문이라고 이해을 하고, 너의 미팅 불참 사건은 사람들의 머릿속에 그렇게 정리되어갈 것이다. 그러나 상대방이나 제3자 중 눈치가 제법 빠른 사람이 있다면, 그 사람은 네가 미팅에 참석하지 않은 속마음을 헤아릴 수도 있다.

또 다른 예로, 당신이 만나면 곤란해지는 사람이나, 꺼리는 사람이 주변에 살고 있다면, 아예 만날 확률을 없애기 위해서 가능한 한 거리상 떨어져 살려고 노력할 수도 있다. 때로 집을 더 멀리 구하기도 하고, 출근하는 동선을 바꾸기도 하고, 심지어는 사는 도중에 이사해야 하는 경우도 발생할 수 있다.

그런데 이 경우에 상대방은 그러한 너의 심리적 내막까지 자세히 알기는 어려울 수도 있다. 즉, 그냥 "어쩐지(공교롭게도) 요즘 보기 힘드네!" 라고 느끼는 수준 정도로만 만나기 힘든 원인을 이해하고 넘어갈 수도 있겠다.

위의 두 사례에서 보았듯이, 대인관계에서 사람 간의 의도적 만남이나 우연한 조우의 확률은 친근하거나 뜻이 통하면 자연히 커지게 되어있고, 좋지 못한 감정을 가지고 있거나, 마찰이 많이 생길 수 있다고 생각하거나, 그야말로 궁합이 잘 안 맞을 경우에는 자연히 작아지게 되어있다.

뜻이 통하면 자연히 가까워진다 (그림: goalcast.com)

역으로 생각해보면, 내가 어떤 사람과, 특별한 이유도 없는 것 같은데, 요즘 유난히 만나기 힘들다면, 한번 돌이켜 볼 일이다. 혹시라도 내가 크게 실수한 것이 없는지, 내가 미처 깨닫지 못했던 오해를 살만한 행동은 없었는지 등에 대해 한번 생각해 볼 필요가 있다는 것이다. 물론 살다 보면 정말 특별한 사유 없이 확률적으로 그냥 적게 만나지게 되는 경우도 일부 있다. 그러나 서로 소원해지게 된 사유가 존재하는 경우가 의외로 많으므로, 이러한 서로 간의 끌리고 멀어지게 되는 관점을 잘 살펴볼 일이다.

또, 우리가 사회생활을 하면서 유난히 가까이하고 싶은 사람이나 친해지고 싶은 사람이 있다면, 의도적으로 좋은 감정을 한번 가져보아라. 그 감정은 주변으로 발산될 것이다. 그러면 자석의 N극과 S극처럼 인력이 작용하게 되고, 급기야는 이유가 어떻게 되든 간에 자주 볼 확률, 친해질 수 있는 확률이 올라가게 되는 것이다. 즉, 좋은 감정과 느낌이 커지면서 몸이나 물질적인 여건이 함께 좋은 쪽으로 움직이거나 상승효과를 내게 될 것이다.

결론적으로 볼 때, 주위에 가까이하고 싶은 사람이 있다면, 먼저 진심을 가지고 그 사람과 좋은 감정을 가지려 노력하는 것이 좋겠다. 좋은 감정이라는 것은, 발이 달려있지는 않아도, 마치 텔레파시처럼 주변으로 퍼져나갈 것이다. 그렇게 되면 점차 상호 간의 교감이 증가하여 가까이 지낼 수 있는 확률이 매우 올라가게 되니 말이다. 그리고 만약 그동안 가까이 지내고 있던 사람이 요즘 왠지 잘 안 만나게 되고, 소원해진 것 같다면 자신의 최근 행적을 잘 성찰해보는 것이 좋겠다. 즉,

"서로 뜻이나 가치가 통하게 되면 은연중에 가까워질 것이고, 통하지 못하면 점차 멀어질 것이다!" - Pa sayings

3-16. 신은 용기와 도전을 주어 우리를 격려하였다!

신은 우리에게 나약함을 주었다. 그러나 동시에 용기와 도전을 주어 우리를 격려하였다!

파스칼은 "인간은 생각하는 갈대이다"라는 유명한 이야기를 하였다. 이 말은 "인간은 갈대 한 줄기처럼 이리저리 바람에 흔들리는 나약한 존재이며, 동시에 사유(思惟; 생각)를 할 줄 안다."라는 의미이다. 의역해 본다면, 인간의 존엄성을 생각(사유)에서 찾아야 한다는 것을 주장한 것이다.

사람이 사유를 한다는 것은 자신 스스로가 모르는 것이 많기 때문일 것이다. 그렇다, 어떻게 보면 인간은 뭐 하나 제대로 아는 것이 없다. 정답이라는 것은 어린 학교시절의 시험문제에서만 통하는 해답일 것이다. 당장 대학이나 대학원 혹은 사회생활에서 논문을 여러 편 써보면, 그 많은 레퍼런스(참고서적)를 동원해야 하고, 그러고서도 결론은 보통 무엇이 확실하다든지, 확정되었다는 말이 지양할 수밖에 없다. 보통은 결론으로 맺는말의 끝이 '~게 추론된다'라든지, '앞으로 더 많은 연구가 뒤따라야 한다'라든지 그런 말들이며 혹은, 여러 단서를 붙인 후, 조건부로 "본 논문의 결과가 인정된다."라든지 하는 식으로 그렇게 맺어진다.
그래도 사회적으로 여러 논란거리나 이슈 등에서 최종적으로 결론을 맺을 때는, 그나마 논문 이상의 정답은 현실적으로 없다.

이렇게 어떤 일이나 사건에 대한 확실한 정답이 있는 것이 아니고, 또한 하나의 결론으로 귀결되는 경우도 매우 드물며, 대개의 경우 고찰하는 자에 따라서 다양한 해석이 나오는 경우가 많고, 그마저도 시간이 지나면 그 결론이나 해석들의 우열이 바뀔 수가 있다. 그래서 항상 인간은 자신의 불완전성과 미약함을 스스로 인정해야 하고, 늘 겸손해야 하는 것이다.

이렇게 미약한 존재들이 살아가는 이 사회에서, 가장 좋지 못한 태도 중 하나가, 잘 모르면서 아는 체하거나, 잘못이 있는데도 불구하고 인정이나 사과를 바로 하지 않는 태도이다.

이러한 거짓되거나 불확실한 태도는 심리적으로 상대를 무척 힘들게 하며, 서로 간의 대화에 진실이 없어지게 하거나, 펜딩상태를 만들어 대화나 일처리가 다음 단계로 넘어가지를 못하게 만든다. 이럴 경우, 관계는 점점 멀어지고 퇴보되어가기가 십상이다.

용기와 도전 (그림: m.gettyimagesbank.com)

그래서 사실상 인간은 살아가면서 가능한 한 자신의 부족함을 많이 고백하고 인정하여야 한다. 그래야 다른 사람이 그 대화나 일의 바톤을 받아서, 거기에 숟가락 하나를 더 올려놓아, 일의 진전이나 발전을 기할 수 있을 것이다.

그러니 자신이 아주 조그만 잘못을 하였더라도, 바로 그것을 인정하고 사과를 쉽게 쉽게 하도록 노력하는 자세가 필요하다. 그러면 그 사과는 대부분의 경우에 상대방에게 쾌히 받아들여진다. 그러고서 잊어버리면, 새로운 다음 단계의 대화나 의제로 넘어갈 수가 있어서 관계의 회복 및 발전이 금방 이루어진다.

그런데, 보통 우리나라 사람들은 사과하는 것에 매우 인색하다고 알려진 편이다. 우리가 생각을 좀 바꾸어 보면, 과연 사과해서 나쁜 것이 무엇이 있겠는가? 아마 거의 없을 것이다. 알량한 자존심이나 체면을 세워서 무엇하는가? 사람은 겸손하고 잘못에 대한 인정을 잘해야 자신을 보다 진정한 사람, 참된 사람으로 인도할 것이다.

더군다나 요즘은 '집단 지성'이 중요한 시대라, 이러한 판단이나 사과 행위가 빠르고 명료할수록 다른 사람과의 지적 협조 관계에 상승효과를 가져올 수 있다.

신은 우리에게 나약함을 주었다. 그러나 용기와 도전을 주어 격려하였다.

신은 우리에게 잘못이 있을 때 즉시 사과할 수 있는 용기를 준 것이다. 잘못된 행동과 습관을 고칠 수 있는 일에 과감히 도전할 수 있는 용기도 준 것이다. 이렇게 신이 자신에게 내려준 네 가슴 속 용기를 백배 끄집어내서 원하는 모든 곳에 적용해 보아라. 그러면 모든 이들과 협력이 자유로워지고, 신이 부여한 네 삶의 대단한 미션을 이루어 낼 수 있는 힘을 가질 수 있게 될 것이다.

"인간은 추구하는 한, 헤매고 방황하기 마련이다. 모든 자기 행동에 긍정(인정)과 용기를 가지고, 꿈을 이루어내는 도전의 과정 그 자체를 즐겨라!" - Pa sayings

3-17. 원하지 않는 그림을 떠올리지 말아라!

원하지 않는 그림은 머릿속에 아예 떠올리지도 말아라!

인간은 머릿속에 싫은 이야기, 꺼리는 이야기가 한번 떠올라 맴돌기 시작하면, 그것을 떨쳐버리기가 상당히 어렵다. 자기에게 더 싫고, 더 거슬리는 이야기일수록 더 떨쳐버리기가 어려운 법이다.

여기에는 두 가지 방책을 생각해볼 수 있을 것 같다.

첫째는, 아예 싫은 이야기, 짜증 나는 이야기 등은 머릿속에서, 입속에서 꺼내지 않는 것이 좋겠다. 적어도 자기 스스로는 그러한 부정적인 생각이나 용어 자체를 아예 사용하지 않는 것이 좋은 것이다. 그렇게 되면 상대와 대화 도중 그런 유의 이야기가 적어져서 싫은 이야기들이 자신을 괴롭힐 확률이 그만큼 줄어들게 될 것이 아닌가?

둘째는 설령 상대방이 내가 아주 싫어하는 주제를 먼저 꺼내어 들었다고 하더라도, 내가 그 주제 자체에 대해서는 일언반구도 하지 않으면서 무심해지고(침묵하고), 대신 그 주제를 대체할 만한 더 강력한 다른 주제를 꺼내 들면 대화의 흐름은 바로 네가 제시한 새로운 주제로 넘어가게 될 것이다.

미국의 인지 언어학자 조지 레이코프(George Lakoff; 진보주의 성향의 학자)가 쓴 정치서적 중 "코끼리는 생각하지 마(Don't think of an elephant!"에서는, 코끼리(미국 공화당을 상징)라는 이야기의 주제가 싫어서 네가 "코끼리는 생각하지 마!"라는 말을 꺼내는 순간 코끼리의 프레임에 가둬져 헤어나기 어렵게 되며, 이때는 아예 아무 말 없이 자기가 원하는 새롭고 강력한 또 다른 프레임의 주제를 제시하여야 한다는 것이다.

그 책에서 사례로 든 한 예로서, 1992년 당시 공화당의 아버지 부시가 재선을 노리고 있을 때, "걸프전을 이끌며 세계 유일의 초강대국은 미국뿐이며, 그것을 공화당이 리딩해야 한다"라는 프레임으로 승리를 거의 목전에 둔 것 같았던 상황에서, 민주당 빌 클린턴은 그런 프레임에는 신경도 쓰지 않고, 아예 그런 유의 용어는 입에서 꺼내지도 않고, "바보야! 문제는 경제야(It's the ECONOMY, stupid)"라는 구호로 아버지 부시의 약점을 집요하게 파고들므로서 재선을 노리던 부시를 물리치고 제42대 대통령이 될 수 있었다.

코끼리는 생각하지 마 (그림: husale.2021outletshop.com)

우리나라에서도 유사한 사례가 있었다. 2017년 초 박근혜 대통령의 탄핵 후 급히 새로운 대통령을 뽑는 대선 과정에서 당시 국민의당의 안철수 후보가 TV토론회에서 인터넷상에 떠도는 이야기 중 "제가 갑철수입니까, 안철수입니까?", "제가 MB아바타입니까? 아닙니까?"라는 질문을 상대 후보에게 스스로 던지는 바람에 자기 스스로 올가미(나쁜 프레임)을 덮어쓰게 된 것이다. 이렇게 자신에게 불리한 프레임에 스스로 갇힘으로써 그 후로는 꼼짝없이 상대 후보에게 당하기만 하고, 지지율은 반전이 어렵게 되었다. 조지 레이코프의 이론을 빌리자면, 이 당시 안철수 후보가 토론회에서 설령 자신이 일부 실수를 하였더라도 과거 빌 클린턴 미국 대통령처럼, '갑철수'라든지, 'MB아바타'라는 용어는 입 밖에 꺼내지도 말고 더 강력한 새로운 프레임의 화제를 만들어 제시했었어야 했다. 그야말로 선거는 '프레임의 전쟁'인 것이다.

우리 일상생활의 개인사도 마찬가지이다. 자신에게 불리한 프레임의 용어나 말은 아예 꺼낼 필요가 없는 것이며, 설령 실수하여 꺼내었다거나, 혹은 상대방이 당신을 곤경에 빠뜨리기 위해 적극적으로 그 이야기를 꺼내었더라도, 그것을 과감히 탈피할 수 있어야 한다. 그 방법은 위에서도 언급했다시피, 자신이 듣기 거북하거나 짜증 나는 주제에 대해서는 아예 일언반구도 하지 말고, 새로운 프레임의 주제를 조용하고 강력하게 제시하면 되는 것이다. 그 주제가 제법 통하는 주제라면 그 후부터는 당신이 원하는 방향으로 대화가 흘러갈 것이고, 만사가 원하는 대로 풀려나갈 수 있을 것이다.

그러나 여기서 간과하면 안 될 것이 하나 있다. 상대방과의 대화나 토론에서 자신의 탁월한 언변술이나 말기술로 상대방을 이기는 것이 전부는 아니다. 좀 더 긴 안목에서 보면, 만일 대화나 토론에서 멋진 프레임을 제시하여 상대방에게 이겼더라도, 그 내용에 진실성이나 진정성이 부족하다면, 결코 그 승리의 프레임은 오래가지 못할 것이다.

욕심이나 사심이 없는 진실한 대화와 토론만이 강력한 말의 힘을 가질 수 있으며, 사람을 감동시킬 수 있고, 그 효과도 오래 지속될 수 있다는 점을 꼭 알아야 하겠다.

3-18. 단순 · 담백하고 미련 없이 살아라!

먼저 "단순한 것" 혹은 "단순화"에 대한 이야기이다.

보통 복잡한 것에서 창조가 바로 나오지는 않는다. 복잡한 내용을 구분하여 정리 및 정돈하고, 그 속에 숨어있는 질서를 찾아낼 수 있어야, 온전한 이해와 그 처리 방법이 가능해지는 법이다.

요즘 우리 사회는 제4차 산업혁명이 본격화되면서, 여러 분야에서 빅데이터(Big Data)들이 넘쳐난다. 주변에 엄청난 양의 데이터들이 널려 있지만, "구슬이 서 말이라도 꿰어야 보배다"라는 옛말처럼, 빅데이터는 그 있는 그대로의 상태로서는 가치가 거의 없다. 그것을 유의미한 데이터로 가공하고 처리하는 데 성공하여야 우리에게 쓸모 있는 데이터로 비로소 재창조되어 작용할 수 있다.

즉, 대부분의 데이터라는 것은 그 자체의 의미보다는 그것을 사용하는 사람이 자기에게 맞게 단순화시키고, 재정리하는 과정을 거쳐야 그 속에서 의미 있는 데이터를 뽑아내고, 또 그것을 인간이 필요로 하는 데이터로의 전환이 가능해지는 것이다.

그다음 "담백하고 미련 없는 것"에 대한 이야기이다.

담백하게 산다는 것은 절제하면서도 자연스럽게 산다는 의미이다. 음식에서 담백한 맛이라는 것은 원래 자극적인 느낌은 없어도 항상 은은하고 그 맛과 향이 그윽하여 오래가는 맛이며, 누구에게나 부담이 없는 자연스러운 맛이다. 사람도 저마다 풍기는 향기로서는, 이러한 담백한 맛처럼 은은하면서도 오래가는 인격의 향기가 가장 좋을 것이다.

또, 미련이 없다는 것은 자꾸 과거를 되새기지를 않는다는 것이다. 과거의 영화(榮華)에 욕심을 내지 않고 사심 없이 행동한다는 뜻이며, 미래

지향적으로 항상 과거보다는 앞날의 비전에 초점이 맞추어진 상태이다.

과거 중국 춘추전국시대에 범저(范雎; '범수'라고도 함)라는 인물이 있었다.

범저 동상 (그림: guoxuemeng.com)

범저는 위나라 출신의 정치가이자 군사가였는데, 원래 위왕을 끝까지 섬기고자 마음먹었으나, 자신이 모시던 주인(위나라의 중대부 '수고')의 모함(자신이 위나라의 정보를 제나라에 팔아먹었다고 무고)으로 그 뜻을 이루지 못하였고, 나중에 진나라로 넘어가 소양왕에게 그 유명한 원교근공(遠交近功; 멀리 있는 나라와 우호 관계를 맺은 후 가까이 있는 나라를 공략하는 전술)이라는 계책을 세우고 실행하는 등 진나라의 영토를 넓히고 강대국으로 만드는 데 크게 일조를 한 인물이다.

그러나 이후 연나라 출신의 '채택'이라는 후배 재상이 자신을 치고 올라왔을 때, 처음에는 마찰이 많이 있었지만, 나중에는 그의 능력을 흔쾌히 인정하여 소양왕에게 새 재상으로 그를 천거한 후, 자신은 미련 없이 재상 자리를 물러난 것이다. 이러한 범저의 처신은 '미련 없는 삶'의 좋은 사례라고 할 수 있다.

또한, 조선 최고의 상인 임상옥은 고부가가치의 홍삼을 개발하고, 이를 청나라에 팔아서 엄청난 부(富)를 축적할 수 있었는데, 한때는 청나라 상인들이 담합으로 홍삼 가격을 낮추려고 하자, 홍삼을 과감히 시가지에서 보란 듯이 불에 태워버리니, 그들은 자기네들이 구매할 수 있는 매물이

줄고 있다고 인식하여 임상옥이 부르는 가격에 구매할 수밖에 없었다고 한다. 그는 또한 욕심과 미련으로부터 자기 마음을 잘 다스린 대표적인 인물이다. 아래는 그가 주로 내세운 대단한 깨달음의 어록들이다.

"재물은 평등하기가 흐르는 물과 같고, 사람은 바르기가 저울과 같아야 한다."

이 말에는 특히, '재물'이라는 것은 흐르는 물과 같아서 내 손 안에 들어왔더라도, 잠시 머물러 있다가 바로 나가는 것이 '도리'이니, 결코 움켜잡을 욕심을 내지 말라는 의미가 담겨져 있다.

"장사란 이익을 남기기보다 사람을 남기기 위한 것이며, 사람이야말로 장사로 얻을 수 있는 최고의 이윤이고, 따라서 신용이야말로 장사로 얻을 수 있는 최대의 자산이다."

이 말은 장사해서 돈을 벌기보다는 신용과 신뢰를 쌓아서 자신의 진정한 자산이 되도록 하라는 의미이다.

임상옥이 잘나가던 시절, 아니나 다를까, 세상이 벼락출세한 그를 가만히 놓아두지를 않았다. 주위 양반들의 쏟아지는 시샘으로 급기야는 암행어사가 들이닥치게 되었으며, 마구 취조 후 별 죄목이 마땅치 않자, "임상옥이 집을 너무 크게 지어 양반을 우롱했다."는 죄목을 뒤집어씌운 것이다. 이 일로 그는 한동안 유배 생활까지 하게 되었고, 온갖 고처를 겪게 되었다. 참으로 어처구니없는 노릇이다.

임상옥은 자신의 마음이 동요할 때마다 잘 다스려내기 위해 계영배(戒盈杯: 넘침을 경계하는 잔)라는 술잔을 곁에 두었는데, 이 술잔은 잔의 7할 이상이 차면 특수한 장치 때문에 술이 밑으로 다 새어버린다고 한다.

따라서 욕심이 솟아오를 때마다 계영배를 보며 마음을 억누를 수 있었다고 한다. 그리고 나중에 그는 전 재산을 사회에 환원한 후 시와 풍류를 즐기며 노후를 미련 없이 편안히 보냈다고 전해진다. 이러한 임상옥의 사례 역시 담백하고 미련 없는 삶의 대표적인 사례일 것이다.

우리는 이렇게 세상을 살면서 범저(범수)처럼, 혹은 거상 임상옥처럼 과유불급(過猶不及: 지나침은 오히려 모자람만 못하다)을 잘 새기고, 단순·담백하고 미련이 없는 절제된 생활을 해내고, 인품의 향기가 은은하고 그윽하여 오래 가는 삶을 살아낼 수 있었으면 좋겠다.

3-19. 진정한 친구에게는 아무것도 바라지 말아라!

진정한 친구 사이로 오래 남아있기를 원한다면, 상대에게 아무것도 바라지 말아라!

사람 간의 일상의 관계에 있어서 상대방에게 원하는 바가 많을수록 실망으로 돌아올 것도 많아질 수밖에 없다. 내가 잘해주면 잘해준 만큼 상대방도 내게 잘해주길 바라는 것 자체가 사실은 적합하지 않은 생각이다.

사람마다 다 느끼고 생각하고, 상대에게 반응하는 방식이 다를 텐데, 내가 원하는 방식대로 상대가 따라와 주기를 바라는 것 자체가 무리라는 것이다.

사람마다 정을 나누는 방식, 사리를 판단하는 방식, 이해타산적 계산방식, 가치를 평가하는 기준 등이 모두 다르기 때문에, 보통은 네가 원하는 것과 차이가 크게 발생하게 된다. 이때 네가 실망을 한다면, 둘 사이에 금이 약간씩 가기 시작하는 것이다. 그리고 이런 것들이 쌓이면 서로 소원해지고, 더 이상 안 만나게 될 수도 있을 것이다. 아니 서로 간의 만남을 일부러 피하려 할 수도 있겠다.

따라서, 사람은 대인관계에서 상대의 심리를 잘 이해하고, 일단은 너그러워야 한다. 자신의 계산방식과 안 맞다고 해서, 상대를 이상하게 생각하거나, 안 좋게 평가해서는 절대 안 된다.

이러한 측면에서 가장 좋은 방법은 아예 처음부터 상대방에게 무엇이든 바라지 않는 것이다. 호의를 베풀 때도 그냥 베풀면 되는 것이지, 마음속으로 그 대가를 은근히 바라면 안 좋다는 의미이다. 이는 만약 은근히 자기가 바라고 있는 바를 상대방이 안 해주면 심리적으로 큰 실망을 할 수 있기 때문이다.

따라서, 친한 관계일수록 'Give & Take'에서 'Give'만을 생각하는 것이 좋겠다.

좋은 친구 (그림: toppr.com)

상대의 요청으로 돈을 빌려줄 때도, 큰돈이 아니라면, 그냥 주어버리고, 받을 생각은 하지 않거나 잊어버리는 것이 네 마음을 편하게 할 것이며, 상대의 일을 도와줄 때도 대가를 바라지 않고 그냥 도와주는 것이 좋다. 나중에 똑같은 혹은 유사한 수준의 대가나 도움을 받을 생각을 아예 하지 말라는 것이다. 즉, 베풀어 주거나 도와주고 나서는 너의 머릿속 계산을 끝내버리는 것이 좋다.

만약 나중에 늦게라도 상대가 대가나 도움을 네게 제공한다면, 기대하지 않은 것을 받은 것이라, 그것은 너의 심리에 큰 만족으로 다가올 것이다. 그리고 이러한 정산방식은 무엇보다 관계를 더욱 돈독하게 하는 좋은 방법이 되어줄 것이다.

물론 거래관계라면 당연히 다를 수 있겠다. 거래라는 것은 법적, 사회적 책임이 따르기 때문에, 뭐든 주고받음을 정확하고 명확히 하는 것이 좋겠지만, 일상적인 생활양식 측면에서 가까이하고 싶은 이웃들이나 친구들이나 친근한 인간관계에서는 계산이나 이해타산을 지양하라는 의미이다.

또한, 현실은 이상이 아니므로, 이렇게 아낌없이 주고, 베풀더라도, 간혹 잔잔한 오해가 생길 수도 있고, 서로 간의 보이지 않는 친분 조건이 틀어지기도 할 수 있고 하여 서로 소원해질 수도 있다. 그러나 염려할 것이 없다. 너의 마음이 진실했고 'Give'에만 가치를 두었다면, 언젠가는 오해가 풀리고, 그렇게 오래지 않아 그 친구는 다시 너의 곁으로 돌아올 것이다. 더욱이 이렇게 다시 친해지면 예전보다 그 친분이 더 두터워질 것이다. 비 온 뒤에 땅이 더욱 굳는 법이니 말이다.

그러니 일상에서 가급적 상대에게 무엇을 원하거나 바라지 말고, 베풀어주고 도와준다는 생각으로 친해지려 노력하고, 만약 네가 그렇게 주는 방식으로 노력했더라도 나중에 혹시 소원해진다면, 그때는 조급해하지 말고 지속적으로 너의 진심을 보여주어라. 그 친구나 이웃은 생각보다 금방 너의 진심을 알아차리고 다시 복귀할 것이다.

또한, 절대 남의 마음을 구속하려 들지 말고, 있는 그대로에 대해 존중하는 마음을 가져야 한다. 상대의 마음을 구속하려 하면 할수록, 상대의 이탈하려는 마음도 커지는 법이다. 마치 사람의 심리는 청개구리의 심리처럼 작동하는 것이기 때문이다.

가령 이해를 돕기 위해서, 나와 내 아내와의 관계를 예로 들어보자. 아내가 시부모에게 지금보다 더 잘해줄 것을, 마음은 꿀떡 같아도, 결코 말하지도 않고, 가급적 바라지도 않으려 한다. 이미 아내는 스스로 생각하여 자신이 할 수 있는 만큼의 효도를 최선을 다해 하고 있다고 보아야 타당하다. 단지, 나와는 그 심리적인 정산 방법이 좀 차이가 날 수 있다고 생각한다.

항상 내 생각보다는 아내의 인격에 대한 나의 존중이 먼저일 것이고, 훨씬 더 중요하다. 그러니 내가 할 수 있는 유일한 방법은, 내가 먼저 올바른 행동과 모범을 보이고, 아내를 더욱 존중해주는 일일 것이다.

무엇보다 중요한 것은 사람의 자유 의지이고 자유 영혼이다. 결코 어떠한 상황에서도 상대의 마음을 구속하려 해서도 안 된다. 설령 네가 먼저 선심을 베풀고 모범을 보였다고 하더라도 상대로부터 네가 원하는 방식으로의 행동이나 보상을 받기를 바라는 마음을 가지는 것은 결코 타당하지도 않고, 차라리 사치에 가깝다고 보아야 한다.

3-20. 어떠한 가치와 사상도 사람 위에 설 수는 없다!

어떠한 사상도, 종교도, 철학도, 과학도 사람이 알아내고, 깨우치고, 만들어 내는 것이다. 그런데, 이러한 사상 등이 아무리 훌륭하고 대단하여도 사람 위에 올려놓을 수 있겠는가? 그리고 우리가 흔히 "인간 위에 인간 없다."라고 말하듯이, 인간은 누구나 존엄하고, 누구나 존중되어야 마땅하다.

어떤 사람이 아무리 악인이고, 범죄자고, 사형수라고 하더라도, 그 기본 존엄 자체는 없어지지 않는다. 따라서 비록 어쩔 수 없는 사형수라도 하더라도 법에 따라서, 예의를 갖추어 사형을 집행하여야 하는 것이다.

지구상에는 온갖 차별이 난무하고, 불평등이 초래되기도 하지만, 최소한 각 사람들의 존재 자체를 인정해주어야 하고, 적어도 생존권을 기꺼이 보장해주어야 하며, 그들의 자유 의지를 말살하여서는 안 된다. 즉, 우리 사회가 인간으로서의 기본 도리는 항상 지키면서 공동체가 굴러가야 한다는 의미이다. 만약 이러한 한계를 넘어서는 사회가 있다면, 그 사회는 아마 극도로 위험한 방향으로 향하고 있을 것이다.

이해를 돕기 위해서, 우리 주변의 가벼운 예를 한번 들어보자. 만약 자기 마음에 도저히 들지 않고, 저주하고 싶은 사람이 있다고 한다면, 그 사람을 물리적 혹은 정신적으로 짓밟아야 하는가? 그렇지 않다. 그러한 사람을 미워할 수는 당연히 있겠지만, 그렇다고 해도 인간으로서의 한계점을 지키는 것이 마땅하므로, 다른 방법을 궁리해야 하는 것이다. 가령 그 사람이 범법적 행위를 했다면 경찰서에 신고를 한다든지, 고소를 한다든지, 그런 유의 문제가 아니라면 서로 간의 동선을 피하여 마찰을 예방한다든지 하는 등의 합리적인 방법을 선택해야 마땅한 것이다. 즉, 아무리 나쁜 사람이라도 무리하게 인격을 매도한다든지, 불법적으로 폭력을 가한다든지 하는 등은 반드시 피해야 한다.

칠종칠금 (그림: kknews.cc)

또 다른 관점에서, 상대를 존중하면 할수록, 당장은 어떨지 몰라도, 결국은 자신의 위상이 올라갈 것이다. 가령 부부지간에 설거지를 누가 하느냐를 가지고 다툰다고 생각해보자. 바람직하게는 서로 존중하여 서로 먼저 하려고 하는 것이 맞을 것이다.

만약 상대를 최대한 존중해야 한다고 생각하여, 자신이 항상 먼지 설거지를 자처한다면 당장은 좀 피곤해지겠지만, 결국은 그 수고를 배우자도 알아줄 것이다. 말을 안 해도 다 느끼고, 네 선한 행동이 차곡차곡 배우자의 뇌리에 저장될 것이다. 그뿐이 아니다. 자녀들이 보면, 솔선수범하는 부모가 아름다울 것이며, 그야말로 자동으로 '산교육'이 되는 셈이다. 넓게 보면, 자신의 인간 존중의 마음과 실천은, 어떤 부류의 것이라도, 결코 헛되지 않고 상승작용을 해낼 것이며, 자손들의 피를 타고 계속 흘러갈 것이다.

삼국지, 자치통감 등에서 유래된 고사성어 중 '칠종칠금(七縱七擒)'이라고 하는 제법 많이 알려진 용어가 있다.

이는 촉한의 제갈량이 남만 정벌 때 남만의 왕 '맹획'이라는 사람을 일곱 번 사로잡고도, 일곱 번 풀어줌으로써 남만을 결국 복속시켰다는 고사에서 유래된 말이다.

과연 천재 지략가인 제갈량은 왜 그렇게 하였을까? 제갈량이 남만과 전쟁을 하는데 맹획은 패배할 때마다 이상한 핑계를 대어가며 패배를 인정하지 않았고, 제갈량도 "그러면 네 마음 내킬 때까지 한번 덤벼보아라!"라고 하면서 그를 번번이 놓아주었다. 그리하여 나중에는 결국 맹획이 진정으로 제갈량에게 항복을 해왔던 것이다. 그 덕분에 촉한은 정복한 지역(오지)에서 흔히 있을 수 있는 반란의 위험도 줄이고, 자치적·자율적 통치가 가능해져서 통치 비용도 줄이고, 나라 전체의 단결도 도모할 수 있게 되었다.

사실 남만은 당시 너무나 오지(奧地)였고, 사람들의 기질도 촉한과는 매우 다른 이민족이어서, 만약 적장(맹획)을 그냥 잡아서 목을 베고 무력으로 다스리려고 했다면, 촉한의 군사, 군량미, 관리관 등 엄청난 비용이 소요되었을 것이며, 대개 이런 경우, 얼마 가지 않아서 반란이 또다시 도래할 가능성이 매우 높았다. 이렇게 제갈량은 남만의 어느 정도의 자치권과 맹획의 생존에 대한 보장 등의 기본적인 조치를 행해줌으로써, 한마디로 돈 한 푼 안 들이고 남만왕과 남만 백성들의 진정한 항복을 받아낼 수 있었고, 지속적으로 촉한으로 군사물자, 병사, 특산품 등을 조달(상납)받을 수 있었다.

이렇게 인간은 상대가 아무리 마음에 안 들고 악인이라고 할지라도, 그들의 최소한의 생존권, 최소한의 예의는 지켜줌으로써, 역설적으로 스스로의 몸과 마음을 지켜낼 수가 있고, 인간으로서의 진정한 도리도 행할 수 있게 되는 것이다. 또한, 어떠한 사상, 종교, 철학, 과학도 사람이 하는 일이고 행위이므로, 결코 사람 위에 존재할 수는 없는 것이다. 따라서 이런 사상 등을 이유로 하여 사람의 생각, 행동을 결코 핍박해서는 안 되며, 그 자유 의지 또한 억압해서는 절대 안 된다.

3-21. 뒷담화나 험담은 상처를 남긴다!

뒷담화나 험담은, 그것을 하는 자에게 오히려 더 큰 상처를 남기게 마련이다!

우리 주변의 많은 사람들이 친구나 남들의 뒷담화 하기를 즐기려는 경향이 있다. 사실 남의 금전적 비리 이야기, 불륜에 얽힌 이야기, 개인의 비밀스런 이야기만큼 솔깃한 뒷담화도 없을 것이다.

그러나, 이러한 뒷담화를 하는 것은, 그냥 별 악의 없이 하는 것일 수도 있지만, 문제는 이러한 것들이 많은 경우에 사실과는 거리가 좀 있고 동떨어진 이야기일 수도 있다는 것이다. 더군다나 이러한 뒷담화가 남을 쓸데없이 의심할 수 있고 이간질할 수 있으며, 건전한 사회관계 전체의 틀을 깰 수도 있다.

소설 같은 예를 하나 들어보자.

등산을 좋아하는 어떤 한 친구가 등산에서 어떤 여자를 사귀게 되었고, 급기야 불륜으로 딴 살림을 차려 같이 살고 있다는 소문이 있다고 해보자. 이를 모두 수군대고, 이렇다더라, 저렇다더라 하는 말들을 주고받으며, 흥미롭게 뒷담화를 할 수 있는 것이다. 더군다나 요즘은 SNS의 발달로 인하여 이러한 소문들은 삽시간에 멀리 퍼져나가는 법이다. 또 심지어는 친구 중 오지랖 넓은 자를 정탐자로 보내어 직접 탐문해보는 일이 빚어질 수도 있다. 이러한 뒷담화의 분위기를 당사자 본인이 왜 눈치를 못 채겠는가? 대개의 경우 당사자는 속이 많이 상할 것이고, 소문이 사실이든 아니든 심리적으로 멘붕 상태로 빠질 수 있는 것이다. 뒷담화가 무르익은 상태에서는, 아무리 하소연한다고 하여도 그것은 그저 변명으로 치부되어버릴 것이다.

이제 시간이 제법 흘러 어떠한 계기로 소문의 실체가 드러나니. 소문대로 그런 것이 아니라, 사실은 아내가 폐암 진단을 받고 휴양이 필요하여 별도로 경치 좋은 곳에 작은 집을 얻어 휴양하는 것으로 밝혀지고, 폐암으로 인하여 미세먼지나 전염병에 민감하여 큰 마스크를 거의 24시간 쓰고 지냈고, 몸도 과거 대비 많이 위축되었기 때문에 주변 사람들이 여자의 인상착의에 대한 분간을 잘하지 못하였고, 가끔 건강 회복을 위해 남편과 같이 낮은 산으로 등산을 하는 것으로 알려졌다고 가정을 해보자.

뒷담화 (그림:.wikihow.com)

그동안 정확한 실체도 없는 사실을 가지고 수군대고, 뒷담화하고, 누구를 험담하였던 것이다. 이러한 경우처럼 "~카더라!" 혹은 "~이라더라!"라고 하는 소문의 뒷담화는 당사자에게 엄청난 상처를 줄 수 있고, 또한 뒷담화에 신이 난 주변인 자신들의 인격 또한 거짓 정보에 이래저래 휘둘리어 많이 황폐해졌을 것이다.

두 번째 예로, 학부모들이 담임선생님을 오해하여 "그 담임 선생님이 어떤 특정 학생의 내신 성적을 특별히 잘 챙겨주고 있다."라는 소문이 있다고 가정해보자. 이런 소문이 한번 발생하면, 금방 "아무래도 촌지를 받은 것 같다" 혹은 "자기와 관계가 가까운 학부모의 자녀라서 그 학생에게 편파적이다"라는 등의 온갖 소문들이 입소문, SNS 등을 타고 삽시간에 퍼져나갈 것이다. 이러한 소문과 학부모들의 협박에 충격을 받아서 그 선생님은 극단적인 선택을 하게 되었다고 생각해보자.

그런데 나중에 진실이 밝혀진 바에 의하면, 그러한 소문들이 그 해당 학생과 성적을 치열하게 경쟁하던 다른 학생의 학부모가 꾸며낸 일이라고 밝혀진다면 어쩌겠는가? 이미 선생님은 크게 상처를 받아 극단적인 선택을 하였고, 그렇게 오해하여 뒷담화하고 협박까지 하던 학부모들의 죄는 무엇으로 책임질 수 있겠는가?

세 번째 예를 들어보자. 직장에서 자기네들의 한 상사의 업무지시가 마음에 안 든다는 이유로 흉을 자주 보는 몇 부하직원들이 있다고 생각해보자. 그러면 실제로도 부하직원들의 마음속에는 자기의 상사에 대한 안 좋은 마음이 내면 깊숙이 자리 잡게 되고, 무심코 그런 것들이 외적으로 표출될 수 있다. 그래서 실수도 잦아질 수 있고, 보통은 은연중에 나쁜 감정이 상사에게 충분히 전달되게 된다.

그런데, 부하직원들은 근무 경력이 짧은 편이라 회사 일에 대해 아직 많이 배우고 있는 중이었는데, 나중에 일을 좀 더 제대로 배워보니, 실제 상사의 지시가 매우 합리적이었고 적절하였다는 것을 늦게 발견하였다고 해보자. 상사는 많은 경험으로 보통 눈치가 빠를 것이기 때문에 그동안 이미 많이 실망하였고 상처를 받았을 수도 있다.

그러나 이미 상황은 '엎질러진 물'과 같아서 다음 인사평가 및 발령 시 그들은 원치 않는 다른 부서로 보직 이동이 되었다면 과연 누구의 책임이 더 큰 것인가? 실제 보직 이동도 이동이지만, 이 사건에는 속 좁은 자신들의 인격에 많은 상처를 남길 수도 있는 정신적인 충격의 문제가 보다 더 큰 문제로 자리 잡을 것이다.

위의 세 가지 사례에서 보았듯이, 우리는 어떤 일이나 사건의 껍데기를 보면 안 된다. 그 껍데기를 보고 낄낄대는 소인배가 되면 결코 안 되고, 진실 혹은 알맹이를 보려 노력해야 한다. 보통 진실이 입증되지 못한 소문에 대해 뒷담화를 하거나, 흉을 보거나, 으레 짐작하고 말을 더 추가하여 소문을 주변으로 전파한다면, 나중에 큰 실수를 범하게 될 수도 있음을 깨달아야 한다. 무엇보다 중요한 것은 이러한 일련의 뒷담화, 험담, 흉을 보는 습관 같은 행동들은 상대뿐 아니라 본인에게도 인격적으로 큰 상처와 흉터로 남을 수 있다는 점을 직시해야 한다. 인생에서 자신이 저지른 행적은 결코 그냥 없어지는 법이 없다. 어떠한 방식으로든 흔적과 깊은 상처를 남기게 될 것이다.

우리는 살면서 '죄 불감증'에 걸려서는 결코 안 된다. 그리고 뒷담화나 남의 흉을 보는 습관은 자신의 고매한 인격을 위해서라도 항상 지양할 수 있도록 매일매일 수양해야 하겠다.

3-22. 뭐든 조건이 맞아야 그 모습을 드러낸다!

세상에 뛰어난 인재들은 조건과 환경이 맞지 않으면 세상 밖으로 그 모습을 잘 드러내지 않으려 한다.

세종 때처럼 나라에 성군이 나오면, 대부분의 유능한 인재들을 두루 쓰기 때문에 인재들이 앞을 다투어 세상 밖으로 나오려고 하지만, 연산군이나 중종 때처럼 폭군이 나오거나 나라가 매우 어지러우면, 인재들을 받아 줄 준비와 정치 환경 조건이 전혀 안 맞고, 또 권력자들에게 피를 보기 쉬우므로 인재들이 스스로 세상 속으로 숨어들게 되기 쉽다.

당시 이황이나 이인후 같은 인물들은 여러 사화와 옥사, 저주와 주술, 익명서 투서, 무고 등의 궁중 암투가 빈번하게 발생하여, 이에 환멸을 느끼고, 여러 이유를 대면서 고향으로 내려갔고 가급적 중앙정치와는 멀어지려고 하였다. 그들은 낙향 후 학문 연구 등에 몰두하였으며, 중앙정치 대신 서당이나 서원을 짓고 후진 양성에만 힘쓰려 하였다.

이들 성리학의 거목들만 보더라도, 자신들이 나라와 백성의 삶을 위해 보다 큰 정치를 해보려 하였으나, 중앙정치가 지극히 혼미하고 암투가 심하여, 그 뜻을 접고, 가능한 한 낙향하여 고향에 숨어들고자 하였다.

이러한 현상들은 오늘날 우리 정치적 최고 리더들이 잘 새겨보아야 할 대목이다. 세종 때처럼 나라의 최고 리더들이 인재들 스스로가 세상 밖으로 쏟아져 나올 만큼의 멍석을 깔아 줄 수 있는 역량을 갖추어야 함이 무엇보다 필요해 보인다.

즉, 각 분야의 전문가들을 중시하여 대우나 대접을 잘해주고, 절대 정치전 논리에 휘둘리지 않게 보호해주고, 큰 보람을 느낄 수 있는 환경과

시스템을 만들어준다면, 인재들이 너도나도 보따리 싸 들고 국민을 위한 큰일이나 국가적 프로젝트에 스스로 참여하려 할 것이 아니겠는가?

무지개 (그림: timeanddate.com)

비가 온 뒤에 생길 수 있는 무지개라는 것이 있다. 이 무지개도 그 조건과 환경이 맞으면 나타나고, 그것이 맞지 않으면 절대 사람의 눈에 보이는 법이 없다. 즉, 태양의 고도가 낮고, 한쪽에서는 비가 오고, 다른 한쪽에서는 햇볕이 들 때를 만나야 비로소 무지개가 출현할 수 있다. 이 조건이 만족할 때에 등을 태양으로 향하고 있으면 반원형의 무지개 스펙트럼을 볼 수 있게 되는 것이다.

이렇듯 사람의 인생사나, 자연현상이나 간에 조건과 환경의 조성이 무엇보다 중요하다. 이런 기본 조건과 환경을 잘 맞추어주는 국가 리더가 있다면, 우리나라의 좋은 인재들뿐만 아니라, 외국의 인재들까지도 우리나라를 기꺼이 찾아오려 할 것이고, 심지어는 귀화까지 하려는 인재도 많이 나올 것이다.

무엇보다 정치에서는 인재를 중시하여야 진정 국민을 위한 정치의 초석을 만들어 나갈 수 있다. 만약 각 분야에 이러한 세계적으로 우수한 인재들을 충분히 등용할 수만 있다면, 국민에 대한 최대의 봉사, 나라를 위한 희망찬 비전의 선포는 자연스레 가능해질 것이다.

어쩌면, 우리 인간 개개인도 이 우주에서 태어날 조건과 환경이 갖추어졌으니 태어난 것이고, 나중에 이러한 조건이나 환경이 사라지게 되면, 미련 없이 이 세상을 마무리해야 하는 것은 아닐까?

3-23. 집착을 버리고 매사 의연하라!

무언가 원하는 바에 집착하게 되면 그것은 점점 멀어지려는 성질이 있어 얻기 더 어렵게 되며, 오히려 미련 없고 의연하게 대처하면 그것이 점점 가까워지게 되고. 결국은 그것을 얻을 수 있게 되는 경우가 많다.

꼭 내가 무언가를 이루어야 하겠다고 생각을 하게 되면, 마음과 몸에 스스로 조급함과 거친 행동을 유발하기가 쉽고, 결국 냉정함을 잃고 무리하게 행동하여 일을 꼬이게 하기기가 십상이다.

또한, 여러 팀플레이에서도 나 아니면 안 된다는 식으로 혹은 내가 꼭 성과를 내어서 스포트라이트를 받겠다는 마음을 가지면 자기 자신의 행동도 꼬이지만, 조직 전체에도 큰 피해가 되는 경우가 많다.

촉한의 제갈량이 자기 인생의 마지막 승부수로, 장장 6년 동안 5차례에 걸친 북벌 전쟁을 벌일 때 위나라에서는 주로 사마의가 이를 대적하였다. 이때 사마의는 수시로 촉한군의 진영에 첩자를 보내어 염탐하여 제갈량에 대한 모든 정보를 수집하였고, 또 제갈량이 보낸 사자로부터 제갈량이 식사는 적게 하면서 크고 작은 일을 모두 자신이 직접 도맡아 한다는 말을 듣고 나서, 첩자의 정보를 종합해볼 때 '제갈량의 죽음'이 임박했음을 미리 예견했다고 한다.

즉, 사마의 자신은 위나라 군대의 어려운 일들을 부하 장수들과 나누어 맡아 처리하는 데 비해 적장인 제갈량은 워낙 천재적 지략가라서 그런지 몰라도, 모든 업무를 혼자서 해결하려고 하고, 제갈량의 연세도 꽤 되었으니만큼, 오래 살지는 못할 것이고, 전쟁은 곧 끝날 것이라고 예상하였다.

의연한 용기 (그림: exploringyourmind.com)

이러한 사마의의 말이 사실이라면, 제갈량은 지략의 천재이었음에도 불구하고 너무 자신이 모든 것을 다 처리하려 하였고, 자신의 심신을 집착적으로 사용하여, 자기 자신에게도 해가 되었고, 촉한 군 전체에게도 큰 부담이 되어, 결국 촉한의 북벌 전쟁은 실패로 돌아갈 수밖에 없었을 것이다.

모든 일에는 순서가 있다, 결과가 나오기 전에 미리 지나치게 바라거나, 결과를 미리 예단하여 행동하는 것은 좋지 못하다. 또 결과를 너무 의식하지 말고, 현재에 최선을 다하는 것이 결국은 가장 좋은 방법이 되는 것이다. 진인사대천명(盡人事待天命; 사람이 할 수 있는 일을 다 한 후에, 하늘에 결과를 맡긴다) 혹은 "하늘은 스스로 돕는 자를 돕는다"라는 격언의 마음으로, 사람은 그 할 도리를 다하고 나서, 그 결과는 그야말로 하늘에 맡기고 인간이 이래라저래라 간섭하거나 집착하지 말고, 의

연한 용기로서 대처하는 것이 진정 바른 방법일 것이다.

무엇이든 지키기에 집착하면 잃을 것이고, 잃기를 각오하고 의연히 대처하면 결과적으로는 지켜낼 수 있을 것이다. 이것은 마치 이순신 장군의 "필히 죽으려 하는 자는 살고, 살고자 하는 자는 죽을 것이다(必死則生 必生則死)"와 그 맥락이 통한다고 하겠다.

다시 말해,

"미련과 집착을 버리고 매사 의연하게 나아가면 언젠가는 바로 설 수 있을 것이니. 절대 조급해하지 말고 뜻하는 바 나아가라!"
- Pa sayings

3-24. 상처도 아픔도 곪으면 저절로 터진다!

상저도 아픔도 곪으면 저절로 터지고, 터지면 또 아무는 법이다!

만약 엄청나게 충격적인 일을 겪게 되면 처음에는 그것이 자신에게 큰 충격으로 다가와 뭔가 극단적인 선택을 고민할 정도가 될 수도 있다. 물론 그 충격 이후에도 오랫동안 트라우마나 악몽에 시달릴 수 있다.

과연 이러한 경우에는 어떻게 대처해야 옳을까?

'자이가르닉 효과(Zeigarnik Effect)'라는 것이 있다. 우리말로 '미완성 효과'라고도 부르며, 이는 수행이 잘 되어 완성된 일보다는 미완성 상태이거나 실수가 있었던 일을 더 잘 기억하는 증상을 의미한다.

러시아의 심리학자 블루마 자이가르니크(Bluma Zeigarnik)가 이 현상을 처음으로 연구하였는데, 어느 날 웨이터가 미결제 주문을 잘 상기시키는 것을 발견해내었다. 그러나 지불이 완료된 후에는 웨이터가 더 이상 그 주문의 어떠한 세부사항도 기억할 수 없었던 것이었다. 즉, 우리의 뇌는 너무 많은 정보를 기억할 수가 없으므로, 이미 끝난(종결된) 정보는 자동적으로 쉽게 잊을 수 있도록 진화를 해 온 것 같다.

만약 이미 끝난 것을 계속 기억하고 있으면 그다음 정보를 기억하는데 많은 차질을 줄 것이니 말이다. 이 원리는 우리가 컴퓨터나 핸드폰을 쓸 때 CPU의 처리속도와 저장용량을 여유 있게 쓰려면 불필요하거나 쓸데없는 정보를 정리하거나 지워주어야 하는 것과도 유사한 원리이다.

또한 우리가 현재 성취된 사랑보다는 과거에 안타깝게 헤어졌거나, 엇갈린 사랑과 같은 이루어내지 못한 첫사랑을 더 잘 기억하게 되는 것도 바로 이 자이가르닉 효과 때문이라고 한다.

자이가르닉 효과 (그림: slidemodel.com/tag)

서두에서 언급한 것처럼, 어떤 사람이 극심한 충격의 이후에 오랫동안 트라우마나 악몽에 시달릴 수가 있겠는데, '자이가르닉 효과'를 이용한 그 해결법을 찾아보자면, 이럴 경우 심리치료사의 사이코 드라마 혹은 무당의 굿 등을 통해 춤, 공연이나 심리치료 요법 등을 통해 미완성된 일을 완성시키는 경험을 함으로써 환자는 다시 평온해질 수 있다고 한다.

자이가르닉 효과를 상업적으로 역이용하는 경우도 많이 있다. 예를 들어, 잘 만들어진 드라마, 연속극 같은 경우에 스토리의 극적인 순간에 이번 회차분을 끝내버리면 시청자들의 기억에는 준욕구 상태의 잔상을 남기게 되며, 그 욕구의 만족이 아직 끝나지 않았으므로 다음 회차분의 연속극을 또 보려고 할 것이다.

어쨌든 자이가르닉 효과를 벗어나기 위해서는 어떤 일을 시작했으면 되도록 결말을 짓는 게 좋다. 그렇지 않으면 계속 그 일이 머릿속에 남아있어 다음에 감당해야 할 다른 일에 몰입하는 것을 방해하게 될 것이다.

그런데 만약 그 일을 도중에 그만둘 수밖에 없는 상황이라면, 그럴 때는 "이것으로 이 일은 끝이야!"라고 선언을 하거나, 적절한 종결 의식을 행해 봄으로써 그 일에서 벗어나는 것을 시도해 볼 수도 있겠다.

또 한 가지 중요한 해결법이 있다. 우리가 "시간이 약이다."라는 말을 많이 쓰듯이 시간이 지나면 잊혀지기도 하고, 해결되기도 한다는 편안한 마음을 가지는 것이다.

예를 들자면, 내가 친구에게 빌려준 돈을 받을 날짜가 지났는데, 이직 못 받고 있다면, 그 돈을 억지로 받아내야 한다는 강박관념을 가지면 심리적 고통이 따를 수 있고, 자이가르닉효과 때문에 도무지 다른 일이 손에 잡히지 않을 수 있다. 이럴 때는 그냥 그 돈을 받는 것을 포기해버리든지, 아니면 그 돈을 받는 것 대신 친구가 쉽게 응할 수 있는 다른 대가를 요구하는 것도 하나의 방법이 될 것이다. 어쨌든 무슨 난제를 만나더라도 편안한 마음으로 잘 정리하고 끝내어 버리거나, 잊어버리는 것이 최고의 해결책이다.

과거 '사마의'는 자신이 '제갈량'보다 능력 면에서 못한 것을 알았기 때문에, 제갈량의 약점을 파악하고, 기다림의 승부수를 던져 제갈량이 스스로 물러날 때까지 그냥 최대한 기다리는 비교적 편안한 작전을 편 것이고, 급기야는 제갈량이 먼저 전장에서 과로로 인해 죽어 전쟁이 종료될 수 있었다.

사람의 몸에 암이 발병했을 때도 마찬가지일 수도 있다. 암이라는 것은 아직도 일부를 제외하고는 거의 불치병이 많아, 수술이 어려운 암에 대해서는 굳이 어려운 방사선치료나 독한 약물을 이용한 치료를 받지 않고, 그냥 시골이나 경치 좋은 곳에서 편하게 생활하는 것도 선택할 수 있는 방법 중 하나이다. 왜냐하면, 이미 수술이 어려운 3기나 4기의 암은 꼭 병원 치료를 받는다고 해서 더 오래 산다는 보장은 없을 수 있다.

상처도 아픔도 곪으면 저절로 터지고, 터지면 또 아무는 법이다. 부디 어떤 결론을 만들어놓고 거기에 집착하지 말고, 끝내지 못한 일에 대해서 조바심이나 마음의 갈등을 가지지 말고, 사마의처럼 무리수를 두지 않는 방식으로, 항상 편안하게 생각하는 것이 좋을 것 같다. 물론 필요한 도움이 있다면, 당연히 주변으로부터 여러 도움도 받을 수 있겠지만, 가장 중요한 것은 바로, "네 주변 상황이 호전될 때까지, 그 어떤 것에도 집착하지 말고, 천천히 기다리는 마음을 가지는 일"일 것이다.

3-25. 마음의 베이스를 낮추어라!

마음의 베이스를 낮추어라. 원초적 생명의 귀함에 대한 인식이 우선이다!

네 마음의 기준은 항상 들뜨지 않은 아주 낮은 곳으로부터 출발하여라.

행복도 기쁨도 아주 낮은 곳으로부터 출발을 하게 되면 조금만 올라가더라도 즐거움이 금방 배가 된다.

행복이나 축복을 의미 있게 느껴보려면 반드시 이렇게 마음의 베이스 캠프(기준점)를 낮게 설치하는 것이 적절할 것이다.

마음에 욕심이나 허영이 많아서 만족의 기준점이 높은 사람은 웬만큼의 좋은 결과를 얻어도 도무지 만족된 마음을 가질 수가 없을 것이다.

그러나 욕심과 허영이 적어서 만족의 기준점이 낮은 사람은 조금만 소확행에도 금방 낯빛이 밝아지고 행복감을 누릴 수가 있다.

그렇다면 이러한 마음의 베이스 캠프를 낮추는 방법은 무엇일까?

바로 자신의 처지에 대한 자각에서부터 출발해야 한다. 인간은 누구나 짧은 삶을 살다가 점점 죽어 나가야 하는 미약한 존재이다. 절대 잘난 체 할 수 있는 처지도 못되고, 자칫 이 세상에 어떤 죄라도 지었다가는 평생 육체적·정신적 고통을 받아야 하는 불쌍한 존재가 되고 만다.

따라서 부질없는 욕심이나 욕망을 버리고, 또한 마음속에 쓸데없이 스멀스멀 돋아나는 허영심마저 철저히 던져 버리고 참자유를 찾아야 한다.

그렇게 되면, 이 세상에 네가 존재하는 것, 그 자체가 바로 '행복'일 것이고, 더 이상의 고상한 것을 욕심내지 않으니, 마음이 한없이 편해질 것이다. 그래서 어떤 거짓이나 허상 같은 것도 받아들일 필요가 없게 된다.

생명에 감탄!
(그림: dreamstime.com/illustration)

즉, 이렇게 마음의 베이스를 아주 낮추게 되면, 세상의 모든 생명과 존재 그 자체에 감탄할 것이며, 신의 창조적 능력이 그저 놀라울 따름이며, 무엇이든 네가 감히 함부로 소유하려 하지 않을 것이다.

그저 어떤 것이든 존재 그 자체가 기쁠 뿐인 것이며, 더 많은 것을 갈구할 필요가 없다. 현재를 이미 만족하였으니 말이다.

"길가에 핀 잡초 하나, 굴러다니는 돌 하나, 개울을 무심코 흘러 떠내려가는 나뭇잎 한 조각, 하늘에 떠 있는 구름 한 토막, 길가에 노니는 아이들, 저 너머로 날아가는 나비와 새 한 마리, 이러한 모든 존재가 다 기적이 아니고 무엇이겠는가? 누가 이렇게 찬란한 지구를 만들었단 말인가? 과연 기적인 것이로다!"라고 생각할 수 있는 것이다.

거창한 이상이나 희망보다 실존이 앞서는 것이 확실하다. 그 실존의 바탕 위에 네가 쌓고 싶은 가치로운 탑이 있거들랑 차곡차곡 쌓아 나가라. 그렇게 하여도, 네 인생은 충분히 행복하고 축복되어질 것이다.

우선 명심해야 할 것은,

"생명과 존재의 귀함에 대한 인식이 우선이고, 그 바탕 위에 네가 원하는 희망과 가치의 탑을 쌓아나가라!" - Pa sayings

3-26. 현실에 안주하는 행복은 없다!

행복은 스스로 존재에 대한 깊은 감사로부터 출발하여, 항상 희망을 향해 꿈틀거려야 한다!

인간의 누구나 행복하기를 원한다. 그것은 인생 최대의 가치이자 목표일 수 있겠다. 그리고 이러한 행복은 존재하는 현실에 대해 항상 인정하고 감사를 표하여, 더 높은 희망을 지향할 수 있어야 한다. 즉, 현실에 그냥 안주하는 행복은 없는 것이다.

아래에 이와 관련된 몇 가지 예를 한번 들어보자.

어니스트 헤밍웨이의 베스트셀러 '노인과 바다'에서는, 어부(漁夫)인 산티아고 노인이 쿠바의 작은 어촌에서 멕시코 만(灣)을 상대로 고기낚시를 하면서 살아가고 있었다. 84일 동안 한 마리의 고기도 낚지 못하고 허송세월하고 있던 그는, 유일한 말동무이자 인생 친구였던 소년마저 다른 배로 보내어야 했지만, 지난날의 영광을 재현하려고 하는지 눈빛만은 바다와 같이 기운이 감돌고 있었다.

어느 날 그는 아프리카 밀림에서 노니는 강인한 사자 꿈을 꾼 다음 날 다시 바다로 나가, 사흘간 사투 끝에 아주 큰 청새치를 잡게 된다. 그 고기를 배 옆구리에 매달고는 육지를 향해 귀로에 나서게 되는데, 돌아오는 길이 너무나 멀었고, 또 도중에 상어의 공격을 받아 작살과 칼, 키 손잡이, 그리고 삿대까지 모두 잃어버리고, 청새치마저도 뼈만 앙상하게 남게 된다. 이렇게 뼈만 앙상하게 남은 고기를 가지고 귀향한 노인은 자신의 판잣집에서 깊은 잠에 빠지게 되고, 소년은 잠든 노인의 몸에 난 상처들을 보고 엉엉 울 수밖에 없었다. 그러나 노인은 곧 존재하는 현실을 모두 인정하고, 오히려 감사를 표하며, 잠시 회복한 뒤에는 또다시 바다로 나간다.

노인은 바다에서 상어들과 사투를 벌일 때 아래와 같은 말을 하면서 용기를 잃지 않으려 애썼다.

"But man is not made for defeat," he said. "A man can be destroyed but not defeated."("그래도 사람은 패배하기 위해 창조된 게 아니다." 그가 말했다. "인간은 파괴될 순 있지만, 패배하지는 않는다.")

노인과 바다 (그림: kobo.com)

이렇게 노인은 희망을 버리지 않았기에, 결코 자기 인생에서 패배한 것이 아니며, 끝까지 불굴의 의지로 살아낸 것이다. 이렇게 그의 '희망을 잃지 않은 삶' 자체가 바로 행복이었던 것이다.

미국의 소설가 마거릿 미첼이 쓴 "바람과 함께 사라지다"에서, 주인공 스칼렛 오하라는, 조지아 주 타라 농장에서 빼어난 미모와 활달한 성격으로 마을 청년들의 애를 태우지만, 그녀가 사랑하는 남자는 정작 다른 청년이었다. 그러나 그녀가 사랑한 청년이 다른 여자와 결혼하자, 바로 그 여자의 오빠인 찰스와 홧김에 결혼하기도 하고, 찰스가 전쟁 통에 죽은 후에는 가족과 딸린 식구를 먹여 살리기 위해 또 다른 돈 많은 남자를 꾀어 결혼하기도 하고, 마지막으로는 과거부터 자기를 간절히 원했던 레트 버틀러와도 결혼하였지만, 끝내 진정 자기가 원하는 사랑에는 도달하지 못하였다. 그리고 전쟁 와중에 어머니를 장티푸스로 잃었고 아버지는 그 충격으로 정신이상자가 되었으며, 여동생과 친구 모자(母子) 그리고 전쟁 통에도 떠나지 않은 노예 등의 생계까지 책임져야 하는 가련한 처지가 된다.

또 한때는 위험한 길에 홀몸으로 나다니다가 흑인 슬럼가에 끌려가 성추행을 당하기도 하는 등 모진 세월을 보내게 된다. 결국 전쟁은 북군의 승리고 끝나고, 남부의 문명과 사회상은 바람과 함께 사라진 듯, 아련한 그리움과 향수만을 남긴다.

이러한 모진 전쟁의 고통 속에서 살아나온 스칼렛은 생(生)의 위기때마다 '내일은 내일의 태양이 뜰 것이다(after all, tomorrow is another day)'이라는 희망의 말을 되뇌며 삶을 버텨내었다.

그녀는 삶에서 고통의 마디마디 마다 현실에 대한 강한 인정과 함께 희망의 메시지를 내어놓으며, 절대 포기하지 않고 용기를 가지고 도전해 나간 것이다.

소설 속 이야기이기는 하지만, 위의 두 사례로 보았듯이, 인간은 어떠한 순간에도 희망을 버리지 않고 전진하게 되면, 그 삶이 고될 수는 있어도, 패배한 삶은 결코 아니라고 할 수 있으며, 어쩌면 희망을 가진 도전 그 자체가 행복이라고도 할 수 있다.

인생에서 때로 실패하여도 괜찮다. 아무런 문제가 될 것이 없다. 곧 다시 일어서면 될 것이니 말이다. 정말 중요한 것은 이렇게 현실을 인정하고 다시 일어설 수 있는 희망을 잃지 않는 일일 것이다.

3-27. 피할 수 없는 고통은 적극적으로 받아들여라!

고통을 피할 수 없다면 오히려 적극적이고 빠르게 받아들여라!

우리나라에서는 2020년 초 뜻밖의 코로나 바이러스 팬데믹 도래 상황에서 처음에는 모두가 다 허탈하고 암울했었으나, 점차 사람들이 네 부류로 나뉘어지게 되었었다. 그 첫 번째 부류는 고통 속에서 절망하고, 코로나 이전으로 복귀하는 것만을 고대하려 하는 타입이었고, 두 번째 부류는 이를 오히려 기회 혹은 역전의 발판으로 삼는 부류이다. 그리고 세 번째 부류는 오히려 이러한 고통을 즐기는 사람들이었다. 또한 네 번째 부류는 사회적 재난 상황에서도 자신의 사회적 역할에 집중하는 사람들이었다.

첫 번째 부류의 사람들은 이러한 상황을 지극히 충격적으로 받아들이며, 절망에 빠진 나머지 오로지 코로나 이전으로 복귀하는 것만을 갈망하며, 도무지 다른 대책은 전혀 내어놓지 못한다. 이러한 상황에서는 삶이 계속적으로 피폐해져 갈 것이고, 결과적으로는 나중에 주저앉고 말 수도 있는 것이다.

두 번째 부류는 처음에는 상황을 충격적으로 받아들여 실망이 크고 어려움을 많이 겪지만, 얼마 지나지 않아 새로이 헤어 나올 방법을 내어놓는 등 살아남을 수 있는 궁리에 집중하는 부류이다. 이를테면, 일반식당을 운영하다가 코로나 사태를 닥쳐 너무 암울하니, 이러한 전염병 위기에는 직접 식당을 찾는 사람들보다는 도시락으로 식사를 때우는 사람들이 많으리라는 것을 재빨리 간파하여 '도시락 배달 전문점'으로 업종을 전환하여 대박을 터뜨리는 등의 경우이다.

단지, 이 부류는 영리하게 움직이려는 속성이 강하고 대응이 활발하여 좋기는 하지만, 자칫 너무 의욕이 앞서거나 무리한 행동을 하다 보면 다른 사람들에게 피해를 주거나, 정당하지 않은 방법까지 동원하려고 할 수도 있으니 이점을 경계하여야 하겠다.

세 번째 부류는 오히려 이러한 고통을 비교적 초반부터 즐기는 사람들인데, 경멸이나 부정의 마음보다는 오히려 감사의 마음으로 출발하는 것이다. 그리고 이렇게 할 수 있는 이유 또한 사회적으로 매우 다양할 것이다.

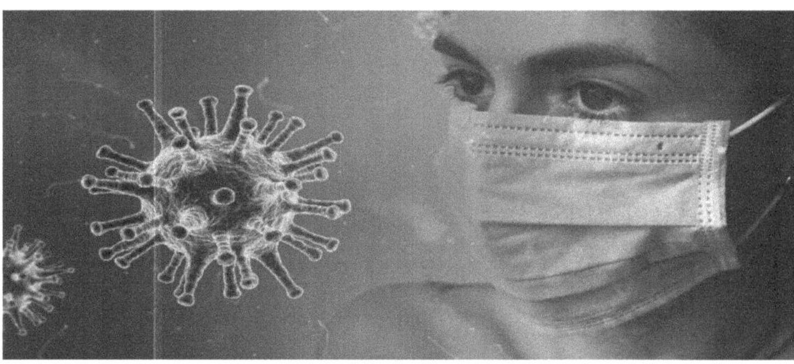

코로나 팬데믹 (그림: pharmaceutical-technology.com)

이러한 부류 중에 가장 흔한 예를 한번 들어보면, 사고로 자신이 얼굴에 상처가 깊어 성형 수술을 하였는데도 불구하고 화상 자국이 여전히 심하여 매사 자신이 없었는데 전염병으로 모두들 마스크를 써야 하니 새로이 자신감을 얻게 된 사람, 자신이 하는 일이 불법적이거나, 불법적이지 않더라도 감추고 싶은 사람들 등은 마스크를 껴야 하는 전염병 상황을 반길 수도 있다.

또한 자신이 논문이나 책을 쓰고 싶은데 회사 일로 도저히 시간을 못

내었던 사람들이 코로나 팬데믹으로 재택근무가 가능해지면서 원했던 논문이나 책 쓰기에 집중할 수가 있게 된 경우, 기타 대면강의보다 비대면 인터넷 강의가 더 자신 있는 강사들, 인터넷으로 행하는 원격 업무가 더 편한 사람들, 체력이 약하거나 불구(不具)로서 많이 움직일 수 없었던 사람들, 평소 자신의 몸이 감기나 독감 등에 무척 약했었는데 마스크 쓰기와 손 씻기를 철저히 하다 보니 많이 좋아진 사람, 평소 술을 잘 못하거나 회식자리 자체를 싫어하여 회사 회식 모임이 꺼려하거나 왕따를 당한 사람 등의 부류와 같이 비대면을 오히려 즐길 수 있는 사람들이 의외로 많다.

네 번째 부류는 사회적으로 매우 큰 재난 상황에서도 자신의 피해와 수고는 아랑곳하지 않고, 자신의 사회적 역할에 집중하여 남을 돕고, 재난을 구제하려는 다소 숭고한 뜻을 가진 사람들이다.

의사로서, 간호사로서, 공무원으로서, 자원봉사자로서, 기타 뜻있는 일반인으로서 각자 자신의 위치에서 조금이라도 국가적·인류적 위기 극복에 도움이 될 수 있는 일이라면 가리지 않고 묵묵히 해내는 사람들이다.

이들은 정말 사회적으로 존경받을 만한 사람들이다. 특히 이들 중 타당한 보상이나 대가를 떠나서 혹은 그것을 초월하여 자신의 역할을 수행한 사람들도 많은 것이다.

그러나 여기서 중요한 것은 자신의 입장이 무엇이 되었든, 세 번째 부류나 네 번째 부류가 될 수 있으면 가장 좋을 것이다. 아예 코로나 상황의 초기부터, 매우 적극적이고 활달한 활동을 할 수 있을 것이니 말이다.

아니면, 두 번째 부류도 나쁘지 않다. 초기에는 다소 힘들었지만, 얼른 툴툴 털어내고 새로운 도전과 경험을 적극적이고 능동적으로 임할 수 있으니 말이다. 이럴 경우에 전염병 유행 사태 이후에는 사업이나 하던 일이 오히려 더 크게 번창할 수도 있는 것이다.

그러나, 첫 번째 부류는 당연히 문제가 있음을 직감했을 것이다. 이런 부류는 적응력이 매우 부족하거나, 성격이 소극적이거나, 매사 부정적인 마인드에 사로잡혀있는 경우가 많다. 주로 과거 지향적인 성격의 소유자라고 할 수 있겠다.

인생을 살다 보면, 몇 번 이상의 고통의 시기는 꼭 겪게 되기 마련이다. 이러한 엄혹한 시기에는 무엇보다 위에서 살펴보았듯이, 그 고통을 적극적이고 빠르게 받아들이는 사람, 그래서 그 고통을 빠져나올 수 있는 궁리를 금방 해낼 수 있는 사람, 그 모든 고통을 오히려 즐길 수 있도록 노력하는 사람, 혹은 고통을 기꺼이 봉사로 승화해나가는 사람이어야 하겠다.

3-28. 말과 생각은 미래의 창이다!

삶의 위기에도 담담하고 쿨하게 행동하고, 말과 생각은 미래를 향해라!

삶이 잘나갈 때는 별문제가 없으나, 잘나가지 못할 때 혹은 위기를 맞닥뜨릴 때 과연 우리에게 어떤 자세가 필요한가?

삶을 불평하고 자기 스스로를 함부로 대하거나 학대한다면 스스로의 마음은 점차 황폐해져 갈 것이다.

무엇보다 중요한 것은, 현실을 모두 받아들이는 것부터 출발하여야 한다. 만약 네가 불평을 한다면, 하면 할수록 더 현실이 네 가슴을 죄어 올 것이니, 그러지 말고, 이럴 때일수록 자기 몸과 마음을 다독거리고 후일을 도모하는 것이 좋겠다.

만약 불만, 불평만을 토로하고 있다면, 이는 하나의 자해 행위라고 할 수 있을 것이며, 마치 자신의 마음을 서서히 갉아먹는 무서운 식육 벌레와도 같은 행위이다.

사람들의 말과 생각은 충분히 자기 미래의 창(窓)이요, 씨앗이 될 수 있다.

네가 현실에 대한 불만과 불평만을 말하고 생각한다면 분명히 당신은 현실의 굴레에 계속 머물러 있을 것이다.

그러나 미래의 희망과 도전을 이야기한다면, 분명히 머지않아 네 삶은 개선되어 갈 것이다. "말이 씨가 된다."라는 말도 있지 않던가? 우리의 여러 경험상으로만 보더라도, 분명히 그렇게 되어갈 것이다.

우리가 살다 보면 '희망사항'이라는 것이 많이 생긴다. 그러면 그 희망사항을 어떻게 관리하는 것이 좋은가? 먼저 그 희망을 현실로 이루어낼 수 있도록 자신의 내공을 쌓아야 함은 당연할 것이고, 무엇보다 중요한 것이 주변 사람들에게 자신의 희망에 대한 생각을 많이 이야기하고, 협조를 구할 것은 구하고, 지지를 호소해야 할 것은 호소하는 일이다. 그렇게 되면 자신의 희망이 더 구체화가 될 것이고, 혹시라도 잘못 생각하고 있었던 점이 있었다면 주변 사람들이 바로잡아 주기도 할 것이다. 또한 주변 사람들이 자신에게 저마다의 장기(주특기)를 제공하여 도와 줄 수도 있을 것이다.

삶의 여정 (그림: maifretatmasle.gq)

가령 예를 하나 들어, 지난번 홍수로 인하여 자기 집이 망실되어 새로 집을 지어야 하겠다면, 주변에 자신의 짓고 싶은 집의 형태와 앞으로의 꿈을 잘 이야기하고 호소한다면, 어떤 이웃 사람은 삽을 들고 올 수 있을 것이고, 또 어떤 사람은 망치를 들고 올 것이고, 또 중장비를 잘 아는 사람이 있다면 중장비를 협조할 수도 있다. 이렇게 저마다의 가능한 힘을 충분히 보태줄 수 있을 것이다.

그러나 여기서 중요한 것은 주변에 이야기를 하고, 토론을 하고, 지지를 호소할 때는 가급적 구체적인 것이 좋다는 것이다. 즉 도움을 요청하는 자가 구체적이어야 구체적인 도움을 받을 수 있다. 만약 뜬구름 잡기식의 희망사항을 이야기한다면 도와줄 수 있는 방법이 구체화될 수가 없어서 제대로 도와주기 어려운 경우가 많을 것이다.

물론 다소 뜬구름 잡기식의 이야기나 토론도 아예 아무 이야기도 안 하는 것보다는 나을 수 있다. 그러나 가급적 자기 머릿속의 구체화 과정과 논리적인 설명이 매우 중요하다는 것은 분명해 보인다.

또 하나의 예로, 어떤 사람이 나이가 들어가고 삶에 지쳐 자연히 몸과 마음이 아리고 아픈 경우가 많이 생겼다고 해보자. 그래서 주변에 아픈 데도 많고, 많이 슬프다고 마구 하소연을 하거나, 구시렁구시렁하기만 한다면, 현실은 더 나아지기 어려울 수 있다. 그것은 네 약한 마음과 궁색함을 보이는 것에 지나지 않기 때문이다.

나이 들어 몸도 불편해지고, 마음도 약해지기 쉬운 것은 사실이지만, 원칙적인 측면에서는, 당신 스스로가 이겨내는 수밖에 없는 것이 아닌가? 삶에서 다소 못마땅한 게 있어도 주변에 그런저런 하소연을 하지 말고, 투덜대지도 말고, 일단은 담담하게 받아들이는 것이 좋은 것이며, 항상 행동은 쿨하게 행하는 것이 좋은 것이다. 그리고 자신 스스로도 명상과 힐링을 통해 몸과 마음을 회복하고, 또 주변으로부터 협조받을 만한 것을 하소연이 아닌 방식으로, 조목조목 잘 설명해주고, 미래에 대한 희망을 진솔히 이야기해 주면, 아마 많은 것들을 주변으로부터 도움받을 수 있을 것이다.

이렇게 하면, 무엇보다 자신의 삶이 부정적 삶에서 강한 긍정적 삶으로 바뀔 수가 있으며, 그리하여 의욕도 생기고, 삶의 이유와 의미에 대한 강한 원동력이 발생할 수 있는 것이다.

모든 현실은 담담하고 쿨하게 받아들여라. 그리고 그 미래는 자신이 원하는 방식대로 끌고 나가라. 젊으나 늙으나 간에 자신의 내공 혹은 사람 됨됨이를 항상 업그레이드 시켜나가고, 주변과는 가급적 친밀하고 밀실한 이야기를 많이 나누어라. 엄청난 삶의 원동력이 되어줄 것이다.

삶에서 난제나 위기가 오더라도 절대 당황하거나 부정하지 마라. 그리고 그것을 바로 해결하거나 끝내려고 대들지도 말아라. 설령 네가 끝내지 못하더라도 다른 누군가가 끝내어도 된다는 식으로 느긋한 마음을 가지고서, 절대"자기 아니면 안 된다"는 식의 생각은 버려야 한다. 세상과 인생의 흐름을 자기 당대에만 국한해서 해석하지 말고, 선조(조상), 현세, 후세의 연속된 개념으로 이해하는 것이 더 좋을 것이다.

즉, 네가 아니면 이웃이 해결할 수도 있고, 또 그렇지 않으면, 당대에 끝내지 못하더라고 네 후손이 해결하면 될 일이다. 당신은 그냥 그저 진심으로 삶의 여정을 살아가고, 또 즐기면 되는 것이라고 편안하게 생각하면 된다.

3-29. 자랑을 안 하면 마음에 부채가 없다!

보통 사람들은 자신의 자랑이나 과시를 많이 하고 싶어 한다. 어쩌면 인간의 원초적이고 자연스러운 욕망일 수 있겠다.

심리적 관점에서 보면, 자기 자존심이나 열등감, 경쟁으로 인한 심리적 불안 요소 등에 대한 보상적 심리가 작동하여 자연스레 자랑이나 과시에 대한 욕구가 나타날 수도 있겠다.

그러나 약간의 자랑이나 과시 정도는, 요즘이 워낙 자기 피알의 시대라서, 어느 정도 이쁘고 좋게 보아줄 수도 있겠지만, 이것이 지나치게 되면 결국 상대방에게 눈살을 찌푸리게 하거나, 큰 실망감을 줄 수 있고, 허영에 가득 찬 네 인격에 대한 신뢰감을 잃게 할 수도 있다.

원래 자랑이나 과시를 하더라도 자기 내공을 먼저 다지고서 해야 하는 것인데, 보통은 자기 내공 혹은 내실 같은 것은 기하기가 어렵고 귀찮으니, 이 단계를 생략해 버리고, 바로 자랑이나 과시 모드로 들어가게 되어 버리는 경우가 많다.

그다음 단계에서는 이미 자랑이나 과시를 너무나 자연스럽게 하고 다니다 보면 구태여 내공을 챙길 필요가 없어지며, 이때부터는 이제 "빈 깡통이 요란하다!, 마치 짝퉁 같다!"라는 말들을 들을 수도 있는 단계로 돌입하는 것이다. 이러한 상태가 더 심해지면 네가 만든 허영의 굴레에서 스스로 헤어나기가 매우 어렵게 되고, 웬만한 자랑이나 과시로는 도저히 성에 차지 않아서 심리적으로 공황 상태 내지는 우울증에 빠질 수도 있는 것이다.

따라서, 가능하면 이러한 과도한 자기 자랑이나 과시는 남을 위해서도, 네 스스로를 위해서도 자제함이 좋다. 그 구체적 이유를 아래에 몇 가지 생각해보자.

첫째는, 자랑이나 과시를 많이 하면 마음에 부채가 생겨 상대방에게 지속적 증명을 해 보이기 위해서 많은 에너지의 소모가 필요하며, 이는 자칫 스트레스로 작용할 수도 있다.

자랑과 과시 (그림: mortilwendley.blogspot.com)

즉, 자랑을 하였으니 그 우월성을 유지하고 증명해 보이기 위해, 무척 힘들게 혹은 무척 어렵게 애를 써야 할 것이고, 그러다 보면 심리적으로 많은 스트레스가 쌓일 것이다.

둘째, '비용편익'의 문제이다. 만약 분에 넘치는 자랑을 실속 없이 많이 하고 다닌다면, 쓸데없는 비용이 많이 소요될 것이다.

예를 들어, 내 차가 멋지다고 자랑하였다면, 내 차가 계속 멋진 상태를 유지하기 위해서, 혹은 훨씬 더 멋진 상태로 되기 위해서 추가적인 장치, 액세서리 등을 달아야 할 수도 있고, 광택이나 세차도 더 열심히 해야 하는 등 여러 노력과 에너지 소모가 필요할 것이다. 또한 누구와 같이 식사를 했다면, 멋진 차를 자랑한 사람이 아무래도 식사비를 내어야 하지 않을까?

따라서 '비용편익'이라는 관점에서도 수지타산(收支打算)이 맞지 않을 것이다.

셋째, 교육적인 면에서도 매우 안 좋다. 만약 내가 자식 자랑을 여기저기 하고 다닌다면, 내 인격에도 문제가 될 수 있지만, 자식의 인격 성장에도 문제가 될 수 있다.

자식은 부모가 자기에 대해 어떤 것을 원하는지를 눈치채고 있을 것이기 때문에 심리적으로 거기에 맞추려는 성향이 점점 짙어질 것이다. 결국은 자식이 자기다운 삶을 사는 데 지장을 초래하게 될 것이고, 그렇게 부모의 눈치를 보는 삶은 부모가 원하는 삶이지, 진정 자식이 스스로 원하는 삶은 아닐 것이기 때문이다. 또 자식의 이런 타성이 심해지면 자기회의나 정신적 우울증으로 연결될 수도 있는 문제이다.

또한, 자기 배우자를 여기저기 자랑하고 다닌다고 하면, 배우자도 언젠가는 그것을 눈치채어 알 것이고, 배우자 자신의 행동에 쓸데없는 지장이나 제약도 많이 받을뿐더러, 주변의 눈치로 인하여 가능하면 그것에 부응해주려는 기본 심리가 발동할 수가 있다. 따라서 배우자의 마음에는 알게 모르게 타성이나 허영이 생기고, 그 인격이나 인품 유지에도 별로 도움이 되지 못할 것이다. 즉, 이미 위험한 비행기를 탔으니, 쉽게 내려올 수도 없는 노릇이다.

아무리 요즘이 자기 노출 시대, 자기 피알시대 혹은 자기 홍보시대라고 하지만, 무분별한 자랑과 과시는 상대방을 위해서도, 자기 자신을 위해서도 제발 지양하는 것이 바람직하다.

삶에서 자랑이나 과시를 잘 자제해 나간다면, 내 마음의 허영을 통제할 수가 있고, 심리적으로 부채를 만들지 않게 되므로 항상 편안해질 수도 있다.

따라서, 항상 자기 내면의 불안이나 자존심 같은 것들과 정면으로 맞서고, 외적인 노출보다는 정신적 경쟁력(내공)과 내면적 가치를 보듬어 나간다면, 자랑이나 과시하고픈 마음에 결코 중독되지 않고, 있는 그대로 스스로의 삶에 만족할 수 있으리라!

3-30. 마음을 비워야 작은 것에도 감동할 수 있다!

속이 빈 종(鐘)이 아름다운 공명 소리를 낼 수 있듯, 마음을 비워야 작은 것에도 감동할 수 있다!

우리나라의 범종은 여운이 긴 울림소리(공명)가 매우 웅장하여 전 세계적으로도 가장 으뜸으로 꼽힌다. 이는 그 속이 완전히 비어있어서, 종을 치게 되면 종 안에서 공명을 통한 맥(脈)놀이 현상이 일어나 소리가 울리게 되는데, 이 소리가 아래의 종구 쪽을 통해 빠져나가게 되면서 절묘하게 웅장하고 긴 울림을 만들어내게 된다. 그래서 일본의 범종처럼 높이 매달아 놓지 않더라도 오히려 더 멀리까지 소리를 보낼 수 있는 명품인 것이다.

비유하자면, 이렇게 종(鍾)의 속을 완전하게 비워놓듯, 사람도 마음도 완전히 비우면 비울수록 세상 모든 것이 자기 안으로 감동적으로 들어올 수 있을 것이다.

우리 옛이야기 중에, 한 노인이 한양에 돈을 벌러 간 아들로부터 논 10마지기를 살 수 있는 큰돈을 건네받아서 배를 타고 강을 건너 돌아오다가 물에 빠진 한 소년을 발견하였으나, 노쇠하고 힘이 없어 건져내어 줄 수가 없어서 발만 동동 구르고 있었다고 한다. 그런데, 강기슭에서는 건장한 청년들이 물에 빠진 소년을 목격하고도 구해낼 생각은 하지 않고, 서로 놀고만 있었다고 한다. 그래서 그 노인은 외쳤다.

"누구라도 저 소년을 구해주면 논 10마지기를 살 수 있는 돈을 주겠소이다!"

이에 한 건장한 청년이 호응하여 소년을 건져내었고, 그 노인은 약속을 했으니 논 10마지기를 살 수 있는 돈을 청년에게 건네고서 집에 돌아가려는데, 자기가 구해준 그 소년이, 너무 고마워하며, 자기 집에 가서 꼭 저녁이라도 드시고 가라고 간청을 했다. 그래서 소년의 집에 가보니 대궐 같은 집이 었고, 소년은 자기 아버지께 자초지종을 모두 이야기하니, 그 아버지도 너무 감동하여 자기 전 재산의 반토막을 뚝 떼어 그 노인에게 주었다고 한다.

에밀레종 (그림:.incheonin.com/news)

물론 이 이야기는 들려오는 옛이야기에 지나지 않을 수도 있겠지만, 그 시사하는 바는 크다고 할 수 있겠다. 이렇게 그 노인이 자기 마음을 완전히 비우고, 그저 순수한 마음으로 돈보다는 사람의 목숨을 소중히 생각하여 그렇게 행동한 것이고, 또 구해진 생명 자체에 그냥 감사와 감탄을 할 수 있었으므로, 그 대가와 무관하게 스스로 만족을 할 수 있었으며, 이러한 사실을 전해 들은 소년의 아버지 또한 그 이야기를 듣고는 감동을 할 수밖에 없었던 것이다. 이러한 고사에서도 보듯이, 예나 지금이나 욕심이나 사심을 버리고 마음을 비우면, 울림이나 감동이 훨씬 더 크게, 훨씬 더 멀리 퍼져나갈 수 있다.

이렇듯, 자신의 마음을 비운다는 것은 자신의 심리적인 만족의 기준점을 매우 낮은 위치로 끌어내렸다는 것이 되므로, 자신의 선한 행위에 대한 어떠한 보상이나 대가가 없는, 있는 그대로의 조그마한 결과에도 고마워하고, 때로 감동할 수가 있는 상태가 되는 것이다.

사람들은 살면서 입버릇처럼 "항상 감사할 줄 알아야 한다!"라는 말을 많이들 한다. 이 말은 분명 자신이 진정으로 겸손하게 마음을 비우고, 자기 스스로 만족에 대한 기준을 최대한 낮춤으로써 세상 모든 것에 감사해할 줄 아는 순수한 마음을 가지라는 말일 것이다.

또,

"마음을 완전히 비워 아주 작은 것에도 감동하고 감사할 줄 알아야, 네 기쁨과 행복이 더 웅장하게, 더 길게 그 생명력을 유지할 것이다!" - Pa sayings

3-31. 사랑보다는 오히려 존경하고 귀히 여겨라!

감성적인 사랑보다는, 오히려 이성적인 존경을 표하고 귀히 여겨라!

친구나 연인을 사귈 때, 사람을 진정으로 대할 때, 그 관계를 오래 가져가고 싶다면, 감성적인 좋아함이나 사랑보다 우선되어야 할 것이 그 사람을 인격적으로 존중하고 자신에게 귀한 존재로 대우할 필요가 있다는 것이다.

임상옥과 더불어 조선 최고의 상인 중 한 명인 김만덕은 12세에 부모를 잃고 고아가 되었으며, 친척 집에서 겨우 목숨을 이어가다가 나이 든 기녀의 집에 의탁되어 살게 되었고, 이후 기녀가 천시받는 직업임을 깨닫게 되어, 제주 목사에게 탄원하여 양인으로 환원될 수 있게 되었다. 양인이 된 만덕은 상업에 눈을 뜨게 되었고, 특산물인 귤, 미역, 양태, 말총 등을 육지의 장신구, 옷감 등과 '물물교환'을 행하는 상업에 종사하여 아주 큰돈을 벌게 되었다.

그러나 이때 경쟁 관계에 있던 다른 객주들의 시기심 때문에 부정 축재로 허위 신고를 당해 투옥되었다가 지역 주민들의 상소로 풀려나는 등 갖은 고초를 다 겪기도 했으며, 과거 나이 든 기녀에게 의탁해서 살았던 경력 때문에, 온갖 루머와 모함에 시달리기도 했다.

하지만 그녀는 이러한 모든 부당한 모함에도, 절대 흔들리지 않았고, 복수하려 들지도 않았으며, 오히려 자신이 지금까지 편안하게 사는 것은 모두가 하늘의 은덕이라고 항상 말하였고, 항상 검소하게 살았으며, 백성들을 진심으로 존귀하게 대하였다고 한다. 그리고 그런 생각들을 입으로만이 아닌 직접 행동으로도 보여주었다.

1793년 제주도에 심각한 흉년이 들었을 때 제주 백성들이 다 굶어 죽을 지경에 이르렀고, 나라의 구호식량을 싫은 배마저 침몰하자 자신이 직접 재산을 풀어 5백여 석의 쌀을 사 왔고, 이 중 450여 석을 구호식량으로 기부하는 진정한 노블레스 오블리주를 실천하여 굶주리는 제주도 민중을 구원하는 데 공헌한 것이다.

김만덕 (그림: news.mt.co.kr)

또 결혼은 하지 않았지만, 대신 양아들을 정성 들여 키웠고, 나중에 유언으로 양아들의 기본 생활비를 제외한 모든 재산을, 그녀가 평생 존귀하게 대하였던 제주도의 빈민들에게 기부했다.

다른 예로, 조선시대에 널리 알려진 경주 최부자 집안은 신라 말의 이름난 문장가인 최치원의 후손으로, 17대손인 최진립 장군과 그의 아들 최동량 때부터 큰 재산을 모아 28대손인 최준에 이르기까지 12대에 걸쳐 약 350여 년 동안 조선 최고의 부자로 명성을 누렸다. 보통 '부자는 3대를 넘기기 힘들다'는 말도 있지만, 이처럼 오랜 세월 동안 재산과 명성을 지켜낼 수 있었던 데는 큰 비결이 몇 가지 있었다.

가령, 벼슬이 높아지면 권력을 탐하게 되는데 이때 투쟁에 휘말리면 보복을 당해 가문이 몰락하는 것을 경계하기 위해서 진사 이상의 벼슬은 하지 말라고 했으며, 재물을 모으되 만 석 이상을 모으지 말고 많이 벌면 차라리 나누어 주라고 하였고, 손님이 찾아오면 후하게 대접하라고 했고, 흉년에는 땅을 사지 말라고 하여 부동산 투기와 유사한 행동을 하지 않았으며, 근검절약이 몸에 배도록 하라고 하였으며, 특히 사방 백 리 안에 굶어 죽는 사람이 없게 하라고도 하는 등 참으로 대단한 훈계가 가문의 역사에 자리 잡고 있었다.

또한 '마지막 최부자'로 알려진 최준은, 당시 독립운동가 안희제의 백산상회를 통하여 독립운동 자금으로, 가산을 완전히 탕진할 정도라고 할 만큼 많이 임시정부에 보내주었다. 나중에 김구 선생이 이를 매우 치하하여 "3천만 동포가 최 선생의 공로를 치하하여 우러러볼 거예요."라며 감사해 한 바가 있다.

경주시 교동 '최부잣집' 고택 전경 (그림:.busan.com/view/busan)

또한 경주 최부잣집 후손들은 지금도 최진립 장군뿐만 아니라, 장군을 따랐던 종(노비; 奴婢) 마저도 똑같이 공경하여 제사를 지내주고 있다고 한다.

이는 그 종(노비)들도 최진립 장군과 함께 임진왜란, 정유재란, 병자호란 등에서 나라를 위해 똑같이 싸워주었다는 이유에서이다. 참으로 놀라운 일이다. 어떻게 철저한 신분 계급사회인 조선에서 자기 가문의 종(노비)에게까지 제사를 이렇게 공경히 지내주는가?

그것은 신분의 구분을 떠나, 지위고하를 막론하고, 그 행적이나 행실에 대한 존경에서 우러나온 것이며, 종(노비)이라고 하더라도 나라와 가문에 공헌한 바가 크다면 똑같이 존귀하게 대해야 한다는 최부잣집의 가문 철학이 묻어나오는 대목이다.

3-32. 참자유와 참가치의 삶을 살아라!

비로소 모든 것으로부터 자유로운 참자유와 참가치의 삶을 살아라!

'참자유와 참가치'란 무엇인가?

모든 가진 것으로부터 자유가 바로 그 핵심이다. 그렇다면 자유를 누리기 위해서는 이런 것들을 다 포기하란 말인가?

그런 극단적인 개념이 아니라, 적게 가지고서도 혹은 적게 차지하고서도 이미 족함을 안다면 그것이 바로 '참자유와 참가치'라고 할 수 있지 않겠는가?

이러한 족함의 태도는 자기 내면세계에 달렸다. 내면이 크고 깊으면 어떤 오염된 물질이 들어와도, 어떤 돌멩이가 날아와도, 어떤 유혹이 날아들어도 다 녹여내거나 소화할 수 있는 세계인 것이다. 따라서,

"우선 네 마음의 그릇부터 바다처럼 키워라!" - Pa sayings

인간이 물질적인 것에 대해 소유하는 것을 포기한다면, 과연 자기의 가치 실현은 무엇으로 할 수 있을 것이며, 그런 나머지 허한 가슴을 무엇으로 어떻게 채울 수 있겠는가?

그것은 바로 자기 '내면세계'에 충실히 도전을 행하고, 그로부터 가치 있는 그 무언가를 얻는 길이다.

이러한 내면의 가치는 문화적 가치, 예술적 가치 등의 것도 있을 수 있으나, 그렇게 거창하지 않더라도 상관은 없다.

자기가 진정으로 하고픈 취미생활, 원하는 공부, 유튜버 활동, 봉사 활동 등 비교적 가벼운 것부터 충실히 해나가다 보면 어느덧 보람과 경지

에 도달할 수 있을 것이라고 생각된다.

물론 꼭 경지에 도달해야 되는 것도 아니며, 중요한 것은,

첫째, 자신이 마음으로 직접 선택한 것에 매진한다는 것 자체가 중요한 것이며,

둘째, 자기가 선택한 가치에 최선을 다해야 한다는 것이다. 즉, 가치 추구적 인물 혹은 가치 지향적 인물이 되어야 한다는 것이다.

우리나라 사람에게 많이 알려진 폴 포츠(Paul Potts)라는 사람은 2007년 영국의 리얼리티 TV 프로그램 "브리튼스 갓 탤런트(Britain's Got Talent)"를 통해 등장했으며, 그는 원래 휴대전화 판매원으로 일하다가 자신이 하고픈 내면 가치의 길을 잘 실천한 대표적인 인물이라고 할 수 있다. 그리고 그 길은 바로 '가수와 성악가'의 길이었다. 또한 그 길은 자신이 꼭 하고 싶은 일을 하는 것이었으니 그 기량의 발전 속도는 가히 놀라웠으며, 결국은 세계적인 스타로 유명해진 것이다. 이렇게 그는 돈보다는 자기가 진정으로 하고 싶은 가치를 찾아 거기에 정진하여 꿈을 실현한 대표적인 케이스이다.

그가 어릴 때는 넉넉지 못한 집안에서 태어나 잘생기지 못한 외모와 어눌한 말투 등으로 인해 또래 아이들에게 왕따를 많이 당했고, 악성 종양과 쇄골뼈 골절 등을 겪기도 했었는데, 영국 웨일스에서 휴대전화 외판원으로 일하다가 우연히 영국 오디션 프로그램 '브리튼스 갓 탤런트'을 보게 되어 지원하게 된 것이었고, 이때부터 자기 평생을 투자할 참다운 자기 가치의 길을 발견한 것이다,

그는 또 브리튼스 갓 탤런트 우승 후 전 세계적으로는 500만 장 이상을 판매하는 밀리언셀러의 성공을 거두었으며, 2014년에는 그의 실화를 담은 영화도 나왔다.

우리나라에도 여러 번 방문하여 스타킹, 복면가왕 등 각종 방송프로그램이나 여러 행사에 참여하여 감동을 준 바도 있다.

폴 포츠 외에도 우리나라나 전 세계적으로 자신의 많은 어려움을 극복하고 돈벌기보다는 스스로가 의미를 부여한 나름의 삶의 공간에서 크게 활동하는 자들이 적지 않다.

폴 포츠 (그림:.billboard.com/articles/news)

무엇보다 우리는 오늘날의 물질 만능시대에서도 너무 물질을 쫓다 보면, 점차 욕심에 눈이 멀게 되고, 패가망신하는 경우까지 많이 나온다.

오죽하면 돈이 그렇게 많은 경주 최부잣집마저도, 재물을 모으되 만석 이상을 모으지 말고, 만약 더 많이 벌게 되면 이웃에 골고루 나눔을 실천하라고 하였으며, 흉년에는 땅을 사지 말라고 하여 부동산 투기와 유사한 행동을 절대 하지 말라고 가훈으로까지 전해 내려오지 않던가?

무엇보다 모든 것으로부터 자유로워지려면 우선 너무 물질적인 것이나 영화로운 것을 가지는 것에 네 소중한 영혼을 빼앗기지 말고, 폴 포츠처럼 자신이 진정 원하는 가치를 찾아, 고민하고 행하는 것이 좋을 것이다. 무엇보다,

"자신이 스스로 철저히 선택한 삶을 살아가는 사람은, 그 사는 모습이 화려하지 못하거나 혹은 매우 초라하더라도 그 낯빛이 절대 불쌍해 보이지 않을 것이며. 오히려 아주 행복해 보일 것이다!"
- Pa sayings

그리고,

"참다운 자유와 가치의 삶을 살아내려면 자기 내면의 보배(자기 가치)를 잘 찾아내고, 꾸준히 거기에 집중하고 또 업그레이드 해나가야 한다!" - Pa sayings

3-33. 모든 현상은 그 근원을 살펴라!

내부분의 일이나 사건, 현상들을 제대로 이해하려면 그 뿌리나 근간이 되는 원인 혹은 근원에 접근하는 것이 가장 중요하다고 볼 수 있다.

이를테면, 우리 어촌의 어부들은 고기잡이배를 띄어 조업하러 나갈 수 있는지를 판단하기 위해서 파도만 관찰하는 것이 아니라, 파도와 바람의 연관성을 잘 파악하려고 하였고, 오히려 파도의 높낮이에 근원이 되는 바람의 향배에 훨씬 더 주목하였다고 한다.

예를 들어, 수심이 얕은 물가에 와서 하얗게 부서지는 파도를 '갈뉘'라고 하는데, 이는 연안어업을 하는 어민들이 가장 많이 접하는 파도이다.

그런데, 이 '갈뉘'가 바람이 없는데도 높게 치는 경우라면, 어부들에게 이는 곧 바람이 불 징조로 해석될 수 있는 신호이다. 왜냐하면 '갈뉘'가 높이 오면 이삼일 뒤에는 바람이 꼭 불어오기 때문이다. 그래서 일기예보가 없던 시절에는 이 '갈뉘'를 보고 며칠 뒤에 바람 불고 날이 궂을 것을 예측하여 조업 가능 여부를 판단했다.

물론 요즘은 사실상 기상용 슈퍼컴퓨터가 이를 판단하고 있는데, 이 슈퍼컴퓨터도 단순히 파도나 눈, 비 등을 판단하는 것이라기보다는 그 근원이자 원인이 되는 기압(고기압, 저기압 등), 기류의 형성, 온도, 습도 등의 인자를 기준으로 예상 파고를 판단하고, 이를 어부들에게 알려주는 것이다. 이렇듯 무엇이든 간에 그 근원을 잘 파악하고 다루어야 보다 정확한 해법과 방향을 찾아낼 수 있다.

내가 몸이 아픈 경우에도 그것은 하나의 증상이다. 그리고 이런 하나의 증상을 유발하는 원인은 아주 다양할 것이다.

예를 들어, 내가 머리가 아프다고 하면, 그 원인으로 과도한 스트레스,

음주, 편두통, 심지어는 위장 장애, 혈압 상승, 소화불량 등도 있을 수 있다. 따라서 그 근원(원인)을 잘 파악해야 비로소 정확하고 알맞는 치료가 가능해질 것이다.

어부 (그림: pixabay.com/photos)

따라서 머리가 아프다고 하여 그냥 두통약을 먹어 버릇으로 해결하면, 그 근원적인 치료가 안 되어, 앞으로도 자기 생활상에 자주 두통을 직면하게 될 것이다. 만약 근원적 해결을 원한다면 위에 언급한 그 원인을 정확하게 찾아서 해결하려는 습관이 반드시 필요하다.

다른 예로, 친구와의 관계가 틀어졌다면, 그 원인이 말실수, 약속 어김, 오해 등 다양한 원인이 있을 수 있다. 단지 그냥 "친구야, 미안하다!" 라고 하고 끝내면, 다시 그사이가 좋아졌다고 하더라도 그 친밀도는 예전만 못할 것이다. 분명히 그 관계에는 한계가 있을 수밖에 없다. 왜냐하면, 그 근본이 되는 응어리가 아직 안 풀렸기 때문이다.

이를 해결하기 위해서는 허심탄회하게 이야기를 나누어, 그 원인을 풀어야 하는 것이다. 혹시라도 오해가 있었더라면 그 오해를 풀기 위해서 충분한 설명과 함께 결자해지(結者解之)를 해야 좋을 것이다. 만약 이렇게 그 원인을 근본적으로 해결한다면 그 관계는 사건 이후에 한층 더 좋아질 수도 있다.

또 다른 예로, 비즈니스 관계에 대해서도 한번 생각보자.

한 영업맨이 거래를 트기 위해 혹은 어떤 계약 체결을 위해서 어떤 회사를 방문하였는데, 말단 직원이나 중간 간부 혹은 그 영업의 내용과 별로 상관이 없는 고위 간부를 만나고 있었다고 하면, 이것은 아주 영업의 초점이 맞지 않는 것이다.

당신이 원하는 거래나 계약을 이루기 위해서는 이른바 키맨(Key Man: 의사결정에 최종 권한을 가지거나 결정적인 영향력을 행사하는 가장 핵심적 인물)을 만나야 하는 것이다. 이 키맨이라는 사람은 각 회사마다 모두 다르다. 보통은 중간 간부급 이상에서 키맨 역할을 하며, 해당 일에 대해서 실질적인 권한을 가진 인물이다.

즉, 어떤 영업활동이든 간에 키맨을 잘 파악하여 설득하지 못하고, 엉뚱하게도 단순히 지위가 높다고 하여 그 사람만을 만나고 있다가는 자신이 원하는 영업은 요원할 것이다. 즉,

"자신이 진정 원하는 어떤 성취나, 문제의 궁극적 해결을 위해서는 쉽게 드러나 보이지 않는 근원을 파고들어라!" - Pa sayings

3-34. 외면 이상으로 내면을 가꾸어라!

조선시대 최고의 천재 중 한 명이었던 매월당 김시습은, 비록 시대의 은둔자 같이 살기는 하였어도, 자기 내면을 성찰하고 주변의 충격적 상황을 오직 도(道)로써 극복해낸 인물이다. 10~20대에는 계유정난(세조가 조카인 단종을 추방하고 왕위를 찬탈)으로 인하여 스스로 광인(狂人)과 같은 행세를 하고 다녔으며, 전국을 바람과 같이 유람하고, 자연과 인간의 깊은 내면을 성찰하여 30대에는 자신의 내면적 가치를 닦기 위해 금오신화 등 저술 활동을 통하여 우리 민족 문학사에 큰 자취를 남겼고, 40대에는 중앙과 지방의 관료들을 시, 문장 등을 통해 끊임없는 비판하였으며, 50대부터 자신의 생(生)을 마감할 때까지는 스스로 가치 있는 행동과 실천으로 삶의 지혜를 후학들에게 전수해준 인물이다.

사실 계유정난은 그에게 큰 충격 그 자체이었다. 천재 소년으로서 할아버지뻘 되는 세종으로부터 많은 칭찬을 받았고, 나중에 세종의 손자인 단종 밑에서 큰일을 할 것이라는 꿈을 품고 있었던 그인지라, 계유정난(단종 폐위) 소식은 김시습에게 너무나 큰 절망을 안겨주었다. 이후 단종 복위 운동의 실패와 좌절, 그리고 그러한 살벌하고 엄혹한 상황하에서도 죽음을 무릅쓰고 사육신의 시신을 모아 노량진 언덕에 장사지내주고, 계룡산 동학사에서 그들의 혼을 위로해주었다고 한다. 이후 그는 일개 초라한 승려가 되어 바람과 물과 같이 떠돌이 생활을 하면서 자유롭게 시와 문장을 썼다고 한다.

당시 탕유관서록, 탕유관동록, 탕유호남록 등의 저서에는 통치계급들의 부패상에 대한 날카로운 풍자를 많이 담고 있다. 김시습의 천재적 능력과 실력이라면 충분히 큰 권세(권력), 재물 등을 얻을 수 있었겠지만, 깊은 내면의 성찰을 통해 홀연한 방랑을 선택하였다. 물론 생육신으로서의 그의 선택이 좋다거나 나쁘다거나 하는 논쟁은 의미가 적다. 단지 어떤 선택이더라도 그의 깊은 내면 성찰을 통한 스스로의 결정은 존중되어야 하며, 세상을 사는 도리와 의(義)에 있어서 나름 최선을 다해 나갔던 점이 훌륭하다고 하겠다. 적어도 자신이 당시 살벌하고 충격적인 세상 속에 살면서 인륜을 어지럽히는 수치스러운 행위는 절대 하지 않으려고 노력하였으며, 이는 도를 행할 수 없는 어긋난 세태와는 서로 어울려 즐기지 않는 것이 오히려 옳은 일이라고 여겼기 때문일 것이다.

생육신 (그림: dh.aks.ac.kr)

또한, 그는 세조와의 신경전에서도 그는 밀리지 않았다. 오히려 세조에게 큰소리치면서 살았던 것이다.

한번은 세종의 큰형인 양녕대군이 수재라고 하여 세조에게 그를 천거하였으나, 김시습은 이를 거부하고, 떠도는 승려로서 살아가면서, 그때부터 모든 벼슬자리를 모두 거부했다고 한다.

또 한번은, 세조가 보낸 포졸들이 억지로라도 끌고 간다며 들이닥치자 김시습은 재빨리 달아나더니만 논밭에 거름을 주기 위한 용도로 만들어진 똥통에 스스로 빠져서 "자, 이렇게 냄새가 나는 나를 주상에게 데려

갈 볼 테냐? 데려가 봐야 네놈들의 목만 날아갈 것이야!"라며 비웃으며 포졸들을 내쫓았다고 한다.

또 당대에 설법이 매우 높은 것으로 이름이 알려진 김시습의 설법을 듣고자 세조가 친히 재물도 준다고 하였고, 그래도 만약 어명을 어기면 참수할 것이라고 협박까지 했음에도 불구하고 "그러면 나를 죽여 보시오"라며 거침없이 대들었다고 한다. 죽여보아야 설법을 못 들을 것이니 세조가 고민 끝에 아이디어를 내어, 세종의 둘째 형인 효령대군에게 부탁하여 효령대군이 손수 김시습에게 찾아가서 부탁을 하니 마지못해 딱 한 번 가서 세조에게 설법을 했다고 전해진다. 이렇게 세조와의 정치적 신경전에서도 김시습은 절대 밀리지 않은 것 같다. 사는 방식의 주도권과 백성들의 민심이 김시습에게 있었으니 그러하지 않겠는가?

이렇게 김시습은 큰 권력이나 재물 한번 못 만져 보았지만, 금오신화, 관동일록 등을 써가며, 유유자적 나름 자기 인생을 멋지게 살아낸 것 같다.

앞날이 짙은 암흑처럼 시커멓게 보였을 또 한 명의 구도자, 청년 시인 윤동주를 한번 생각해 보자. 절망 같은 일제 치하 속에서도 마음은 굴하지 않고, 내면을 성찰하고 나아가야 할 본인의 자세를 가다듬었던 그 마음은 그가 쓴 "서시"에서도 잘 나타난다.

"죽는 날까지 하늘을 우러러 한 점 부끄럼이 없기를,
잎새에 이는 바람에도 나는 괴로워했다.
별을 노래하는 마음으로 모든 죽어 가는 것을 사랑해야지,
그리고 나한테 주어진 길을 걸어가야겠다.
오늘 밤에도 별이 바람에 스치운다."

우리는 세상을 살면서 자신의 외모를 가꾸고, 남의 시선을 많이들 의

식하고, 재물과 지위에 많이들 몰입한다. 이는 자칫 자신의 진실한 내면을 망칠 수도 있다. 이러한 것에 의해 자기 내면의 깊은 세계가 망실되면 절대 안 된다는 것이다.

적어도 자신의 외부 이상으로 내면을 잘 들여다보고 지속적으로 살펴나가야 한다. 자신의 외부를 의식하고 챙기기 이전에 깊은 내면의 가치를 항상 먼저 들여야 보아야 비로소 의미 있고 가치 있는 자기 인생을 살아낼 수 있다는 의미이다.

적어도 죽는 날까지 자신이 의지적으로 선택한 삶을 주도적으로 한번 살아보는 것이 가장 중요하지 않겠는가?

우리가 만약 김시습이나 윤동주와 같이 그렇게 암울하고 절망적인 시대에 살았더라면 과연 어떤 삶을 살아낼 수 있었을까?

3-35. 올바른 이성은 네 존재에 대한 확신이다!

올바른 이성의 유지는 네 존재의 정상성에 대한 확신이라 할 수 있다!

이성(Reason)이라는 것은 인간이 생각(사유)할 수 있는 능력 중 감성과 대비하여 이르는 말로서 인간을 다른 동물과 구별시켜 주는 본질적 특성이기도 하다. 보통 인간은 이러한 이성을 가지고 있으므로 진위나 선악 등을 분별해 낼 수 있다고 말할 수 있다.

우리 속담에 "호랑이에게 물려가도 정신만 차리면 살 수 있다."란 말이 있다. 이는 아무리 헤어나기 어려운 처지에 놓이더라도 정신만 똑바로 차리면 반드시 극복해 낼 수 있다는 뜻이다. 즉 위급한 순간일수록 정신을 바짝 차리고 침착하게 행동한다면 극복하지 못할 일은 없는 것이다. 여기에서 가장 중요한 포인트는 '침착'이다. 이 침착이야말로, 이성을 지속적으로 유지할 수 있는 비결이기 때문이다.

톨스토이는 나폴레옹의 교만함을 이렇게 지적했다.

"신은 파멸시키려는 사람에게서 먼저 이성을 빼앗는다."

톨스토이의 말처럼, 이성을 빼앗긴 사람은 정상성을 잃어버리기 때문에 올바른 판단을 못하게 되며, 보통의 사람들이 이해할 수 없는 돌이킬 수 없는 실수를 범하기도 한다. 나폴레옹도 이렇게 이성을 잃어버림으로써 러시아 원정에 실패하였고, 결국은 회복하기 힘든 몰락의 길로 접어들지 않았던가? 결국 그를 기다린 것은 실각과 엘바섬으로의 유배뿐이었다.

엘바 섬의 나폴레옹 (그림: slidetodoc.com)

물론 이성이라는 것이 인간의 엄청난 욕망을 통제해주거나, 모든 것에 만능적인 존재는 아니다. 그러나 이성이야말로 적어도 자신의 잘못된 행동으로 인한 사고나 피해를 최소화하여 줄 수 있고, 설령 그런 것들이 발생하였더라도, 잘 수습해줄 수 있는 가장 중요한 수단이 되어 줄 수 있으므로, 이성의 건강한 유지는 인생에서 가장 중요한 덕목 중 하나라고 할 수 있다.

요즘 사회에서 벌어지고 있는 대부분의 범죄나 죄악을 저지르는 인물들도 이러한 범죄나 죄악 이전에 심각한 이성의 상실 상태가 나타나는 것을 뉴스나 매체 등을 통하여 많이 목격하고 있다.

그렇다면 어떻게 하면 자기 인생의 어렵고 심각한 상황에서도 자신의 이성의 정상적 유지가 가능할까?

첫째 포인트는 차분하고 침착하게 '소통'을 행하는 것이다.

즉, 어떠한 상황에서도 절대로 감정적으로 대하지 말고 평정심을 유지한 채, 차분하고 침착하게 대화를 하고, 소통을 해 나간다면, 상대방의 입장과 나의 입장을 두루 이해하게 된다. 만약 상대방과 도저히 소통이 불가하다면 제3자와 소통을 해보고, 이해를 구해보는 것도 간접적인 도움이 될 것이며, 그럼으로써 객관적 혹은 반대급부적 조언도 많이 들을 수 있을 것이다.

둘째 포인트는 '오해'의 금지이다.

보통 감정적으로 격한 상황은 오해가 섞여 있을 가능성이 매우 높다. 만약 오해가 전혀 없는 상황에서는 그렇게 격한 상황까지는 적대감 혹은 모욕감 등이 상승하지 않는 법이다.

따라서 백 퍼센트는 아닐지언정 어느 정도 오해의 감정이 섞였을 수 있느니, 이 점을 선제적으로 먼저 파악해볼 필요가 있다. 즉, 이 방법은 역지사지(易地思之; 상대편과 처지를 바꾸어 생각해보는 것)가 필요한 대목이다.

셋째 포인트는 공평한 '객관화'이다. 즉, 나의 감정을 그렇게 격하게 만든 사실에 대한 근거를 찾아보는 방법이다. 왜 내가 화를 내어야 했는지?, 그러한 감정의 근원은 과연 어디로부터 온 것이며 과연 타당한 것인지?, 혹시 화를 안 내도 되는데 내가 화를 내고 있지 않은지? 등의 질문으로 객관화시켜보는 방법이다.

이러한 방법으로 올바른 '이성의 유지'가 항상 이루어진다면, 이는 네 존재의 정상성을 확인하는 길일 것이며, 네 삶의 올바름과 진실성에 대한 확신이기도 할 것이다. 또 이는 무엇보다 상대방에 대한 배려와 존중이며, 너의 인격을 완성해나가는 큰 원동력이 되어줄 수 있을 것이다.

3-36. 주기 싫어하는 것을 달라고 하지 말라!

상대가 수기 싫어하는 것을 억지로 달라고 하지 말고, 기꺼이 주려는 것을 서슴없이 받지도 말아라!

상대방이 주기를 꺼리는 것을 달라고 하면 상대의 마음이 상할 수 있다. 사실 나에게는 많은 도움이 될 것 같아서 달라고 요구를 하는 것이겠지만, 그것은 자신의 욕심에 지나지 않을 수 있으며, 아직 그것은 상대방 편에 있기 때문에 내가 함부로 달라고 해서도 안 되는 것이고, 설령 그것을 억지로 우겨서 얻었다고 하더라도, 그 얻은 결과에 대한 옳고 그름의 책임으로부터 자유롭지도 못할 것이다.

비근한 예를 하나 들어 보자. 내가 어느 중소기업에 다니고 있고, 사장님이 싫어하는 눈치인 것 같은데, 내가 무리하게 요구하여 연봉을 올렸다고 생각해보자. 이렇게 다소 억지로 요구하여 올린 연봉은 보통 그 액수가 크지도 않을 것이며, 그것마저도, 사람의 욕심은 끝이 없기 때문에 나중에는 분명 만족을 못할 것이다. 그러면 또 다른 것을 요구하게 되는 등 서로 간의 신뢰는 무너지기 십상이며, 결국은 회사에서 단명하여 헤어지는 길로 갈 수도 있다.

또 승진을 요구할 때도 마찬가지이다. 무리하게 승진을 요구하여 설사 그 요구가 무사히 받아들여졌다고 하면, 좀 폼도 나고 자랑거리도 생겨서 좋은 점도 있겠지만, 그 직급에 걸맞게 일을 잘 처리하지 못하게 되면 불안하여 그 높은 지위가 가시방석이 될 가능성도 있는 것이 인지상정이다. 즉 무리한 요구로 큰 부담을 떠안게 되는 셈이 된다.

사실 직급이라는 것은, 좀 폼은 나지 않겠지만, 실용적 면에서 자기 능력보다 조금 낮은 위치가 부담도 적고, 오래 직장생활을 할 수 있는 비결이기도 하다.

고액연봉 (그림:.nytimes.com)

만약 무리하게 승진을 요구하면 그 맡은 업무의 부담으로 편하지도 않을 것이고, 오너(경영자)와의 사이에 신뢰에 금이 가서, 오래 버티기 힘들 수도 있을 것이다.

"무엇보다 중요한 것은 거두절미하고 '신뢰'이다. 그리고 이 신뢰를 지키기 위해서는 무엇보다 욕심을 자제하고 스스로 아래로 향하고, 낮은 곳을 원하는 것이 좋다!" - Pa sayings

다른 예로, 프로 스포츠에서도 선수들이 구단주에게 지나치게 무리한 고액 연봉을 요구하는 경우가 많다. 물론 프로의 세계는 돈을 전제로 하는 세계라서 그럴 수도 있다고 하겠지만, 이 경우 역시, 원칙적으로는 적절하고 원만한 선에서, 즉 서로가 인정하는 선에서 연봉협상을 마무리하는 것이 좋다. 자칫 터무니없는 무리한 요구로 선수 생명도 짧아지는 경우를 우리는 왕왕 보아왔다.

또 다른 관점으로서, 상대방이 기꺼이 주려는 것도 서슴없이 받는 것은 좋지 못하다. 즉 아무리 작금의 사회가 고도의 자본주의 사회라고는 하지만, '겸양'의 미덕은 역시 기본적으로 중요한 것이다.

어떤 경우에는 상대방이 기꺼이 주려고 제안을 해올 수도 있겠지만, 그 속에는 당신을 떠보겠다는 의미가 숨겨져 있을 수 있다는 점을 유의해야 한다.

겸양이라는 것은 기본적으로 자신의 마음도 편하게 하고, 상대의 마음도 푸근하게 하여 사람 간의 신뢰를 높일 수 있는 좋은 방책이기도 할 것이다. 즉 상대방이 기꺼이 주려는 것을 한두 번 정도 사양하다가, 그래도 계속 권유를 해왔기 때문에, 하는 수 없이 받아들인 것이라면, 나중에 그 받은 것으로 인한 문제가 발생하여도, 서로 신뢰와 공감대가 이미 형성되어있어서 전혀 문제가 안 될 가능성이 클 것이다.

예를 들어, 회사생활에서 당신이 한 일의 공로가 크게 인정되어 2계급 승진을 제시한다고 가정해보자. 당신이 생각하기에 너무 지나친 승진이라면 일단 한번 사양해보는 것이 좋은 처사가 될 수 있다. 아무 사양도 없이, 당연한 것처럼 덥석 받았다가는, 나중에 그 직무를 감당하기 어려워졌을 때, 혹은 업무상 자기가 큰 실수를 범했을 때는 불안하여 안절부절 못할 수도 있다. 자신에게 주어진 지나치게 높은 기대와 지위를 감당하기 어려워서 생긴 일이니 말이다.

"세상에 공짜는 없다."라는 말이 있지 않던가? 아마 회사의 오너가 아무 이유도 없이, 네게 그런 큰 제안을 하지는 않았을 것이다. 2계급 승진을 제안했다면 분명히 엄청나게 더 큰 역할을 해줄 것을 기대했을 수 있을 것이다.

또한 책의 저술 활동에서도 마찬가지일 것이다. 출판사가 지나친 우대 조건(인지대, 기타 인센티브 등)을 제시하였는데, 의심 없이 네가 넙죽 받았다가는, 나중에 그 과중한 저술에 대한 부담감으로 당신이 매우 힘들어질 수 있다.

이 경우 역시 욕심보다는 행동이나 실력이 앞서가야 나중에 뒤탈이 없는 것이다. 당신이 충분하고 적절히 소화할 수 있을 정도의 계약조건으로 계약하는 것이 옳을 것이며, 만약 나중에 네 저작품이 판매가 잘 되어 출판사의 이익이 그만큼 늘어났다면, 그때는 그 수익의 범위 안에서, 서로 부담 없고 흔쾌히 대우 조건을 올릴 수도 있을 것이다. 이러한 방법은 바람직한 "단계적 신뢰 쌓기"의 좋은 일환이 되어줄 수도 있을 것이다.

여기서 또 다른 중요한 포인트는, 이러한 당신의 일련의 처신이나 선택들이 너무 의도적으로 혹은 계획적으로 진행되어서는 안 된다는 점이다. 즉 당신의 모든 판단과 행동은 항상 마음에서 우러나와서 행하는 방향으로 진행되어야 한다. 말로만 겸양을 떨고, 뒤에서는 웃거나 거짓된 행동을 하게 된다면, 이러한 네 행동이 머지않아 상대에게 감지되거나 전해질 가능성이 크다. 항상 우리 세상은 합리적이고 진실되게 판단하고, 서로가 흔쾌히 인정하는 선에서 계약이나 협상에 임하는 것이 좋을 것이며, 또 그래야만 결국 인간적 신뢰를 제대로 잡을 수 있을 것이다.

3-37. 사과는 상대방이 충분히 인정해야 사과이다!

작금의 사회에서는 사과(apology)는 많아도 그것이 가짜 사과인 경우가 많다. 사회적으로 저명한 사람이나, 연예인, 스포츠인 등 많은 영향력 있는 사람들이 사회적으로 범죄행위를 저질렀거나, 물의를 일으켜 카메라 앞에 서게 되면, 잘못했다고 사의를 표명하거나 사정사정을 하기도 하고, 눈물을 보여주기도 하며, 심지어는 무릎을 꿇기도 하는 경우가 있지만, 조금 후의 그들의 행적이나 모습을 보면 그것이 거짓이었음이 명백히 드러나는 경우가 많다. 즉, 진정한 사과는 온데간데없고, 형식적 사과(형식치레) 혹은 통과의례만 난무한 것이다.

만약 진정성 있는 사과라고 느껴진다면 대중들은, 그가 아주 심각한 죄를 저질렀다고 하더라고 일정 시간 후에는 용서하게 마련이다. 그러나 소문, SNS(Social Network Service)나 많은 매체들을 통해 진정성을 의심받는 행동들이 많이 나오게 되면, 그의 사과는 계속 부정이 될 것이고, 용서는 요원해질 것이다.

일본의 경우를 한번 보자. 일본이 2차 세계대전의 전범국으로 피해국들에게 진정한 사과를 하였더라만, 지금의 만성적 경제침체는 없었을 수 있다고 생각한다. 물론 과거 '고노 담화'나 '무라야마 담화', '고이즈미 담화' 등을 통해서 식민 지배와 위안부 문제 등에 대해 일부 반성과 사과를 표명하기는 하였지만, 그 이후의 편법적 행적(아시아 여성기금 등)과 수많은 막말, 망언 등에 의해 도로아미타불이 된 것이다. 즉, 그 사과의 진정성이 의심되는 행동을 계속적으로 해왔으므로, 피해국들은 사과를 사과로 받아들일 수가 없는 것이다.

일본인들의 개인적 인격은 참으로 훌륭하다. 상냥하고, 예의 바르고, 친절하고, 깨끗하고, 겸손하고, 성실한 태도 등 매우 좋은 이미지이다. 그러나 일본의 국가인격은 형편없는 수준이다. 흔히 독일과 비교하여 너무나도 다르다고들 많이 이야기하는데, 궁극적으로 가장 중요한 문제점은 그 진정성의 결여이다.

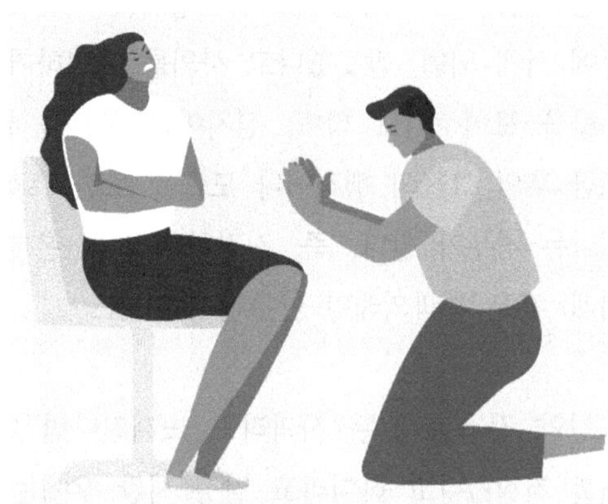

사과 (그림: sheknows.com)

사과라는 것은 상대가 충분히 수긍하여야 비로소 사과이다. 그렇지 못하면 그냥 형식치레 혹은 통과의례, 혹은 두 얼굴의 가식적 행위에 불과한 것이다.

진정한 사과는 서로 간의 관계가 발전으로 점핑 되는 큰 디딤돌이 되기도 한다. 왜냐하면 과거의 실수에서 서로 많은 것을 배우게 되어 훨씬 더 조심하고, 서로 인정해주고 만회해주려는 심리가 작동하기 때문이다.

사과라는 것은, 그 사과를 받는 사람이 "이제 되었으니 그만하시라!"라고 말할 때까지 하여야 하는 것이 마땅하다. 그게 바로 진정성에 대한 최소한의 표현이니 말이다.

3-38. 굳이 상 받으려 하지 마라!

어른이나 아이나 간에 대부분 상(賞)을 받고 싶어 하는 것은 어쩌면 당연할지 모른다. 상을 주고받는 것은 원래 인간의 타고난 본성(스스로 칭찬받고 싶은 마음의 발로)을 건드리는 행위이므로 당연히 그러할 수 있을 것이다.

우리나라는 상훈제도에 따라 분야별 훈장, 포장, 표창(포상, 시상) 등 엄청나게 많은 상이 있다. 그리고 이렇게 나라에서 주는 상 외에도 각종 학교나 단체, 산업체, 기업 등에서 주는 상 또한 엄청나게 그 종류가 많다. 이렇게 매년 주는 상들이 많은데, 정작 내가 받으려고 해보면 그 또한 쉽지 않다.

장 폴 사르트르는 1964년 세계 최고 권위를 자랑하는 노벨상 수상을 거부하여, 오히려 여느 노벨상 수상자보다 화제의 인물이 되기도 하였다.

당시 그는 노르웨이 한림원에 노벨문학상 수상에 대한 편지를 받았을 때, 수상자로 선정되더라도 수상을 거부할 것이니 후보 명단에서 빼달라는 단호한 내용의 편지를 보낸 적이 있었다.

수상 거부에 대한 이유로 여러 가지 추측이 난무하기는 하였어도, 언론에 밝힌 그의 공식적 수상 거부 이유는 "모름지기 작가는 작품으로 평가받아야 하며 제도화된 영예에 기대서는 안 된다"라는 것이었다. 참으로 거장다운 모습이다. 즉 작가는 어떤 기관이나 제도에 편입되면 안 된다는 자신의 소신을 지킨 것이었다. 또한 그는 이런 말도 남겼다.

"한 작가에게는 언제나 최후의 작품이다 싶은 게 있는 법인데 노벨상을 주어 그 작가를 죽여 버린다. 나는 노벨상을 거부했기 때문에 아직까지 살아있는 모양이다."

그의 이러한 태도는 아마, 자신이 아직 더 좋은 작품을 많이 만들어내어야 하는데, 벌써 이런 큰 상을 받게 되면, "내가 스스로 자만심에 빠져 더 진전된 작품을 만들어내기 힘들지 않겠는가?"라는 의견일 것이다.

노벨상 (그림:.sciencedirect.com/science/article/pii)

노벨상을 자의적으로 거부한 또 한 사람은 1973년 베트남 종전협정(파리협정)을 이끌어낸 북베트남의 레둑토(Le Duc Tho)이다. 그는 "아직 조국에 평화가 오지 않았다"라는 말을 전하며 노벨평화상 수상을 거부했다. 그는 아시아에서는 최초로 노벨평화상 수상자로 선정되고도 단번에 거절함으로써 자신의 소신과 인격 그리고 혁명가들의 영혼에 영예를 안기려 했던 것으로 보인다.

당시 베트남 종전협정의 상대자였으며, 공동 수상자로 이름을 올렸던 헨리 키신저 전 미국 국무장관을, 적어도 정신적인 면에서는 압도를 했던 것이다.

물론 일반인이 사르트르나 레둑토같이 대단한 소신을 가지고 행동하기는 어려울 수 있다. 그리고 또 상이라는 것이 주변에서 객관적으로 평가하여 당신의 공로가 인정되어 좋은 뜻으로 준다는 것을 거부할 필요는 전혀 없다고 본다. 그러나 요즘의 세태는 어떠한가?

과거 도널드 트럼프 전 미국 대통령은 사실상 본인 스스로 노벨상 셀프 추천을 한 것으로 알려져 대중들의 눈살을 찌푸리게 한 적이 있다. 즉 일본 정부에 요청하여 자신을 노벨 평화상 후보로 추천을 좀 해달라고 요청을 한 것이다. 세계 정치판을 사실상 좌지우지하는 최고의 정상이라는 사람이 이러한 행동을 한다는 것은 더 이상 말이 안 나올 지경이다. 이러한 기만적 행태들은, 물론 수상에 실패는 했지만, 꼴불견에 가까운 추태이다.

국내에서도 보면, 서로 대통령상, 국무총리상, 장관상 등을 하나 더 받기 위해 혈안이 되는 경우도 많고, 서로 암암리에 이전투구 하는 경우도 많다.

또 자신이 포상 대상자로 추천받기 위해서 어떤 선행이나 봉사를 갑자기 한다든지, 계획에 없던 기부를 한다든지, 이유 모를 발전기금을 내어놓는다고 한다든지 하는 경우도 있으며, 또 어떤 경우에는 뇌물과 유사한 성격의 돈이 오가기도 하는 것이다.

이럴 것이면, 굳이 무엇 하러 상을 받는가? 우리네 상훈 문화에 철저한 반성이 필요한 대목이다.

그리고 더 중요한 관점은, 상이란 것에 너무 무게를 둘 필요가 없다. 상을 못 받았다고 네 고생한 흔적, 공적이나 보람 등이 없어지지는 않을 것이다. 적어도 그런 상을 받기 위한 진흙탕 싸움에 들어가서는 안 될 것이다.

차라리 너의 소신과 인격을 잘 지키고 나아가다 보면, 너의 본심이 그러할진대, 그 상(賞) 이상의 더 좋은 일이 기다리고 있을 것이다.

3-39. 사회의 수준은 인식의 차이가 결정한다!

나라별 시민사회의 수준이 많이 차이가 나는 게 현실이다. 일반적으로 보면, 선진국들은 선진 시민사회를 가지는 경향이 있고, 중진국들은 중진 시민사회를, 후진국들은 후진 시민사회를 가지는 경향이 있다. 우리나라의 경우에는 선진국의 반열에 올랐다고는 하지만, 선진 시민사회라고 하기에는 아직 많이 부족한 형편이다.

그렇다면 중진 시민사회와 후진 시민사회는 왜 좀처럼 선진 시민사회로 도약을 못 하는 것일까? 그 가장 주요한 이유는 바로 인식(認識) 수준의 차이 때문이다.

다음에 몇 가지 예를 한번 들어보자.

첫째, 후진사회일수록 사회적으로 안전의 중요성을 제대로 인식하지 못한다. 대형사고나 대형참사가 일어나더라도 사고 발생 시에만 왁자지껄하고, 그 수습에 매우 분주하며, 재발 방지에 대한 대책까지도 많이 마련하지만, 얼마 되지 않아서 다 잊어버리게 되고, 그런 대형사고나 참사는 계속적으로 반복되며, 근본적인 해결이 도무지 안 되는 것이다. 이러한 대형사고나 참사의 반복은 결국 시민사회의 '안전의 중요성'에 대한 인식의 부족을 그 가장 큰 이유로 들 수 있겠다.

만약 시민사회가 안전에 대한 중요성을 제대로 인식하고 있었더라면 과연 어떻게 되었을까? 그러한 정상적이고 제대로 된 인식을 가졌더라면, 일단 대형사고나 참사가 한두 번 일어났을 때 그 원인분석을 아주 철저히 하였을 것이고, 재발 방지를 위해 많은 시간을 들여 연구와 근본적 대책 수립(법제화와 입법, 공익적 홍보, 사회적 캠페인 등)에 노력을 기울였을 것이며, 각종 안전장치, 경보장치, 감지장치, 사회적 안전 시스템 및 스마트 경보체계 구축 등에 비용도 많이 투자하였을 것이다. 만약, 권력자나 세력가 중에서 이러한 캠페인에 방해하는 사람이 있다면 시민사회가 그를 바로 추방했을 것이다.

이러한 모든 과정에는 많은 시간에 걸친 연구와 노력, 그리고 안전을 확보하기 위한 큰 비용이 소요될 것이다.

그런데, 후진사회일수록 이러한 '안전의 중요성'에 대한 인식이 부족하여, 대형사고가 몇 번 일어나더라고, 이러한 많은 시간에 걸친 연구과 노력, 그리고 안전에 대한 비용의 감당 등을 하지 않을 것이다. 따라서 이러한 문제를 근본적으로 해결하기 위해서는 사회적 인식부터 먼저 바꾸어야 하는 것이다.

사회적 참사 (그림:.nationalgeographic.org/thisday)

둘째, 후진사회일수록 특허나 실용신안, 상표권, 저작권 등과 같은 지적 재산권에 대해서 그 중요성을 제대로 인식하지 못한다. 이렇게 인식이 부족하니 이 분야에 많은 시간과 비용을 들이지 않으려고 할 것이며,

시간과 비용에 대한 투자가 적으니 이러한 지적 재산권들을 도무지 확보하지 못하여 '기술입국'이 되지 못하게 되는 것이고, 기술이 없으니 선진국 혹은 선진 시민사회로의 도약이 요원한 것이다.

이런 문제를 해결하기 위해서라도 제일 먼저 해야 할 일은 나라 구성원 전체의 인식부터 바꾸어 기술입국을 이루려는 강한 의지를 갖는 일이다. 그래야만 비로소 강소국 혹은 강대국이 될 수 있는 초입에 들어설 수 있다. 또한, 시민사회는 이러한 확고한 생각을 가진 자를 그 지도자로 뽑아야 마땅할 것이다.

위의 두 사례에서 보았듯이, 사회적 근본 문제, 혹은 정말 중요한 문제를 해결하기 위해서는, 단순히 땜질식 방식에 돈을 쓰면 안 된다. 무엇보다 국민과 시민사회의 인식 전환에 국가적 노력의 초점을 맞추어야 하는 것이다.

그러기 위해서는 대국민 홍보, 캠페인, 여러 관련 입법과 행정 등과 같은 기초적이면서도 근본적인 노력을 선행하여야 하고, 그다음의 행보는 우선적으로 원하는 국가적 핵심 분야에 대해 시간, 노력과 비용 등을 지속적으로 투자하는 일일 것이다. 즉, 전 국가적 혁신 활동을 전개하여야 한다는 것이다.

세상에 공짜는 없다. 그러나 돈을 쓴다고 다 해결되지도 않는다. 어떤 문제라도 구성원들의 인식 구조부터 똑바로 정립하는 것이 제일 중요하다. 즉,

"어떤 사안이든 먼저 사람들의 인식부터 바뀌어야 행동이 제대로 바뀔 수 있고, 행동이 바뀌고 습관화가 이루어져야 제대로 된 개선이 가능해진다!" - Pa sayings

3-40. 섣불리 어설프게 판단하지 마라!

남을 의심하지 마라, 그것은 차라리 속는 것보다 못하다!

우리가 때로 어설픈 심증만으로 속단하여, 상대방을 의심하거나, 죄인으로 몰아가는 경우가 발생한다. 사람의 마음이라는 것은 갈대와도 같아서 한번 의심스럽게 보기 시작하면, 자기도 모르게 머릿속에 확증편향(Confirmation bias)의 심리 회로가 생겨 자꾸 더 처음 생각이 맞는 것처럼 빠져들게 되는 것이다. 즉, "사람은 보고 싶은 것만 본다"라는 말과 같이 진실과 상관없이 점차 자기만의 관점에 빠져들게 되는 것이다.

이러한 현상은 사람들이 자신이 원하는 결과를 간절히 바랄 때나 혹은 어떤 사건을 접하여 이성보다는 감정이 너무 앞설 때 주로 많이 발생한다. 그렇다면, 이러한 확증편향이나 남을 선불리 의심하는 태도를 어떻게 하면 극복할 수 있을까?

첫째, '바넘효과'를 넘어야 한다. 바넘효과란, 신문이나 잡지 등에 게재되는 오늘의 운세나 혈액형별 자기 성격을 보면서 마치 족집게처럼 자신의 경우와 일치한다고 믿는 것이다. 그러나 이 현상을 좀 더 과학적으로 생각해볼 때는, 누구에게나 통용 가능한 정보들을 적절히 조합하여 보여주면 스스로 자신의 주관적 현실이나 상황에 맞추어 재해석하기 때문에 마치 족집게처럼 느껴지는 것이다.

여기에는 큰 문제점이 하나 있는데, 이러한 바넘효과의 환경에 지속적으로 노출되게 되면 자신도 모르게 성격이 변한다는 것이다. 가령 신문에 게재된 자신의 '오늘의 운세'가 '우울한 날'이라고 하였다면, 자기도 모르게 온종일 우울해질 수 있고, 잡지를 읽다가 우연히 발견한 '혈액형별 성격'을 읽고 그대로 믿으면 자신도 모르게 그 제시된 성격다운 행동을 하게 되고, 이러한 방식의 행동이 습관화된다는 것이다.

둘째, '무죄 추정의 원칙'이다.

원래 무죄 추정의 원칙이란, 형사 재판 등에서, 법정은 일단 피고가 무죄라고 추정하고서 심리를 시작해야 한다는 이론이다. 그리고 그 죄에 대한 입증은 검사가 맡는다. 이 또한 판사가 판결을 함에 있어서 확증편향에 빠지지 않게 하기 위한 법적 장치이다.

우리 속담에 "열 길 물속은 알아도 한 길 사람 속은 모른다"라는 말이 있지 않은가? 그럼에도 사람들을 한번 의심하기 시작하면 끝이 없이 몰아세우기도 하고, 간혹 이러한 의심은 돌이키지 못할 결과를 초래하기도 한다.

셋째, '진영논리'의 극복이다.

예를 들어 일본의 진주만 공습 직전에 일본의 대대적 공격이 있을 것이라는 주장과 징조가 많이 보고되었는데도 불구하고 당시 미국의 허스밴드 킴멜 제독은 진영 논리에 빠져, 일본이 감히 미국을 직접 공격해올 가능성은 전혀 없다는 주장하였고, 따라서 미 해군은 이러한 오판으로 말미암아 아무런 대비도 하지 않았다. 결국 이로 인해 미국은 엄청난 함선 피해, 인명 피해를 직면하게 된 것이다.

우리는 항상 진영논리에 휘둘리지 않게 소아(小我)를 버리고 대아(大我)를 선택해야 마땅하다고 하겠다. 보다 열린 마음으로 모든 정보나 주장을 공평하게 받아들이고, 늘 자신의 내면을 씻어내고 정화해 나가야, 비로소 이러한 진영논리의 극복이 가능할 것으로 보인다.

이렇게 확증편향이나 남을 선불리 의심하는 태도를 극복할 수 있는 방법을 몇 가지 생각해 보았는데, 요즘에, 심지어는 가장 공신력이 있다는 법원에서조차 과거의 판결이 잘못되어 재심하거나, 그 재판 결과의 번복에 따라 국가 배상을 청구하는 등 많은 판결상의 혼선을 자주 빚는 것을 매체를 통해 많이 접한다. 하물며 일반인들의 관계에서야 오죽하겠는가? 서로가 서로를 쉽게 오해하여 왕따시키고, 논쟁이나 진영 논리에 빠지고, 서로 원수 같은 관계가 되는 일들이 비일비재한 것이다.

이러한 소모적 태도를 줄이고, 네 정신의 순수함과 진실성을 되찾기 위해서는 무엇보다 어떤 사건에서도 일단 아무개를 의심해서는 안 된다. 설령 의심을 선제적으로 하지 않음으로 인하여 나중에 자신에게 피해가 발생할 가능성이 있더라도 일단은 무죄추정이 우선이다. 이것은 인간의 존엄성 내지는 인간 태도의 기초이기 때문이다.

즉 쉽게 누구를 예단하지 말 것이며, 항상 새로운 반대 정보를 올바르게 받아들여 자신의 내면을 정화해 나가야 하고, 여러 가설이나 시나리오, 주장 등을 공평하게 열린 마음으로 받아들일 수 있어야 자신의 정신을 올바르게 세울 수 있고, 확증편향이나 의심증세로 부터 벗어나 균형감 있는 사람이 될 수 있을 것이다.

13세기 이탈리아의 시인, 단테는 그의 최고의 저서인 '신곡'에서 아래와 같은 말을 남겼는데, 잘 새겨볼 필요가 있다고 하겠다.

"성급히 내린 결론은 잘못된 것이기 쉽고, 그러한 결론에 매이게 되면 마음이 꽉 막힌 사람이 되는 것이다!"

신곡 (그림:.abebooks.fr)

3-41. 눈치 보지 말고 네 가치의 길을 가라!

많은 사람이 어떤 일을 판단하거나 실행하기 전에 남의 눈치를 먼저 살피려는 경향이 있다. 이는 힘이나 주도권이 약한 사람일수록 더욱 심한 편이다.

물론 자신이 약하니 상대의 영향을 많이 받을 수밖에 없는 것은 당연한 일인지도 모른다. 그러나 이러한 다소간의 열등감에서 비롯될 수 있는 눈치 보기식 행동을 지속하다 보면, 자신도 모르게, 패배감에 젖어 들어, 자신이 스스로 결정해야 할 안건조차도 주위의 눈치를 보거나, 힘센 사람들에게 물어보려는 패턴이 마음속에 생길 수 있다. 그리고 이러한 마음은 곧 '우유부단'으로 이어지기 십상이다.

그리고 이렇게 되면, 자신은 점점 더 소극적인 사람이 될 수 있고, 점차 타율적으로 움직이려는 경향을 보일 수 있을 것이며, 이는 자신의 자립과 성공에 많은 장애로 작용할 수 있을 것이다.

이를 개선하기 위해서는 자신의 힘을 기르는 방법이 우선적으로 중요할 것이다. 그리고 개인으로서의 힘은 주로 지식, 인격, 사회적 지위, 경제력, 체력, 정신력 등으로 이루어지므로, 이러한 전반적 능력과 내공을 두루 갖추는 데 신경써야 하겠다.

국가 간의 관계에서도 유사한 경향으로 힘의 논리가 적용된다.

가령 미국과 같은 초강대국은 핵무기나 선진 기술 등을 이용하여 대부분의 세계적 이슈에서 강력한 헤게모니(주도권, 장악력 등)를 잡을 수 있다. 반면 덩치가 비교적 작거나 힘이 약한 나라들은 미국 등 강대국들의 태도에 그저 끌려가기 십상이다.

미국 다음으로는 물론 중국이나 러시아 등의 핵보유국 혹은 기타 GDP(국내총생산)가 높은 나라들이 주로 세계적 이슈에서 헤게모니를 잡는 편이다.

그리고 작은 나라 중에서는 경제적으로 비교적 여유가 있고, 국방에 문제가 없는 나라(주로 스위스, 네덜란드, 덴마크 등의 강소국들)일수록 강대국들의 헤게모니로부터 상대적으로 자유로운 편인 것이 국제적 질서이다.

핵의 헤게모니 (그림:.globaltimes.cn/content)

국가 간에는 이렇게 국방력이 셀수록, 부유한 나라(주로 GDP가 큰 나라)일수록 세계적으로 헤게모니를 구사할 수 있거나, 적어도 강대국들의 횡포로부터 자유로울 수 있는 것이다.

이렇게 남의 눈치를 보지 않고, 비교적 자유롭게 판단하고 행동할 수 있으려면, 개인은 당연히 자신의 전반적 능력이나 인격, 경제력 등을 길러야 하고, 국가라면 국방력과 기술력, GDP 등을 올리는 것이 관건인데, 그렇다고 해서 이것만 챙기면 되는가?

꼭 그런 것은 아니다. 똑같은 수준의 이러한 능력이나 지표들을 가졌더라도 심리적으로 위축되면 남의 눈치를 볼 수밖에 없으며, 설령 이러한 능력과 지표가 다소 낮더라도 심리적으로 강하다면 남의 눈치를 그렇게 많이 보지 않아도 된다. 그리고 이러한 심리적인 부분의 영향은 의외로 상당히 큰 것 또한 사실이다.

비록 지금 당장 가진 게 적더라도 당당하고 기세가 강하면, 그 어떤 사람도 어떻게 하지 못하는 것을 주변에서 많이 보았을 것이다. 나라 간에도 똑같은 논리가 적용된다. 강대국이라고 꼭 약소국을 좌지우지할 수 있는 것은 당연히 아니다. 비교적 내부적 문화, 전통과 자긍심이 강하고, 단합되어있는 나라들은 비록 가진 것이 적더라도, 강대국들도 힘부로 건드리지 못하는 법이다. 즉,

"개인이나 나라나 간에 외부의 눈치를 너무 보지 말고, 네 갈 길을 당당하게 걸어가라. 네 가치와 존엄은 당신 스스로가 지키는 것이다. 스스로 판단해야 하고, 스스로 행동해야 하고, 타인이나 타국은 그냥 너의 협조의 대상, 그 이상도 그 이하도 아니다!" - Pa sayings

3-42. 존재 그 자체가 감탄이다!

우주에 수많은 별이 있어도, 인간이 살고 있는 이 지구만큼이나 아름다운 별은, 인간이 관측하고 확인한 범위 내에서는, 아직 없다. 지구만이 유일하게 황폐한 모래나 암석만이 아닌 산과 들과 물과 바다 등으로 되어있고, 그 속에 수많은 생명이 살고 있다. 이는 정말로 경이로운 일이다. 인간의 관측 결과, 달, 수성, 금성, 화성, 목성, 토성 등 우리 대부분의 지식 상 친숙한 별들은 수많은 크레이터(분화구)와 암석, 절벽, 독가스 층 등으로 아주 단조롭게 이루어져 있다. 그러나 우리가 살고 있는 지구만이 유일하게 아주 찬란하고 아름답기 그지없게 산과 들, 강과 바다, 그리고 그 속에 인간을 포함한 수많은 생명체로 구성되어있어 그 다채롭기를 표현하기가 말문이 막힐 지경이다.

물론 우주의 모양과 끝과 운전 원리 등에 대해서는 인간이 잘 알지 못한다. 그러나 우리 인간이 이렇게 엄청난 규모의 별들의 집합체인 많은 은하계 중에서 요행히 우리 은하계에 살고 있고, 또 그 우리 은하계 중에서도 태양계 속에 살고 있고, 태양계 중에서도 찬란하고 화려하고 아름다운 지구에 살고 있다는 것만 하여도 과연 기적인 것이며, 그야말로 존재 그 자체가 기적이고, 감탄인 것이다.

그런데, 우리는 이렇게 이미 대단한 지구라는 땅 위에서 살 수 있는 행운을 얻었으면서도, 더 가지지 못해서, 더 높이 올라가지 못해서, 더 자랑하지 못해서 항상 전전긍긍하는 모습들을 보이는 것이 어쩌면 괴상한 상황들이다. 이미 대단하고 엄청난 바탕 위에 살면서 너무 바둥바둥할 필요가 없다고 한번 생각해볼 수도 있겠다.

인생의 궁극적인 측면을 보면, 생(生)에서 욕심을 내어 보아야, 전전긍긍해 보아야, 삶에 바득바득해 보아야 아무런 소용도 없는 것이다. 어쩌면 이 아름다운 지구에 빈손으로 올 수 있는 행운을 얻었고, 재미있고 흥미롭게 살다가, 그것도 아주 짧게 살다가, 그야말로 빈손으로 다시 돌아가는 것이니, 모든 것이 미련 없어야 하고, 쿨해야 하는 것이다.

우주 속의 지구 모습 (그림:.thefactsite.com)

그리고 이 대단하고 아름다운 땅에 살 수 있도록 선택된 존재의 경이로움을 인정한다면 인간은 항상 겸손해야 한다. 그 어떠한 생명체도 함부로 대하기 어려울 것이고, 오히려 생명에 대해 감동하고, 공감하여 감싸 안아야 할 것이다.

그래서 배려와 사랑이 사회 속에 녹아서 사람들 사이에 물 흐르듯 흘러야 할 것인데, 이는 모든 생명은 같은 지구 안에 생겨나, 같이 관계를 맺으며 살아가니 동질감으로 똘똘 뭉친 친근한 존재들이고, 이 엄청난 우주 안에서 언제 어떻게 다시 만나게 될지 모르니 너무나도 소중한 인연이기 때문이다.

앞으로 사회가 진화할수록 점점 더 그 복잡성과 혼란이 가중될 수도 있을 것인데, 이를 극복하기 위하여 인간을 포함한 모든 생명체는 서로를 위로하여야 하고, 그 연민과 정이 온 세상으로 흘러나가야 하겠다. 혹시라도, 이상한 인간이 있어, 생명과 존재를 학대하고 배척하는 행위가 있다면, 이는 결국 스스로를 또 우리 모두를 파괴하고 고립시키는 행위일 것이다.

특별히 챙기면
특별히 좋아진다

인지
생략

1판1쇄 2022년 10월 10일

저자 신정수
발행인 이경화

발행처 디자인21
주소 04560 서울특별시 중구 퇴계로 293-1 3층
전화 02-2269-6561(대)
팩스 02-2269-6568
e-mail 21publish@naver.com

등록번호 제1-1128호
등록일자 1991.2.12

ISBN 978-89-6131-098-7 03810

정가 25,000원

http://21publish.co.kr/
https://blog.naver.com/publish21